D1672607

Microsoft SQL Server 6.5

Dušan Petković

Microsoft SQL Server 6.5

Das Datenbanksystem im BackOffice

ADDISON-WESLEY

An imprint of Addison Wesley Longman, Inc.

Bonn · Reading, Massachusetts · Menlo Park, California · New York · Harlow, England
Don Mills, Ontario · Sydney · Mexico City · Madrid · Amsterdam

Die Deutsche Bibliothek – CIP-Einheitsaufnahme

Petković, Dušan:
Microsoft SQL Server 6.5 : das Datenbanksystem im Backoffice /
Dušan Petković. – Bonn : Addison-Wesley-Longman, 1996
(BackOffice Bibliothek)
ISBN 3-8273-1068-7

Lektorat: Barbara Lauer, Bonn
Produktion: Petra Strauch, Bonn
Satz: media Service, Siegen
Belichtung, Druck und Bindung: Bercker Graphischer Betrieb, Kevelaer
Umschlaggestaltung: Michael Learo, Köln

Das verwendete Papier ist aus chlorfrei gebleichten Rohstoffen hergestellt und alterungsbeständig. Die Produktion erfolgt mit Hilfe umweltschonender Technologien und unter strengsten Auflagen in einem geschlossenen Wasserkreislauf unter Wiederverwertung unbedruckter, zurückgeführter Papiere.

Inhaltsverzeichnis

Vorwort

Relationale Datenbanksysteme sind in den letzten Jahren mit Abstand die wichtigsten Datenbanksysteme geworden, die in der Praxis angewendet werden. Die Gründe dafür sind mannigfaltig: die hohe Portierbarkeit der Anwendungen, die Verwendung der Standarddatenbanksprache SQL usw. Eines der herausragendsten relationalen Datenbanksysteme heutzutage stellt der SQL Server der Firma Microsoft dar. Der SQL Server gilt als am weitesten entwickeltes relationales Datenbanksystem in bezug auf folgende zwei Themen: die benutzerfreundliche graphische Schnittstelle und die optimale Unterstützung der Rechner mit eng gekoppelten Prozessoren.

Dieses Buch führt den Leser in das komplette SQL Server-System ein. Im Unterschied zu den SQL Server-Manualen, die sehr umfangreich und dadurch für den Benutzer manchmal unübersichtlich sind, versucht dieses Buch, dem Leser sowohl beim Erlernen der verschiedenen SQL Server-Komponenten behilflich zu sein, als auch die Zusammenhänge zwischen diesen Komponenten verständlich zu machen.

Das Buch berücksichtigt auch, daß es zwei unterschiedliche Gruppen von Benutzern gibt, die das SQL Server-System verwenden. Auf der einen Seite sind Endbenutzer und Datenbankprogrammierer und auf der anderen die Datenbankadministratoren. Dementsprechend kann das Buch in drei Teile unterteilt werden: Der erste Teil des Buches – Kapitel 1 bis 3 – erläutert die Grundbegriffe des Systems und ist für alle Benutzer als Einführung gedacht. Der zweite Teil – Kapitel 4 bis 16 – ist den Endbenutzern und den Datenbankprogrammierern gewidmet. In diesem Teil wird die Transact-SQL-Sprache und die DB-Library erörtert. Der dritte Teil – Kapitel 17 bis 26 – erläutert alle Aufgaben, die ein Systemadministrator durchzuführen hat.

Abbildung V.1 zeigt die Zuweisung einzelner Kapitel zu unterschiedlichen Benutzergruppen eines SQL Server-Systems.

Das Buch ist als praktisches Lehrbuch gedacht. Diesem Ziel dienen zahlreiche Beispiele, die alle auf einer sehr kleinen Beispieldatenbank basieren. Dem Leser wird empfohlen, die Beispieldatenbank mit dem zur Verfügung stehenden SQL Server-System zu erstellen und alle angegebenen Beispiele nachzuvollziehen. Dasselbe gilt für die Übungsaufgaben, die sich am Ende fast jedes Kapitels befinden. Sowohl die Beispiele als auch die Übungsaufgaben sind am Rechner erstellt und getestet worden.

Das Thema des Buches sind die beiden letzten Versionen des SQL Servers – die Version 6.0 und 6.5. Die funktionalen Unterschiede dieser beiden Versionen sind an den entsprechenden Stellen im Buch beschrieben.

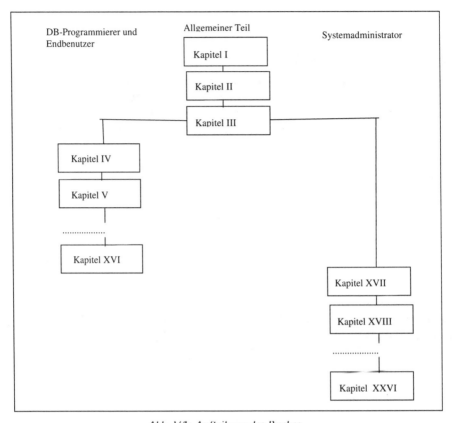

Abb. V.1: Aufteilung des Buches

Das Buch hat insgesamt 26 Kapitel, die, wie schon erwähnt, in drei Teile unterteilt werden können. Der erste Teil des Buches führt den Benutzer in allgemeine Themen wie Datenbanken und Grundelemente der Transact-SQL-Sprache ein. Zusätzlich dazu enthält dieser Teil auch eine Einführung in die wichtigste Komponente des SQL Servers: den SQL Enterprise Manager.

Der zweite Teil des Buches enthält selbst insgesamt 4 Unterteile. Die Kapitel 5 bis 8 beschreiben alle Datendefinitions- und Datenmanipulationsanweisungen der Transact SQL-Sprache sowie die prozeduralen Erweiterungen von Transact-SQL. Kapitel 9 bis 14 enthalten allgemeine Datenbankkonzepte: Kapitel 9 die Views, Kapitel 10 Indizes, Kapitel 11 den Systemkatalog, Kapitel 12 die Datensicherheit, Kapitel 13 Trigger und Kapitel 14 Transaktionen. Die letzten beiden Unterteile sind durch einzelne Kapitel dargestellt: Kapitel 15 beschreibt die Systemumgebung des SQL Servers während Kapitel 16 die *front-end*-Komponente DB-Library erläutert.

Der dritte Teil befaßt sich mit allen Funktionen, die ein Sytemadministrator für seine Aufgabe braucht: Kapitel 17 stellt eine Einführung in diesen Teil des Buches dar, während die nachfolgenden Kapitel folgende Themen erläutern:

- die Systeminstallation (Kapitel 18),

- das Verwalten der Systemressourcen (Kapitel 19),

- die Benutzerverwaltung (Kapitel 20),

- die Archivierung und Wiederherstellung von Datenbanken (Kapitel 21),

- den Transfer von Daten (Kapitel 22),

- die automatische Ausführung der Administratorsaufgaben (Kapitel 23),

- die Untersuchung und Behebung entstandener Systemfehler (Kapitel 24),

- die Systemperformance und

- die Datenreplikation.

Das Buch wendet sich an Endbenutzer, Datenbankprogrammierer und Systemadministratoren des SQL Server-Systems sowie alle, die dieses System erlernen wollen. Vom Leser werden keine tieferen EDV-Kenntnisse erwartet. Kenntnisse einer Programmiersprache sind nicht Voraussetzung, können aber hilfreich sein.

An dieser Stelle möchte ich mich bei allen, die zur Entstehung dieses Buches einen Beitrag geleistet haben, herzlich bedanken. Namentlich möchte ich mich bei Herrn Thomas Appel, dem Produktmanager für den SQL Server bei der Firma Microsoft bedanken. Er hat mir ermöglicht, die neuesten Versionen des SQL Server-Systems rechtzeitig zu bekommen und damit dem Buch den neusten Stand zu verleihen. Frau Barbara Lauer von Addison-Wesley gilt mein Dank für die optimale Betreuung bei der Erstellung des Manuskripts. Schließlich möchte ich mich bei den Herren Ludwig Grill, Peter Michael Kurz und Andreas Huber für ihre Bereitschaft, das Manuskript des Buches zu lesen, bedanken. Ihre Ratschläge und Hinweise haben sehr viel zur Qualitätsverbesserung des Buches beigetragen.

Kommentare und Kritiken von Lesern dieses Buches sind willkommen. Bitte schicken Sie sie an: petkovic@fh-rosenheim.de.

1 Einleitung

Der SQL Server von Microsoft ist ein relationales Datenbankmanagementsystem, das seinen Ursprung in einem Projekt an der Universität von Kalifornien in Berkeley (1973-1975) hat. Nachdem der erste Prototyp des im Projekt entstandenen Datenbankmanagementsystems (DBMS) erstellt worden war, haben mehrere Mitarbeiter das Projekt verlassen, um eine eigene Firma, die sich der Herstellung eines kommerziellen Datenbankmanagementsystems widmete, zu gründen. Diese Firma hieß Britton Lee und wurde u.a. von Dr. Robert Epstein und Mark Hoffman gegründet. Das erste kommerzielle System dieser Firma wurde im Jahre 1981 freigegeben.

1986 verließen Dr. Epstein und Mark Hoffman die Firma Britton Lee und gründeten die neue Firma – Sybase Inc. Ziel der neuen Firma war, eine offene Client-Server-Datenbankarchitektur zu entwickeln. Bereits 1987 machte Sybase den SQL Server verfügbar und damit das erste relationale Datenbankmanagementsystem, das explizit für die Verteilung von Funktionalitäten über heterogene Client/Server-Umgebungen hinweg entwickelt worden war.

Als Partner der Firma Sybase hat Microsoft die Lizenz für den SQL Server im Jahre 1988 erworben und in demselben Jahr die erste Version des SQL Servers für das Betriebssystem OS/2 freigegeben. Anfang der neunziger Jahre wurde die Entwicklung des SQL Servers für Windows NT begonnen, mit dem Ziel, das Datenbankmanagementsystem eng mit dem Betriebssystem zu integrieren. Im Jahre 1992 hat Microsoft den Quellcode für den SQL Server von Sybase erworben. Ende 1993 wurde der SQL Server V4.2 für Windows NT V3.1 freigegeben. Im April 1994 hat Microsoft den Kooperationsvertrag mit Sybase gekündigt und entwickelt seitdem allein den SQL Server weiter.

Der SQL Server enthält, wie alle anderen relationalen Datenbankmanagementsysteme, zwei Komponenten

▶ Datenbank-Anwendungen (*front ends*) und

▶ den Datenbank-Server (*back end*).

front ends kennzeichnen herstellerspezifische Werkzeuge, die unterschiedliche Schnittstellen für verschiedene Anwenderaktivitäten (Erstellung von DB-Anwendungen, Monitoring usw.) darstellen. Zu den MS SQL Server *front ends* gehören u.a.:

▶ ISQL/w,

▶ ODBC,

▶ DB-Library,

▶ SQL Enterprise Manager und

▶ SQL Executive.

Alle diese *front end*-Komponenten werden in unterschiedlichen Kapiteln dieses Buches beschrieben.

Zum Datenbank-Server gehört jene Datenbank-Software, die die Verwaltung von gespeicherten Daten ermöglicht und solche Aufgaben wie Datendefinition, Datenmanipulation usw. übernimmt. Das SQL Server-System von Microsoft hat den gleichnamigen Datenbank-Server.

1.1   Datenbanken – allgemein

Bevor wir uns mit relationalen Datenbanken befassen, soll der Begriff der Datenbank allgemein erläutert werden. Eine Datenbank kann aus verschiedenen Blickwinkeln betrachtet werden, abhängig davon, in welchem Zusammenhang sie gesehen wird. Aus der Sicht eines Managers ist die Datenbank eine Sammlung logisch zusammenhängender Daten, die ein Modell der Aktivitäten seines Unternehmens darstellen. Aus der Sicht eines Datenbankmanagementsystems ist die Datenbank eine Sammlung von physikalischen Daten.

Obwohl beide Betrachtungsweisen diametral verschieden sind, haben sie etwas gemeinsam: Sie erfordern Funktionen, mit denen eine Datenbank abgefragt und modifiziert werden kann sowie Schnittstellen, die maschinenunabhängig sind. Alle diese Funktionen und Schnittstellen soll ein Datenbankmanagementsystem bieten. Zusammenfassend soll ein Datenbankmanagementsystem folgendes gewährleisten:

▶ logische Datenunabhängigkeit;

▶ physikalische Datenunabhängigkeit;

▶ prozedurale und nichtprozedurale Schnittstellen;

▶ effiziente Abarbeitung von Datenbankoperationen;

▶ minimale Datenredundanz;

▶ Datenintegrität;

▶ konkurrierender Datenzugriff;

▶ Datensicherheit und

▶ Datenschutz.

Jede dieser Grundeigenschaften eines Datenbankmanagementsystem soll nachfolgend erläutert werden.

1.1.1 Logische Datenunabhängigkeit

Die logische Datenunabhängigkeit bezieht sich auf unterschiedliche logische Sichten einer Datenbank. Einerseits existiert die logische Struktur einer Datenbank mit allen dazugehörigen Objekten und Zusammenhängen, die zwischen diesen Objekten bestehen. Andererseits sieht jeder Benutzer, der eine Datenbankanwendung programmiert oder benutzt, nur den für ihn relevanten Ausschnitt der gesamten logischen Struktur. Die logische Unabhängigkeit bedeutet, daß jeder Benutzer seine Sicht der Datenbank erzeugen und modifizieren kann, ohne daß die logische Gesamtstruktur geändert werden müßte.

1.1.2 Physikalische Datenunabhängigkeit

Unter der physikalischen Datenunabhängigkeit versteht man die Unabhängigkeit zwischen logischer und physikalischer Struktur einer Datenbank.

Die physikalische Datenunabhängigkeit garantiert, daß die physikalische Struktur einer Datenbank beliebig geändert werden kann, ohne daß dadurch die logische Struktur berührt wird.

1.1.3 Prozedurale und nichtprozedurale Schnittstellen

Bei Datenbankmanagementsystemen existieren u.a. zwei Arten von Benutzern, nämlich der Programmierer und der Endbenutzer. Die Aufgabe eines Programmierers ist es, Programme zu schreiben, mit denen eine Datenbank abgefragt oder modifiziert werden kann. Endbenutzer sind in der Regel keine DV-Fachleute. Sie greifen auf die Datenbank über eine leicht erlernbare Kommandosprache zu. Falls auf der Ebene dieser Kommandosprache Kontrollstrukturen angeboten werden, wie z.B.

```
IF bedingung

THEN wahr_zweig

ELSE falsch_zweig
```

spricht man von einer prozeduralen, ansonsten von einer nichtprozeduralen Schnittstelle.

Ein Programmierer hat in den meisten Fällen weitaus komplexere Aufgabenstellungen zu erledigen als ein Endbenutzer und benötigt daher nahezu immer Programmiersprachen mit einem umfangreichen Spektrum an Kontrollstrukturen. Dementsprechend sind alle bekannteren Datenbankschnittstellen für Programmierer prozedurale Schnittstellen.

1.1.4 Effiziente Abarbeitung der Datenbankoperationen

Mit der Verwendung mächtiger Datenbankprogrammiersprachen wird die Entwicklungszeit von Datenbankanwendungen in der Regel reduziert, oft allerdings auf Kosten von zusätzlichen E/A-Operationen und längerer Verarbeitungszeit. Das Datenbankmanagementsystem sollte daher für die Abarbeitung der jeweiligen Datenbankoperation eine optimale Strategie entwickeln können.

1.1.5 Minimale Datenredundanz

In dateiorientierten Anwendungen, bei denen jeder Benutzer seine Dateien unabhängig von den anderen Benutzern verarbeitet, existiert zwangsläufig eine große Menge redundanter Daten. Durch diese wird unnötig viel Speicherplatz verbraucht. Daneben werfen redundante Daten im Falle einer Änderung erhebliche Probleme auf, weil es in der Regel nicht möglich ist, redundante Daten synchronisiert zu modifizieren. Eine wesentliche Aufgabe jedes Datenbankmanagementsystems ist es daher, die Datenredundanz zu minimieren. Die später in diesem Kapitel beschriebenen Normalformen ermöglichen die Minimierung der Datenredundanz.

1.1.6 Datenintegrität

Ein Datenbankmanagementsystem sollte offensichtlich unsinnige Daten erkennen und abweisen können. (Das Datum 30.Februar oder die Uhrzeit 17:77:00 sind typische Beispiele.) Desweiteren ist es wünschenswert, gegenüber dem Datenbankmanagementsystem Begrenzungen oder Formatangaben zu Eingabedaten deklarieren zu können, z.B.:

Jahrgang > 1959

Ausgereifte Datenbankmanagementsysteme stellen außerordentlich komplexe Mechanismen zur Plausibilitätsprüfung von Eingabedaten zur Verfügung. Dazu gehört insbesondere die Fähigkeit, bereits in der Datenbank vorhandene Daten in die Plausibilitätsprüfung mit einzubeziehen.

1.1.7 Konkurrierender Datenzugriff

Der Umstand, daß im Regelfall viele Benutzer gleichzeitig auf eine Datenbank zugreifen, wirft eine Reihe von Problemen auf. Ein besonders gravierendes Problem wird durch das folgende Beispiel erläutert:

1. Auf dem Konto 4711 der Bank X befinden sich 10.000 DM.

2. Die Kunden A und B gehen in zwei verschiedene Filialen der Bank X und heben gleichzeitig 10.000 DM vom Konto 4711 ab.

3. Die Kassierer in beiden Bankfilialen bekommen vom Datenbanksystem den Kontostand 10.000 DM gezeigt.

4. Beide Kassierer zahlen jeweils 10.000 DM aus und ändern das Konto 4711 mit dem Wert 10.000 DM minus 10.000 DM gleich 0 DM.

5. Es ist nun unerheblich, in welcher Reihenfolge diese beiden Änderungen ausgeführt werden; das Konto 4711 steht auf 0 DM statt auf -10.000 DM.

Der ganze Problemkreis des konkurrierenden Datenzugriffs, der hier aufgezeigt wurde, muß von einem Datenbankmanagementsystem natürlich mit völliger Korrektheit abgehandelt werden. Bezogen auf das vorangehende Beispiel bedeutet dies, daß ein Datenbankmanagementsystem den Kontostand von -10.000 DM garantieren muß, nachdem beiden Kunden je 10.000 DM ausgezahlt wurden.

1.1.8 Datensicherheit

Der Begriff der Datensicherheit bezieht sich auf den Ausfall von Hardware und/oder Software. Ein Datenbankmanagementsystem sollte in der Lage sein, nach denkbaren Ausfällen die betroffenen Datenbanken automatisch in den letzten konsistenten Stand zu überführen.

1.1.9 Datenschutz

Eine Datenbank sollte gegen unerlaubten Zugriff geschützt werden können. Wenn z.B. eine Datenbank die Gehälter der Mitarbeiter einer Firma enthält, ist es dringend notwendig, den Zugriff auf diese Daten nur ausgewählten Benutzern zu ermöglichen. Dasselbe gilt für die sicherheitsrelevanten Daten eines Unternehmens. Entsprechende Möglichkeiten, wie Vergabe und Entzug der Zugriffsrechte, sollte jedes Datenbankmanagementsystem unterstützen.

1.2 Relationale Datenbanken

Der Begriff der relationalen Datenbanken wurde 1970 von E.F.Codd eingeführt. In dem Artikel "A Relational Model of Data for Large Shared Data Banks" wurde die theoretische Grundlage für relationale Datenbanken festgelegt: das sogenannte relationale Datenmodell. Im Unterschied zu anderen Datenbankmanagementsystemen (netzwerkartigen bzw. hierarchischen Systemen), basiert das relationale Modell völlig auf den mathematischen Grundlagen der relationalen Algebra.

Eine Erklärung der relationalen Algebra liegt außerhalb der Ziele dieses Buches. Wir werden die wichtigsten Eigenschaften des relationalen Modells mit Hilfe einer Beispieldatenbank erklären. Weiter dient die Beispieldatenbank als Grundlage für alle praktischen Beispiele innerhalb dieses Buches.

Das Grundelement einer relationalen Datenbank ist die Tabelle. Aus der Benutzersicht besteht jede relationale Datenbank nur aus Tabellen. Eine Tabelle setzt sich aus Reihen und Spalten zusammen, d.h. sie beinhaltet keine, eine oder mehrere Reihen und eine oder mehrere Spalten. Das Objekt, das genau zu einer Reihe und einer Spalte gehört, heißt Datenwert oder Datum.

Die Beispieldatenbank enthält die Datenwerte einer Firma, die in mehrere Abteilungen unterteilt ist. Jeder Mitarbeiter der Firma gehört einer der existierenden Abteilungen an. Die Eigenschaft unserer Firma ist, daß die Mitarbeiter ihre Tätigkeiten in verschiedenen Projekten ausüben. Jeder Mitarbeiter kann in verschiedenen Projekten arbeiten und dabei unterschiedliche Aufgaben wahrnehmen.

Die Datenbank besteht bei uns aus vier Tabellen:

▶ abteilung,
▶ mitarbeiter,
▶ projekt und
▶ arbeiten.

Die Tabelle **abteilung** stellt alle Abteilungen der Firma dar. Jede Abteilung ist auf folgende Weise beschrieben:

```
abteilung (abt_nr,abt_name,stadt)
```

abt_nr ist die für jede Abteilung der Firma eindeutige Abteilungsnummer. **abt_name** steht für den Namen der Abteilung; **stadt** für die Stadt, in der sich diese Abteilung befindet.

Die Tabelle **mitarbeiter** beinhaltet alle Mitarbeiter der Firma. Jeder Mitarbeiter ist auf folgende Weise beschrieben:

```
mitarbeiter (m_nr,m_name,m_vorname,abt_nr)
```

m_nr kennzeichnet die für jeden Mitarbeiter eindeutige Personalnummer. **m_name** und **m_vorname** kennzeichnen Namen und Vornamen des Mitarbeiters, während **abt_nr** die Nummer der Abteilung benennt, welcher der Mitarbeiter angehört.

Die Tabelle **projekt** stellt alle Projekte der Firma dar. Jedes Projekt ist dabei auf folgende Weise beschrieben:

```
projekt (pr_nr,pr_name,mittel)
```

pr_nr bezeichnet die innerhalb der Firma eindeutige Nummer des Projektes. **pr_name** und **mittel** kennzeichnen den Namen des Projektes bzw. die Geldmittel, die für das Projekt zur Verfügung stehen. Die Geldmittel sind in DM angegeben.

Die Tabelle **arbeiten** beschreibt die Beziehung zwischen den Mitarbeitern und den Projekten. Diese Tabelle ist auf folgende Weise beschrieben:

```
arbeiten (m_nr,pr_nr,aufgabe,einst_dat)
```

m_nr zeigt die Personalnummer des Mitarbeiters und **pr_nr** die Nummer des Projektes, in dem der Mitarbeiter arbeitet, an. Die Kombination aus **m_nr** und **pr_nr** ist innerhalb der Firma eindeutig. **aufgabe** beschreibt die Funktion des Mitarbeiters (mit der Personalnummer **m_nr**) innerhalb des Projektes (mit der Nummer **pr_nr**). **einst_dat** kennzeichnet das Eintrittsdatum des Mitarbeiters in das Projekt.

Die relationale Datenbank für das soeben beschriebene Schema ist in Tabelle 1.1 bis 1.4 dargestellt.

abt_nr	abt_name	stadt
a1	Beratung	München
a2	Diagnose	München
a3	Freigabe	Stuttgart

*Tabelle 1.1: Tabelle **abteilung***

m_nr	m_name	m_vorname	abt_nr
25348	Keller	Hans	a3
10102	Huber	Petra	a3
18316	Müller	Gabriele	a1
29346	Probst	Andreas	a2
9031	Meier	Rainer	a2
2581	Kaufmann	Brigitte	a2
28559	Mozer	Sibille	a1

*Tabelle 1.2: Tabelle **mitarbeiter***

pr_nr	pr_name	mittel
p1	Apollo	120000.0
p2	Gemini	95000.0
p3	Merkur	186500.0

*Tabelle 1.3: Tabelle **projekt***

m_nr	pr_nr	aufgabe	einst_dat
10102	p1	Projektleiter	1.Okt.1988 0:00
10102	p3	Gruppenleiter	1.Jan.1989 0:00
25348	p2	Sachbearbeiter	15.Feb.1988 0:00
18316	p2		1.Jun.1989 0:00
29346	p2		15.Dez.1987 0:00
2581	p3	Projektleiter	15.Okt.1989 0:00
9031	p1	Gruppenleiter	15.Apr.1989 0:00
28559	p1		1.Aug.1988 0:00
28559	p2	Sachbearbeiter	1.Feb.1989 0:00
9031	p3	Sachbearbeiter	15.Nov.1988 0:00
29346	p1	Sachbearbeiter	1.Apr.1989 0:00

*Tabelle 1.4: Tabelle **arbeiten***

Mit Hilfe unseres Beispiels können wir jetzt einige wichtige Eigenschaften des relationalen Modells erklären:

▶ die Reihen innerhalb einer Tabelle können eine beliebige Reihenfolge haben;

▶ die Spalten innerhalb einer Tabelle können eine beliebige Reihenfolge haben;

▶ alle Datenwerte einer Spalte haben genau denselben Datentyp;

▶ jede Spalte hat einen eindeutigen Namen innerhalb einer Tabelle. Spalten, die verschiedenen Tabellen angehören, können durchaus denselben Namen haben. (Beispiel: Die Spalte **m_nr** in der Tabelle **arbeiten** und die Spalte **m_nr** in der Tabelle **mitarbeiter**.);

▶ jeder einzelne Datenwert innerhalb einer Tabelle ist durch einen einzigen Wert dargestellt. Das heißt: In einer Reihe und innerhalb einer Spalte können sich nie mehrere Werte gleichzeitig befinden;

▶ in jeder Tabelle einer relationalen Datenbank existiert ein (oder mehrere) Bezeichner, der jede Reihe der Tabelle eindeutig definiert. Dieser Bezeichner kann entweder aus einer Spalte oder aus einer Kombination mehrerer Spalten bestehen. Im relationalen Modell heißt dieser Bezeichner Primärschlüssel. Die Spalte **abt_nr** ist der Primärschlüssel in der Tabelle **abteilung**; **m_nr** ist der Primärschlüssel in der Tabelle **mitarbeiter**; **pr_nr** ist der Primärschlüssel in der Tabelle **projekt** und die Kombination der Spalten (**m_nr, pr_nr**) ist der Primärschlüssel in der Tabelle **arbeiten**. (Die Primärschlüssel der Beispieldatenbank sind grau dargestellt.)

▶ in einer Tabelle existieren nie zwei identische Reihen. (Diese Eigenschaft wird vom SQL Server und allen anderen relationalen Datenbankmanagementsystemen nicht unterstützt.)

Hinweis In der Terminologie relationaler Datenbanken existieren mehrere analoge Begriffe. So entsprechen die mathematischen Begriffe Relation, Tupel und Attribut in der Praxis jeweils den Begriffen Tabelle, Reihe und Spalte. Zusätzlich existieren in der Praxis weitere Begriffe wie Satz oder Record (für Reihe), Feld (für Spalte) usw. In diesem Buch werden nur die Begriffe benutzt, die im SQL-Standard verwendet werden, also Tabelle, Reihe und Spalte.

1.3 Datenbankdesign

Das Datenbankdesign ist eine sehr wichtige Phase, die der Erstellung einer Datenbank vorangeht. Falls das Datenbankdesign intuitiv und ohne sorgfältige Analysephase entworfen wird, ist die daraus resultierende Datenbank in den meisten Fällen nicht optimal an die Aufgabe, zu deren Lösung sie aufgebaut wurde, angepaßt. Die daraus resultierende Folge kann überflüssige Datenredundanz, mit damit verbundenen Nachteilen für Speicherverbrauch und Datenkonsistenz sein.

Die Normalisierung der Daten stellt ein Verfahren dar, in dem die Datenredundanz auf der Basis der funktionalen Abhängigkeiten stufenweise reduziert werden kann. Die funktionale Abhängigkeit gilt dann innerhalb einer Tabelle zwischen zwei Spalten (bzw. Spaltengruppen), wenn in jeder Tabellenreihe der Wert einer Spalte (Spaltengruppe) eindeutig durch den entsprechenden Wert der anderen Spalte (Spaltengruppe) festgelegt wird. Die funktionale Abhängigkeit wird durch einen Pfeil (A→B: „B ist funktional abhängig von A") gekennzeichnet.

Beispiel 1.1

In der Tabelle **mitarbeiter** der Beispieldatenbank gilt:

m_nr → m_name ,

weil jeder Mitarbeitername eindeutig durch die entsprechende Mitarbeiternummer identifiziert werden kann.

Eine zweite Art der Abhängigkeit, die auch eine Rolle bei den Normalformen spielt, ist die mehrwertige Abhängigkeit. Die mehrwertige Abhängigkeit besagt, daß auf Grund eines Spaltenwertes immer die entsprechende Menge von Werten anderer Spalten eindeutig festgelegt werden kann. Diese Art von Abhängigkeit zwischen Tabellenspalten wird durch einen Doppelpfeil „→→" gekennzeichnet.

Beispiel 1.2

ISBN →→ Autoren

Das Attribut **Autoren** ist mehrwertig von dem ISBN-Code jedes Buches abhängig, weil wir auf Grund des Codes alle Autoren jedes Buches eindeutig festlegen können.

Insgesamt existieren fünf Normalformen, von welchen wir die ersten vier erläutern werden. Die fünfte Normalform hat keine bzw. sehr geringe praktische Bedeutung. Jede Normalform ist in der nachfolgenden enthalten.

1.3.1 Allgemeine Hinweise zur Normalisierung

Der Prozeß der Normalisierung einer Datenbank sollte immer mit der ersten Normalform beginnen. Nachdem die Datenbank die erste Normalform erfüllt, sollten die Tabellen der Datenbank so zerlegt werden, daß sie die zweite Normalform erfüllen usw. Für die meisten Datenbanken genügt die Normalisierung bis einschließlich der dritten Normalform. Die vierte und insbesondere die fünfte Normalform finden in der Praxis selten Anwendung.

Die im Zusammenhang mit der Normalisierung entscheidende Frage ist, wieviel Datenredundanz sinnvoll ist. Diese Frage kann nur für jede Datenbank separat beantwortet werden. Das wichtigste Kriterium für diese Entscheidung ist, ob die Datenbank wenigen oder vielen Änderungen unterworfen ist. Die Datenbanken, die wenigen oder keinen Änderungen unterworfen sind, können problemlos mehr Datenredundanz enthalten. Demgegenüber sollten die Datenbanken, die häufig geändert werden, möglichst wenig redundante Daten haben, weil das Ziel, die redundanten Daten konsistent zu halten, im allgemeinen nur mit hohem Aufwand zu erreichen ist.

1.3.2 Erste Normalform

Eine Tabelle befindet sich in der ersten Normalform, falls in jeder Reihe und für jede Spalte nur atomare Werte existieren. Wie aus dem vorherigen Abschnitt ersichtlich, beinhaltet das relationale Datenmodell an sich schon diese Eigenschaft. Die erste Normalform werden wir anhand eines Ausschnitts aus der Tabelle **arbeiten** der Beispieldatenbank darstellen:

10102	p1	....
10102	p3	....
....	....	....

Tabelle 1.5: Erste Normalform

Falls diese zwei Reihen folgendermaßen geschrieben würden:

10102	(p1,p3)	....
....	....	....

Tabelle 1.6: Tabelle, die die erste Normalform nicht erfüllt

würde die Tabelle **arbeiten** nicht in der ersten Normalform sein. (Dies ist im relationalen Datenmodell nicht möglich.)

1.3.3 Zweite Normalform

Eine Tabelle befindet sich in der zweiten Normalform, wenn sie keine funktionale Abhängigkeiten von Teilen des Schlüssels enthält. Mit anderen Worten, jede Spalte dieser Tabelle, die den Primärschlüssel nicht bildet, darf nur vom ganzen Primärschlüssel (und nicht nur von einem Teil dieses Schlüssels) funktional abhängig sein.

Nehmen wir an, die Tabelle **arbeiten** der Beispieldatenbank enthielte folgende Spalten:

m_nr	pr_nr	aufgabe	einst_dat	abt_nr
10102	p1	Projektleiter Gruppenleiter	1.Oct.1988 0:00	a3
10102	p3	Sachbearbeiter	1.Jan.1989 0:00	a3
25348	p2		15.Feb.1988 0:00	a3
18316	p2		1.Jun.1989 0:00	a1
.....	...	....	....	...
.....	...	....	....	...

*Tabelle 1.7: Die erweiterte Tabelle **arbeiten***

Den Primärschlüssel dieser Tabelle bildet die Kombination der Spalten **m_nr** und **pr_nr**. Die Spalte **abt_nr** ist nicht voll funktional vom kompletten Primärschlüssel, sondern schon von einem Teil (**m_nr**) abhängig. Deswegen befindet sich die oben abgebildete Tabelle nicht in der zweiten Normalform. (Die Tabelle **arbeiten** der Beispieldatenbank befindet sich in der zweiten Normalform.)

1.3.4 Dritte Normalform

Die dritte Normalform besagt, daß zwischen den Spalten einer Tabelle, die nicht den Primärschlüssel bilden, keine Abhängigkeiten existieren dürfen. Ausgegangen wird dabei immer von einer Tabelle, die sich bereits in der zweiten Normalform befindet. Nehmen wir an, die Tabelle **mitarbeiter** enthielte eine zusätzliche Spalte mit dem Namen der Abteilung:

m_nr	m_name	m_vorname	abt_nr	abt_name
25348	Keller	Hans	a3	Freigabe
10102	Huber	Petra	a3	Freigabe
18316	Müller	Gabriele	a1	Beratung
29346	Probst	Andreas	a2	Diagnose
.....	....	....	...	....
.....	....	....	...	....

*Tabelle 1.8: Die erweiterte Tabelle **mitarbeiter***

Der Primärschlüssel dieser Tabelle ist die Spalte **m_nr**. Weil die Spalten **abt_nr** und **abt_name** voneinander abhängig sind, und keine von beiden Teil des Primärschlüssels ist, befindet sich die oben abgebildete Tabelle nicht in der dritten Normalform. (Die Tabelle **mitarbeiter**, genauso wie alle anderen Tabellen der Beispieldatenbank, befindet sich in der dritten Normalform.) Datenbanken, die die dritte Normalform erfüllen, enthalten weitgehend nicht redundante Daten.

1.3.5 Vierte Normalform

Die vierte Normalform beseitigt die mehrwertigen Abhängigkeiten in den Tabellen einer Datenbank. Als praktisches Beispiel betrachten wir die Tabelle **verkauf**, mit welcher der Verkauf diverser Artikel in verschiedenen Läden abgewickelt wird.

art_nr	laden_nr	farbe
art_1	laden_1	schwarz
art_1	laden_1	weiß
art_2	laden_1	rot
art_2	laden_1	schwarz
art_2	laden_2	rot
art_2	laden_2	schwarz
art_3	laden_2	weiß
....	....	....

*Tabelle 1.9: Die Tabelle **verkauf***

Die Tabelle **verkauf** erfüllt die dritte Normalform, weil der einzige Primärschlüssel die Kombination aller drei Spalten **art_nr, laden_nr** und **farbe** ist. Trotzdem sind die Datenwerte dieser Tabelle redundant. Der Grund für die Redundanz liegt darin, daß jeder Artikel sowohl in mehreren Läden verkauft wird als auch mehrere mögliche Farben hat. Der Artikel **art_2** z.B. wird in zwei Läden verkauft: **laden_1** und **laden_2** und in zwei verschiedenen Farben **schwarz** und **rot**. Deswegen existieren in der Tabelle **verkauf** mehrwertige Abhängigkeiten, die mit der Trennung in zwei Tabellen beseitigt werden können.

1.4 Die Datenbanksprache SQL

Der SQL Server unterstützt wie alle anderen relationalen DB-Systeme die Sprache SQL. SQL ist eine Datenbanksprache, die auf dem relationalen Datmodell basiert. Der Name steht als Abkürzung für *Structured Query Language*, d.h. strukturierte Abfragesprache.

Die Entstehungsgeschichte von SQL ist eng mit dem Projekt *System R* bei IBM verbunden. *System R* sollte beweisen, daß ein relationales Datenbankmanagementsystem allen praktischen Anforderungen gerecht werden kann. Ein derartiges System soll also sehr leistungsfähig sein und alle Funktionen beinhalten, die für die alltägliche praktische Anwendung notwendig sind [CHA81].

Die Entwicklung von *System R* erfolgte in drei Phasen. Das Ziel der ersten Phase – Phase Null – war die schnelle Implementierung eines Prototyps, der nur einen Teil der vorgesehenen Funktionen beinhalten sollte. Als Datenbanksprache wurde in dieser Phase SEQUEL gewählt. Für diese Sprache wurde ein Interpreter in PL/I geschrieben, der ihre Anweisungen ausführen konnte. Im weiteren Verlauf dieser Phase wurde der Name der Sprache in „SQL" geändert. Trotz dieser Änderung wird SQL heute noch häufig als *Sequel* (sprich: siekwel) ausgesprochen.

Die implementierte Untermenge der SQL-Sprache bot die Möglichkeit, sowohl die Datenbank abzufragen und zu modifizieren als auch dynamische Änderungen des Datenbankdesigns durchzuführen. Zusätzlich wurden Unterabfragen implementiert. Damit war es möglich, die Suche in mehreren Tabellen durchzuführen; das endgültige Ergebnis konnte nur aus einer Tabelle entnommen werden.

In dieser Phase wurde *System R* als Einplatzsystem implementiert, d.h. die Abfragen mittels SQL konnten nur von einem Bildschirm aus gestartet werden. Die schwierigste Aufgabe in dieser Phase war die Arbeit an optimierenden Algorithmen. Das Ziel war, die Anzahl der Zugriffe auf Datenbanken bei Abfragen zu minimieren. Diese Phase dauerte zwei Jahre, von 1974 bis 1975, und hat in bezug auf SQL bewiesen, daß die Sprache in der Praxis einsetzbar war.

Die zweite Phase von *System R* – Phase Eins – dauerte von 1976 bis Mitte 1977. Der Prototyp aus der ersten Phase wurde jedoch nicht weiterentwickelt, sondern eine ganz neue Version von *System R* konstruiert. Diese Version beinhaltete alle schon erwähnten

Professionelle Tools für mehr Effizienz im Büro:

ABC FlowCharter 6.0
Zur Erstellung professioneller Business-Grafiken.

Micrografx Designer 6.0
Das vektororientierte Zeichenprogramm für technische
Zeichnungen und Illustrationen.

Picture Publisher 6.0
Für schnelle und effiziente Bildbearbeitung.

ABC Media Manager
Drag & Drop ClipArt-Verwaltung und transparenter
Dateiimport.

Instant 3D
Faszinierende 3D-Effekte für Text und Grafik.

Absender

Name

Vorname

Straße

PLZ, Ort

 Ich möchte an der Verlosung teilnehmen.

Teilnehmen an der Verlosung kann jeder ab 18 Jahren, ausgenommen sind
Mitarbeiter des Verlages und ihre Angehörigen. Jede Einsendung wird
berücksichtigt. Der Rechtsweg ist ausgeschlossen. Mit der Speicherung
und Weitergabe der Daten an Partnerbuchhandlungen bin ich
einverstanden.

Bitte
freimachen

Antwort

Addison Wesley Longman
Verlag GmbH
Wachsbleiche 7-12

53111 Bonn

Addison Wesley Longman ist ein weltweit agierender Fachbuchverlag,
der mit Büchern und CD-ROMs für EDV-Profis, Studenten
sowie Anwender von Standard-Software
zu den Spitzenverlagen der Computerwelt gehört.

Wir brauchen Sie!

Bitte sagen Sie uns Ihre Meinung! Nur so werden wir weiterhin in der Lage sein,
Bücher und CDs zu veröffentlichen, die Ihre Probleme lösen. Produkte, die fachlich
wie sprachlich Ihren Anforderungen entsprechen.

Bitte schicken Sie uns die Antwortkarte unten ausgefüllt zurück.
Damit nehmen Sie an der nächsten unserer vierteljährlichen Verlosungen teil.

TOP-Preise zu gewinnen:

1. Preis: Ein Softwarepaket ABC Graphics Suite von MicrografX

2. Preis: Ein Jahresabo des c't magazins, der Zeitschrift für Profis

3. Preis: Ein Addison-Wesley-Buch oder eine -CD nach Wahl

---

1 **Diese Karte lag im Buch:**
ISBN _____

2 **Ihr Geschlecht**
☐ männlich   ☐ weiblich

3 **Ihr Alter**
☐ unter 20
☐ 21 bis 25
☐ 26 bis 30
☐ über 30

4 **Wie nutzen Sie das Buch?**
☐ berufliche Weiterbildung
   Branche _____
☐ Studium
   Fach _____
☐ privat

5 **Mit welchem System
  arbeiten Sie?**
☐ Windows 3.11 / Win 95 / Win NT
   ☐ 386   ☐ 486   ☐ Pentium
☐ Apple Macintosh
☐ UNIX / Linux
☐ OS/2

6 **Benutzen Sie eine Soundkarte?**
☐ ja   ☐ nein

7 **Haben Sie Internet-Zugang?**
☐ ja   ☐ nein

8 **Wie wurden Sie auf dieses
  Buch aufmerksam?**
☐ Zeitschriftenwerbung, Kataloge
☐ Besprechung in Zeitschrift
☐ durch Freunde
☐ Empfehlung des Buchhändlers
☐ über das Internet
☐ im Regal des Händlers gesehen

9 **Welche Zeitschrift lesen
  Sie regelmäßig?**
☐ c't magazin
☐ PC Professionell
☐ eine Macintosh-Zeitschrift
☐ ein CD- oder Online-Magazin
☐ Spiegel / Focus oder ähnliche
☐ Wirtschaftspresse
☐ andere _____

10 **Was spricht Sie an diesem
   Buch besonders an?**
☐ Aktualität des Themas
☐ strukturierter Aufbau
☐ inhaltliche Tiefe
☐ namhafter Autor
☐ Covergestaltung

11 **Würden Sie dieses Buch wieder
   kaufen?**
☐ ja   ☐ nein
Falls nein, warum nicht:
_____
_____

12 **Zu welchem Thema wünschen Sie
   neue Bücher oder CDs?**
_____
_____

Vielen Dank und viel Glück bei der Verlosung.

Funktionen und war ein Mehrplatzsystem. Die wichtigsten Komponenten der zweiten Phase in bezug auf SQL waren die Implementierung von Abfragen, die mehrere Tabellen verknüpfen, und das Subsystem für Datenschutz. Dieses Subsystem sicherte jedem Benutzer genau den Zugriff zu, der ihm vom Eigentümer des entsprechenden Objektes eingeräumt wurde.

Zusätzlich dazu wurde SQL in zwei höhere Programmiersprachen, – COBOL und PL/I, – eingebettet. Das Ziel war, jedem Programmierer dieselben Möglichkeiten zu geben, ungeachtet dessen, ob er interaktive Abfragen oder die COBOL- bzw. PL/I-Schnittstelle benutzt. Das erklärte Ziel der zweiten Phase war, *System R* für die IBM-Betriebssysteme VM/CMS und MVS/TSO lauffähig zu machen.

In der dritten Phase, von Juni 1977 bis Ende 1979, wurde *System R* intern bei IBM und bei drei ausgewählten Kunden getestet. Die SQL-Benutzerschnittstelle von *System R* wurde generell als einfach und mächtig bewertet. Die Sprache war so strukturiert, daß die Anwender sie in relativ kurzer Zeit erlernen konnten.

Im Jahre 1982 gründete das American National Standards Institute (ANSI) ein Gremium, das einen Standard für relationale Datenbanksprachen entwerfen sollte. Im Laufe der Zeit wurde zum größten Teil der SQL-Dialekt von IBM als Standard übernommen und im Oktober 1986 verabschiedet. Nach der Verabschiedung eines weiteren SQL-Standards im Jahre 1989 hat sich dasselbe Gremium dem Entwurf eines neuen Standards mit dem Namen SQL2 gewidmet. SQL2 wurde im Dezember 1992 offiziell verabschiedet [ANS92]. Zur Zeit wird an dem nächsten Standard, der den Arbeitstitel SQL3 hat, gearbeitet. Dieser Standard wird als wichtigste Erweiterungen objektorientierte Konzepte und Trigger enthalten. Die offizielle Verabschiedung dieses Standards wird voraussichtlich im Jahre 1997 erfolgen.

1.5   Notation

Für die Darstellung der Syntax aller in diesem Buch definierten SQL-Anweisungen wird eine einfache formale Sprache benutzt, die nachfolgend definiert wird:

Schreibweise	Beschreibung
RESERVIERTES_WORT	Jedes reservierte Wort der SQL-Sprache wird in Großbuchstaben angegeben. (Beispiel: CREATE TABLE). Zusätzliche Erklärungen zu reservierten Wörtern können Sie in Kapitel 2 finden.
variable	Die Schreibweise mit Kleinbuchstaben bezeichnet eine Variable. Beispiel: CREATE TABLE **tabelle** (für "tabelle" muß ein aktueller Wert eingegeben werden).
{var_1 | var_2}	Alternative Darstellung: Genau einer der Ausdrücke, der durch einen senkrechten Strich von den anderen getrennt ist, ist auszuwählen, z.B. {ALL | DISTINCT}.

Tabelle 1.10: Notation

Schreibweise	Beschreibung
var1 | var2 | var3	Auswahl: Einer oder mehrere Ausdrücke, die durch einen senkrechten Strich von den anderen gestrennt sind, sind auszuwählen.
[ ]	Eckige Klammern bezeichnen optionale Werte. Werte innerhalb der eckigen Klammern dürfen also weggelassen werden.
Voreinstellung	Unterstrichene Werte kennzeichnen die Voreinstellung. Dieser Wert wird also implizit angenommen, wenn explizit keine Alternative angegeben ist.
...	Wiederholungszeichen: Der unmittelbar vorhergehende Ausdruck darf mehrmals wiederholt werden (getrennt durch ein oder mehrere Leerzeichen).
{ } ...	Der Ausdruck, der innerhalb der geschweiften Klammern erscheint, darf mehrmals wiederholt werden (getrennt durch ein oder mehrere Leerzeichen).

Tabelle 1.10: Notation (Fortsetzung)

Zusätzlich zur Notation werden alle Objekte der Beispieldatenbank im Text fettgedruckt dargestellt.

Hinweis   Die reservierten Wörter der SQL-Sprache werden in diesem Buch unterschiedlich bei der Syntaxbeschreibung und in den Beispielen dargestellt. In der Syntaxbeschreibung einer Anweisung werden alle reservierten Wörter, wie in der Notation angegeben, groß geschrieben. In den Beispielen werden alle Angaben (reservierte Wörter, Variablen usw.) klein geschrieben. Der Grund für diese Unterscheidung liegt darin, daß die SQL Server-Versionen <= 4.2 beim Schreiben von Datentypen, die keine reservierten Wörter sind, zwischen Groß- und Kleinschreibung unterscheiden. (Damit wird z.B. **char** als Datentyp erkannt, nicht aber CHAR.)

1.6 Zusammenfassung

Der SQL Server als relationale DBMS gewährleistet u.a.:

▶ logische und physikalische Datenunabhängigkeit;
▶ prozedurale und nichtprozedurale Schnittstellen;
▶ effiziente Abarbeitung von Datenbankoperationen;
▶ Datenintegrität;
▶ konkurrierenden Datenzugriff;
▶ Datensicherheit und
▶ Datenschutz.

Aufgaben

A.1.1 Was bedeutet Datenunabhängigkeit und welche Arten von Datenunabhängig-keit existieren?

A.1.2 Welches ist das Grundelement einer relationalen Datenbank?

A.1.3 Was stellt die Tabelle arbeiten in Bezug auf die anderen Tabellen dar?

2 Grundkomponenten des SQL Servers

In diesem Kapitel werden Grundkomponenten des SQL Servers beschrieben. Zuerst werden die Grundelemente der Sprache, wie Literale, Namen und Begrenzer erörtert, im Anschluß daran die Datentypen definiert. Danach werden alle existierenden Operatoren und Funktionen beim SQL Server beschrieben. Am Ende des Kapitels werden die NULL-Werte erörtert.

2.1 Grundelemente der SQL-Sprache

Die SQL-Sprache des SQL-Servers heißt Transact-SQL und hat wie jede andere Programmiersprache folgende Grundelemente:

▶ Literale,

▶ Begrenzer,

▶ Namen und

▶ reservierte Wörter.

2.1.1 Literale

Ein Literal ist eine alphanumerische, hexadezimale oder numerische Konstante. Eine alphanumerische Konstante (auch Zeichenkette genannt) beinhaltet ein oder mehrere Zeichen des SQL Server-Zeichensatzes, die zwischen zwei Apostrophen oder zwei Anführungszeichen stehen.

Die hexadezimalen Konstanten dienen der Darstellung der nicht abdruckbaren Zeichen. Jede hexadezimale Konstante fängt mit dem Buchstaben „X" an, gefolgt von einer geraden Anzahl von Buchstaben oder Ziffern, die innerhalb von zwei Apostrophen stehen.

Beispiel 2.1 Es folgen Beispiele für alphanumerische und hexadezimale Konstanten:

▶ 'Stuttgart'

▶ "1000 Berlin 30"

▶ '9876'

▶ 'Apostroph wird mit '' dargestellt'

▶ X'53514C0D'

Beispiel 2.2 Bei folgenden Beispielen handelt es sich *nicht* um alphanumerische Konstanten:

▶ 'AB'C'   ungerade Anzahl von Apostrophen

▶ 'München"   das Apostroph und das Anführungszeichen können nicht gemischt
                werden.

Seit der Version 6.0 haben Anführungszeichen beim SQL Server eine doppelte Bedeutung. Außer als Zeichenkettenbegrenzer können Anführungszeichen auch als Begrenzer für sogenannte begrenzte Bezeichner *(delimited identifier)* verwendet werden. Begrenzte Bezeichner sind eine spezielle Art von Bezeichnern, die gewöhnlich benutzt
werden, um Schlüsselwörter zusätzlich als Bezeichner zu verwenden.

Hinweis   Die Unterscheidung zwischen Apostrophen und Anführungszeichen als
               Begrenzer wurde im SQL92-Standard durchgeführt. Bei den Bezeichnern
               unterscheidet dieser Standard zwischen regulären *(regular identifier)* und
               begrenzten Bezeichnern. Der wichtigste Unterschied ist, daß begrenzte
               Bezeichner innerhalb Anführungszeichen geschrieben werden und zwis-
               chen Groß- und Kleinschreibung unterscheiden. Apostrophe werden als
               ausschließliche Zeichenkettenbegrenzer verwendet.

Die Bedeutung der Anführungszeichen beim SQL Server wird mit Hilfe der
QUOTED_IDENTIFIER-Option der SET-Anweisung festgelegt. Falls diese Option auf
ON gesetzt ist, wird ein Bezeichner innerhalb der Anführungszeichen als begrenzter
Bezeichner identifiziert. In diesem Fall dürfen Anführungszeichen nicht als Zeichenkettenbegrenzer benutzt werden. Standardmäßig ist diese Option nicht auf ON gesetzt, d.h. Anführungszeichen werden standardmäßig als eine Alternative zu den Apostrophen als Zeichenkettenbegrenzer betrachtet. Die praktische Verwendung der begrenzten Bezeichner wird in Kapitel 4 gegeben (siehe Beispiel 4.24).

Zu numerischen Konstanten gehören alle Ganz-, Festpunkt- und Gleitpunktzahlen mit
oder ohne Vorzeichen.

Beispiel 2.3 Es folgen Beispiele für numerische Konstanten:

▶ 130

▶ -130.00

▶ -0.357E5

▶ 22.3E-3

Ein Literal besitzt immer einen Datentyp und eine Länge, die beide vom Format des
Literals abhängig sind. Zusätzlich besitzt jede numerische Konstante eine
Genauigkeits- und Skalierungsangabe. (Die Datentypen unterschiedlicher Literalarten
werden später in diesem Kapitel beschrieben.)

2.1.2 Begrenzer

Mit Hilfe der Begrenzer werden die lexikalischen Einheiten (*token*) einer Programmiersprache voneinander getrennt. Transact-SQL kennt folgende Begrenzer:

, ( ) < > . : = + - * / <> <= >=

Kommentare und alphanumerische Konstanten stellen auch Begrenzer dar.

Ein Kommentar kann auf verschiedene Weise in einer Transact-SQL-Anweisung dargestellt werden. Die Zeichenpaare „/*" und „*/" definieren den dazwischen befindlichen Text, der sich auch auf mehrere Zeilen erstrecken kann, als Kommentar. Genauso wird das Zeichenpaar „—" als Kommentar erkannt. Dabei wird dieses Zeichenpaar, gefolgt von einem Leerzeichen, zusammen mit dem Rest der Zeile, als Kommentar betrachtet. (Das Zeichenpaar „—" entspricht dem ANSI-SQL-Standard, während „/*" und „*/" die spezifische Erweiterung der Transact-SQL-Sprache ist.)

2.1.3 Namen

Namen (Bezeichner) in Transact-SQL werden für die Identifizierung einzelner Objekte, wie Datenbanken, Tabellen, Indizes usw. verwendet. Sie sind durch Zeichenketten dargestellt, die bis zu 30 alphanumerische Zeichen enthalten können. Jeder Name muß mit einem Buchstaben oder mit einem der folgenden Zeichen: „_", „#", und „@" beginnen. Das Zeichen „#" am Anfang eines Tabellennamens kennzeichnet eine temporäre Tabelle, während „@" am Anfang eines Namens eine lokale Variable kennzeichnet.

2.1.4 Reservierte Wörter

Jede Programmiersprache hat eine Menge von Wörtern, die eine gewisse vorgegebene Bedeutung haben, und die in der jeweils vorgegebenen Form geschrieben werden müssen. Solche Wörter heißen reservierte Wörter. In der Transact-SQL-Sprache gibt es eine Vielzahl solcher Wörter, die wie in den meisten anderen Programmiersprachen als Objektnamen nicht benutzt werden dürfen. Die Liste aller reservierten Wörter kann in den entsprechenden Handbüchern des SQL Server-Systems gefunden werden.

Hinweis   Die Namen aller Datentypen und Systemfunktionen wie **char**, **int** usw. stellen bei Transact-SQL keine reservierten Wörter dar. Deswegen kann man sie auch als Namen von Objekten benutzen.

2.2 Datentypen

Alle Datenwerte einer Spalte müssen denselben Datentyp haben. Transact-SQL kennt mehrere Datentypen, die in folgende Klassen unterteilt werden können:

▶ numerische Datentypen,

▶ alphanumerische Datentypen,

▶ Datentypen für Datums- und / oder Zeitangaben und

▶ binäre Datentypen.

2.2.1 Numerische Datentypen

Numerische Datentypen ermöglichen die Darstellung von Zahlen. Transact-SQL enthält folgende numerische Datentypen:

Datentyp	Beschreibung
int	Beschreibt ganzzahlige numerische Werte, die in vier Byte gespeichert werden können. **int** ist die verkürzte Schreibweise für **integer**.
smallint	Beschreibt ganzzahlige numerische Werte, die in zwei Byte gespeichert werden können und deswegen zwischen -32768 und 32767 liegen.
tinyint	Beschreibt ganzzahlige, positive numerische Werte, die in einem Byte gespeichert werden können. (**tinyint**-Werte liegen zwischen 0 und 255).
decimal(p,[q])	Beschreibt Festpunktzahlen. Die Angabe **p** kennzeichnet die Anzahl aller Ziffern und **q** die Anzahl der Ziffern hinter dem Dezimalkomma. (**decimal**-Werte werden, abhängig von der Angabe **p**, in 2 bis einschließlich 17 Byte gespeichert. Die Angabe **dec** ist das Kürzel für **decimal**.)
numeric(p,[q])	Synonym für **decimal**.
real	Beschreibt Gleitkommazahlen, deren Wertebereich dem Datentyp **float** des C-Übersetzers auf dem jeweiligen Rechner entspricht.
float[(p)]	Beschreibt Gleitkommazahlen, deren Wertebereich dem Datentyp **double** des C-Übersetzers auf dem jeweiligen Rechner entspricht. Die Angabe **p** spezifiziert die Genauigkeit, wobei für **p**<24 die einfache Genauigkeit (4 Byte) und für **p**>=24 die doppelte Genauigkeit (8 Byte) verwendet wird.
money	Wird für die Darstellung von Geldbeträgen verwendet. Die **money**-Werte entsprechen den **decimal**-Werten, die in acht Byte gespeichert und auf zwei Stellen hinter dem Komma aufgerundet sind.
smallmoney	Entspricht dem **money**-Datentyp, wird aber in 4 Byte gespeichert.

Hinweis   Ab SQL Server V6.5 hat sich die interne Darstellung bei der Genauigkeit des **float**-Datentyps geändert. Bis einschließlich der Version 6.0 wurde die einfache Ganuigkeit (4 Byte) für **p**<8 verwendet.

2.2.2 Alphanumerische Datentypen

Der alphanumerische Datentyp ermöglicht die Darstellung von Zeichenketten, wobei alle alphanumerischen Zeichen innerhalb der Zeichenkette auftreten können. Die alphanumerischen Datentypen sind:

Datentyp	Beschreibung
char[(n)]	Beschreibt eine Zeichenkette, wobei n die Anzahl der Zeichen innerhalb der Zeichenkette angibt. Der Wert von **n** kann bis zu 255 betragen. **character**(n) ist eine zusätzliche, äquivalente Schreibweise für **char**(n).
varchar[(n)]	Beschreibt eine Zeichenkette variabler Länge (0<n<256). Dieser Datentyp unterscheidet sich vom Datentyp **char** dadurch, daß die **varchar**-Werte genau in ihrer tatsächlichen Länge gespeichert werden. Dieser Datentyp hat auch zwei Synonyme - **char varying** bzw. **character varying**.
text[(n)]	Definiert eine Textdatei bis zu 2 Gigabyte Länge. (Dieser Datentyp wird zusammen mit dem Datentyp **image** später in diesem Abschnitt beschrieben.)

varchar kennzeichnet eine Zeichenkette variabler Länge, die sowohl darstellbare als auch nicht darstellbare Zeichen sowie NULL-Zeichen enthalten kann. Der Datentyp **varchar** ist sehr ähnlich dem Datentyp **char**. Der einzige Unterschied besteht in der physikalischen Darstellung: Falls der Inhalt einer **char**(n)-Zeichenkette kürzer als **n** Zeichen ist, wird der Rest der Zeichenkette mit Leerzeichen aufgefüllt. Die Zeichenkette vom Typ **varchar** wird hingegen genau in ihrer tatsächlichen Länge gespeichert.

2.2.3 Datums- und Zeitangaben

Der SQL Server unterstützt folgende Datums- und Zeitangaben:

Datentyp	Beschreibung
datetime	Beschreibt eine Datums- und Zeitangabe, die als Ganzzahlen in je vier Byte gespeichert sind.
small-datetime	Beschreibt eine Datums- und Zeitangabe, die als Ganzzahlen in je zwei Byte gespeichert sind.

Die beiden Datentypen **datetime** bzw. **smalldatetime** sind als numerische Werte gespeichert, wobei der Datumsteil als die Anzahl von Tagen seit dem 1.1.1900 dargestellt und in dem ersten vier bzw. zwei Byte Teilfeld gespeichert ist. Der Zeitteil ist als die Anzahl von Sekunden (bei **datetime**) bzw. von Minuten (bei **smalldatetime**) seit Mitternacht dargestellt und ist in dem zweiten Teilfeld mit vier bzw. zwei Bytelänge gespeichert.

Der Datumsteil in Transact-SQL wird standardmäßig als Zeichenkette im Format: "Mon dd yyyy" (z.B. 'Jan 10 1993') innerhalb zweier Apostrophe (oder zweier Anführungszeichen) geschrieben. Dementsprechend wird der Zeitteil als Zeichenkette im Format 'hh:mm AM' bzw. 'hh:mm PM' (z.B. '11:31 PM') dargestellt.

Hinweis Der SQL Server erkennt sehr viele, unterschiedliche Dateneingaben als Datums- und Zeitangaben. Die beiden Angaben werden separat erkannt und können damit in beliebiger Reihenfolge bzw. separat geschrieben werden. Falls eine der beiden Angaben ausgelassen wird, werden vom SQL Server Standardwerte benutzt. (Für die Zeitangabe wird z.B. 12:00AM als Standardwert verwendet.)

Beispiel 2.4 Folgende Datumseingaben können u.a. verwendet werden:

▶ '28/5/1959'

▶ 'May 28, 1959'

▶ '1959 MAY 28'

Beispiel 2.5 Folgende Zeiteingaben können u.a. verwendet werden:

▶ '8:45 AM'

▶ '4 pm'

2.2.4 Binäre Datentypen und der Datentyp bit

Binäre Datentypen beschreiben Datenobjekte, die in der internen Form des Rechners dargestellt sind. Zu den binären Datentypen gehören:

Datentyp	Beschreibung
binary[(n)]	Beschreibt eine Bitkette fester Länge mit genau **n** Bytes ($0 < n < 256$).
var-binary[(n)]	Beschreibt eine Bitkette variabler Länge mit max. **n** Bytes ($0 < n < 256$).
image[(n)]	Beschreibt eine Bitkette fester Länge, deren Größe praktisch uneingeschränkt ist. (Die Grenze liegt bei 2^{31} Bytes.)

Hinweis Zusammen mit dem Datentyp **image** gehört auch der schon erwähnte alphanumerische Datentyp **text** zu den sogenannten BLOB's (*Binary Large OBjects*, also große binäre Objekte). Die Datenobjekte vom Typ **image** können beliebige Arten binärer Daten (Lademodule, Objektprogramme usw.) beinhalten, während Datenobjekte vom Typ **text** beliebige Textdaten enthalten können. Jedes Objekt vom Typ **text** oder **image** ist in einer Tabelle als Zeiger gespeichert. Dieser Zeiger zeigt auf eine verkettete Liste von physikalischen Speicherseiten. Die Datentypen **text** und **image** haben, im Unterschied zu den anderen Datentypen viele Einschränkungen, die an den entsprechenden Stellen des Buches erläutert werden.

Der Datentyp **bit** gehört nicht zu den binären Datentypen, hat aber gewisse Ähnlichkeiten mit diesem Datentyp.

Datentyp	Beschreibung
bit	Beschreibt den Booleschen Datentyp, der die Werte "falsch" und "richtig" haben kann. Jeder Wert dieses Datentyps ist in einem einzigen Bit gespeichert. **bit**-Werte können nicht NULL-Werte sein.

2.2.5 Abgeleitete Datentypen

Der SQL Server unterstützt zwei Datentypen, die von einfachen Datentypen abgeleitet sind. Dies sind:

Datentyp	Beschreibung
timestamp	Beschreibt eine Spalte, die vom System als **varbinary(8)** definiert ist. Der Wert dieser Spalte wird jedesmal um eins erhöht, wenn eine Reihe mit der **timestamp**-Spalte eingefügt bzw. geändert wird. Der Benutzer kann den Wert der **timestamp**-Spalte nicht ändern.
sysname	Beschreibt die Namen von Datenbankobjekten im Systemkatalog (als **varchar**(20) definiert).

Die beiden abgeleiteten Datentypen gehören zu den sogenannten benutzerdefinierten Datentypen, die nur mit Hilfe der Systemprozeduren **sp_addtype** und **sp_droptype** erstellt bzw. gelöscht werden können. (Die benutzerdefinierten Datentypen sind in Kapitel 4 beschrieben.)

2.3 Prädikate

Ein Prädikat kennzeichnet eine logische Bedingung, die auf Reihen einer Tabelle angewendet wird. Die herkömmlichen logischen Bedingungen mit zwei Werten („richtig", „falsch") sind bei SQL um einen dritten Wert („unbekannt") erweitert worden . Transact-SQL unterstützt folgende Prädikate:

▶ alle Vergleichsoperatoren,

▶ BETWEEN-Operator,

▶ IN-Operator,

▶ LIKE-Operator,

▶ NULL-Operator,

▶ ALL- und ANY-Operator und

▶ EXISTS-Operator.

Alle diese Prädikate werden ausführlich in Kapitel 5 beschrieben.

2.4 Aggregatfunktionen

Die Aggregatfunktionen werden auf eine Gruppe von Datenwerten aus einer Spalte angewendet. Das Ergebnis jeder Aggregatfunktion ist immer ein einziger Wert. Es gibt fünf Aggregatfunktionen, die von Transact-SQL unterstützt werden:

▶ AVG,

▶ MAX,

▶ MIN,

▶ SUM und

▶ COUNT.

AVG (Abkürzung für *average*) berechnet das arithmetische Mittel der Datenwerte in einer Spalte. Die Spalte muß numerische Werte beinhalten. MAX berechnet den größten und MIN den kleinsten Datenwert einer Spalte. Die Spalte kann numerische, alphanumerische oder Datumswerte beinhalten.

SUM berechnet die Summe aller Datenwerte in einer Spalte. Die Spalte muß numerische Werte beinhalten. COUNT berechnet die Anzahl der Datenwerte innerhalb einer Spalte. Die einzige Aggregatfunktion, die nicht auf Spalten angewendet wird, ist COUNT(*). Diese Funktion berechnet die Anzahl der Reihen.

2.5 Skalare Funktionen

Zusätzlich zu den Aggregatfunktionen existieren skalare Funktionen, mit denen auch Ausdrücke gebildet werden können. Alle skalaren Funktionen können in folgende Gruppen unterteilt werden:

▶ numerische Funktionen,

▶ Datumsfunktionen,

▶ Zeichenkettenfunktionen,

▶ BLOB-Funktionen und

▶ Systemfunktionen.

Numerische Funktionen bei Transact-SQL sind diverse mathematische Funktionen, die der Manipulation numerischer Werte dienen. Zu den numerischen Funktionen gehören:

Funktion	Beschreibung
abs(n)	Berechnet den absoluten Wert von **n**.
acos(n)	Berechnet den Arkuskosinus von **n**. Sowohl **n** als auch der Ausgabewert sind vom Typ **float**.
asin(n)	Berechnet den Arkussinus von **n**. Sowohl **n** als auch der Ausgabewert sind vom Typ **float**.
atan(n)	Berechnet den Arkustangens von **n**. Sowohl **n** als auch der Ausgabewert sind vom Typ **float**.
atn2(n,m)	Berechnet den Arkustangens von **n/m**. **n**, **m** und der Ausgabewert sind vom Typ **float**.
ceiling(n)	Berechnet die kleinste Ganzzahl **i**, für die gilt: **n <= i**.
cos(n)	Berechnet den Kosinus von **n**. Sowohl **n** als auch der Ausgabewert sind vom Typ **float**.
cot(n)	Berechnet den Kotangens von **n**. Sowohl **n** als auch der Ausgabewert sind vom Typ **float**.
degrees(n)	Wandelt das Bogenmaß des numerischen Ausdrucks **n** in Grade um.
exp(n)	Berechnet den Wert e**n.
floor(n)	Berechnet die größte Ganzzahl **i**, für die gilt: **i <= n**.
log(n)	Berechnet den natürlichen Logarithmus von **n**.
log10(n)	Berechnet den Logarithmus (mit der Basis 10) von **n**.
pi	Gibt den Wert der Zahl Pi (3.14) zurück.
power(n,e)	Berechnet den Wert **n**e.
radian(n)	Wandelt den Gradwert des numerischen Audrucks **n** in das Bogenmaß um.
rand	Wählt eine Zufallszahl vom Typ **float** zwischen 0 und 1 aus.
round(n,p)	Rundet den Wert der Zahl **n** mit Hilfe des angegebenen Genauigkeitwertes **p** auf.
sign(n)	Gibt das Vorzeichen des Wertes **n** als Zahl (+1 für den positiven, -1 für den negativen Wert und 0 für die Null) zurück.
sin(n)	Berechnet den Sinus von **n**. Sowohl **n** als auch der Ausgabewert sind vom Typ **float**.
sqrt(n)	Berechnet die Quadratwurzel von **n**.
tan(n)	Berechnet den Tangens von **n**. Sowohl **n** als auch der Ausgabewert sind vom Typ **float**.

2.5.1 Datumsfunktionen

Datumsfunktionen berechnen entweder die entsprechende Datums- bzw. Zeitangabe aus einem Ausdruck, oder sie liefern den Wert aus einem Zeitintervall. Alle Datumsfunktionen verwenden folgende Datums- bzw. Zeiteinheiten:

▶ yy (year) für das Jahr,

▶ qq (quarter) für das Quartal,

▶ mm (month) für den Monat,

▶ dy (day of year) für den Jahrestag (0<n<366),

▶ dd (day) für den Tag,

▶ dw (day of week) für den Wochentag,

▶ wk (week) für die Woche,

▶ hh (hour) für die Stunde,

▶ mi (minute) für die Minute,

▶ ss (second) für die Sekunde,

▶ ms (millisecond) für die Millisekunde.

Der SQL Server unterstützt folgende Datumsfunktionen:

Funktion	Beschreibung
datepart(einheit,datum)	Liefert als Ergebnis die Ganzzahl, die jenen Teil von **datum** darstellt, der durch **einheit** vorgegeben ist.
datename(einheit, datum)	Liefert als Ergebnis die spezifizierte **einheit** des Datums **datum** als Zeichenkette (Mon,Tue usw.)
datediff(einheit,dat1,dat2)	Berechnet den Unterschied zwischen zwei Datumswerten **dat1** und **dat2** und liefert das Ergebnis in dem Datumsteil des Wertes **einheit** als Ganzzahl zurück.
dateadd(einheit,zahl,datum)	Addiert die Anzahl **zahl** der entsprechenden Einheit **einheit** zu dem angegebenen **datum**.
getdate()	Liefert die aktuelle Datums- und Zeitangabe.

2.5.2 Zeichenkettenfunktionen

Zeichenkettenfunktionen werden zur Manipulation der Datenwerte einer Spalte (meistens alphanumerischen Datentyps) angewendet. Der SQL Server unterstützt folgende Zeichenkettenfunktionen:

Funktion	Beschreibung
ascii(zeichen)	Wandelt das angegebene Zeichen in den entsprechenden ASCII-Code um.
char(ganzzahl)	Wandelt den ASCII-Code in das entsprechende Zeichen um.
convert(typ,[(lng)],a)	Wandelt einen Ausdruck **a** in den angegebenen Datentyp typ (falls möglich) um.
charindex(z1,z2)	Liefert als Ergebnis die Anfangsstelle der Teilzeichenkette **z1** innerhalb der Zeichenkette **z2**.
difference(z1,z2)	Liefert als Ergebnis die Differenz von **soundex**-Werten zweier Zeichenketten **z1** und **z2**. (**soundex** ist ein Verfahren, das eine Nummer zurückgibt, die den phonetischen Klang der Zeichenkette darstellt. Damit können die Zeichenketten gefunden werden, die ähnlich klingen.
lower(z1)	Wandelt alle Großbuchstaben der Zeichenkette **z1** in Kleinbuchstaben um. Die Kleinbuchstaben und Ziffern bleiben unverändert.
ltrim(z)	Entfernt die führenden Leerzeichen aus der Zeichenkette **z**.
patindex(z1,spalte)	Liefert als Ergebnis die Anfangsstelle der Teilzeichenkette **z1** innerhalb der Spalte **spalte**.
replicate(z,i)	Wiederholt die Zeichenkette **z** i-mal.
reverse(z)	Gibt die Zeichenkette **z** in der umgekehrten Richtung aus.
right(z,länge)	Liefert als Ergebnis die rechte Teilzeichenkette der Zeichenkette **z** in der Länge **länge**.
rtrim(z)	Entfernt die rechtsstehenden Leerzeichen aus der Zeichenkette **z**.
soundex(a)	Liefert einen vierstelligen **Soundex**-Code, um die Ähnlichkeit zweier Zeichenketten zu ermitteln.
space(länge)	Liefert als Ergebnis eine Leerzeichenkette in der Länge **länge**.
str(b1,[länge])	Wandelt die angegebene binäre Zahl **b1** in eine Zeichenkette um.
stuff(z1,a,länge,z2)	Ersetzt den Teil der Zeichenkette **z1** ab der Position **a** und mit der Länge **länge** durch die Teilzeichenkette **z2**.
substring(z,a,länge)	Erzeugt die Teilzeichenkette aus der Zeichenkette **z** ab der Position **a** und mit der Länge **länge**.
upper(z)	Wandelt alle Kleinbuchstaben der Zeichenkette **z** in Großbuchstaben um. Die Großbuchstaben und Ziffern bleiben unverändert.

2.5.3 BLOB-Funktionen

BLOB-Funktionen stellen die spezifischen Funktionen dar, die auf die Spalten des Datentyps **text** und **image** angewendet werden können. Zu den BLOB-Funktionen gehören:

Funktion	Beschreibung
patindex(%muster%, ausdr)	Gibt einen ganzzahligen Wert zurück, der die Anfangsposition der Zeichenkette **muster** innerhalb des Ausdrucks **ausdr** liefert. Der Wert 0 bedeutet, daß die Zeichenkette nicht gefunden wurde.
textptr(spalte1)	Gibt den Wert des Zeigers zurück, der auf die erste physikalische Speicherseite zeigt, in der die Spalte **spalte1** gespeichert ist. **spalte1** muß vom Typ **text** sein.
textvalid(sp1,zeiger1)	Überprüft, ob der Zeiger namens **zeiger1**, der für die Spalte **sp1** definiert ist, gültig ist. **sp1** muß vom Typ **text** oder **image** sein.

Zusätzlich zu diesen Funktionen existiert die Option TEXTSIZE der SET-Anweisung, die die maximale Anzahl von Bytes definiert, welche mit einer SELECT-Anweisung von einer **text**- bzw. **image**-Spalte ausgegeben wird. Der aktuelle Wert ist in der globalen Variable **@@textsize** gespeichert.

2.5.4 Systemfunktionen

Systemfunktionen beim SQL Server liefern die umfangreichen Informationen über Datenbankobjekte (Tabellen, Indizes, DB-Prozeduren usw.). Die Eigenschaft der meisten Systemfunktionen ist, daß sie einen systeminternen numerischen Bezeichner (ID) verwenden, der vom SQL Server jedem Datenbankobjekt bei seiner Erstellung zugewiesen wird. Bei den Systemfunktionen wird zwischen den Funktionen mit und ohne Parameter unterschieden. Zu den SQL Server-Systemfunktionen mit Parameter gehören:

Funktion	Beschreibung
coalesce(a1,a2,...)	Liefert den ersten nicht NULL-Ausdruck aus der angegebenen Liste von Ausdrücken.
col_length(obj,sp)	Liefert die maximale Länge der Werte der Spalte **sp**, die dem Datenbankobjekt namens **obj** angehört.
col_name(o_id,s_id)	Liefert für den angegebenen Objektbezeichner **o_id** den Namen der Spalte, die diesem Objekt angehört und den Bezeichner **s_id** hat.
datalength(z)	Berechnet die Gesamtlänge (in Bytes) des Ergebnisses des Ausdrucks **z**.
db_id([db_name])	Liefert den Bezeichner der Datenbank namens **db_name**. Falls kein Name angegeben ist, wird der Bezeichner der aktuellen Datenbank geliefert.

Funktion	Beschreibung
db_name([db_id])	Liefert den Namen der Datenbank mit dem Bezeichner **db_id**. Falls kein Bezeichner angegeben ist, wird der Name der aktuellen Datenbank geliefert.
getansinull('dbame')	Liefert den Wert 1, falls die Verwendung der NULL-Werte in der Datenbank **dbname** dem SQL-Standard entspricht. (Siehe auch die Erläuterung der NULL-Werte am Ende dieses Kapitels.)
host_id([host])	Liefert den Bezeichner für den Host-Rechner namens **host**. Falls kein Name angegeben ist, wird der Bezeichner des aktuellen Host-Rechners geliefert.
host_name([h_id])	Liefert den Namen für den Host-Rechner mit dem Bezeichner **h_id**. Falls kein Bezeichner angegeben ist, wird der Name des aktuellen Host-Rechners geliefert.
index_col(tab,i,nr)	Liefert den Namen der indizierten Spalte, die durch den Tabellennamen **tab**, den Indexbezeichner **i** und die Position **nr** der Spalte im Index definiert ist.
isnull(ausdr,ausdr1)	Ersetzt den Wert des Ausdruck **ausdr** jedesmal durch den Ausdruck **ausdr1**, wenn **ausdr** ein NULL-Wert ist.
nullif(a1,a2)	Liefert den Wert NULL, falls die Ausdrücke **a1** und **a2** gleich sind.
object_id(obj_name)	Liefert den Bezeichner für das Datenbankobjekt namens **obj_name**.
object_name(obj_id)	Liefert den Namen des Datenbankobjektes mit dem Bezeichner **obj_id**.
suser_id([name])	Liefert den Bezeichner des Server-Benutzers mit dem Namen **name**. Falls kein Name angegeben ist, wird der Bezeichner des aktuellen Server-Benutzers geliefert.
suser_name([id])	Liefert den Namen des Server-Benutzers mit dem Bezeichner **id**. Falls kein Bezeichner angegeben ist, wird der Name des aktuellen Server-Benutzers geliefert.
user_id([ben_name])	Liefert den Bezeichner des Benutzers namens **ben_name**. Falls kein Name angegeben ist, wird der Bezeichner des aktuellen Benutzers geliefert.
user_name([ben_id])	Liefert den Namen des Benutzers mit dem Bezeichner **ben_id**. Falls kein Name angegeben ist, wird der Name des aktuellen Benutzers geliefert.

Zu den parameterlosen Systemfunktionen beim SQL Server gehören:

Systemfunktion	Beschreibung
current_timestamp	Liefert die aktuelle Datums- und Zeitangabe.
current_user	Liefert den Namen des aktuellen Benutzers.
system_user	Liefert die Login-ID des aktuellen Benutzers.
user	wie **current_user**.

Alle Zeichenkettenfunktionen können beliebig miteinander verschachtelt werden.

2.6 Skalare Operatoren

Skalare Operatoren ermöglichen Operationen mit skalaren Werten. Der SQL Server unterstützt arithmetische und Boolesche Operatoren sowie die Konkatenation.

Die arithmetischen Operatoren können unär oder binär sein. Unäre Operatoren sind + und - (als Vorzeichen). Binäre Operatoren sind +,-, *, / und %. (Die ersten vier Operatoren haben die übliche mathematische Bedeutung, während % den Modulo-Operator darstellt).

Die Booleschen Operatoren haben beim SQL Server zwei verschiedene Notationen, abhängig davon, ob sie auf Bitketten (Datentyp **bit**) oder auf andere Datentypen angewendet werden. Die Operatoren NOT, AND und OR werden auf alle Datentypen (außer **bit**) angewendet. Sie sind ausführlich in Kapitel 5 beschrieben.

Die Booleschen Operatoren für die Bearbeitung von Bitketten sind:

▶ ~(Zweier-Komplement),

▶ &(Bitketten-Konjunktion),

▶ | (Bitketten-Disjunktion) und

▶ ^(exklusive Disjunktion).

Beispiel 2.6

▶ a) (11001001) | (10101101) = (11101101)

▶ b) (11001001) & (10101101) = (10001001)

Der Konkatenationsoperator „+" kann verwendet werden, um zwei Zeichen- oder Bitketten zu verketten.

2.6.1 Globale Variablen und Ausdrücke

Globale Variablen sind spezielle Systemvariablen, die an jeder Stelle, wo skalare Konstrukte erscheinen, verwendet werden können. Der SQL Server unterstützt folgende globale Variablen, die immer mit dem Präfix „@@" geschrieben werden müssen:

Variable	Beschreibung
@@connections	Liefert die Anzahl von Einloggversuchen seit dem Start des SQL Servers.
@@cpu_busy	Liefert die Gesamtsumme der verbrauchten CPU-Zeit seit dem Start des SQL Servers.
@@dbts	Liefert den aktuellen Wert der globalen **timestamp**-Spalte.
@@error	Liefert die Information über den Rückgabewert der zuletzt ausgeführten Transact-SQL-Anweisung.
@@identity	Speichert den zuletzt eingefügten Wert für die Spalte mit der IDENTITY-Eigenschaft.
@@idle	Liefert die Gesamtprozessorzeit, die der SQL Server seit seinem Start nicht genutzt hat.
@@io_busy	Liefert die benutzte E/A-Zeit seit dem Start des SQL Servers.
@@langid	Liefert den Bezeichner der vom SQL Server aktuell verwendeten Sprache (Englisch, Deutsch usw.).
@@language	Liefert den Namen der vom SQL Server aktuell verwendeten Sprache.
@@max_connections	Liefert die maximale Anzahl von erlaubten Verbindungen zum SQL Server.
@@microsoftversion	Liefert die Version der verwendeten SQL Server-Software.
@@nestlevel	Liefert die augenblickliche Schachtelungstiefe der zum Ausführen gestarteten DB-Prozedur.
@@procid	Liefert den Bezeichner der augenblicklich zum Ausführen gestarteten DB-Prozedur.
@@rowcount	Liefert die Anzahl von Reihen, die durch die zuletzt ausgeführte Transact-SQL-Anweisung ausgewählt sind.
@@servername	Liefert den Datenbankservernamen, zu dem das Anwendungsprogramm Verbindung hat.
@@spid	Liefert den Bezeichner des Server-Prozesses.
@@testsize	Liefert die aktuelle maximale Anzahl von Bytes für BLOB-Objekte, die als Ergebnis einer SELECT-Anweisung ausgegeben werden kann.
@@total_read	Liefert die Gesamtzahl von Leseoperationen seit dem Start des SQL Servers.

Variable	Beschreibung
@@total_write	Liefert die Gesamtzahl von Schreiboperationen seit dem Start des SQL Servers.

2.7 NULL-Werte

Ein NULL-Wert ist ein spezieller Wert, der für eine Spalte zugelassen werden kann. Dieser Wert wird vorwiegend dann verwendet, wenn die Information für einen Datenwert der Spalte fehlt oder nicht bekannt ist. Er kann in einer Tabelle mit Personaldaten vorkommen, z.B. wenn eine Person nicht über einen Telefonanschluß verfügt. In diesem Fall ist es sinnvoll, die Spalte **telefon_nr** mit dem NULL-Wert zu besetzen.

In einem arithmetischen Ausdruck liefert ein NULL-Wert wieder den Wert NULL. Also haben bei den unären, arithmetischen Ausdrücken (falls A ein Ausdruck mit dem Wert NULL ist), auch

```
+A und -A
```

den Wert NULL. In den binären Ausdrücken haben, falls wenigstens einer der Operanden A oder B den NULL-Wert hat, auch

```
A + B, A - B, A * B und A / B
```

den Wert NULL. (A und B müssen numerische Ausdrücke sein.)

Falls ein Ausdruck eine Vergleichsoperation beinhaltet und einer der Operanden (oder beide) den Wert NULL hat, ist das Ergebnis dieser Operation „unbekannt". Jeder der Ausdrücke

```
A = B, A <> B, A < B und A > B
```

hat also als Ergebnis den NULL-Wert.

Hinweis   Transact-SQL weicht von dieser generellen Beschreibung in einem Fall ab: Falls ein Operand bei allen Vergleichsoperatoren eine Spalte, ein Parameter oder eine Variable ist, und der andere Operand den NULL-Wert hat (der zweite Operand kann eine Konstante, ein Parameter oder eine Variable sein), ist das Ergebnis dieses Vergleichs entweder richtig oder falsch, abhängig von dem nicht-NULL-Operator (siehe auch Beispiel 5.18).

In den Booleschen Funktionen Konjunktion, Disjunktion und Negation, die jeweils mit den Symbolen AND, OR und NOT dargestellt sind, wird das Verhalten der NULL-Werte mit Hilfe von Wahrheitstabellen dargestellt:

AND	R	?	F
R	R	?	F
?	?	?	F
F	F	F	F

OR	R	?	F
R	R	R	R
?	R	?	?
F	R	?	F

NOT	
R	F
?	?
F	R

wobei R für richtige, F für falsche logische Aussage und ? für „unbekannt" steht.

Bei den Aggregatfunktionen AVG, SUM, MAX und MIN werden zunächst alle NULL-Werte aus der Spalte entfernt; erst dann wird das Ergebnis der jeweiligen Funktion berechnet. Beinhaltet die Spalte ausschließlich NULL-Werte, liefert die Funktion den Wert NULL. Die Aggregatfunktion COUNT(*) zählt alle Reihen, einschließlich derer mit den NULL-Werten. Bei COUNT DISTINCT werden zunächst alle NULL-Werte aus der Spalte entfernt; erst dann wird das Ergebnis berechnet. Falls die Spalte nur NULL-Werte beinhaltet, ist das Ergebnis 0.

Für die Darstellung eines NULL-Wertes gilt, daß er sich von allen anderen Werten unterscheiden muß. Für die numerischen Datentypen unterscheidet das System also zwischen dem Wert 0 einerseits und dem NULL-Wert andererseits. Dasselbe gilt für die leere Zeichenkette und den NULL-Wert bei alphanumerischen Datenwerten.

Die Spalte einer Tabelle erlaubt NULL-Werte, falls ihre Definition (siehe Kapitel 4) explizit die NULL-Angabe enthält. Dementsprechend sind NULL-Werte nicht erlaubt, falls ihre Definition explizit die NOT NULL-Angabe enthält. Falls der Benutzer weder NULL- noch NOT NULL-Angabe für eine Spalte mit einem Standard-Datentyp (außer BIT und TIMESTAMP) macht, wird standardmäßig folgender Wert zugewiesen:

▶ NULL falls die Option ANSI_NULL_DFLT_ON der SET-Anweisung auf ON gesetzt ist oder die Option 'ANSI null default' der Systemprozedur **sp_dboption** den Wert TRUE besitzt.

▶ NOT NULL falls die Option ANSI_NULL_DFLT_OFF der SET-Anweisung auf ON gesetzt ist oder die Option 'ANSI null default' der Systemprozedur **sp_dboption** den Wert FALSE besitzt.

Falls weder die SET-Anweisung noch die Systemprozedur **sp_dboption** aktiviert sind, wird eine Spalte standardmäßig die NOT NULL-Angabe enthalten. (Die Spalten vom Typ BIT bzw. TIMESTAMP können nur als NOT NULL-Spalten deklariert werden.)

Beispiel 2.7

```
sp_dboption beispiel, 'ANSI null default', true
```

Mit Beispiel 2.7 werden alle künftig definierten Spalten die Voreinstellung NULL haben.

2.8 Zusammenfassung

Zu den Grundkomponenten des SQL Servers gehören u.a. Transact-SQL-Datentypen, Prädikate und Funktionen. Die vom SQL Server unterstützten Datentypen entsprechen den im SQL-Standard beschriebenen Datentypen. Bei den implementierten Prädikaten fehlen die relationalen Operatoren für den Durchschnitt und die Differenz, die aber auf eine einfache Weise durch den Operator EXISTS ersetzt werden können.

Der SQL Server verfügt auch über eine Vielzahl sehr nützlicher Funktionen.

Aufgaben

A.2.1 Welche Konstanten werden innerhalb von Anführungszeichen geschrieben?

A.2.2 Was ist der wichtigste Unterschied zwischen den Datentypen CHAR und VAR-CHAR?

A.2.3 Welches Ergebnis liefern folgende Ausdrücke:
a) A + NULL
b) NULL = NULL
c) B OR NULL
d) B AND NULL,

wobei A einen numerischen, B einen logischen Ausdruck und NULL einen NULL-Wert darstellt.

3 Die Komponenten SQL Enter-
prise Manager und ISQL/w

Kapitel 3 ist sowohl dem Endbenutzer als auch dem Systemadministrator gewidmet. Nach dem Lesen dieses Kapitels sollte jeder Benutzer imstande sein, Datenbankobjekte (Tabellen, Indizes usw.) ohne Transact-SQL-Kenntnisse zu erstellen und zu verwalten. Außerdem gibt dieses Kapitel eine Anleitung wie die Erstellung und Ausführung beliebiger Transact-SQL-Anweisungen durchgeführt werden kann. Dementsprechend werden hier die entsprechenden Funktionen des SQL Enterprise Managers sowie die ISQL/w-Komponente (in ihrer Gesamtheit) beschrieben.

3.1 Der SQL Enterprise Manager

Der SQL Server enthält mehrere graphische Werkzeuge, die den unterschiedlichen Aufgaben wie Installation, Administrierung usw. dienen. Dieser Abschnitt beinhaltet eine Einleitung zu einer davon - dem SQL Enterprise Manager.

3.1.1 Einführung

Der SQL Enterprise Manager ist eine graphische Komponente des SQL Servers, die zwei globale Aufgaben, nämlich:

▶ die Administrierung des Datenbank-Servers und

▶ das Verwalten von Datenbankobjekten

ermöglicht.

Zu den Administrierungsaufgaben dieser Komponente gehören u.a.:

▶ der Aufbau der Verbindung zu einem SQL Server-System;

▶ das Verwalten von Datenbank- und Sicherungsmedien;

▶ das Verwalten von Datenbanken sowie ihre Archivierung und Wiederherstellung und

▶ das Verwalten der Login-ID zum Einloggen in ein SQL Server-System.

Zu den Verwaltungsaufgaben bezüglich der Datenbankobjekte gehören beim SQL Enterprise Manager u.a.:

▶ die Erstellung und Modifizierung unterschiedlicher Datenbankobjekte (Tabellen, Indizes, Trigger usw.) ohne Transact-SQL-Kenntnisse,

▶ das Verwalten der Datenbankobjekte bezüglich ihrer Benutzung und

▶ die Ausführung der Abfragen.

Hinweis   Der SQL Enterprise Manager ist historisch gesehen eine Kombination aus
ursprünglich zwei unabhängigen SQL Server-Komponenten – dem SQL
Administrator und dem SQL Object Manager. Jede dieser Komponenten
war für unterschiedliche Aufgaben konzipiert: Der SQL Administrator
für die Administrierungsaufgaben und der SQL Object Manager für die
Verwaltung und Erstellung der Datenbankobjekte. Weil wir in diesem
Kapitel ausgewählte Aufgaben eines Endbenutzers beschreiben, werden
wir nur die Funktionalität des SQL Enterprise Managers in bezug auf die
Aufgaben, die der Endbenutzer bei der Erstellung von Datenbankobjekten hat, beschreiben. Alle anderen Verwaltungs- und Administrierungsaufgaben werden im letzten Teil des Buches (ab Kapitel 17), der sich ausschließlich mit den Adminstrierungsaufgaben beschäftigt, erläutert.

Der SQL Enterprise Manager wird durch einen Doppelklick der gleichnamigen Ikone
in der MS SQL Servergruppe gestartet. Jeder Benutzer, der den Zugriff auf den SQL
Server hat, kann den SQL Enterprise Manager benutzen; dazu ist kein explizites Einloggen (wie beim ISQL/w z.B.) notwendig. Nach dem Start des SQL Enterprise Managers erscheint das in Abbildung 3.1 angezeigte Fenster:

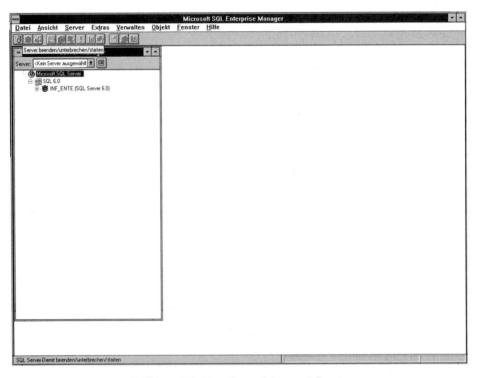

Abbildung 3.1: Das „Server Manager"-Fenster

In Abbildung 3.1 ist das „Server Manager"-Fenster, das das Navigieren durch die existierenden Datenbank-Server ermöglicht, dargestellt. (In Abbildung 3.1 existiert ein einziger Datenbank-Server namens **inf_ente**.)

Das Arbeiten mit dem Server Manager funktioniert durch das Anklicken des „+"- bzw. „-"-Zeichens vor dem Namen eines Objektes. Das „+"-Zeichen bedeutet, daß ein Objekt noch nicht expandiert wurde. Nach dem Anklicken (mit der linken Maustaste) des „+"-Zeichens werden für das angeklickte Objekt alle Unterobjekte auf der nächsten logischen Ebene angezeigt. (Zu den direkten Unterobjekten des Datenbank-Servers **inf_ente** z.B. gehören, genauso wie bei jedem anderen Server, die *front-end*-Komponenten SQL Executive, Datenbank- und Sicherungsmedien sowie Datenbanken und Logins.)

Das Zeichen „-" zeigt an, daß ein Objekt schon expandiert wurde. Nach dem Anklicken des „-"-Zeichens vor einem Objekt fallen alle seine Unterobjekte in sich zusammen.

Das Erscheinen eines Objektes auf einer niedrigeren Hierarchiestufe erfolgt erst dann, wenn sein Oberobjekt auf der nächsthöheren Stufe angezeigt und angeklickt wird. Die spezifischen Funktionen, die zu einem Objekt gehören, können durch einen einfachen Klick mit der rechten Maustaste auf dieses Objekt angezeigt werden.

Die Schaltflächen, die in der Symbolleiste des „Server Manager"-Fensters erscheinen, haben folgende Funktionalität (von links nach rechts):

▶ Server registrieren,

▶ Server beenden / unterbrechen / starten,

▶ Login verwalten,

▶ Medien verwalten,

▶ Datenbanken verwalten,

▶ Task-Planung,

▶ Warnungen verwalten,

▶ aktuelle Aktivität,

▶ Abfrage-Analyse,

▶ das Anzeigen und die Verwaltung der Datenreplikation (die letzten drei Schaltflächen).

Beim ersten Aufruf des SQL Enterprise Managers nach der Installation werden die Datenbank-Server eines Systems registriert. Die Registrierung eines Datenbank-Servers wird in Abschnitt 18.3 beschrieben.

Eine weitere Aufgabe des Systemadministrators ist, den SQL Server zu starten bzw. zu beenden. Nach dem Anklicken der Schaltfläche „Server beenden / unterbrechen / starten" erscheint das in Abbildung 3.2 angezeigte Fenster. Die Ampel zeigt den augenblicklichen Stand des SQL Servers. Falls ein laufender Server gestoppt werden soll, muß das rote Ampellicht angeklickt werden. Dementsprechend muß ein beendeter SQL Server durch das Anklicken des grünen Lichts wieder gestartet werden. Das Anklicken des gelben Lichts läßt die existierenden Prozesse weiterlaufen, hindert aber neue Benutzer am Einloggen in das SQL Server-System. (Weitere Einzelheiten über das Starten bzw. Beenden des SQL Servers werden in Abschnitt 18.4 erläutert.)

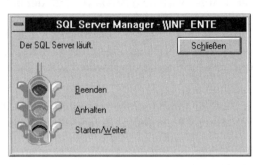

Abbildung 3.2: „Der SQL Service Manager"

Die dritte Schaltfläche - Logins verwalten - ermöglicht das Hinzufügen bzw. Entfernen einzelner Login-ID des SQL Server Systems. (Die Einzelheiten über Login-ID können in Kapitel 20 gefunden werden.) Die Verwendung des Enterprise Managers für die Verwaltung von Login-ID wird in Abschnitt 20.2 beschrieben.

Die Schaltfläche „Medien verwalten" bezieht sich auf die Verwaltung der physikalischen Objekte, die Datenbanken und Transaktionsprotokolle eines Systems enthalten. Diese Systemadministrationsaufgabe wird in Abschnitt 19.2 beschrieben.

Die Verwaltung der Datenbanken hat Ähnlichkeiten mit der Verwaltung von Medien. (Nach dem Anklicken der beiden Schaltflächen erscheint eine ähnliche graphische Darstellung.) Im Unterschied zu den Medien stellen Datenbanken logische Objekte dar. Die Erstellung von Datenbanken mit Hilfe der Transact-SQL-Anweisungen wird in Kapitel 4 und mit Hilfe des SQL Enterprise Managers in Abschnitt 19.5 beschrieben.

Die Schaltfläche „Task-Planung" bietet die Möglichkeit, sowohl die laufenden Tasks anzuschauen bzw. zu löschen als auch neue Tasks hinzuzufügen. Die Funktionalität des SQL Server Task Schedulers ist in Abschnitt 23.2 beschrieben.

Die Verwaltung von Warnungen (*alerts*) ermöglicht dem Systemadministrator verschiedene Typen von Warnungen zu definieren. Falls eine der definierten Warnungen aktiviert wird, informiert der Alert Manager automatisch den Systemadministrator (gewöhnlich mit Hilfe von e-mail). Diese Funktion des SQL Enterprise Managers wird in Abschnitt 23.3 erläutert.

Das Anklicken der Schaltfläche „Aktuelle Aktivität" eröffnet das entsprechende Dialogfeld (Abbildung 3.3). Der Systemadministrator kann mit Hilfe dieses Dialogfeldes die umfassende Information über laufende und nicht laufende Prozesse sowie weitere Einzelheiten (verwendete Datenbank, mögliche *Deadlocks* usw.) erfragen.

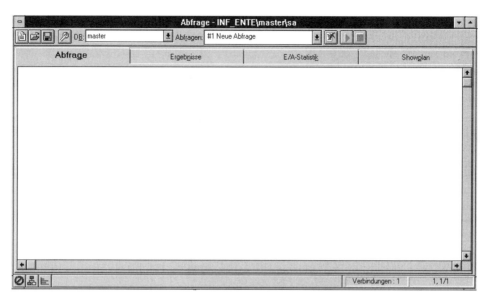

Abbildung 3.3: Das Dialogfeld „Aktuelle Aktivität"

Durch das Anklicken der Schaltfläche „Abfrage-Analyse" wird das entsprechende Fenster geöffnet, in dem dann beliebige Transact-SQL-Anweisungen geschrieben und ausgeführt, die Ergebnisse gesichtet und Ausführungspläne der Abfragen angezeigt werden können. Weil dieses Fenster identisch mit der ISQL/w-Komponente des SQL Servers ist, wird es am Ende dieses Kapitels beschrieben.

Die letzten drei Schaltflächen:

▶ Replikationstopologie,

▶ Replikationen - Publikationen verwalten und

▶ Replikationen - Abonnements verwalten

beziehen sich auf die Datenreplikation. Diesem Thema wird ein eigenes Kapitel des Buches (Kapitel 26) gewidmet.

3.1.2   Verwaltung von Datenbanken und Datenbankobjekten

Der erste Schritt, nach der Auswahl des gewünschten SQL Server-Systems, wäre eine neue Datenbank zu erstellen. Diese Aufgabe wird durch die Auswahl der Funktion „Datenbanken" im Menü „Verwalten" und dem anschließendem Anklicken der Schaltfläche „Neue Datenbank" durchgeführt. (Dieselbe Funktionalität kann durch das Anklicken des Ordners „Datenbanken" mit der rechten Maustaste und der anschließenden Auswahl der Funktion „Neue Datenbank" in dem geöffneten Dropdown-Menü erreicht werden.) In dem nachfolgend geöffneten Fenster (Abbildung 3.4) muß der Datenbankname, der Speicherungsort der Daten und seine Größe sowie der Speicherungsort des Transaktionsprotokolls und seine Größe angegeben werden. Danach wird die Datenbank vom System erstellt und ihr Name erscheint anschließend im Ordner „Datenbanken".

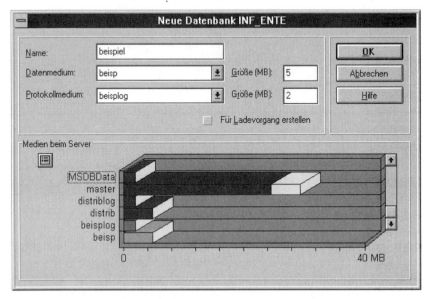

Abbildung 3.4: Das Dialogfeld „Neue Datenbank"

Für die erstellte Datenbank können jetzt Tabellen erstellt werden. Durch das Markieren der neuerstellten Datenbank und die Auswahl der Funktion „Tabellen" im Menü „Verwalten" erscheint das Fenster „Tabellen verwalten". (Dieselbe Funktionalität kann durch das Anklicken des Ordners „Tabellen" mit der rechten Maustaste und der anschließenden Auswahl der Funktion „Neue Tabelle" in dem geöffneten Dropdown-Menü erreicht werden.)

Falls wir z.B. die Tabelle **arbeiten** der Beispieldatenbank mit Hilfe des „Tabellen verwalten"-Fensters erstellen wollen, müssen alle Spalten dieser Tabelle mit den entsprechenden Datentypen, Größe usw. in dem angebotenen zweidimensionalen Formular angegeben werden (siehe Abbildung 3.5).

Der Datentyp jeder Spalte kann im Dropdown-Menü ausgewählt werden. Einige Datentypen wie z.B CHAR und VARCHAR haben eine maximale Länge, die als Größe der Spalte eingetippt werden muß. Die Erlaubnis, NULL-Werte für eine Spalte benutzen zu können, wird durch das Zeichen „✔" angezeigt.

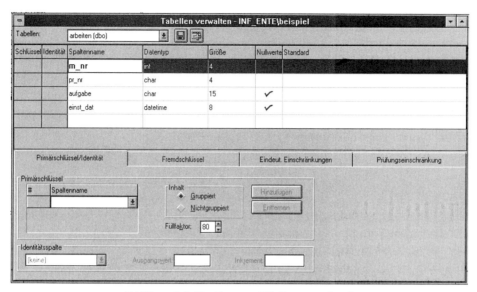

Abbildung 3.5: Das Fenster „Tabellen verwalten"

Die untere Hälfte des „Tabellen verwalten"-Fensters wird durch das Anklicken der Schaltfläche „Erweiterte Funktionen" sichtbar. In diesem Fensterteil können die deklarativen Integritätsregeln für eine Tabelle definiert werden. Wir haben die Kombination der Spalten **m_nr** und **pr_nr** als Primärschlüssel definiert, was durch das Erscheinen des Schlüsselsymbols in der Spalte „Schlüssel" angezeigt wird. (Die deklarativen Integritätsregeln sind in Kapitel 4 ausführlich beschrieben.) Am Ende muß, nach dem Schließen des „Tabellen verwalten"-Fensters, der Name der neuen Tabelle (**arbeiten**) eingetragen werden.

Um Eigenschaften einer Tabelle zu sichten, muß der Name der gewünschten Tabelle markiert und angeklickt werden. Der Name einer existierenden Spalte kann mit Hilfe des „Tabellen verwalten"-Fensters auch geändert werden. In diesem Fall muß der Name der existierenden Spalte einfach überschrieben werden. Der Datentyp, die Länge und die NULL-Eigenschaft einer existierenden Spalte können nicht geändert werden. Eine neue Spalte kann am Ende der Tabelle angefügt werden. Anschließend müssen die Eigenschaften der neuen Spalte eingetippt werden. Die Speicherung der durchgeführten Änderungen wird durch das Anklicken der Schaltfläche „Tabelle speichern" veranlaßt.

Eine Tabelle kann, genauso wie alle anderen Datenbankobjekte, umbenannt werden. Um dies zu erreichen, muß der Benutzer das umzubennende Objekt markieren und anschließend die Funktion „Umbennen" im Menü „Objekt" auswählen.

Eine Tabelle kann auf einfache Art und Weise gelöscht werden: Der Benutzer muß zuerst die zu löschende Tabelle markieren und anschließend die Funktion „Löschen" im Menü „Objekt" auswählen.

3.2 Die ISQL/w-Komponente

ISQL/w ist die interaktive Komponente des SQL Servers, die die Funktionalität des **isql**-Dienstprogramms beinhaltet. Sie wird von den Endbenutzern verwendet um:

▶ Transact-SQL-Anweisungen interaktiv zu erstellen und auszuführen,

▶ die erstellten Anweisungen zu speichern bzw. die schon gespeicherten aufzurufen,

▶ Ausführungspläne der Abfragen zu analysieren und

▶ Ein- und Ausgabestatistiken auszugeben.

Diese *front-end*-Komponente des SQL Servers wird durch das Anklicken der gleichnamigen Ikone in der Programmgruppe des SQL Servers eröffnet. Vor dem Öffnen muß der Benutzer u.U. noch seine Login-ID und das Kennwort in dem Login-Fenster eingeben. (Dies ist nur in dem sogenannten Standard-Sicherheitsmodus erforderlich.) Danach erscheint das in Abbildung 3.3 angezeigte Dialogfeld.

Die ISQL/w-Komponente enthält einen internen Editor und mehrere Schaltflächen. Im internen Editor werden Transact-SQL-Anweisungen erstellt und die Ergebnisse aufgelistet.

Die vier Schaltflächen unmittelbar über dem Editor haben folgende Bedeutung:

Schaltfläche	Funktion
Abfrage	Mit dieser Schaltfläche wird die zuletzt ausgeführte Transact-SQL-Anweisung im internen Editor wieder angezeigt.
Ergebnisse	zeigt die Ergebnisse der zuletzt ausgeführten Transact-SQL-Anweisung an.
E/A-Statistik	Gibt die bei der Ausführung einer Abfrage verwendenten Ein- und Ausgaberessourcen im Fenster aus.
Showplan	Mit dieser Schaltfläche wird die Information über den Optimierungsplan einer Abfrage ermittelt. (Für weitere Information siehe Abschnitt 10.3.)

Die Schaltflächen der ISQL/w-Symbolleiste haben folgende Funktionalität:

Schaltfläche	Beschreibung
Neue Abfrage	Leert den internen Editor und gibt dem Benutzer damit die Möglichkeit, eine neue Transact-SQL-Anweisung einzugeben und anschließend auszuführen.
SQL-Script laden	Durch das Anklicken dieser Schaltfläche wird das aktuelle Dateiverzeichnis geöffnet. Der Benutzer hat die Möglichkeit, eine existierende Datei, die Transact-SQL-Anweisung(en) enthält, in den Editor zu laden und anschließend auszuführen. (Die Dateien mit den Transact-SQL-Anweisungen haben gewöhnlich das Suffix „.sql".)

Schaltfläche	Beschreibung
Abfrage / Ergebnis speichern	Speichert den Inhalt des internen Editors in der Datei, die in der unteren Leiste angezeigt ist. (Falls keine Datei angezeigt ist, wird der Benutzer aufgefordert, den Namen der neuen Datei selbst einzutragen.) Damit kann entweder die aktuelle Transact-SQL-Anweisung oder ihr Ergebnis in eine Datei gesichert werden.
Abfrageoptionen	Öffnet ein neues Fenster, in dem diverse Abfrage- bzw. Formatoptionen geändert werden können.
DB	In diesem Dropdown-Menü kann die gewünschte Datenbank (aus der Liste aller Datenbanken des Systems) ausgewählt werden. (Im Fenster wird zuerst die Standard-Datenbank des eingeloggten Benutzers angezeigt.)
Abfragen	Die letzten 20 erstellten Transact-SQL-Anweisungen werden von ISQL/w in einem Zwischenpuffer gespeichert und dem Benutzer innerhalb dieses Dropdown-Menüs zur Auswahl angeboten.
Aktuelle Abfragegruppe löschen	Die aktuelle Abfrage bzw. Abfragegruppe wird gelöscht.
Abfrage ausführen	Führt die im internen Editor angegebene(n) Transact-SQL-Anweisung(en) aus und gibt das Ergebnis aus.
Laufende Abfrage abbrechen	Falls dieses Schaltfläche rot leuchtet, bedeutet es, daß die aktuelle Transact-SQL-Anweisung vom System z.Zt. ausgeführt wird. In diesem Fall ist es durch das Anklicken der Schlatfläche möglich, den laufenden Prozeß abzubrechen.

3.3 Zusammenfassung

Die wichtigste Komponente des SQL Servers ist der SQL Enterprise Manager. Diese Komponente kann sowohl von den Endbenutzern als auch vom Systemadministrator verwendet werden, um u.a. folgende Aufgaben durchzuführen:

▶ die Erstellung aller Datenbankobjekte (ohne SQL-Kenntnisse),

▶ den Server starten / unterbrechen / beenden und

▶ Medien und Datenbanken verwalten.

Mit der zweiten Komponente – ISQL/w können die Endbenutzer und Datenbankprogrammierer u.a. die Transact-SQL-Anweisung interaktiv erstellen und ausführen.

4 Datendefinition

In diesem Kapitel werden wir alle Transact-SQL-Anweisungen für die Datendefinition beschreiben. Zuerst werden alle Datendefinitionsanweisungen für Datenbankobjekte in drei Gruppen eingeteilt und erläutert. Die erste Gruppe beinhaltet die Anweisungen zum Erstellen, die zweite die Anweisungen zum Ändern und die dritte die Anweisungen zum Löschen der Datenbankobjekte.

4.1 Erstellen der Objekte

Die Organisation der Datenwerte einer Datenbank basiert auf einer Menge verschiedener Objekte. Alle Objekte einer Datenbank können physikalischer oder logischer Natur sein. Die physikalischen Objekte nehmen auf die interne Datenorganisation einer Datenbank Bezug. Zu den physikalischen Objekten beim SQL Server gehören das Datenbankmedium (*database device*), und das Segment. Diese Objekte werden in Abschnitt 19.1 beschrieben.

Die Objekte, die aus der Sicht des Benutzers eine Datenbank formen, werden logische Objekte genannt. Zu den logischen Objekten gehören u.a. die Datenbank selbst sowie Tabellen, Indizes und Spalten.

Das erste logische Objekt, das erzeugt werden muß, ist die Datenbank. Der SQL Server unterscheidet zwischen System- und Benutzerdatenbanken. Die Benutzerdatenbanken werden unter anderem mit der CREATE DATABASE-Anweisung erstellt, während Systemdatenbanken bei der Installation des SQL Servers generiert werden. Zu den Systemdatenbanken gehören:

▶ die Masterdatenbank (*Master Database),*
▶ die temporäre Datenbank (*Temporary Database*),
▶ die Modelldatenbank (*Model Database*) und
▶ die *msdb*-Datenbank.

In diesem Kapitel werden ausschließlich die Benutzerdatenbanken erörtert, während Systemdatenbanken in Kapitel 15 beschrieben sind.

4.1.1 Erstellen einer Datenbank

Eine Benutzerdatenbank kann entweder mit Hilfe des SQL Enterprise Managers oder mit der CREATE DATABASE-Anweisung erstellt werden. Die Verwendung des SQL Enterprise Managers für die Erstellung einer Datenbank haben wir schon in Kapitel 3 gezeigt. In diesem Kapitel wird die CREATE DATABASE-Anweisung erläutert.

Mit der Transact-SQL-Anweisung CREATE DATABASE kann der Benutzer eine Datenbank erstellen. Diese Anweisung hat folgende Syntax:

```
CREATE DATABASE db_name
[ON {DEFAULT | db_bereich1} [=größe1] {,db_bereich2 [=größe2]}...]
[LOG ON db_bereich3 [=größe3] {,db_bereich4 [=größe4]} ...]
[FOR LOAD]
```

db_name kennzeichnet den Namen der Datenbank. Wie jeder Name eines Datenbankobjekts darf **db_name** maximal 30 Zeichen lang sein. (Die maximale Anzahl von Datenbanken, die von einem SQL Server verwaltet werden können, beträgt 32767.)

Die Angabe ON zeigt an, daß der Benutzer selbst die Speicherungsart (und eventuell die Datenbankgröße) festlegen will. Die optionale Zusatzangabe DEFAULT ermöglicht die Speicherung der Datenbank in einem Standardmedium und gleichzeitig die Spezifizierung der Datenbankgröße. Die Information, wo sich das Standardmedium befindet, kann mit Hilfe der **status**-Spalte der Systemtabelle **sysdevices** geholt werden. (Für die Definition der Standardmedien siehe Abschnitt 19.2.)

Die LOG ON-Angabe ermöglicht dem Benutzer, einen oder mehrere Datenbankmedien, die für die Speicherung von Transaktionsprotokollen benutzt werden, zu benennen. Die optionale Angabe FOR LOAD wird verwendet, um die neuerstellte Datenbank mit der Archivierungskopie, die für eine andere Datenbank auf einem anderen Rechner erstellt wurde, zu laden.

Hinweis   Die für das Transaktionsprotokoll verwendeten Datenbankmedien sollten bei den produktiven Datenbanken nicht auf derselben Platte wie die Datenbank selbst liegen. Dies ist für die Wiederherstellung einer Datenbank wichtig. Die Speichergröße der Transaktionsprotokolle soll 10-25% der Datenbankgröße betragen.

Nicht jeder Benutzer kann die CREATE DATABASE-Anweisung verwenden. Um eine Datenbank erstellen zu können, muß der Benutzer das Ausführungsrecht für die CREATE DATABASE-Anweisung haben. Diese Voraussetzung wird vom Systemadministrator mit der GRANT CREATE DATABASE-Anweisung für den Benutzer geschaffen. Nachdem ein Benutzer das Recht zur Erstellung einer Datenbank bekommen hat und die CREATE DATABASE-Anweisung ausgeführt hat, wird er ihr Eigentümer (*Database Owner* - DBO). Weitere Einzelheiten bezüglich der Datenbank-Autorisierung können in Kapitel 12 gefunden werden.

Bei der Erstellung einer Datenbank werden zuerst die entsprechenden Einträge in der *master*-Datenbank vom System gemacht und danach eine Kopie der Modelldatenbank erzeugt.

Beispiel 4.1

/* Dieses Beispiel muß innerhalb der *master*-Datenbank ausgeführt werden */

```
create database beispiel
```

In Beispiel 4.1 wird die Datenbank **beispiel** erstellt.

Beispiel 4.2

/* Dieses Beispiel muß innerhalb der *master*-Datenbank ausgeführt werden */

```
create database test
      on default = 5
      log on logdat = 1
```

Beispiel 4.2 erstellt eine Datenbank namens **test**, die sich auf dem Standardmedium befindet, und deren Größe 5MB beträgt. Das Transaktionsprotokoll wird im Datenbankmedium **logdat** gespeichert; seine Größe beträgt 20% der Datenbankgröße. (Das Datenbankmedium **logdat** muß davor erstellt werden.)

Jeder Benutzer muß dem SQL Server mitteilen, mit welcher Datenbank er arbeiten will (d.h. welche die aktuelle Datenbank ist). Dies wird entweder mit der Transact-SQL-Anweisung USE **db_name** oder durch die einfache Auswahl des Datenbanknamens aus der Liste aller Datenbanken im SQL Enterprise Manager erreicht. Der Systemadministrator hat mit Hilfe der Systemprozedur **sp_defaultdb** bzw. **sp_addlogin** die Möglichkeit, jedem Benutzer eine Standard-Datenbank zuzuweisen. In diesem Fall kann die Angabe der entsprechenden USE-Anweisung entfallen, falls der Benutzer mit seiner Standard-Datenbank arbeiten will.

Zusätzlich dazu muß das Ende jeder Transact-SQL-Anweisung (oder Anweisungsgruppe) dem System mitgeteilt werden. Dies wird mit dem Kommando GO gemacht. Erst nach diesem Kommando wird eine Transact-SQL-Anweisung bzw. eine Anweisungsgruppe vom System ausgeführt.

4.1.2 CREATE TABLE-Anweisung – die Grundform

Mit der Transact-SQL-Anweisung CREATE TABLE wird eine Tabelle mit allen dazugehörigen Spalten und deren Datentypen erzeugt. Die Syntax dieser Anweisung lautet:

```
CREATE TABLE [[db_name.]ben_name.]tab_name
      (sp_name1 datentyp1 [NOT NULL|NULL]
      [{,sp_name2 datentyp2 [NOT NULL|NULL]}...])
      [ON segment_name]
```

tab_name ist der Name der neuerstellten Tabelle. Eine Tabelle kann maximal 250 Spalten haben und 1 Terabyte groß sein. Die optionalen Angaben **db_name** und **ben_name** kennzeichnen (in dieser Reihenfolge) den Namen der Datenbank, zu der die Tabelle gehört und den Namen des Benutzers, der die Tabelle erstellt. (Damit kann ein Benutzer in einer existierenden, aber nicht aktuellen Datenbank Tabelle(n) erstellen.) **tab_name** muß eindeutig innerhalb einer Datenbank sein.

sp_name1 ist der Spaltenname; er muß innerhalb der Tabelle, in der sich die Spalte befindet, eindeutig sein. **datentyp1** bezeichnet den Datentyp und das Verhalten des Systems während des Einfügens neuer Werte. Die möglichen Datentypen sind in Kapitel 2 beschrieben. Beim Einfügen der Werte existieren zwei mögliche Angaben für den Fall, daß für eine Spalte kein Wert explizit angegeben ist. Dies sind:

▶ NULL und

▶ NOT NULL.

Die NOT NULL-Angabe besagt, daß der NULL-Wert der Spalte nicht zugewiesen werden kann. (Falls der NULL-Wert zugewiesen wird, liefert das System eine entsprechende Fehlermeldung.) Die NULL-Angabe erlaubt die Zuweisung der NULL-Werte der entsprechenden Spalte. Welcher Wert standardmäßig angenommen wird, falls der Benutzer keine Angabe für eine Spalte mit einem Standard-Datentyp macht, hängt von mehreren Komponenten ab. Die ganze Problematik der Voreinstellung der NULL-Werte ist in Abschnitt 2.7 erläutert worden.

Die Angabe ON **segment_name** definiert das Segment, in dem physikalische Daten- und Indexseiten der Tabelle gespeichert werden (Segmente sind in Kapitel 19 beschrieben).

Eine Tabelle kann nicht von jedem Benutzer erstellt werden. Um eine Tabelle erstellen zu können, muß dem Benutzer das entsprechende Recht mit Hilfe der GRANT CREATE TABLE-Anweisung zugewiesen werden. Dieses Recht kann entweder vom Systemadministrator oder vom Eigentümer der Datenbank, zu der die Tabelle gehört, vergeben werden.

Eine mit der CREATE TABLE-Anweisung erstellte Tabelle gehört der aktuellen Datenbank, falls der Name einer anderen Datenbank nicht explizit (vor dem Tabellennamen) angegeben wird.

Hinweis   Jede Reihe einer Tabelle kann maximal 1962 Bytes lang sein. Um auch BLOB-Objekte (die Spalten vom Typ **text** und **image**) speichern zu können, ersetzt der SQL Server jede solche Spalte durch einen Zeiger vom Typ **varbinary**(16). Dieser Zeiger zeigt auf eine verkettete Liste von physikalischen Blöcken der Größe 2K, wo das BLOB-Objekt tatsächlich gespeichert ist.

Der SQL Server ermöglicht die Erstellung von temporären Tabellen. Die temporären Tabellen können entweder global oder lokal sein. Die Eigenschaften der temporären Tabellen sind am Ende des Kapitels 5 beschrieben.

Folgendes Beispiel zeigt die Erstellung der Tabellen der Beispieldatenbank mit Hilfe der CREATE TABLE-Anweisung.

Beispiel 4.3

```
create table abteilung
    (abt_nr char(4) not null,
```

```
    abt_name char(20) not null,
    stadt char(15) null)
create table mitarbeiter
    (m_nr int not null,
    m_name char(20) not null,
    m_vorname char(20) not null,
    abt_nr char(4) null)
create table projekt
    (pr_nr char(4) not null,
    pr_name char(25) not null,
    mittel float null)
create table arbeiten
    (m_nr int not null,
    pr_nr char(4) not null,
    aufgabe char(15) null,
    einst_dat datetime null)
```

4.1.3 Die erweiterte Form der CREATE TABLE-Anweisung

Die erweiterte Form der CREATE TABLE-Anweisung bezieht sich zum größten Teil auf die Definition der Integritätsregeln. Die allgemeine Syntax der erweiterten Form dieser Anweisung sieht folgendermaßen aus:

```
CREATE TABLE [[db_name.]ben_name.]tab_name
    sp_name1 datentyp1 [DEFAULT {ausdr1 | USER | NULL}]
    [{ IDENTITY | NULL | NOT NULL_}] [spaltenbezogene_regeln]
    [,sp_name2 datentyp2 [DEFAULT {ausdr2 | USER | NULL}]
    [{IDENTITY | NULL | NOT NULL}] [spaltenbezogene_regeln]] ...
    [tabellenbezogene_regeln]
    [ON segment_name]
```

Hinweis   Die erweiterte Form der CREATE TABLE-Anweisung entspricht genau den Funktionen, um die die Version 6 im Vergleich zur Version 4.2 erweitert wurde.

Die DEFAULT-Klausel definiert die Voreinstellung einer Spalte. Falls ein Benutzer also eine Reihe der Tabelle hinzugefügt und dabei keinen Datenwert für diese Spalte angibt, wird der definierte DEFAULT-Wert eingefügt. Der DEFAULT-Wert kann ein konstanter Ausdruck (**ausdr1**), eine parameterlose Systemfunktion (USER, CURRENT _USER, SESSION_USER, SYSTEM_USER bzw. CURRENT_TIMESTAMP) oder der NULL-Wert sein.

Die IDENTITY-Angabe ist eine Alternative zu der NULL- bzw. NOT NULL-Angabe. Eine Spalte mit der IDENTITY-Eigenschaft erlaubt nur ganzzahlige Werte, die vom System automatisch sequentiell generiert werden. Damit enthält eine Spalte mit der IDENTITY-Eigenschaft solche Werte, die einen Anfangswert haben und jedesmal beim Einfügen einer neuen Reihe automatisch um einen festgelegten Inkrementwert erhöht werden.

Die Syntax der IDENTITY-Eigenschaft sieht folgendermaßen aus:

```
IDENTITY [(anfangs_wert, schrittwert)]
```

wobei **anfangswert** den Anfangswert und **schrittwert** den Inkrementwert kennzeichnet. (Sowohl **anfangswert** als auch **schrittwert** haben standardmäßig den Wert 1.)

Folgende Regeln gelten für die IDENTITY-Eigenschaft:

▶ die entsprechende Spalte muß vom Datentyp INTEGER, SMALLINT, TINYINT, NUMERIC oder DECIMAL sein. (Bei den Spalten vom Typ NUMERIC und DECIMAL muß der Wert für die Anzahl der Dezimalstellen 0 betragen.)

▶ nur eine Spalte einer Tabelle darf diese Eigenschaft haben,

▶ die Spalte mit dieser Eigenschaft erlaubt keine NULL-Werte.

Im Zusammenhang mit der IDENTITY-Eigenschaft existiert ein reserviertes Wort-IDENTITYCOL -, mit dem man die IDENTITY-Spalte ansprechen kann, ohne ihren Namen zu kennen. (Weitere Einzelheiten über die IDENTITY-Eigenschaft können in Kapitel 5 gefunden werden.)

tabellenbezogene_regeln und **spaltenbezogene_regeln** kennzeichnen die Integritätsregeln, die in bezug auf eine Tabelle bzw. eine Spalte definiert werden können. Sie werden in dem anschließenden Abschnitt beschrieben.

4.1.4 Die CREATE TABLE-Anweisung und die deklarativen Integritätsregeln

Die Integrität einer Datenbank ist eine der grundlegenden Eigenschaften, die ein Datenbankmanagementsystem gewährleisten muß. Sie bezieht sich auf die Integrität von Daten, die in der Datenbank gespeichert sind. Ein Datenbankmanagementsystem muß in der Lage sein, unsinnige bzw. widersprüchliche Datenwerte zu erkennen und abzuweisen.

Die Vorschriften, mit denen das Einfügen bzw. Modifizieren der Datenwerte einer Datenbank untersagt wird, falls die Definition eines Datenbankobjektes bzw. eine vom Benutzer definierten Regel verletzt wurde, werden Integritätsregeln (*integrity constraints*) genannt.

Die Überprüfung einer Integritätsregel (wie z.B. daß Mittel aller Projekte in der Beispieldatenbank kleiner als 1.000.000 DM sein müssen) kann entweder lokal (in Anwendungsprogrammen) oder zentral (im Datenbank-Server) stattfinden. Die zentrale Überprüfung der Daten mit Hilfe des Datenbank-Servers weist mehrere Vorteile auf, von denen

▶ die Erhöhung der Datenintegrität,

▶ die Reduzierung des Programmieraufwandes und

▶ die einfachere Wartbarkeit

die drei wichtigsten sind.

Die Definition der Integritätsregeln im Datenbank-Server erhöht die Datenintegrität, weil ihre Definition nicht den Programmierern überlassen wird, sondern zentral gemacht wird und damit zuverlässig ist. (Bei der Programmierung kann es durchaus vorkommen, daß in einem oder mehreren Programmen vergessen wird, die notwendigen Regeln zu definieren.)

Die Reduzierung des Programmieraufwandes erklärt sich dadurch, daß jede Integritätsregel im Datenbank-Server nur einmal und bei Anwendungsprogrammen in jedem Programm, das diese Regel verwendet, definiert werden muß.

Die einfachere Wartbarkeit steht im Zusammenhang mit der Veränderung von Regeln. Falls eine Änderung gemacht werden soll, muß diese Änderung, im Falle von Regeln nur einmal (im Datenbank-Server) durchgeführt werden.

Die in diesem Kapitel beschriebenen Integritätsregeln beziehen sich ausschließlich auf die Möglichkeit, sie mit Hilfe des SQL Servers zu definieren.

Die Integritätsregeln können zentral auf zwei unterschiedliche Arten definiert werden:

▶ deklarativ und

▶ prozedural (mit Hilfe von Triggern).

Die deklarativen Integritätsregeln werden mit Hilfe der Datendefinitionsanweisungen definiert. Demgegenüber stellen Trigger Mechanismen in einem Datenbank-Server dar, die immer im Zusammenhang mit einer Anweisungsgruppe ausgeführt werden, falls die im Trigger enthaltene Bedingung erfüllt ist.

Die deklarativen Integritätsregeln können tabellen- oder spaltenbezogen sein. Die tabellenbezogenen Integritätsregeln werden in der CREATE TABLE- bzw. ALTER TABLE-Anweisung nach der Angabe des Tabellennamens und der Definition aller Spalten definiert. Demgegenüber wird jede spaltenbezogene Integritätsregel als Teil der Spaltendefinition spezifiziert.

Hinweis Der einzige Unterschied zwischen den spalten- und tabellenbezogenen Integritätsregeln liegt darin, daß sich die ersten immer auf eine einzige Spalte beziehen, während tabellenbezogene Regeln auch auf eine Spaltengruppe einer Tabellen angewendet werden können. Damit sind die spaltenbezogenen Regeln eine spezielle Form der tabellenbezogenen Integritätsregeln (s. Beispiele 4.5 und 4.6).

Jeder definierten deklarativen Integritätsregel wird ein Name zugewiesen. Dieser Name kann mit Hilfe der optionalen CONSTRAINT-Angabe in der CREATE TABLE- bzw. ALTER TABLE-Anweisung vom Benutzer explizit definiert werden. Falls eine Regel definiert, ihr aber kein expliziter Name zugewiesen wird, wird vom System ein impliziter Name zugewiesen.

Die deklarativen Integritätsregeln, die mit Hilfe der CREATE TABLE- bzw. ALTER TABLE-Anweisung definiert werden können, sind:

▶ die Definition eines Schlüsselkandidaten mit Hilfe der UNIQUE-Klausel;

▶ die Definition des Primärschlüssels;

▶ die Definition des Fremdschlüssels und

▶ die Definition der CHECK-Bedingung.

4.1.5 Die UNIQUE-Klausel

Ein Schlüsselkandidat kann mit Hilfe der UNIQUE-Klausel in der CREATE TABLE- bzw. ALTER TABLE-Anweisung definiert werden. Damit ermöglicht diese Klausel die Überprüfung, ob jeder Datenwert einer Spalte (Spaltengruppe) nach dem Einfügen neuer bzw. nach dem Modifizieren existierender Reihen nur einmal vorkommt.

Die Syntax der UNIQUE-Klausel sieht folgendermaßen aus:

```
[CONSTRAINT regel_name]
  UNIQUE [CLUSTERED|NONCLUSTERED] (sp_name1 [{,sp_name2}...])
```

Die optionale CONSTRAINT-Angabe definiert den expliziten Namen der Integritätsregel. CLUSTERED bzw. NONCLUSTERED bezieht sich auf die Tatsache, daß der SQL Server für eine UNIQUE-Spalte automatisch einen Index erstellt. Dieser Index kann die Spaltenwerte zusätzlich sortieren (CLUSTERED) oder unsortiert lassen (NON-CLUSTERED). **sp_name1**, **sp_name2**,... sind die Spaltennamen, die als Gruppe betrachtet werden. (Der SQL Server erlaubt die Angabe von maximal 6 Spaltennamen für eine UNIQUE-Gruppe.)

Beispiel 4.4

```
create table verkauf
    (bestell_nr integer unique null,
     name char(20) null)
```

Jeder Datenwert in der Spalte **bestell_nr** der Tabelle **verkauf** darf nur einmal vorkommen. (Dies gilt auch für den NULL-Wert.) Der Versuch, einen schon vorhandenen Datenwert in der Spalte **bestell_nr** zu speichern, wird vom System abgewiesen. (Die in Beispiel 4.4 definierte UNIQUE-Regel wird einen vom System vergebenen impliziten Namen haben, weil die CONSTRAINT-Angabe für diese Integritätsregel fehlt.)

4.1.6 Die PRIMARY KEY-Klausel

Der Primärschlüssel einer Tabelle kann mit Hilfe der PRIMARY KEY-Klausel in der CREATE TABLE- bzw. ALTER TABLE-Anweisung explizit definiert werden.

Die Syntax der PRIMARY KEY-Klausel lautet:

```
[CONSTRAINT regel_name]
    PRIMARY KEY [CLUSTERED|NONCLUSTERED] (sp_name1 [{,sp_name2}...])
```

Alle Komponenten der PRIMARY KEY-Klausel entsprechen der gleichnamigen Angaben bei der UNIQUE-Klausel.

Beispiel 4.5

```
create table mitarbeiter
    (m_nr integer not null,
    m_name char(20) not null,
    m_vorname char(20) not null,
    abt_nr char(4) null,
    constraint prim_s_mit primary key(m_nr))
```

In Beispiel 4.5 wird die Tabelle **mitarbeiter** der Beispieldatenbank mit allen ihren Spalten neu erstellt. Zusätzlich dazu wird eine Integritätsregel namens **prim_s_mit** definiert, die den Primärschlüssel dieser Tabelle (**m_nr**) explizit spezifiziert. Die Integritätsregel **prim_s_mit** in Beispiel 4.5 ist tabellenbezogen, weil sie erst nach der Definition einzelner Spalten in der CREATE TABLE-Anweisung erscheint.

Das folgende Beispiel ist mit Beispiel 4.5 identisch, definiert aber eine spaltenbezogene Integritätsregel.

Beispiel 4.6

```
create table mitarbeiter
    (m_nr integer not null constraint prim_s_mit primary key,
    m_name char(20) not null,
    m_vorname char(20) not null,
    abt_nr char(4) null)
```

4.1.7 Die FOREIGN KEY-Klausel

Mit Hilfe der FOREIGN KEY-Klausel und der REFERENCES-Klausel kann ein Fremdschlüssel definiert werden.

Die FOREIGN KEY-Klausel hat folgende Syntax:

```
[CONSTRAINT regel_name]
    [FOREIGN KEY (sp_name1 [{,sp_name2}...])]
    REFERENCES [ben_name.]tab_name [(spalte_1 [{,spalte_2}...])]
```

Die REFERENCES-Option benennt die referentielle Tabelle mit allen Spalten, die den Fremdschlüssel bilden. Die in der FOREIGN KEY-Klausel angegebenen Spalten müssen sowohl nach ihrer Anzahl als auch nach dem jeweiligen Datentyp mit den Spalten in der REFERENCES-Option übereinstimmen.

Beispiel 4.7

```
create table arbeiten
    (m_nr integer not null,
    pr_nr char(4) not null,
    aufgabe char(15) null,
    einst_dat datetime null,
    constraint prim_s_arb primary key(m_nr, pr_nr),
    constraint fremd_s_arb foreign key(m_nr)
        references mitarbeiter(m_nr))
```

In Beispiel 4.7 ist die Tabelle **arbeiten** mit zwei deklarativen Integritätsregeln – **prim_s_arb** und **fremd_s_arb** – erstellt worden. **prim_s_arb** definiert eine tabellenbezogene Integritätsregel für den Primärschlüssel dieser Tabelle, während **fremd_s_arb** eine tabellenbezogene Integritätsregel ist, die die Spalte **m_nr** als Fremdschlüssel der gleichnamigen Spalte der Tabelle **mitarbeiter** spezifiziert.

Falls ein Fremdschlüssel als spaltenbezogene Integritätsregel definiert wird, entfällt die Angabe FOREIGN KEY, weil die REFERENCES-Klausel die Spalte eindeutig als Fremdschlüssel ausweist. (Die tabellenbezogene Integritätsregel **prim_s_arb** kann nicht spaltenbezogen definiert werden, weil sie sich auf eine Spaltengruppe – **m_nr**, **pr_nr** – bezieht.) Eine Tabelle kann maximal 31 FOREIGN KEY-Angaben enthalten.

Die Definition des Fremdschlüssels einer Tabelle ermöglicht die Definition einer wichtigen Integritätsregel – der referentiellen Integrität. Die referentielle Integrität wird in Abschnitt 4.2 ausführlich erläutert.

4.1.8 Die CHECK-Bedingung

Die Check-Bedingung erlaubt die Definition spezifischer Bedingungen und Regeln für eine Tabelle. Alle für eine Tabelle definierten Check-Bedingungen werden beim Einfügen bzw. Ändern jeder Reihe angewendet, um eventuelle Regelverletzungen zu finden.

Check-Bedingungen werden mit Hilfe der CHECK-Klausel in einer CREATE TABLE- bzw. ALTER TABLE-Anweisung definiert. Die CHECK-Klausel hat folgende Syntax:

```
[CONSTRAINT regel_name]
CHECK [NOT FOR REPLICATION] ausdruck
```

Die NOT FOR REPLICATION-Option macht die mit der CHECK-Klausel definierte Integritätsregel während der Datenreplikation wirkungslos. (Für die Beschreibung der Datenreplikation siehe Kapitel 26.)

Beispiel 4.8

```
create table kaeufer
    (kaeufer_nr integer not null,
    kaeufer_gruppe char(3) null,
    check (kaeufer_gruppe in ('k1', 'k2', 'k3')))
```

Die in Beispiel 4.8 erstellte Tabelle **kaeufer** hat u.a. eine Spalte **kaeufer_gruppe**, für die aufgrund der CHECK-Klausel nur Datenwerte **k1**, **k2** und **k3** erlaubt sind. Der Versuch, eine Reihe in die Tabelle **kaeufer** hinzufügen wird mit einer entsprechenden Fehlermeldung abgewiesen, falls die Spalte **kaeufer_gruppe** einen nicht erlaubten Datenwert enthält.

Eine Check-Bedingung kann nur die Spalten enthalten, die zu der angegebenen Tabelle gehören. Die Überprüfung aller definierten Bedingungen findet beim Einfügen bzw. bei der Änderung der Reihen statt.

4.1.9 Weitere Anweisungen zur Erstellung der Datenbankobjekte

Die Anweisung CREATE DEFAULT ermöglicht die Zuweisung eines Standardwertes einer Spalte, falls beim Einfügen bzw. Ändern von Reihen kein expliziter Datenwert für diese Spalte angegeben ist. Die CREATE DEFAULT-Anweisung erstellt nur einen Standardwert, bindet ihn aber nicht an eine existierende Spalte. Die Bindung des voreingestellten Wertes an eine Spalte muß anschließend mit der DB-Prozedur **sp_bindefault** durchgeführt werden.

Die CREATE RULE-Anweisung ermöglicht die Spezifikation eines Wertebereichs bzw. einer Wertemenge für eine Spalte. Sowohl die Anweisung CREATE DEFAULT als auch die Anweisung CREATE RULE werden in Abschnitt 4.2 ausführlich beschrieben.

Zusätzlich zu den schon erwähnten Tabellen, die auch als Benutzer- bzw. Basistabellen bezeichnet werden, gibt es spezielle Tabellen, die Views heißen. Die Basistabellen existieren physikalisch, während Views virtuelle Tabellen darstellen, die physikalisch nicht existieren und immer aus der (den) darunterliegenden Tabelle(n) abgeleitet werden. Die Anweisung CREATE VIEW erzeugt ein neues View aus einer schon existierenden Basistabelle mittels einer SELECT-Anweisung. Weil die SELECT-Anweisung die Basis für CREATE VIEW ist, gehört CREATE VIEW eher zu den Anweisungen für Datenmanipulationen als zu den Anweisungen für Datendefinition. Aus diesem Grund werden wir Views erst dann behandeln, wenn alle Anweisungen für Datenmanipulation definiert und erklärt sind. Kapitel 9 ist ausschließlich dem Thema Views gewidmet.

CREATE INDEX ist die Anweisung zur Erstellung der Indizes. Der wichtigste Grund für die Erstellung eines Index steht in Zusammenhang mit den Abfragen. Durch die Existenz eines Index können die Antwortzeiten einer Abfrage wesentlich beschleunigt werden. Die ganze Problematik der Indexvergabe wird in Kapitel 10 ausführlich behandelt.

Ein weiteres Datenbankobjekt, das mit Hilfe von Transact-SQL erstellt werden kann, ist die Datenbank-Prozedur. Datenbank-Prozeduren sind ablauffähige Programme, die zentral im SQL Server abgelegt sind. Die Erstellung der DB-Prozeduren kann mit der Anweisung CREATE PROCEDURE durchgeführt werden. Kapitel 8 enthält eine ausführliche Beschreibung von DB-Prozeduren.

DB-Prozeduren sind eng mit einem weiteren Datenbankobjekt - Trigger - verwandt. Trigger sind Datenbankkonstrukte, die automatisch eine SQL-Anweisungsfolge (oder eine DB-Prozedur) ausführen, wenn ein bestimmtes Ereignis auftritt. Trigger können beim SQL Server mit der Transact-SQL-Anweisung CREATE TRIGGER erstellt werden. Trigger sind in Kapitel 13 beschrieben.

4.1.10 Die CREATE SCHEMA-Anweisung

Seit der Version 6.5 des SQL Servers wird auch die CREATE SCHEMA-Anweisung unterstützt. Die CREATE SCHEMA-Anweisung erstellt ein Schema für den aktuellen Benutzer. Das Schema einer Datenbank ist ein SQL-Konstrukt, das beim SQL Server alle Anweisungen zur Erstellung von Tabellen und Views sowie die Autorisierungsanweisungen GRANT und REVOKE enthält.

Hinweis   Der Begriff „Schema" stammt aus dem SQL-Standard und wurde im Standard aus dem Jahre 1986 definiert. Nach diesem Standard müssen alle Datendefinitionsanweisungen einer Datenbank innerhalb eines Schemas spezifiziert werden. Im SQL92-Standard wurde diese Voraussetzung partiell aufgehoben: Nach diesem Standard dürfen Datendefinitionsanweisungen einer Datenbank sowohl innerhalb als auch außerhalb eines Schemas spezifiziert werden.

Die Syntax der CREATE SCHEMA-Anweisung sieht folgendermaßen aus:

```
CREATE SCHEMA AUTHORISATION ben_name
CREATE objekt objekt_name1
[{CREATE objekt objekt_name2} ...]
[autorisierungs_anweisungen]
```

ben_name ist der Name des aktuellen Benutzers. CREATE **objekt** kann entweder eine CREATE TABLE- oder eine CREATE VIEW-Anweisung sein. **autorisierungs_anweisung** ist entweder eine GRANT- oder eine REVOKE-Anweisung (oder eine Anweisungsgruppe, die die Kombination beider Anweisungen darstellt).

Beispiel 4.9

```
create schema authorization petra

create table verkaeufer
     (nr int not null unique,
     name char(20) not null,
     vorname char(20) not null,
     waren_nr char(10))
     create table ware
     (waren_nr char(10) not null unique,
     name char(20) null,
     preis money null)
create view waren_info
     as select waren_nr, name
          from ware)
grant select on verkaeufer to public
revoke update on ware from helga
```

In Beispiel 4.9 wird ein Schema definiert, in dem zwei Tabellen (**verkaeufer** und **ware**) und ein View (**waren_info**) erstellt werden. Zusätzlich dazu enthält dieses Schema auch die Definition gewisser Zugriffsrechte mit Hilfe der GRANT- bzw. REVOKE-Anweisung. (Für die Beschreibung der GRANT- und REVOKE-Anweisung siehe Kapitel 12.)

4.2 Integritätsregeln und Wertebereiche

Die Definition der Wertebereiche mit Hilfe eines Datenbankmanagementsystems stellt eine wichtige Voraussetzung dar, um Integritätsregeln für Tabellenspalten definieren zu können. Wertebereiche sind benutzerdefinierte Datentypen, die Spalten einer Tabelle genauer definieren, als dies mit den Standard-Datentypen möglich ist.

Nehmen wir an, in einer Tabelle existiert eine Spalte mit Postleitzahlen. Diese Spalte kann mit Hilfe des Transact-SQL-Standard-Datentyps **int** oder **char**(5) definiert werden. Eine solche Definition ist ungenau, weil **int**-Werte alle (positiven und negativen) Ganzzahlen bis max. 2**31-1 enthalten. (Die Definition der Spalte als **char**(5) ist noch ungenauer, weil in dem Fall auch alle alphanumerischen Werte zugelassen sind.) Die Möglichkeit, Postleitzahlen als einen Wertebereich aller fünfstelligen positiven Ganzzahlen beginnend ab 1000 zu definieren ist wichtig, weil dadurch das Einfügen falscher Zahlen (wie z.B. 123456) überprüft und zurückgewiesen werden kann.

Der SQL Server bietet drei Mechanismen:

▶ benutzerdefinierte Datentypen,

▶ Standard (*default*)-Werte und

▶ Regeldefinition mittels der CREATE RULE-Anweisung,

mit denen Wertebereiche definiert und überprüft werden können.

4.2.1 Benutzerdefinierte Datentypen

Benutzerdefinierte Datentypen sind spezielle Datentypen, die vom Benutzer mit Hilfe der existierenden SQL-Standard-Datentypen definiert werden können. Der SQL Server unterstützt die Erstellung benutzerdefinierter Datentypen mit Hilfe der Systemprozedur **sp_addtype**.

Die Systemprozedur **sp_addtype** erstellt einen neuen benutzerdefinierten Datentyp und fügt gleichzeitig eine neue Reihe in der Systemtabelle **systypes** ein. Die Syntax dieser Prozedur ist:

```
sp_addtype typ_name, st_datentyp[(laenge)] [,null_typ]
```

typ_name ist der Name des benutzerdefinierten Datentyps. Dieser Name muß innerhalb der aktuellen Datenbank eindeutig sein. **st_datentyp** kennzeichnet einen Transact-SQL-Standard-Datentyp, der als Basis für die Erstellung des benutzerdefinierten Datentyps verwendet wird. Jeder existierende Standard-Datentyp, außer **timestamp**, kann dazu verwendet werden. Die Angabe **laenge** muß für Datentypen **char**, **nchar**, **varchar**, **nvarchar**, **binary** und **varbinary** angegeben werden. Falls **laenge** angegeben ist, muß der Standard-Datentyp innerhalb von Apostrophen oder Anführungszeichen geschrieben werden. **null_typ** spezifiziert, ob NULL-Werte erlaubt sind oder nicht.

Beispiel 4.10

```
sp_addtype plz, int, null
```

In Beispiel 4.10 ist der benutzerdefinierte Datentyp **plz** als **int**-Datentyp, der NULL-Werte erlaubt, definiert.

Nachdem ein benutzerdefinierter Datentyp spezifiziert ist, kann er innerhalb der CREATE TABLE-Anweisung für die Spaltendefinition verwendet werden.

Mit der Systemprozedur **sp_droptype** kann ein existierender benutzerdefinierter Datentyp gelöscht werden.

Die Definition der benutzerdefinierten Datentypen mit Hilfe der Systemprozedur **sp_addtype** ist nur der erste Schritt bei der Erstellung eines Wertebereiches. Mit Hilfe der SQL-Anweisungen CREATE DEFAULT und CREATE RULE sowie der Systemprozeduren **sp_bindefault** und **sp_bindrule**, die im weiteren Verlauf dieses Abschnitts beschrieben sind, können weitere Eigenschaften des Datentyps beschrieben werden.

4.2.2 Definition der Standardwerte

Mit der Anweisung

```
CREATE DEFAULT [ben_name.]default_name
AS konst_ausdruck
```

kann ein Datenwert definiert werden, der als Voreinstellung für eine Spalte (oder für alle Spalten, die mit Hilfe eines benutzerdefinierten Datentyps definiert sind) gilt. Diese Voreinstellung wird in der Spalte eingefügt, falls kein expliziter Wert angegeben wird. **default_name** ist der Name der Regel, während **konst_ausdruck** die Voreinstellung darstellt.

Nach der Definition einer *default*-Regel mit Hilfe der CREATE DEFAULT-Anweisung muß noch die Verbindung zwischen dem **default_name** und der entsprechenden Spalte bzw. dem entsprechenden benutzerdefinierten Datentyp hergestellt werden. Dies geschieht mit Hilfe der Systemprozedur **sp_bindefault**.

Das Recht die CREATE DEFAULT-Anweisung auszuführen, besitzt am Anfang nur der Datenbank-Eigentümer, der dieses Recht aber den anderen Benutzern (mit der GRANT CREATE DEFAULT-Anweisung) vergeben kann.

Beispiel 4.11

```
create default dft_plz
as 83024

sp_bindefault dft_plz, "plz"
```

In Beispiel 4.11 wird die Voreinstellung für den benutzerdefinierten Datentyp **plz** (Beispiel 4.10) definiert. Damit werden alle Tabellenspalten der aktuellen Datenbank, die mit Hilfe dieses Datentyps definiert werden, den Standardwert 83024 haben, wenn nicht ein anderer Datenwert explizit angegeben wird.

Alle alphanumerischen und Datumskonstanten müssen in der Systemprozedur **sp_bindefault** innerhalb von Apostrophen geschrieben werden. Die binären Konstanten müssen das Präfix „0x" haben.

4.2.3 Regeldefinition für Wertebereiche

Mit der Anweisung

```
CREATE RULE regel_name
AS bedingung
```

kann ein Wertebereich für eine Spalte (oder für alle Spalten, die mit Hilfe eines gemeinsamen benutzerdefinierten Datentyps definiert sind) spezifiziert werden. **regel_name** ist der Name des Wertebereichs, während **bedingung** eine Bedingung darstellt, die alle erlaubten Datenwerte des Wertebereichs definiert.

bedingung kann jeden Ausdruck, der in der WHERE-Klausel einer SELECT-Anweisung definiert werden darf, enthalten. Zusätzlich dazu beinhaltet **bedingung** immer einen Parameter, der mit dem Präfix „@" geschrieben wird. Der Parameter entspricht dem Datenwert, der mit Hilfe einer UPDATE- bzw. INSERT-Anweisung in der entsprechenden Spalte eingefügt wird. Der Name des Parameters kann beliebig sein.

Die CREATE RULE-Anweisung darf am Anfang nur der Datenbank-Eigentümer ausführen. Er kann dieses Recht auch den anderen Benutzern (mit der GRANT CREATE RULE-Anweisung) vergeben.

Beispiel 4.12

```
create rule regel_plz
as @zahl > 1000 and @zahl < 100000
```

In Beispiel 4.12 wird eine Regel erstellt, die generell den Wertebereich zwischen 1000 und 100000 einschränkt.

Nach der Definition einer Regel mit Hilfe der CREATE RULE-Anweisung muß die Verbindung zwischen dem Regelnamen und der entsprechenden Spalte bzw. dem entsprechenden benutzerdefinierten Datentyp hergestellt werden. Dies geschieht mit Hilfe der Systemprozedur **sp_bindrule**. Die Syntax der Prozedur **sp_bindrule** ist:

```
sp_bindrule regel_name, sp_name [,FUTUREONLY]
```

regel_name ist der Name der Regel, die davor mit einer CREATE RULE-Anweisung erstellt wurde. **sp_name** ist der Name der Spalte (oder eines benutzerdefinierten Datentyps) an dem die Regel angewendet wird. Die Tabellenspalten müssen in der Form „tabellenname.spaltenname" geschrieben werden. (Andernfalls wird die Angabe für **sp_name** als ein benutzerdefinierter Datentyp interpretiert.) Die Angabe FUTUREONLY verhindert die Anwendung der erstellten Regel für die Spalten, die schon davor mit Hilfe des benutzerdefinierten Datentyps erstellt wurden.

Beispiel 4.13

```
sp_bindrule regel_plz, plz
```

In Beispiel 4.13 wird die Regel **regel_plz** (Beispiel 4.12) mit dem benutzerdefinierten Datentyp **plz** verbunden. Damit wird der Wertebereich des Datentyps **plz** auf Werte zwischen 1000 und 100000 eingeschränkt.

Alle bis jetzt beschriebenen Eigenschaften des benutzerdefinierten Datentyps **plz** ermöglichen jetzt die Definition einer Spalte, deren Wertebereich beim Einfügen der Werte mit Hilfe der definierten Regeln überprüft werden kann.

Beispiel 4.14

```
create table adresse
     (stadt char(25) not null,
     postleitzahl plz,
     strasse char(30) null)
```

4.2.4 Die referentielle Integrität

Die referentielle Integrität ermöglicht dem Benutzer die Definition von Einschränkungen in bezug auf Tabellen, die einen Primär- bzw. den entsprechenden Fremdschlüssel enthalten. Die Tabelle mit dem Primärschlüssel wird Zieltabelle, die Tabelle mit dem entsprechenden Fremdschlüssel referenzierte Tabelle genannt. (Die beiden Tabellen können unter Umständen dieselbe Tabelle darstellen.)

In Beispiel 4.6 und 4.7 sind der Primärschlüssel der Tabelle **mitarbeiter** und der entsprechende Fremdschlüssel der Tabelle **arbeiten** definiert. Die REFERENCES-Klausel in Beispiel 4.7 definiert die Zieltabelle des Fremdschlüssels. Die beiden CONSTRAINT-Angaben geben den entsprechenden Regeln des Primär- bzw. Fremdschlüssels einen Namen.

Es existieren insgesamt vier Fälle, in denen das Ändern der Datenwerte im Fremdschlüssel bzw. im entsprechenden Primärschlüssel die Integrität einer Datenbank verletzen kann. Alle diese Fälle werden wir mit Hilfe der Beispieldatenbank zeigen und erklären.

1. Füge eine neue Reihe der Tabelle *arbeiten* hinzu, wobei die Mitarbeiternummer den Wert 11111 hat.

Mit der obigen Formulierung wird ein Wert im Fremdschlüssel der Tabelle **arbeiten** eingefügt, zu dem dann kein entsprechender Wert im Primärschlüssel der Tabelle **mitarbeiter** existiert. Falls die referentielle Integrität für die beiden Tabellen definiert ist (wie in den Beispielen 4.6 und 4.7), wird die Änderung, die mit der folgenden Transact-SQL-Anweisung

```
insert into arbeiten (m_nr, ...)
    values(11111,...)
```

durchgeführt werden kann, abgewiesen.

2. Ändere die Mitarbeiternummer 10102 in der Tabelle *arbeiten*. Die neue Mitarbeiternummer ist 11111.

Mit diesem Text wird ein existierender Wert im Fremdschlüssel der Tabelle **arbeiten** durch einen anderen ersetzt, zu dem dann kein entsprechender Wert im Primärschlüssel der Tabelle **mitarbeiter** existiert. Die Änderung, die mit der folgenden Transact-SQL-Anweisung durchgeführt werden kann:

```
update arbeiten
    set m_nr = 11111
    where m_nr = 10102
```

wird abgewiesen, falls die referentielle Integrität für die beiden Tabellen (wie in den Beispielen 4.6 und 4.7) definiert ist.

3. Ändere die Personalnummer 10102 in der Tabelle *mitarbeiter*. Die neue Nummer ist 22222.

Mit diesem Text wird jetzt der Wert im Primärschlüssel der Tabelle **mitarbeiter** durch einen neuen Wert ersetzt. Dadurch entstehen nicht konsistente Werte im Fremdschlüssel der Tabelle **arbeiten**. Die Änderung, die mit der folgenden Transact-SQL-Anweisung durchgeführt werden kann:

```
update mitarbeiter
    set m_nr = 22222
    where m_nr = 10102
```

wird abgewiesen, falls die referentielle Integrität für die beiden Tabellen definiert ist.

4. Lösche die Reihe der Tabelle *mitarbeiter* mit der Personalnummer 10102.

Dieser Fall ist dem vorherigen ähnlich. Durch das Löschen der Reihe im Primärschlüssel der Tabelle **mitarbeiter** entstehen nicht konsistente Werte im Fremdschlüssel der Tabelle **arbeiten**.

Alle vier o.g. Fälle werden beim SQL Server mit der Ausgabe einer entsprechenden Fehlermeldung abgewiesen.

Beispiel 4.15 zeigt die Tabellen der Beispieldatenbank mit allen dazugehörigen Primär- und Fremdschlüsseln.

Beispiel 4.15

```
create table abteilung1
    (abt_nr char(4) not null,
    abt_name char(20) not null,
    stadt char(15) null,
    primary key(abt_nr))

create table projekt1
    (pr_nr int char(4) null,
    pr_name char(25) not null,
    mittel float null,
    primary key(pr_nr))

create table mitarbeiter1
    (m_nr integer not null,
    m_name char(20) not null,
    m_vorname char(20) not null,
    abt_nr char(4) null,
    primary key(m_nr),
    foreign key(abt_nr references abteilung1(abt_nr))

create table arbeiten1
    (m_nr integer not null,
    pr_nr char(4) not null,
    aufgabe char(15) null,
    einst_dat datetime null,
```

```
primary key(m_nr, pr_nr),
foreign key(m_nr) references mitarbeiter1(m_nr),
foreign key(pr_nr) references projekt1(pr_nr))
```

4.3   Änderung der Objekte

Der SQL Server unterstützt nur die Änderung der Struktur zweier Datenbankobjekte – der Datenbank selbst und der Tabelle.

4.3.1   Änderung einer Datenbank

Mit der Anweisung

```
ALTER DATABASE db_name
     [ON DEFAULT|db_medium1[=größe1] [{,db_medium2[=größe2} ...]]
     [FOR LOAD]
```

kann der Speicherplatz, der einer existierenden Datenbank zur Verfügung steht, erweitert werden. Wie aus der Syntax der ALTER DATABASE-Anweisung ersichtlich, bezieht sich diese Anweisung ausschließlich auf die Datenbankmedien, die physikalische Objekte sind. Deswegen wird die ALTER DATABASE-Anweisung zusätzlich in Kapitel 19 erörtert.

Der Name einer Datenbank kann mit Hilfe der Systemprozedur **sp_renamedb** geändert werden.

4.3.2   Änderung der Tabellenstruktur

Die Änderung der Struktur einer Tabelle wird mit der Anweisung ALTER TABLE durchgeführt. Der SQL Server ermöglicht das Hinzufügen einer oder mehrerer Spalten zu einer existierenden Tabelle. Diese Anweisung hat folgende Form:

```
ALTER TABLE [[db_name.]ben_name.]tab_name
     ADD sp_name1 datentyp1 NULL|IDENTITY
     [{,sp_name2 datentyp2 NULL|IDENTITY}...]
```

Der Eigentümer der Tabelle hat die Erlaubnis, die ALTER TABLE-Anweisung auszuführen. Die hinzugefügten Spalten können alle existierenden Datentypen, außer BIT, haben.

Beispiel 4.16

```
alter table mitarbeiter
     add tel_nr char(12) null
```

Mit der Transact-SQL-Anweisung in Beispiel 4.16 wird die Tabelle **mitarbeiter** um eine neue Spalte, **tel_nr**, erweitert. Die Daten dieser Spalte können NULL-Werte beinhalten.

Bei der ALTER TABLE-Anweisung ist es nicht möglich, die NOT NULL-Angabe zu benutzen, weil die Datenwerte in der neuen Spalte für die schon existierenden Reihen nur mit den NULL-Werten belegt werden können.

Hinweis   Der SQL Server kennt keine Angaben zur Änderung der Spalteneigenschaften einer existierenden Spalte. Um dies zu erreichen, müssen mit Hilfe der SELECT INTO-Anweisung die Daten aus der alten in die neue Tabelle geladen werden. (Anschließend muß die alte Tabelle gelöscht werden.) Genauso unterstützt der SQL Server die DROP-Angabe nicht. Diese, vom SQL92-Standard vorgesehene Erweiterung der ALTER TABLE-Anweisung ermöglicht das Löschen einer existierenden Spalte der Tabelle.

4.3.3   Die erweiterte Form der ALTER TABLE-Anweisung

Die Erweiterungen der ALTER TABLE-Anweisung beziehen sich zum größten Teil auf die Integritätsregeln. Die erweiterte Syntax der ALTER TABLE-Anweisung kann folgendermaßen dargestellt werden:

```
ALTER TABLE [[db_name.]ben_name.]tab_name
     [WITH {CHECK | NOCHECK}]
     ADD sp_name1 datentyp1 NULL|IDENTITY [{,sp_name2 datentyp2
     NULL|IDENTITY}...]
     | ADD tabellenbezogene_regel
     | DROP tabellenbezogene_regel
```

Die Erweiterungen der ALTER TABLE-Anweisung beziehen sich damit auf:

▶ das Hinzufügen einer neuen Integritätsregel (mit Hilfe der ADD-Angabe);

▶ das Löschen einer existierenden Integritätsregel (mit Hilfe der DROP-Angabe) und

▶ die optionale WITH NOCHECK-Angabe

Beispiel 4.17

```
create table verkauf
     (bestell_nr integer unique not null,
     bestell_datum datetime not null,
     liefer_datum datetime not null)

alter table verkauf
     add constraint dat_pruef check(bestell_datum <= liefer_datum)
```

In Beispiel 4.17 wird für die erstellte Tabelle **verkauf**, die unter anderem die Spalten **bestell_datum** und **liefer_datum** enthält, mit Hilfe der ALTER TABLE-Anweisung eine Regel namens **dat_pruef** definiert, die das Lieferdatum eines Produktes mit seinem Bestelldatum vergleicht und die Angabe eines Lieferdatums, das älter als das Bestelldatum ist, als Fehler meldet.

Die ALTER TABLE-Anweisung erlaubt auch die Definition des Primär- bzw. Fremdschlüssels, wie das folgende Beispiel zeigt.

Beispiel 4.18

```
alter table abteilung
    add constraint prim_s_abt primary key(abt_nr)

alter table mitarbeiter
    add constraint fremd_s_mit2 foreign key(abt_nr)
        references abteilung
```

(0 Reihe(n) betroffen)

In Beispiel 4.18 wird der Primärschlüssel der Tabelle **abteilung** und der entsprechende Fremdschlüssel der Tabelle **mitarbeiter** definiert.

Jede definierte Integritätsregel kann mit Hilfe der ALTER TABLE-Anweisung gelöscht werden.

Beispiel 4.19

```
alter table verkauf
    drop constraint dat_pruef
```

In Beispiel 4.19 wird die in Beispiel 4.17 definierte Integritätsregel **dat_pruef** gelöscht.

Wie aus Beispiel 4.19 ersichtlich, muß der Name der Integritätsregel, die gelöscht werden soll, explizit in der ALTER TABLE-Anweisung angegeben werden. Der Name der Integritätsregel, der vom System implizit zugewiesen wurde, kann mit Hilfe der Systemprozedur **sp_helpconstraint** erfahren werden.

Beispiel 4.20

```
sp_helpconstraint verkauf

sp_helpconstraint mitarbeiter
```

Das Ergebnis ist:

Object Name		
verkauf		
constraint_type	**constraint_name**	**constraint_keys**
UNIQUE(non-clustered)	UQ_verkauf_bestell_44AA3BDF	bestell_nr

Keine Fremdschlüssel verweisen auf diese Tabelle

Object Name		
mitarbeiter		
constraint_type	constraint_name	constraint_keys
PRIMARY KEY(clustered) FOREIGN KEY	prim_s_mit fremd_s_mit2	m_nr abt_nr REFERENCES beispiel.dbo.abteilung

In Beispiel 4.20 sind alle definierten Integritätsregeln zweier Tabellen – **verkauf** und **mitarbeiter** – aufgelistet. Die Tabelle **verkauf** hat eine implizit definierte Integritätsregel, während **mitarbeiter** ausschließlich explizit definierte Integritätsregeln enthält. Wie aus der Ausgabe ersichtlich, werden auch diejenigen Regeln ausgegeben, wo die Tabelle als referenzierte Tabelle erscheint (die Regel **fremd_s_mit2**).

Die optionale WITH NOCHECK-Angabe ermöglicht dem Benutzer, die Überprüfung der CHECK- bzw. FOREIGN KEY-Regel auf die künftige Verletzungen einzuschränken. (Jede deklarative Integritätsregel wird standardmäßig, bevor sie aktiviert wird, auf die existierenden Daten angewendet. Falls die Regelverletzung vorliegt, wird die Regel überhaupt nicht aktiviert.)

Der Name einer Tabelle, genauso wie aller anderen Datenbankobjekte (Indizes, Views, Spalten usw.) kann mit Hilfe der Systemprozedur **sp_rename** geändert werden.

Beispiel 4.21

```
sp_rename abteilung, bereich
Objektname wurde geändert.
```

In Beispiel 4.21 wird der Name der Tabelle **abteilung** in **bereich** geändert.

Beispiel 4.22

```
sp_rename "abteilung.stadt", standort
Spaltenname wurde geändert
```

In Beispiel 4.22 wird der Name der Spalte **stadt** der Tabelle **abteilung** in **standort** geändert. Bei der Änderung eines Spaltennamens muß dieser in der Form „tab_name.sp_name" geschrieben werden.

4.4 Löschen der Objekte

Alle SQL-Anweisungen, die das Löschen der Objekte einer Datenbank veranlassen, haben folgende allgemeine Form:

```
DROP objekt obj_name ,
```

wobei **objekt** ein Objekt der Datenbank ist und **obj_name** den Namen dieses Objektes darstellt.

Die Anweisung

```
DROP DATABASE db_name1 [{, db_name2} ...]
```

löscht eine oder mehrere existierende Datenbanken. Das Löschen der Datenbank bedeutet, daß sie mit allen dazugehörigen Objekten entfernt wird und der von ihr reservierte Speicherplatz freigegeben wird. Alle Einträge, die über diese Datenbank in der *master*-Datenbank existieren, werden ebenso entfernt. Beim Löschen einer Datenbank muß die aktuelle Datenbank die *master*-Datenbank sein.

Mit der Anweisung

```
DROP TABLE tab_name1 [{, tab_name2} ...]
```

werden eine oder mehrere existierenden Tabellen gelöscht. Das Löschen einer Tabelle bedeutet, daß sie aus dem Systemkatalog entfernt wird. Alle Reihen und Indizes, die dieser Tabelle angehören, werden ebenso gelöscht.

Das Löschen einer Tabelle kann entweder vom Systemadministrator, oder vom Tabellen-Eigentümer oder vom Eigentümer der Datenbank, zu der die Tabelle gehört, vorgenommen werden. (Der Datenbank-Eigentümer muß nicht mehr, wie in der Version 4.2, mit Hilfe der Anweisung SETUSER die Rolle des Tabellen-Eigentümers übernehmen, um diese löschen zu können.)

Beispiel 4.23

```
drop table arbeiten
```

In Beispiel 4.23 wird die Tabelle **arbeiten** gelöscht. Damit werden sowohl die Daten dieser Tabelle als auch ihr Tabellenschema (aus dem Systemkatalog) entfernt.

Wie wir in Kapitel 2 erörtert haben, existiert seit Version 6 die Option QUOTED_IDENTIFIER in der SET-Anweisung. Die Aktivierung dieser Option identifiziert einen Bezeichner innerhalb der Anführungszeichen als begrenzten Bezeichner. Diese Option kann z.B. verwendet werden, um eine Tabelle, die ein reserviertes Wort als Namen hat, zu löschen. (Dieser Vorgang kann bei der Migration von einer Version zu der nächsten Version des SQL Servers notwendig sein.)

Beispiel 4.24

```
set quoted_identifier on
go
drop table „schema"
go
set quoted_identifier off
go
```

In Beispiel 4.24 wird gezeigt, wie die Tabelle **schema**, die in der Version 6.0 erstellt wurde, mit dem SQL Server V6.5 gelöscht werden kann. (Das Wort „schema" ist ein reserviertes Wort seit V6.5)

Zusätzlich zu DATABASE und TABLE kann **objekt** in der DROP-Anweisung folgende Angaben haben:

▶ DEFAULT,

▶ RULE,

▶ PROCEDURE,

▶ INDEX,

▶ VIEW,

▶ TRIGGER und

▶ SCHEMA

Mit der Anweisung DROP DEFAULT **default_name** wird eine existierende *default*-Regel gelöscht. Dementsprechend wird mit der Anweisung DROP RULE **regel_name** eine existierende Regel gelöscht. Die übrigen Anweisungen werden in verschiedenen Kapiteln beschrieben: DROP PROCEDURE in Kapitel 8, DROP VIEW in Kapitel 9, DROP INDEX in Kapitel 10 und DROP TRIGGER in Kapitel 13.

4.5 Zusammenfassung

Der SQL Server unterstützt zahlreiche Anweisungen, mit denen Objekte definiert werden können. Folgende Objekte

▶ Datenbank,

▶ Tabelle,

▶ Index,

▶ View,

▶ Trigger,

▶ DB-Prozedur,

▶ Regel und

▶ *default*(Standard)-Werte

können mit der Anweisung CREATE erstellt und mit DROP gelöscht werden. Die Datenbank und Tabelle sind die einzigen Objekte, deren Eigenschaften mit der Anweisung ALTER geändert werden können.

Aufgaben

A.4.1 In Beispiel 4.3 sind einige Spalten der vier erstellten Tabellen mit der NOT NULL-Angabe definiert. Für welche Spalten ist diese Angabe unbedingt erforderlich und für welche nicht?

A.4.2 Warum sind die Spalten **pr_nr** und **abt_nr** als CHAR-Werte (und nicht als numerische Werte) definiert?

A.4.3 Erstellen Sie die Tabelle **systeme**, die folgende Spalten enthält:
sys_name – alphanumerisch, max. 15 Zeichen
version – Ganzzahl
hersteller – alphanumerisch, max. 20 Zeichen
ort – alphanumerisch, max. 20 Zeichen

A.4.4 Beschreiben Sie genau, was passiert, wenn eine Tabelle mit der DROP TABLE-Anweisung gelöscht wird.

5 Einfache Abfragen

In den nächsten beiden Kapiteln werden wir die wichtigste SQL-Anweisung, nämlich SELECT vorstellen. Dieses Kapitel dient der Einführung der SELECT-Anweisung und der Erläuterung einfacher Abfragen. Jede Klausel der SELECT-Anweisung wird separat erklärt und mit Hilfe der Beispieldatenbank dargestellt. Im zweiten Teil des Kapitels werden die Aggregatfunktionen und der Operator UNION beschrieben.

5.1 Grundform der SELECT-Anweisung

Mit der SELECT-Anweisung werden Datenwerte aus einer Datenbank ausgewählt. Sie können aus einer oder aus mehreren, miteinander verbundenen Tabellen ausgewählt werden. Das Ergebnis einer solchen Auswahl ist erneut eine Tabelle, die keine, eine oder mehrere Reihen und eine oder mehrere Spalten hat.

Die SELECT-Anweisung hat folgende allgemeine Form:

```
SELECT [ALL|DISTINCT] spalten_liste
     [INTO [[db_name.[ben_name.]tab_name]
     [FROM tab1 [tab_alias1] [{,tab_2 [tab_alias2]}...]
     [HOLDLOCK | NOHOLDLOCK] [SHARED]
     [WHERE bedingung_1]
     [GROUP BY ausdr_3,...]
     [HAVING bedingung_2]
     [ORDER BY {ausdr_5 [ ASC |DESC]}...]
     [COMPUTE aggregat_f(sp_name1),... [BY sp_name2,...]
     [FOR BROWSE]
```

Die einzelnen Klauseln werden wir im Verlauf dieses Kapitels vorstellen und anhand von Beispielen praktisch erläutern.

Wie aus der allgemeinen Form ersichtlich, beinhaltet die einfachste SELECT-Anweisung neben SELECT noch die FROM-Klausel:

```
SELECT [ ALL |DISTINCT] spalten_liste
FROM tab1 [tab_alias1] [{,tab_2 [tab_alias2]}...]
```

tab_1 kennzeichnet den Namen der Tabelle, aus der Daten ausgewählt werden. **tab_alias1** stellt den Aliasnamen der Tabelle **tab1** dar. In einer SELECT-Anweisung können mehrere Tabellen angegeben werden. In diesem Kapitel wird nur die Auswahl der Daten aus einer Tabelle behandelt. Die Verknüpfung mehrerer Tabellen in einer SELECT-Anweisung wird in Kapitel 6 beschrieben.

spalten_liste kann eine oder mehrere der folgenden Angaben enthalten:

▶ das Zeichen „*". Es kennzeichnet alle Spalten aller in der FROM-Klausel angegebenen Tabellen;

▶ die explizite Angabe der Spaltennamen, die ausgewählt werden sollen;

▶ die Angabe **spalten_name**=IDENTITY(**genauigkeit**) als die Definition einer Spalte mit der IDENTITY-Eigenschaft (siehe Kapitel 4);

▶ die Angabe **spalten_name spalten_ueberschrift**, mit der die Überschrift einer Spalte bzw. eines Ausdrucks definiert werden kann;

▶ einen Ausdruck und

▶ eine System- bzw. Aggregatfunktion.

Alle diese Angaben werden in den nachfolgenden Beispielen verwendet.

Die Auswahl der Spalten in einer SELECT-Anweisung wird Projektion und die Auswahl der Reihen einer Tabelle Selektion genannt.

Hinweis   Das Kommando GO, das angegeben werden muß, um die Transact-SQL-Anweisungen ausführen zu können, wird in allen anschließenden Beispielen impliziert.

Beispiel 5.1
Wählen Sie alle Reihen der Tabelle **abteilung** aus.

```
select * from abteilung
```

Das Ergebnis ist:

abt_nr	abt_name	stadt
a1	Beratung	München
a2	Diagnose	München
a3	Freigabe	Stuttgart

(3 Reihe(n) betroffen)

Mit dieser Anweisung werden alle Reihen und alle Spalten der Tabelle **abteilung** ausgewählt. SELECT * liefert die Spalten einer Tabelle in der Reihenfolge wie sie in der CREATE TABLE-Anweisung definiert wurden. Die Spaltennamen bilden die Überschrift.

Beispiel 5.2
```
select abt_nr, abt_name, stadt
    from abteilung
```

Das Ergebnis ist:

abt_nr	abt_name	stadt
a1	Beratung	München
a2	Diagnose	München
a3	Freigabe	Stuttgart

(3 Reihe(n) betroffen)

Das Beispiel 5.2 liefert dasselbe Ergebnis wie die SELECT-Anweisung in Beispiel 5.1.

Zur FROM-Klausel, und damit auch zur Grundform der SELECT-Anweisung, gehört die optionale HOLDLOCK-Angabe. Die HOLDLOCK-Angabe ermöglicht die Änderung der Verfügbarkeit der Tabellenreihen. Diese Angabe ist, zusammen mit der alternativen Angabe NOHOLDLOCK in Kapitel 14 beschrieben.

5.2   Die WHERE-Klausel

Die einfachste Form der SELECT-Anweisung wird in der Praxis nicht so oft benutzt wie die Form, in der eine oder mehrere Bedingungen existieren. Die Bedingungen werden mit Hilfe der WHERE-Klausel definiert, die die auszuwählenden Reihen bestimmt.

Beispiel 5.3

Finden Sie die Namen und Nummern aller Abteilungen, die in München ihren Sitz haben.

```
select abt_name, abt_nr
    from abteilung
    where stadt = 'München'
```

Das Ergebnis ist:

abt_name	abt_nr
Beratung	a1
Diagnose	a2

(2 Reihe(n) betroffen)

Die Bedingung in einer WHERE-Klausel muß nicht unbedingt auf Gleichheit geprüft werden. Transact-SQL kennt folgende Vergleichsoperatoren:

▶ =   gleich

▶ <>   oder != nicht gleich

▶ >   größer als

▶ <   kleiner als

▶ >=   größer gleich

▶ <=   kleiner gleich

▶ !>   nicht größer als

▶ !<   nicht kleiner als

Beispiel 5.4

Nennen Sie die Namen und Vornamen aller Mitarbeiter, deren Personalnummer größer oder gleich 15000 ist.

```
select m_name, m_vorname
    from mitarbeiter
    where m_nr >= 15000
```

Das Ergebnis ist:

m_name	m_vorname
Keller	Hans
Müller	Gabriele
Probst	Andreas
Mozer	Sibille

(4 Reihe(n) betroffen)

In der WHERE-Klausel können auch Ausdrücke erscheinen.

Beispiel 5.5

Finden Sie alle Projekte, deren Finanzmittel mehr als 60000$ betragen. Der augenblickliche Kurs soll bei 0,55 Dollar für 1 DM liegen.

```
select pr_name
    from projekt
    where mittel * 0.55 > 60000
```

Das Ergebnis ist:

pr_name
Apollo
Merkur

(2 Reihe(n) betroffen)

Beim Vergleich von **char-** bzw. **varchar**-Ausdrücken werden die einzelnen Zeichen auf Grund der ASCII-Tabelle verglichen. Ein Zeichen ist kleiner als ein anderes, falls es in der ASCII-Tabelle vor diesem Zeichen steht. Gleichermaßen ist ein Zeichen größer als ein anderes, falls es hinter diesem Zeichen in der ASCII-Tabelle steht. Die numerischen Werte werden in der üblichen mathematischen Weise verglichen. Beim Vergleich von Ausdrücken vom Typ **datetime** ist ein Datum kleiner als ein anderes, wenn es älter als dieses ist.

Hinweis Die Spalten vom Typ **text** und **image** können nicht in einer WHERE-Bedingung (außer im Zusammenhang mit der LIKE-Angabe) verwendet werden.

5.2.1 Boolesche Funktionen

Boolesche Funktionen sind: Konjunktion („logisches UND"), Disjunktion („logisches ODER") und Negation. Diese Funktionen werden durch die Symbole AND, OR und NOT dargestellt. Das Verhalten der Operatoren AND, OR und NOT haben wir schon mit Hilfe der Wahrheitstabellen in Kapitel 2 gezeigt.

Beispiel 5.6

Gesucht werden Personalnummer, Projektnummer und Aufgabe der Mitarbeiter, die im Projekt **p2** Sachbearbeiter sind.

```
select m_nr, pr_nr, aufgabe
    from arbeiten
    where pr_nr = 'p2'
    and aufgabe = 'Sachbearbeiter'
```

Das Ergebnis ist:

m_nr	pr_nr	aufgabe
25348	p2	Sachbearbeiter
28559	p2	Sachbearbeiter

(2 Reihe(n) betroffen)

Beim AND-Operator werden nur die Reihen ausgewählt, bei denen die beiden Bedingungen, die AND verbindet, erfüllt sind.

Beispiel 5.7

Gesucht wird die Personalnummer der Mitarbeiter, die entweder im Projekt **p1** oder **p2** oder in beiden arbeiten.

```
select m_nr
    from arbeiten
    where pr_nr = 'p1'
    or pr_nr = 'p2'
```

Das Ergebnis lautet:

m_nr
10102
25348
18316
29346
9031
28559
28559
29346

(8 Reihe(n) betroffen)

Im Ergebnis des Beispiels 5.7 sind einige Datenwerte der Spalte **m_nr** mehrfach vorhanden. Falls jeder Datenwert dieser Spalte nur einmal im Ergebnis vorkommen soll, muß die DISTINCT-Angabe benutzt werden:

```
select distinct m_nr
    from arbeiten
    where pr_nr = 'p1' or pr_nr = 'p2'
```

Das Ergebnis lautet dann:

m_nr
25348
9031
10102
18316
28559
29346

(6 Reihe(n) betroffen)

Hinweis   Auf Spalten vom Typ **text** bzw. **image** kann die DISTINCT-Angabe nicht angewendet werden.

Im Gegensatz zu AND werden beim Operator OR alle Reihen ausgewählt, bei denen wenigstens eine der Bedingungen erfüllt ist.

Die WHERE-Klausel kann mehrere gleiche oder unterschiedliche Boolesche Operatoren beinhalten. Dabei ist zu beachten, daß AND eine größere Priorität als OR hat. Die Nichtbeachtung dieser Regel kann zu falschen Ergebnissen führen, wie wir am nächsten Beispiel sehen werden.

Beispiel 5.8

```
select *
    from mitarbeiter
    where m_nr = 25348 and m_name = 'Keller'
    or m_vorname = 'Hans' and abt_nr = 'a1'

select *
    from mitarbeiter
    where ((m_nr = 25348 and m_name = 'Keller')
    or m_vorname = 'Hans') and abt_nr = 'a1'
```

Das Ergebnis ist:

m_nr	m_name	m_vorname	abt_nr
25348	Keller	Hans	a3

(1 Reihe(n) betroffen)

m_nr	m_name	m_vorname	abt_nr

(0 Reihe(n) betroffen)

Wie aus dem Ergebnis ersichtlich, haben die SELECT-Anweisungen in Beispiel 5.8 unterschiedliche Ergebnisse. In der ersten SELECT-Anweisung werden zunächst die beiden Operationen mit AND ausgewertet (zuerst die linke und dann die rechte); die Operation mit OR wird erst danach durchgeführt. In der zweiten SELECT-Anweisung werden, unter Benutzung von Klammern, die Operationen von links nach rechts abgearbeitet.

Bei Verwendung mehrerer Boolescher Operatoren innerhalb einer WHERE-Klausel, ist diese in den meisten Fällen schwer verständlich. In solchen Fällen empfiehlt sich daher grundsätzlich die Benutzung von Klammern, auch in Fällen wo sie nicht unbedingt notwendig sind. Dadurch wird eine SELECT-Anweisung lesbarer. Die erste SELECT-Anweisung in Beispiel 5.8 hat durch die Benutzung von Klammern folgende Form:

```
select *
    from mitarbeiter
    where (m_nr = 25348 and m_name = 'Keller')
    or (m_vorname = 'Hans' and abt_nr = 'a1')
```

Der dritte Boolesche Operator, NOT, ändert den logischen Wert einer Bedingung. Wie man aus der Wahrheitstabelle für NOT in Kapitel 2 sehen kann, ist die Negation eines richtigen logischen Wertes falsch, eines falschen richtig und eines unbekannten Wertes wieder unbekannt. Die Negation hat von allen drei Booleschen Operatoren die höchste Priorität. Wenn in einem logischen Ausdruck alle drei Operatoren existieren, wird also zuerst die Negation, danach das logische UND und erst am Ende das logische ODER abgearbeitet.

Beispiel 5.9

Nennen Sie Personalnummer und Nachnamen der Mitarbeiter, die nicht in der Abteilung **a2** arbeiten.

```
select m_nr, m_name
    from mitarbeiter
    where not abt_nr = 'a2'
```

Das Ergebnis ist:

m_nr	m_name
25348	Keller
10102	Huber
18316	Müller
28559	Mozer

(4 Reihe(n) betroffen)

Der Boolesche Operator NOT kann durch den Vergleichsoperator „<>" (ungleich) ersetzt werden. Beispiel 5.10 ist mit Beispiel 5.9 identisch.

Beispiel 5.10

```
select m_nr, m_name
    from mitarbeiter
    where abt_nr <> 'a2'
```

5.2.2 Die Operatoren IN und BETWEEN

Mit dem IN-Operator können mehrere Konstanten angegeben werden, auf die dann die Suche beschränkt wird. Es werden lediglich die Reihen ausgewählt, bei denen der Datenwert der Spalte in der WHERE-Klausel einer der angegebenen Konstanten entspricht.

Beispiel 5.11

Finden Sie alle Mitarbeiter, deren Personalnummer entweder 29346, 28559 oder 25348 ist.

```
select *
    from mitarbeiter
    where m_nr in (29346, 28559, 25348)
```

Das Ergebnis ist:

m_nr	m_name	m_vorname	abt_nr
25348	Keller	Hans	a3
29346	Probst	Andreas	a2
28559	Mozer	Sibille	a1

(3 Reihe(n) betroffen)

Der IN-Operator kann durch eine Reihe von OR-Operatoren ersetzt werden. Beispiel 5.12 ist mit Beispiel 5.11 identisch.

Beispiel 5.12

```
select *
    from mitarbeiter
    where m_nr = 29346
    or m_nr = 28559
    or m_nr = 25348
```

Der IN-Operator kann auch gemeinsam mit dem Booleschen Operator NOT verwendet werden. In diesem Fall werden nur die Reihen ausgewählt, für die der Datenwert der Spalte in der WHERE-Klausel keine von den angegebenen Konstanten beinhaltet.

Beispiel 5.13

Nennen Sie alle Mitarbeiter, deren Personalnummer weder 10102 noch 9031 ist.

```
select *
    from mitarbeiter
    where m_nr not in (10102, 9031)
```

Das Ergebnis ist:

m_nr	m_name	m_vorname	abt_nr
25348	Keller	Hans	a3
18316	Müller	Gabriele	a1
29346	Probst	Andreas	a2
2581	Kaufmann	Brigitte	a2
28559	Mozer	Sibille	a1

(5 Reihe(n) betroffen)

Der IN-Operator kann auch für Unterabfragen verwendet werden. Diese Form des IN-Operators werden wir später in diesem Kapitel erörtern.

Im Unterschied zum IN-Operator, der einzelne Werte festlegt, definiert der Operator BETWEEN immer einen Bereich, in dem dann die Werte gesucht werden, die die Bedingung erfüllen.

Beispiel 5.14

Nennen Sie Namen und Mittel aller Projekte, deren finanzielle Mittel zwischen 95.000 DM und 120.000 DM liegen.

```
select pr_name, mittel
    from projekt
    where mittel between 95000 and 120000
```

Das Ergebnis ist:

pr_name	mittel
Apollo	120000.0
Gemini	95000.0

(2 Reihe(n) betroffen)

Wie aus Beispiel 5.14 ersichtlich, beinhaltet der Bereich auch die beiden Grenzwerte, die beim BETWEEN-Operator angegeben sind.

Der BETWEEN-Operator kann auch durch Vergleichsoperatoren ersetzt werden. Beispiel 5.15 entspricht dem Beispiel 5.14.

Beispiel 5.15

```
select pr_name, mittel
    from projekt
    where mittel <= 120000 and mittel >= 95000
```

Der BETWEEN-Operator kann, in gleichem Maße wie der IN-Operator, mit dem Booleschen Operator NOT gemeinsam verwendet werden. In diesem Fall werden die Reihen ausgewählt, für die der Datenwert der Spalte in der WHERE-Klausel außerhalb des angegebenen Bereichs liegt.

Der BETWEEN-Operator kann genauso auf Spalten, die einen alphanumerischen bzw. Datumstyp haben, angewendet werden (siehe das nächste Beispiel).

Beispiel 5.16

Nennen Sie die Personalnummer aller Mitarbeiter, die Projektleiter sind und vor oder nach 1988 in ihren Projekten eingestellt wurden.

```
select m_nr
    from arbeiten
    where aufgabe = 'Projektleiter'
    and einst_dat not between '01.01.1988' and '31.12.1988'
```

Das Ergebnis ist:

m_nr
2581

(1 Reihe(n) betroffen)

5.2.3 Der NULL-Operator

Die NULL-Werte einer Spalte werden außer acht gelassen, falls in der WHERE-Klausel ausschließlich Vergleichsoperatoren verwendet worden sind. Damit auch Datenwerte, die NULL-Werte beinhalten, in einer SELECT-Anweisung ausgewählt werden können, wurde der NULL-Operator eingeführt. Die allgemeine Form dieses Operators ist:

```
spalte_1 IS [NOT] NULL
```

Beispiel 5.17

Finden Sie die Personal- und Projektnummer aller Mitarbeiter, die im Projekt **p1** arbeiten, und deren Aufgabe noch nicht festgelegt ist.

```
select m_nr, pr_nr
    from arbeiten
    where pr_nr = 'p1'
    and aufgabe is null
```

Das Ergebnis ist:

m_nr	pr_nr
28559	p1

(1 Reihe(n) betroffen)

In der Syntax des NULL-Operators befindet sich eine potentielle Fehlerquelle beim Programmieren mit Transact-SQL. Der Vergleich auf NULL bzw. NOT NULL kann mit dem Vergleichsoperator „=" bzw. „<>" durchgeführt werden, nicht aber mit den Vergleichsoperatoren „<", „>", „>=" und „<=". Damit ist

```
spalte = NULL bzw.
spalte <> NULL
```

bei Transact-SQL syntaktisch richtig und damit legal,

```
spalte <= NULL oder
spalte > NULL
```

dagegen nicht.

Wie schon in Kapitel 2 erwähnt, ist das Ergebnis eines Vergleichs zweier Operanden, von denen ein den NULL-Wert hat, entweder richtig oder falsch. (Das hängt von dem Wert des nicht NULL-Operanden, der entweder eine Spalte, ein Parameter oder eine Variable ist, ab.) Folgendes Beispiel zeigt einen solchen Fall:

Beispiel 5.18

```
select pr_nr, aufgabe
    from arbeiten
    where aufgabe <> null
```

Das Ergebnis ist:

pr_nr	aufgabe
p1	Projektleiter
p3	Gruppenleiter
p2	Sachbearbeiter
p3	Projektleiter
p1	Gruppenleiter
p2	Sachbearbeiter
p3	Sachbearbeiter
p1	Sachbearbeiter

(8 Reihe(n) betroffen)

Hinweis   Dieses Verhalten entspricht nicht dem Standard. Der SQL-Standard schreibt vor, daß das Ergebnis einer solchen Vergleichsoperation immer den Wert „unbekannt" hat. Damit würde das Ergebnis des Beispiels 5.18 standardmäßig keine einzige Reihe haben.

Hinweis   Seit der Version 6.5 ist es möglich, das Verhalten des SQL Servers an den SQL-Standard anzupassen. Die SET-Anweisung hat eine neue Option – ANSI_WARNINGS –, mit der das Standardverhalten eingeleitet wird. Damit wird, nach der Ausführung folgender Anweisung

```
SET ANSI_WARNINGS ON
```

das Ergebnis der SELECT-Anweisung in Beispiel 5.18 keine einzige Reihe liefern.

Die Bedingung

```
spalte_1 IS NOT NULL
```

ist mit der Bedingung

```
NOT (spalte_1 IS NULL)
```

identisch.

Die in Kapitel 2 beschriebene Systemfunktion **isnull** ermöglicht in der Praxis die Ausgabe einer Zeichenkette, falls der Wert einer Spalte (oder generell eines Ausdrucks) NULL ist.

Beispiel 5.19

```
select m_nr, isnull(aufgabe, 'Aufgabe unbekannt') taetigkeit
    from arbeiten
    where pr_nr = 'p1'
```

Das Ergebnis ist:

m_nr	taetigkeit
10102	Projektleiter
9031	Gruppenleiter
28559	Aufgabe unbekannt
29346	Sachbearbeiter

(4 Reihe(n) betroffen)

5.2.4 Der Operator LIKE

Der LIKE-Operator ist ein Vergleichsoperator, der Datenwerte einer Spalte mit einem vorgegebenen Muster vergleicht. Die Spalte kann vom Typ **char**, **varchar**, **text**, **datetime** und **smalldatetime** sein. Die allgemeine Form des LIKE-Operators ist

```
spalte_2 [NOT] LIKE 'muster'
```

wobei **muster** entweder eine Zeichenkette oder eine Datumsangabe darstellt, die das Vergleichsmuster definiert. Diese Zeichenkette enthält alphanumerische Zeichen, wobei zwei Zeichen eine besondere Bedeutung haben. Dies sind:

```
% (Prozentzeichen) und
_ (Unterstrich)
```

Das Zeichen „%" kennzeichnet eine beliebige Zeichenfolge von **n** Zeichen, wobei **n** eine nichtnegative ganze Zahl ist, also auch 0 sein kann. Das Zeichen „_" kennzeichnet genau ein beliebiges alphanumerisches Zeichen.

Beispiel 5.20

Finden Sie Namen und Personalnummer aller Mitarbeiter, deren Name mit dem Buchstaben „K" beginnt.

```
select m_name, m_nr
    from mitarbeiter
    where m_name like 'K%'
```

Das Ergebnis ist:

m_name	m_nr
Keller	25348
Kaufmann	2581

(2 Reihe(n) betroffen)

Beispiel 5.21

Nennen Sie Namen, Vornamen und Personalnummer aller Mitarbeiter, deren Vorname als zweiten Buchstaben „a" hat.

```
select m_nr, m_name, m_vorname
    from mitarbeiter
    where m_vorname like '_a%'
```

Das Ergebnis ist:

m_nr	m_name	m_vorname
25348	Keller	Hans
18316	Müller	Gabriele
9031	Meier	Rainer

(3 Reihe(n) betroffen)

Abgesehen von den Standardzeichen „%" und „_" unterstützt Transact-SQL einige Erweiterungen zum SQL-Standard, die in den beiden nachfolgenden Beispielen dargestellt sind.

Beispiel 5.22

Finden Sie Abteilungsnummer und Standorte aller Abteilungen, die sich in den Orten, die mit einer der Buchstaben zwischen E und N beginnen, befinden.

```
select abt_nr, stadt
    from abteilung
    where stadt like '[E-N]%'
```

Das Ergebnis ist:

abt_nr	stadt
a1	München
a2	München

(2 Reihe(n) betroffen)

Wie aus Beispiel 5.22 ersichtlich, definiert das Muster

```
[zeichen1-zeichen2]
```

ein Zeichen, das zu dem angegebenen Zeichenbereich gehört. Mit dem Zeichen „^" wird die Negation eines solchen Zeichenbereichs bzw. eines einzelnen Zeichens definiert.

Beispiel 5.23

Finden Sie Personalnummer, Namen und Vornamen aller Mitarbeiter, deren Namen nicht mit den Buchstaben M, N, O und P, und deren Vornamen nicht mit dem Buchstaben H beginnen.

```
select m_nr, m_name, m_vorname
    from mitarbeiter
    where m_name like '[^M-P]%'
    and m_vorname like '[^H]%'
```

Das Ergebnis ist:

m_nr	m_name	m_vorname
10102	Huber	Petra
2581	Kaufmann	Brigitte

(2 Reihe(n) betroffen)

Die Bedingung

```
spalte NOT LIKE 'muster'
```

ist identisch mit

```
NOT (spalte LIKE 'muster')
```

Beispiel 5.24

Nennen Sie alle Mitarbeiter, deren Name nicht mit „mann" endet.

```
select *
    from mitarbeiter
    where m_name not like '%mann'
```

Das Ergebnis ist:

m_nr	m_name	m_vorname	abt_nr
25348	Keller	Hans	a3
10102	Huber	Petra	a3
18316	Müller	Gabriele	a1
29346	Probst	Andreas	a2
9031	Meier	Rainer	a2
28559	Mozer	Sibille	a1

(6 Reihe(n) betroffen)

Die Sonderzeichen „%", „_", „[", „]" und „^" müssen innerhalb eckigen Klammern geschrieben werden, falls sie in ihrer ursprünglichen Bedeutung verwendet werden sollen.

Beispiel 5.25

```
select pr_nr, pr_name
    from projekt
    where pr_name like '%[_]%'
```

Das Ergebnis ist:

pr_nr	pr_name

(0 Reihe(n) betroffen)

In Beispiel 5.25 wird die ursprüngliche Bedeutung des Zeichens „_" für den LIKE-Operator wieder hergestellt, in dem dieses Zeichen innerhalb eines eckigen Klammerpaares geschrieben wird. (Das Ergebnis würde jene Reihen der Tabelle **projekt** ausgeben, die das Zeichen „_" in den Datenwerten der Spalte **pr_name** enthalten.)

5.3   Einfache Unterabfragen

Bis jetzt wurde der Vergleich in der WHERE-Klausel immer mit einer Konstanten bzw. einem Ausdruck durchgeführt. Zusätzlich dazu ist es möglich, den Vergleich mit dem Ergebnis einer weiteren SELECT-Anweisung durchzuführen. Eine solche SELECT-Anweisung, die Teil der Bedingung einer WHERE-Klausel ist, wird einfache Unterabfrage genannt. (Neben den einfachen Unterabfragen gibt es auch die korrelierten Unterabfragen, die in Kapitel 6 erklärt werden.)

Jede Unterabfrage wird häufig als innere SELECT-Anweisung bezeichnet, dies im Unterschied zur äußeren SELECT-Anweisung, in der die innere eingeschlossen ist. In einer Abfrage mit einfacher Unterabfrage wird stets zunächst die innere SELECT-Anweisung ausgewertet und ihr Ergebnis dann an die äußere SELECT-Anweisung weitergegeben.

Eine einfache Unterabfrage kann im Zusammenhang mit folgenden Operatoren auftreten:

▶ allen Vergleichsoperatoren;

▶ dem IN-Operator;

▶ dem ANY- bzw. ALL-Operator und

▶ dem EXISTS-Operator.

5.3.1   Unterabfrage und Vergleichsoperatoren

Beispiel 5.26

Nennen Sie die Abteilungsnummer des Mitarbeiters, dessen Personalnummer 2581 ist und der im Projekt **p3** arbeitet.

```
select abt_nr
    from mitarbeiter
    where m_nr =
    (select m_nr
            from arbeiten
            where m_nr = 2581 and pr_nr = 'p3')
```

Das Ergebnis ist:

abt_nr
a2

(1 Reihe(n) betroffen)

Wie aus Beispiel 5.26 ersichtlich, wird die Unterabfrage immer in Klammern einge-schlossen.

Die Unterabfrage kann auch mit den anderen Vergleichsoperatoren im Zusammen-hang stehen.

Beispiel 5.27

Nennen Sie die Nummern aller Projekte, in welchen Mitarbeiter arbeiten, deren Perso-nalnummer kleiner als die Nummer des Mitarbeiters namens Müller ist.

```
select distinct pr_nr
    from arbeiten
    where m_nr <
    (select m_nr
            from mitarbeiter
            where m_name = 'Müller')
```

Das Ergebnis ist:

pr_nr
p1
p3

(2 Reihe(n) betroffen)

Wie aus den beiden letzten Beispielen ersichtlich, darf die innere SELECT-Anweisung nur einen Wert als Ergebnis liefern, falls sie im Zusammenhang mit einem Vergleichs-operator erscheint. Dies ist auch logisch, weil der Vergleich mit mehreren Ergebniswer-ten nicht sinnvoll wäre.

5.3.2   Unterabfragen und IN-Operator

Wie schon im vorherigen Abschnitt erklärt, liefert der IN-Operator als Ergebnis eine Anzahl von Konstanten, die dann mit den Datenwerten einer Spalte verglichen wer-den. Die Verwendung des IN-Operators mit der Unterabfrage verläuft ähnlich. Die in-nere SELECT-Anweisung liefert einen oder mehrere Ergebniswerte, mit denen die Da-tenwerte einer Spalte verglichen werden.

Beispiel 5.28

Nennen Sie die Daten aller Mitarbeiter, die in München arbeiten.

```
select *
    from mitarbeiter
    where abt_nr in
    (select abt_nr
        from abteilung
        where stadt = 'München')
```

Das Ergebnis ist:

m_nr	m_name	m_vorname	abt_nr
18316	Müller	Gabriele	a1
29346	Probst	Andreas	a2
9031	Meier	Rainer	a2
2581	Kaufmann	Brigitte	a2
28559	Mozer	Sibille	a1

(5 Reihe(n) betroffen)

Jede Unterabfrage kann eine weitere Unterabfrage enthalten. In diesem Fall sprechen wir von geschachtelten Unterabfragen. Die Anzahl der geschachtelten Unterabfragen ist von der Implementierung und von dem Speicherplatz abhängig, der für eine Abfrage (mit allen dazugehörigen Unterabfragen) festgelegt ist. Bei allen geschachtelten, einfachen Unterabfragen wird zunächst die innerste SELECT-Anweisung abgearbeitet und dann das Ergebnis der nächsthöheren SELECT-Anweisung übergeben. So wird weiter verfahren, bis die äußere SELECT-Anweisung erreicht und abgearbeitet wird.

Beispiel 5.29

Nennen Sie die Namen aller Mitarbeiter, die im Projekt Apollo arbeiten.

```
select m_name#
    from mitarbeiter
    where m_nr in
    (select m_nr
        from arbeiten
        where pr_nr =
        (select pr_nr
            from projekt
            where pr_name = 'Apollo'))
```

Das Ergebnis ist:

m_name
Huber
Probst
Meier
Mozer

(4 Reihe(n) betroffen)

Die innerste SELECT-Anweisung wählt den Datenwert der Spalte **pr_nr** (p1) der Tabelle **projekt** aus, dessen Projektname **Apollo** lautet. Die mittlere SELECT-Anweisung vergleicht anschließend diesen Wert mit den Datenwerten der gleichnamigen Spalte in der Tabelle **arbeiten**. Das Ergebnis der mittleren SELECT-Anweisung beinhaltet mehrere Werte, die mit Hilfe des IN-Operators mit den Datenwerten der Spalte **m_nr** in der Tabelle **mitarbeiter** verglichen werden.

5.3.3 Die Operatoren ANY und ALL

Die Operatoren ANY und ALL werden immer im Zusammenhang mit einem Vergleichsoperator benutzt. Die allgemeine Form beider Operatoren ist:

```
ausdruck vergl_op [ANY | ALL] (unterabfrage),
```

wobei **vergl_op** einen der Vergleichsoperatoren darstellt.

Beim ANY-Operator wird die Bedingung als wahr ausgewertet, falls die Unterabfrage wenigstens eine Reihe als Ergebnis liefert, die dem angegebenen Vergleich entspricht.

Beispiel 5.30

Finden Sie Personalnummer, Projektnummer und Aufgabe der Mitarbeiter, deren Eintrittsdatum in das entsprechende Projekt nicht das älteste ist.

```
select distinct m_nr, pr_nr, aufgabe
    from arbeiten
    where einst_dat > any
    (select einst_dat
        from arbeiten)
```

Das Ergebnis ist:

m_nr	pr_nr	aufgabe
2581	p3	Projektleiter
9031	p1	Gruppenleiter
9031	p1	Sachbearbeiter
10102	p1	Projektleiter
10102	p3	Gruppenleiter
18316	p2	(null)
25348	p2	Sachbearbeiter
28559	p1	(null)
28559	p2	Sachbearbeiter
29346	p1	Sachbearbeiter

(10 Reihe(n) betroffen)

In Beispiel 5.30 wird jeder Datenwert der Spalte **einst_dat** mit allen Datenwerten derselben Spalte (auch mit sich selbst) verglichen. Für alle Datenwerte, abgesehen von einem, gilt, daß beim Vergleich die Bedingung wenigstens in einem Fall erfüllt ist. Die Reihe mit dem ältesten Eintrittsdatum wird nicht ausgewählt, weil für sie der Vergleich nicht erfüllt ist.

Beispiel 5.31

Nennen Sie die Namen und Vornamen aller Mitarbeiter, die im Projekt **p1** arbeiten,

```
select m_name, m_vorname
    from mitarbeiter
    where m_nr = any
    (select m_nr
            from arbeiten
            where pr_nr = 'p1')
```

Das Ergebnis ist:

m_name	m_vorname
Huber	Petra
Probst	Andreas
Meier	Rainer
Mozer	Sibille

(4 Reihe(n) betroffen)

Beim ALL-Operator wird die Bedingung als wahr ausgewertet, wenn alle Ergebnisse der Unterabfrage dem angegebenen Vergleich entsprechen.

Beispiel 5.32

Nennen Sie die Aufgabe des Mitarbeiters, der die kleinste Personalnummer hat.

```
select aufgabe
    from arbeiten
    where m_nr <= all
    (select m_nr
            from mitarbeiter)
```

Das Ergebnis ist:

aufgabe
Projektleiter

(1 Reihe(n) betroffen)

Die Operatoren ALL und ANY haben einige Nachteile, die gegen ihre Verwendung bei Unterabfragen sprechen. Der größte Nachteil ist, daß die korrekte semantische Bedeutung beider Operatoren verwechselt werden kann. Auf der anderen Seite können die beiden Operatoren leicht durch den EXISTS-Operator ersetzt werden, wie wir im nächsten Kapitel zeigen werden. Deswegen empfehlen wir, die Verwendung beider Operatoren auf ein Minimum zu reduzieren.

5.3.4   Der Operator EXISTS

Der EXISTS-Operator prüft das Ergebnis einer Unterabfrage; falls die Unterabfrage zumindest eine Reihe als Ergebnis liefert, wird die Bedingung als wahr ausgewertet. Falls die Unterabfrage keine Reihe als Ergebnis liefert, wird die Bedingung in der WHERE-Klausel als falsch ausgewertet.

Die allgemeine Form des EXISTS-Operators ist:

```
[NOT] EXISTS (unterabfrage)
```

Die Beispiele zum EXISTS-Operator finden Sie in Kapitel 6.

5.3.5   Die Unterabfragen in der FROM-Klausel

Bis einschließlich Version 6.0 war es beim SQL Server lediglich möglich, die Unterabfragen ausschließlich in der WHERE-Klausel einer SELECT-Anweisung zu schreiben (wie z.B. in den Beispielen 5.26 - 5.32). Theoretisch gesehen, könnte eine Unterabfrage an jede Stelle, wo eine Tabelle (oder im speziellen Fall ein Ausdruck) erlaubt ist, angegeben werden. Seit der Version 6.5 ist es möglich, eine Unterabfrage auch in der FROM-Klausel zu verwenden. Folgendes Beispiel zeigt diese Möglichkeit.

Beispiel 5.33

```
select m_name, m_vorname
from (select * from mitarbeiter where m_nr > 9999) as mit_10000
```

In Beispiel 5.33 wird eine Unterabfrage dazu benutzt, um eine neue Tabelle (mit dem Aliasnamen **mit_10000**) zu erstellen und anschließend die Namen und Vornamen der Mitarbeiter aus dieser Tabelle anzuzeigen.

5.4   Die GROUP BY-Klausel

Die GROUP BY-Klausel definiert eine oder mehrere Spalten als Gruppenkennzeichen, wonach die Reihen gruppiert werden.

Beispiel 5.34

Welche Aufgaben üben die Mitarbeiter der Firma aus?

```
select aufgabe
   from arbeiten
```

```
group by aufgabe
```

Das Ergebnis ist:

aufgabe
(null)
Gruppenleiter
Projektleiter
Sachbearbeiter

(4 Reihe(n) betroffen)

Wie wir aus Beispiel 5.34 ersehen können, baut die GROUP BY-Klausel für jeden unterschiedlichen Datenwert (auch für den NULL-Wert) der genannten Spalte eine Gruppe auf. Falls die GROUP BY-Klausel angegeben ist, muß jede Spalte in der Projektion auch in der GROUP BY-Klausel erscheinen. Zudem darf die Projektion nur alphanumerische Konstanten und Aggregatfunktionen anderer Spalten enthalten, die in der GROUP BY-Klausel nicht erscheinen müssen.

In der GROUP BY-Klausel können auch mehrere Spalten angegeben werden. In diesem Fall wird die Gruppierung auf Grund aller angegebenen Spalten durchgeführt.

Beispiel 5.35

Gruppieren Sie die Mitarbeiter nach Projektnummer und Aufgabe.

```
select pr_nr, aufgabe
    from arbeiten
    group by pr_nr, aufgabe
```

Das Ergebnis ist:

pr_nr	aufgabe
p1	(null)
p1	Gruppenleiter
p1	Projektleiter
p1	Sachbearbeiter
p2	(null)
p2	Sachbearbeiter
p3	Gruppenleiter
p3	Projektleiter
p3	Sachbearbeiter

(9 Reihe(n) betroffen)

Wie aus dem Ergebnis ersichtlich, gibt es insgesamt 9 Gruppen, in denen Projektnummer und Aufgabe unterschiedlich sind. Die beiden Gruppen, die mehr als eine Reihe beinhalten, sind

p2	Sachbearbeiter	25348,28559
p2	(null)	18316,29346

Die Reihenfolge der Spalten in der GROUP BY-Klausel muß nicht unbedingt der Reihenfolge der Spalten in der Projektion entsprechen.

Hinweis Die Spalten vom Typ **text** bzw. **image** können nicht in einer GROUP BY-Klausel angegeben werden.

5.5 Aggregatfunktionen

Zu den Aggregatfunktionen gehören folgende Funktionen:

- ▶ MIN;
- ▶ MAX;
- ▶ SUM;
- ▶ AVG und
- ▶ COUNT.

Alle Aggregatfunktionen werden stets auf eine Gruppe von Reihen angewendet, wobei die Gruppe auch alle Reihen einer Tabelle umfassen kann. Als Ergebnis liefert jede Aggregatfunktion einen konstanten Wert, der in einer separaten Spalte im Ergebnis erscheint.

Die Aggregatfunktionen können in einer SELECT-Anweisung mit oder ohne GROUP BY-Klausel erscheinen. Falls die SELECT-Anweisung die GROUP BY-Klausel nicht enthält, dürfen in der Projektion nur die Spaltennamen angegeben werden, die als Parameter der Aggregatfunktion erscheinen. Deswegen gibt das folgende Beispiel eine Fehlermeldung aus:

Beispiel 5.36 *(dieses Beispiel ist **falsch**)*

```
select m_name, min(m_nr)
    from mitarbeiter
```

Hinweis Der SQL Server V4.2 hat in der Projektion auch die Angabe anderer Spaltennamen derselben Tabelle erlaubt.

Alle Spaltennamen, die nicht Parameter der Aggregatfunktion sind, dürfen in der SELECT-Anweisung erscheinen, falls sie zur Gruppierung verwendet werden.

Für alle Aggregatfunktionen kann zwischen den Angaben

- ▶ ALL und
- ▶ DISTINCT

gewählt werden. ALL kennzeichnet alle Werte einer Spalte und stellt die Voreinstellung dar. Sie gilt also, wenn weder ALL noch DISTINCT angegeben sind. DISTINCT kennzeichnet alle unterschiedlichen Werte einer Spalte.

5.5.1 Die Funktionen MIN und MAX

Die Aggregatfunktionen MIN und MAX berechnen den kleinsten bzw. den größten Datenwert einer Spalte.

Beispiel 5.37

Nennen Sie die kleinste Personalnummer eines Mitarbeiters.

```
select min(m_nr) min_m_nr
    from mitarbeiter
```

Das Ergebnis ist:

min_m_nr
2581

(1 Reihe(n) betroffen)

Wie aus diesem Beispiel ersichtlich, können Aggregatfunktionen, genauso wie alle anderen Spalten in der Projektion, eine Spaltenüberschrift haben, die dann im Ergebnis als der Name erscheint.

Das Ergebnis dieses Beispiels ist nicht sehr aussagekräftig. Wir wissen nicht, wie der Mitarbeiter mit der kleinsten Personalnummer heißt. Wie schon gezeigt, ist die direkte Angabe des Mitarbeiternamens in der SELECT-Anweisung nicht erlaubt. Damit der Name auch angegeben werden kann, muß eine Unterabfrage mit der Funktion MIN aufgebaut werden.

Beispiel 5.38

Nennen Sie Personalnummer und Namen des Mitarbeiters mit der kleinsten Personalnummer.

```
select m_nr, m_name
    from mitarbeiter
    where m_nr =
    (select min(m_nr)
        from mitarbeiter)
```

Das Ergebnis ist:

m_nr	m_name
2581	Kaufmann

(1 Reihe(n) betroffen)

Beispiel 5.39

Finden Sie die Personalnummer des Projektleiters, der in dieser Position als letzter eingestellt wurde.

```
select m_nr
    from arbeiten
    where einst_dat =
    (select max(einst_dat)
            from arbeiten
            where aufgabe = 'Projektleiter')
```

Das Ergebnis ist:

m_nr
2581

(1 Reihe(n) betroffen)

Die Funktionen MIN und MAX können auch auf alphanumerischen und Datumswerte angewendet werden. Bei den alphanumerischen Werten wird der kleinste bzw. der größte Wert durch den Vergleich der entsprechenden Zeichen nach ihrem Binärcode ermittelt. Bei den Datumswerten wird das älteste Datum als der kleinste Wert betrachtet. Der größte Wert hat entweder das jüngste oder das entfernteste (falls es sich um die Zukunft handelt) Datum.

Die Angabe DISTINCT, die mehrfach vorhandene Werte in einer Spalte entfernt, hat keine Bedeutung für die Aggregatfunktionen MIN und MAX. Falls MIN bzw. MAX auf eine Spalte mit NULL-Werten angewendet wird, werden alle NULL-Werte vor der Berechnung der Aggregatfunktion entfernt.

5.5.2   Die Funktion SUM

Die Aggregatfunktion SUM berechnet die Summe der Werte einer Spalte. Die Spalte muß vom numerischen Datentyp sein.

Beispiel 5.40

Berechnen sie die Summe der finanziellen Mittel aller Projekte.

```
select sum(mittel) summe
    from projekt
```

Das Ergebnis ist:

summe
401500.0

(1 Reihe(n) betroffen)

Durch die Angabe DISTINCT werden die mehrfach vorhandenen Werte in der betreffenden Spalte vor Verwendung der Funktion SUM eliminiert. Falls die Funktion SUM auf eine Spalte mit NULL-Werten angewendet wird, werden vor der Berechnung der Summe alle NULL-Werte entfernt.

5.5.3 Die Funktion AVG

Die Aggregatfunktion AVG berechnet das arithmetische Mittel der Datenwerte einer Spalte. Diese Spalte muß einen numerischen Datentyp haben.

Beispiel 5.41

Berechnen Sie das arithmetische Mittel der Geldbeträge, die höher als 100.000 DM sind.

```
select avg(mittel) avg_mittel
    from projekt
    where mittel > 100000
```

Das Ergebnis ist:

avg_mittel
153250.0

(1 Reihe(n) betroffen)

Durch die Angabe DISTINCT werden alle mehrfach vorhandenen Werte vor der Berechnung des arithmetischen Mittels aus der betreffenden Spalte eliminiert. Falls die Funktion AVG auf eine Spalte mit NULL-Werten angewendet wird, werden alle NULL-Werte vor der Berechnung des arithmetischen Mittels entfernt.

5.5.4 Die Funktion COUNT

Die Aggregatfunktion COUNT hat zwei verschiedene Formen. Die erste Form sieht wie folgt aus:

```
COUNT ([DISTINCT] spalten_name)
```

Sie berechnet die Anzahl der Werte der Spalte **spalten_name**, wobei alle mehrfach vorhandenen Werte nicht berücksichtigt werden.

Beispiel 5.42

Finden Sie heraus, wieviele verschiedene Aufgaben in jedem Projekt ausgeübt werden.

```
select pr_nr, count(distinct aufgabe) anzahl
    from arbeiten
    group by pr_nr
```

Das Ergebnis ist:

pr_nr	anzahl
p1	3
p2	1
p3	3

(3 Reihe(n) betroffen)

Die Funktion COUNT DISTINCT(spalten_name) bzw. COUNT(spalten_name) entfernt alle NULL-Werte aus der betreffenden Spalte.

Die zweite Form der Funktion COUNT sieht folgendermaßen aus:

```
COUNT (*)
```

Sie berechnet die Anzahl der Reihen.

Beispiel 5.43

Finden Sie heraus, wieviele Mitarbeiter in jedem Projekt arbeiten.

```
select pr_nr, count(*) anzahl
    from arbeiten
    group by pr_nr
```

Das Ergebnis ist:

pr_nr	anzahl
p1	4
p2	4
p3	3

(3 Reihe(n) betroffen)

Im Unterschied zu der ersten Form der COUNT-Funktion, berücksichtigt COUNT(*) auch Reihen mit NULL-Werten.

Beispiel 5.44

Gruppieren Sie die Reihen der Tabelle **arbeiten** nach den vorhandenen Aufgaben, und finden Sie die Anzahl der Mitarbeiter der jeweiligen Aufgaben heraus.

```
select aufgabe, count(*) anz_aufg
    from arbeiten
    group by aufgabe
```

Das Ergebnis ist:

aufgabe	anz_aufg
(null)	3
Gruppenleiter	2
Projektleiter	2
Sachbearbeiter	4

(4 Reihe(n) betroffen)

Das Ergebnis der Funktion COUNT ist 0, falls sie auf eine leere Menge angewendet wird (d.h. das Ergebnis liefert keine Reihe).

5.6 Die Operatoren CUBE und ROLLUP

Die Aggregatfunktionen, die im letzten Abschnitt beschrieben sind, liefern immer eine eindimensionale Ergebnismenge (d.h. einen Wert). Die Version 6.5 vom SQL Server wurde um zwei Operatoren

▶ CUBE und

▶ ROLLUP

erweitert, um die Möglichkeit zu haben, n-dimensionale Ergebnismengen zu liefern.

Falls in einer GROUP BY-Klausel mit einer Aggregatfunktion die WITH CUBE-Angabe spezifiziert wird, werden zu der Ausgabe eines Ergebniswertes auch zusätzliche Ergebnisreihen ausgegeben, die sich auf alle in der GROUP BY-Klausel angegebenen Spalten beziehen. (Diese werden beim SQL Server Super-Aggregate genannt.) Für jede mögliche Kombination der in der GROUP BY-Klausel erscheinenden Spalten (bzw. Ausdrücke) werden Super-Aggregate gebildet.

Der Operator ROLLUP schränkt die Anzahl der erstellten Super-Aggregate im Vergleich zum CUBE-Operator ein. Damit wird mit der WITH ROLLUP-Angabe in der GROUP BY-Klausel ein Auszug aller Aggregate erstellt.

Folgende Beispiele zeigen die Verwendung des CUBE- bzw. ROLLUP-Operators.

Beispiel 5.45

```
create table projekt_abt (abt_name char(20) not null,
                          anz_mitarb_pro integer not null,
                          pr_mittel money)
```

In Beispiel 5.45 wird eine Tabelle – **projekt_abt** – erstellt, die die Mitarbeiteranzahl und die Mittel jedes Projektes, das von einer Abteilung beaufsichtigt wird, ausgibt. Die Daten der Tabelle **projekt_abt** können folgendermaßen aussehen:

abt_name	anz_mitarb_pro	pr_mittel
Freigabe	5	50.000,00
Freigabe	10	70.000,00
Freigabe	5	65.000,00
Diagnose	5	10.000,00
Diagnose	10	40.000,00
Diagnose	6	30.000,00
Diagnose	6	40.000,00
Beratung	6	100.000,00
Beratung	10	180.000,00
Beratung	3	100.000,00
Beratung	5	120.000,00

(11 Reihe(n) betroffen)

Falls die Reihen der Tabelle **projekt_abt** nach den Abteilungsnamen und der Mitarbeiteranzahl mit der folgenden SELECT-Anweisung gruppiert werden:

```
select abt_name, anz_mitarb_pro, sum(pr_mittel) summe_aller_mittel
    from projekt_abt
    group by abt_name, anz_mitarb_pro
```

wird folgendes Ergebnis angezeigt:

abt_name	anz_mitarb_pro	summe_aller_mittel
Freigabe	5	15.000,00
Freigabe	10	70.000,00
Diagnose	5	10.000,00
Diagnose	10	40.000,00
Diagnose	6	70.000,00
Beratung	6	200.000,00
Beratung	10	180.000,00
Beratung	3	100.000,00
Beratung	5	120.000,00

(9 Reihe(n) betroffen)

In Beispiel 5.46 wird die Verwendung des CUBE- und in 5.47 des ROLLUP-Operators gezeigt.

Beispiel 5.46

```
select abt_name, anz_mitarb_pro, sum(pr_mittel)  summe_aller_mittel
    from projekt_abt
    group by abt_name, anz_mitarb_pro
    with cube
```

Das Ergebnis ist:

abt_name	anz_mitarb_pro	summe_aller_mittel
Beratung	3	100.000,00
Beratung	5	120.000,00
Beratung	6	100.000,00
Beratung	10	180.000,00
Beratung	(null)	500.000,00
Diagnose	5	10.000,00
Diagnose	6	70.000,00
Diagnose	10	40.000,00
Diagnose	(null)	120.000,00
Freigabe	5	115.000,00
Freigabe	10	70.000,00
Freigabe	(null)	185.000,00
(null)	(null)	805.000,00
(null)	3	100.000,00
(null)	5	245.000,00
(null)	6	170.000,00
(null)	10	290.000,00

(17 Reihe(n) betroffen)

Beispiel 5.47

```
select abt_name, anz_mitarb_pro, sum(pr_mittel) summe_aller_mittel
    from projekt_abt
    group by abt_name, anz_mitarb_pro
    with rollup
```

Das Ergebnis ist:

abt_name	anz_mitarb_pro	summe_aller_mittel
Beratung	3	100.000,00
Beratung	5	120.000,00
Beratung	6	100.000,00
Beratung	10	180.000,00
Beratung	(null)	500.000,00
Diagnose	5	10.000,00
Diagnose	6	70.000,00
Diagnose	10	40.000,00
Diagnose	(null)	120.000,00
Freigabe	5	115.000,00
Freigabe	10	70.000,00
Freigabe	(null)	185.000,00
(null)	(null)	805.000,00

(13 Reihe(n) betroffen)

Bei der Anwendung des CUBE-Operators werden, wie aus dem Ergebnis des Beispiels 5.46 ersichtlich, alle möglichen Super-Aggregate berechnet. Das Ergebnis des Beispiels 5.47 ist eine Untermenge des Ergebnisses des Beispiels 5.46. In diesem Fall wird die Gesamtsumme, sowie die Summen für jede einzelne Abteilung zusätzlich berechnet.

5.7 Die HAVING-Klausel

Die HAVING-Klausel hat dieselbe Funktion für die GROUP BY-Klausel wie die WHERE-Klausel für die SELECT-Anweisung. Mit anderen Worten: Die HAVING-Klausel definiert die Bedingung nach der die Reihengruppen ausgewählt werden. Die allgemeine Form der HAVING-Klausel ist:

```
HAVING bedingung
```

wobei **bedingung** Aggregatfunktionen und Konstanten enthalten darf. Der Ausdruck in **bedingung** muß je Gruppe stets einen einzigen Wert als Ergebnis liefern. In der Praxis werden fast ausschließlich Vergleiche mit Aggregatfunktionen durchgeführt.

Beispiel 5.48

Nennen Sie alle Projekte, mit denen weniger als vier Mitarbeiter befaßt sind.

```
select pr_nr
    from arbeiten
    group by pr_nr
    having count(*) < 4
```

Das Ergebnis ist:

pr_nr
p3

(1 Reihe(n) betroffen)

Alle Reihen der Tabelle **arbeiten** werden zunächst in bezug auf die Spalte **pr_nr** gruppiert. Die Aggregatfunktion COUNT(*) zählt alle Reihen jeder Gruppe und wählt die Gruppen aus, die weniger als vier Reihen beinhalten.

Die HAVING-Klausel kann auch ohne die GROUP BY-Klausel benutzt werden, obwohl dies in der Praxis selten vorkommt. In diesem Fall wird die gesamte Tabelle als eine einzige Gruppe betrachtet.

Hinweis   Die Spalten vom Typ **text** bzw. **image** können nicht mit der HAVING-Klausel (außer im Zusammenhang mit der LIKE-Angabe) verwendet werden.

5.8   Die ORDER BY-Klausel

Die ORDER BY-Klausel definiert die Reihenfolge der Ausgabe aller ausgewählten Reihen einer SELECT-Anweisung. Diese Klausel ist optional. Die allgemeine Form der ORDER BY-Klausel ist:

```
ORDER BY {spalte | ganzzahl [ ASC |DESC]},...
```

spalte bezeichnet eine Spalte, mit der der Sortierbegriff definiert wird. Mit der Angabe von **ganzzahl** wird eine ganze Zahl definiert, die die Position einer Spalte kennzeichnet. ASC kennzeichnet die aufsteigende und DESC die absteigende Sortierfolge. Fehlt diese Angabe, werden die Reihen aufsteigend sortiert.

Beispiel 5.49

Geben Sie Personalnummer, Namen und Vornamen aller Mitarbeiter, sortiert nach Personalnummern, an.

```
select m_nr, m_name, m_vorname
    from mitarbeiter
    order by m_nr
```

Das Ergebnis ist:

m_nr	m_name	m_vorname
2581	Kaufmann	Brigitte
9031	Meier	Rainer
10102	Huber	Petra

m_nr	m_name	m_vorname
18316	Müller	Gabriele
25348	Keller	Hans
28559	Mozer	Sibille
29346	Probst	Andreas

(7 Reihe(n) betroffen)

Die in der ORDER BY-Klausel erscheinende Spalte muß in der Projektion vorhanden sein. Die Spalte kann auch implizit durch die Angabe des Zeichens „*" für alle Spalten einer Tabelle vorhanden sein.

Der Sortierbegriff kann, wie aus der Beschreibung der Syntax ersichtlich, mehrere Spalten beinhalten.

Beispiel 5.50

Geben Sie Namen, Vornamen und Abteilungsnummer aller Mitarbeiter an, deren Personalnummer kleiner als 20000 ist. Die Ausgabe soll aufsteigend nach Namen und Vornamen der Mitarbeiter sortiert sein.

```
select m_name, m_vorname, abt_nr
    from mitarbeiter
    where m_nr < 20000
    order by m_name, m_vorname
```

Das Ergebnis ist:

m_name	m_vorname	abt_nr
Huber	Petra	a3
Kaufmann	Brigitte	a2
Meier	Rainer	a2
Müller	Gabriele	a1

(4 Reihe(n) betroffen)

Jede Spalte in der ORDER BY-Klausel kann durch eine ganze Zahl ersetzt werden, die die Position dieser Spalte in der Projektion definiert. Im letzten Beispiel könnte die ORDER BY-Klausel auch folgende Form haben:

```
ORDER BY 1,2
```

Die Verwendung der ganzen Zahlen in der ORDER BY-Klausel ist eine Alternative, falls der Sortierbegriff durch eine Aggregatfunktion definiert ist, wie das folgende Beispiel verdeutlicht. (Die andere Alternative ist, einen Aliasnamen für die Aggregatfunktion zu definieren, und diesen dann als Sortierbegriff zu verwenden.)

Beispiel 5.51

Finden Sie die Anzahl aller Mitarbeiter in jedem Projekt, und sortieren Sie sie anschließend in absteigender Reihenfolge.

```
select pr_nr, count(*) anzahl
    from arbeiten
    group by pr_nr
    order by 2 desc
```

Das Ergebnis ist

pr_nr	anzahl
p1	4
p2	4
p3	3

(3 Reihe(n) betroffen)

Bei Transact-SQL werden die NULL-Werte bei aufsteigender Sortierfolge vor allen anderen Werten, bei absteigender Sortierfolge nach allen anderen Werten ausgegeben.

Hinweis   Die Spalten vom Typ **text** bzw. **image** können nicht mit der ORDER BY-Klausel angegeben werden.

5.8.1 Die SELECT-Anweisung und die IDENTITY-Eigenschaft

Wie wir in Kapitel 4 erläutert haben, können die numerischen Spalten die sogenannte IDENTITY-Eigenschaft besitzen. Diese Eigenschaft besagt, daß die Werte entsprechender Spalte vom System automatisch sequentiell generiert werden.

Im Zusammenhang mit dieser Eigenschaft existieren einige Systemfunktionen und globale Parameter, die bei den Abfragen auf eine IDENTITY-Spalte angewendet werden können. Folgende Beispiele zeigen die Abfragen auf eine IDENTITY-Spalte.

Beispiel 5.52

```
create table produkt
    (produkt_nr integer identity(10000,1) not null,
    produkt_name char(30) not null,
    preis money)
```

In Beispiel 5.52 wird die Tabelle **produkt** mit der Spalte **produkt_nr**, die die IDENTITY-Eigenschaft hat, erstellt. Die Werte dieser Spalte werden vom System automatisch generiert: Die erste eingefügte Reihe wird den Wert 10000 haben, die zweite 10001 usw.

Beispiel 5.53

```
select identitycol
    from produkt where produkt_name = 'Seife'
```

Das Ergebnis ist:

produkt_nr
10005

(1 Reihe(n) betroffen)

Mit den beiden Systemfunktionen

▶ IDENT_SEED und

▶ IDENT_INCR

können der Anfangs- bzw. der Schrittwert einer IDENTITY-Spalte ermittelt werden.

Im allgemeinen ist es für den Benutzer nicht möglich, den Wert der IDENTITY-Spalte hinzuzufügen. Wenn trotzdem ein Wert hinzugefügt werden muß, muß vorerst die Option IDENTITY_INSERT der Anweisung SET aktiviert werden.

5.9 Der Mengenoperator UNION

Zusätzlich zu allen Formen der SELECT-Anweisung, die wir bis jetzt beschrieben haben, ist es möglich, zwei SELECT-Anweisungen mit einem Mengenoperator zu verbinden. Transact-SQL unterstützt die Mengenoperation Vereinigung.

Die Vereinigung zweier Datenmengen beinhaltet alle Daten, die entweder in der ersten, oder in der zweiten oder in beiden Datenmengen enthalten sind. Der Operator für die Vereinigung der Datenmengen heißt bei Transact-SQL UNION.

Die allgemeine Form des Operators UNION ist:

```
select_1 UNION [ALL] select_2 [UNION [ALL] select_3 ...]
```

select_1 und **select_2** kennzeichnen zwei SELECT-Anweisungen, die der Operator UNION verbindet. Die Angabe ALL legt fest, daß auch mehrfach vorhandene Reihen der Ergebnistabelle ausgegeben werden sollen. Diese Angabe beim Operator UNION hat dieselbe Bedeutung wie in der Projektion einer SELECT-Anweisung. Trotzdem gibt es einen wichtigen Unterschied. In der Projektion ist die Angabe ALL die Voreinstellung, d.h. die mehrfach vorhandenen Reihen der Ergebnistabelle einer SELECT-Anweisung werden ausgegeben, falls weder ALL noch DISTINCT angegeben ist. Beim UNION-Operator muß man ALL explizit angeben, damit die mehrfach vorhandenen Reihen ausgegeben werden.

Damit wir auch praktische Beispiele mit der Mengenoperation Vereinigung zeigen können, werden wir eine neue Tabelle **mit_erweiter** erstellen. Die Tabelle **mit_erweiter** entspricht der Tabelle **mitarbeiter** bis auf eine zusätzliche Spalte - **wohnort**. Die Spalte **wohnort** beschreibt den Wohnort jedes Mitarbeiters.

Die Tabelle **mit_erweiter** hat folgende Form:

m_nr	m_name	m_vorname	abt_nr	wohnort
25348	Keller	Hans	a3	München
10102	Huber	Petra	a3	Landshut
18316	Müller	Gabriele	a1	Rosenheim
29346	Probst	Andreas	a2	Augsburg
9031	Meier	Rainer	a2	Augsburg
2581	Kaufmann	Brigitte	a2	München
28559	Mozer	Sibille	a1	Ulm

Die Erstellung der Tabelle **mit_erweiter** bietet eine gute Gelegenheit, die INTO-Klausel der SELECT-Anweisung darzustellen. SELECT INTO hat zwei Teile: Im ersten Teil wird eine neue Tabelle, deren Spalten in der Projektion angegeben werden müssen, erstellt. (Voraussetzung ist, daß die neue Tabelle eine Untermenge der ursprünglichen Tabelle ist.) Im zweiten Teil werden die Daten aus der ursprünglichen Tabelle in die neue Tabelle geladen. Der Name der ursprünglichen Tabelle wird in der FROM-Klausel und der Name der neuen Tabelle in der INTO-Klausel angegeben.

Die Voraussetzung für die Verwendung der INTO-Klausel in der SELECT-Anweisung ist das Aktivieren der Option **select into/bulkcopy** mit der Systemprozedur **sp_dboption**.

Beispiel 5.54 zeigt die Erstellung der neuen Tabelle **mit_erweiter**.

Beispiel 5.54

```
use master
go
sp_dboption beispiel, "select into/bulkcopy", true
use beispiel
go
checkpoint
go
select m_nr,m_name, m_vorname, abt_nr
    into mit_erweiter
    from mitarbeiter
go
```

(7 Reihe(n) betroffen)

```
alter table mit_erweiter
add wohnort char(25) null
go
```

In Beispiel 5.54 wird zuerst die Voraussetzung geschaffen, die INTO-Klausel benutzen zu dürfen. Mit der SELECT INTO-Anweisung wird die neue Tablle **mit_erweiter** erstellt, die identisch mit der Tabelle **mitarbeiter** ist. Mit der anschließenden ALTER TABLE-Anweisung wird schließlich die zusätzliche Spalte **wohnort** hinzugefügt.

Hinweis   Nach der Ausführung des Beispiels 5.54 fehlen in der neuerstellten Tabelle **mit_erweiter** noch immer die richtigen Datenwerte der Spalte **wohnort**. Diese können anschließend entweder mit der ISQL/w-Komponente oder mit der Transact-SQL-Anweisung INSERT eingefügt werden.

Beispiel 5.55

Finden Sie alle Wohnorte der Mitarbeiter und alle Standorte der Abteilungen.

```
select wohnort
    from mit_erweiter
union
select stadt
    from abteilung
```

Das Ergebnis ist:

wohnort
Augsburg
Landshut
München
Rosenheim
Stuttgart
Ulm

(6 Reihe(n) betroffen)

Damit zwei SELECT-Anweisungen mit dem UNION-Operator verbunden sein können, müssen folgende Voraussetzungen erfüllt sein:

▶ die Anzahl der Spalten in den beiden Projektionen muß gleich sein;

▶ die entsprechenden Spalten müssen denselben Typ haben.

Falls die Ausgabe sortiert sein soll, darf die ORDER BY-Klausel nur in der letzten SELECT-Anweisung angegeben werden. Genauso darf die COMPUTE-Klausel nur in der letzten SELECT-Anweisung angegeben werden.

Die GROUP BY- und HAVING-Klausel können in bezug auf einzelne SELECT-Anweisungen angewendet werden, nicht aber auf das Endergebnis.

Beispiel 5.56

Finden Sie die Personalnummern der Mitarbeiter, die entweder der Abteilung **a1** angehören oder vor dem 1.1.1988 in das Projekt eingetreten sind. Die Personalnummern sollen sortiert ausgegeben werden.

```
select m_nr
    from mitarbeiter
    where abt_nr = 'a1'
union
select m_nr
    from arbeiten
    where einst_dat < '01.01.1988'
    order by 1
```

Das Ergebnis ist:

m_nr
18316
28559
29346

(3 Reihe(n) betroffen)

Der UNION-Operator ist dem Operator OR ähnlich. In manchen Fällen ist es auch möglich, die Verbindung zweier SELECT-Anweisungen mit dem UNION-Operator durch eine SELECT-Anweisung mit dem Operator OR zu ersetzen.

Beispiel 5.57

Finden Sie alle Mitarbeiter, die entweder der Abteilung **a1** oder **a2** oder aber beiden angehören.

```
select m_nr, m_name, m_vorname
    from mitarbeiter
    where abt_nr = 'a1'
union
select m_nr, m_name, m_vorname
    from mitarbeiter
    where abt_nr = 'a2'
```

Das Ergebnis ist:

m_nr	m_name	m_vorname
2581	Kaufmann	Brigitte
9031	Meier	Rainer
18316	Müller	Gabriele
28559	Mozer	Sibille
29346	Probst	Andreas

(5 Reihe(n) betroffen)

Dieselbe Aufgabe kann mit dem OR-Operator einfacher gelöst werden:

Beispiel 5.58

```
select m_nr, m_name, m_vorname
    from mitarbeiter
    where abt_nr = 'a1'
    or abt_nr = 'a2'
```

Der UNION-Operator kann nicht durch den OR-Operator ersetzt werden, falls man Reihen aus zwei verschiedenen Tabellen wählt, wie es in den Beispielen 5.55 und 5.56 der Fall ist.

Hinweis   Die Spalten vom Typ **text** bzw. **image** können nur mit dem Operator UNION verwendet werden, falls die Angabe ALL existiert.

Zusätzlich zu der Operation Vereinigung existieren in der Mengenlehre zwei weitere Operationen:

▶ Durchschnitt und

▶ Differenz.

Der Durchschnitt zweier Datenmengen beinhaltet alle Daten, die sowohl in der ersten als auch in der zweiten Datenmenge enthalten sind.

Die Differenz zweier Datenmengen beinhaltet alle Daten, die in der ersten Datenmenge enthalten sind und in der zweiten nicht.

Transact-SQL unterstützt diese zwei Operationen nicht direkt. Trotzdem ist es möglich, die beiden Operationen mit Hilfe anderer Operatoren zu ersetzen. Der Durchschnitt kann durch den Operator EXISTS (siehe Beispiel 6.25) und die Differenz durch den Operator NOT EXISTS (siehe Beispiel 6.26) ersetzt werden.

5.10 Die Verwendung von CASE in Ausdrücken

Bei der Programmierung einer Datenbankanwendung existieren oft die Situationen, wo die Änderung der Darstellung von Daten gewünscht ist. Das Geschlecht bzw. die Reife einer Person kann z.B. durch Werte 1, 2 und 3 (für weiblich, männlich und Kind respektive) kodiert werden, was eine Verkürzung der Programmierzeit bedeutet.

Für alle solchen und ähnlichen Fälle unterstützt der SQL Server seit der Version 6.0 den CASE-Ausdruck. (CASE ist auch der Bestandteil des SQL92-Standards.)

Hinweis   Bei CASE im SQL Server handelt es sich nicht um eine Anweisung (wie in den meisten prozeduralen Programmiersprachen), sondern um einen Ausdruck. Dementsprechend kann CASE an (fast) jeder Stelle verwendet werden, wo ein Ausdruck in Transact-SQL-Anweisungen stehen kann.

Die Syntax von CASE sieht folgendermaßen aus:

```
CASE
WHEN bedingung_1 THEN ergebnis_1
WHEN bedingung_2 THEN ergebnis_2
..................................................................
WHEN bedingung_n THEN ergebnis_n
[ELSE ergebnis_n+1]
END
```

Beispiel 5.59

```
select pr_name,
    case
        when mittel > 0 and mittel < 100000
            then 1
        when mittel >= 100000 and mittel < 200000
            then 2
        when mittel >= 200000 and mittel < 300000
            then 3
        else 4
end mittel_gewichtung
from projekt
```

Das Ergebnis ist:

pr_name	mittel_gewichtung
Apollo	2
Gemini	1
Merkur	2

(3 Reihe(n) betroffen)

In Beispiel 5.59 werden die Mittel aller Projekte gewichtet und nur die Werte der Gewichtung (gemeinsam mit dem Projektnamen) ausgegeben.

Ein weiteres Beispiel mit einem CASE-Ausdruck und der UPDATE-Anweisung befindet sich in Kapitel 7 (Beispiel 7.15).

5.11 Weitere Klauseln der SELECT-Anweisung

Der SQL Server unterstützt noch folgende Klauseln:

▶ die FOR BROWSE-Klausel und

▶ die COMPUTE-Klausel.

Die FOR BROWSE-Klausel muß die letzte Klausel einer SELECT-Anweisung sein. Sie wird in einer Datenbank-Anwendung verwendet, um den sogenannten **browse-Mo-**

dus herzustellen. Dieser Modus ermöglicht die Änderung der Daten, während man in der Tabelle blättert.

Mit der COMPUTE-Klausel kann eine Aggregatfunktion (AVG, MIN, MAX, SUM und COUNT) verwendet werden, um die Gesamt- bzw. Gruppenergebnisse zu erstellen. Diese Ergebnisse erscheinen außerhalb der Ergebnistabelle.

Wie wir schon in diesem Kapitel gezeigt haben, werden Aggregatfunktionen auf Reihen einer Tabelle angewendet, wobei das Resultat dieser Anwendung eine zusätzliche Spalte der Ergebnistabelle ist. Damit gehören alle bisherigen Operationen mit den Aggregatfunktionen zum relationalen Datenmodell, weil ihr Ergebnis immer eine Tabelle ist.

Das Merkmal der COMPUTE-Klausel ist, daß ihr Ergebnis eine bzw. mehrere zusätzliche Reihen liefert, die nicht zur Ergebnistabelle gehören. Damit gehört diese Operation nicht zu den Operationen des relationalen Datenmodells.

Die COMPUTE-Klausel enthält die optionale BY-Angabe, mit der die Gruppen innerhalb des Ergebnisses gebildet werden können. Falls die BY-Angabe weggelassen wird, wird die entsprechende Aggregatfunktion auf alle Reihen des Ergebnisses der SELECT-Anweisung angewendet.

Die Verwendung der Angabe BY **sp_name** führt zur Gruppenbildung aufgrund der Datenwerte der Spalte(n) **sp_name**. Die Voraussetzung für die Benutzung der BY-Angabe ist die Existenz der ORDER BY-Klausel. (Der Sortierbegriff in der ORDER BY-Klausel muß eine Obermenge der Spalten, die in der COMPUTE BY-Klausel angegeben sind, sein.)

Folgende beide Beispiele zeigen die Verwendung der COMPUTE-Klausel mit und ohne BY-Angabe.

Beispiel 5.60

```
select m_nr, pr_nr, einst_dat
    from arbeiten
    where pr_nr='p1' or pr_nr='p2'
compute min(einst_dat)
```

Das Ergebnis ist:

m_nr	pr_nr	einst_dat
10102	p1	1.Okt.1988 0:00
25348	p2	15.Feb.1988 0:00
18316	p2	1.Jun.1989 0:00
29346	p2	15.Dez.1987 0:00
9031	p1	15.Apr.1989 0:00
28559	p1	1.Aug.1988 0:00

m_nr	pr_nr	einst_dat
28559	p2	1.Feb.1989 0:00
29346	p1	1.Apr.1989 0:00

min
15.Dez.1987 0:00

(9 Reihe(n) betroffen)

Beispiel 5.61

```
select m_nr, pr_nr, einst_dat
    from arbeiten
    where pr_nr='p1' or pr_nr='p2'
    order by pr_nr
compute min(einst_dat) by pr_nr
```

Das Ergebnis ist:

m_nr	pr_nr	einst_dat
9031	p1	15.Apr.1989 0:00
10102	p1	1.Okt.1988 0:00
28559	p1	1.Aug.1988 0:00
29346	p1	1.Apr.1989 0:00

min
1.Aug.1988 0:00

m_nr	pr_nr	einst_dat
18316	p2	1.Jun.1989 0:00
25348	p2	15.Feb.1988 0:00
18316	p2	1.Jun.1989 0:00
29346	p2	15.Dez.1987 0:00

min
15.Dez.1987 0:00

(10 Reihe(n) betroffen)

Die COMPUTE-Klausel kann in einer SELECT-Anweisung mehrfach verwendet werden. Die beiden COMPUTE-Klauseln in den Beispielen 5.60 und 5.61 können damit in einer Anweisung in folgender Form:

```
compute min(einst_dat) by pr_nr
compute min(einst_dat)
```

geschrieben werden.

In einer COMPUTE-Klausel ist es auch möglich, mehrere Aggregatfunktionen zu verwenden.

Beispiel 5.62

```
select pr_nr, mittel
    from projekt
    where mittel < 150000
compute sum(mittel), avg(mittel)
```

Das Ergebnis ist:

pr_nr	mittel
p1	120000.0
p2	95000.0

```
sum
215000.0
avg
107500.0
```

(3 Reihe(n) betroffen)

Die Verwendung der COMPUTE-Klausel unterliegt einigen Einschränkungen:

▶ SELECT INTO ist nicht erlaubt (weil das Ergebnis der COMPUTE-Klausel keine Tabelle liefert);

▶ die Spalten in der COMPUTE-Klausel müssen in der Projektion der SELECT-Anweisung erscheinen und

▶ jede Spalte in der COMPUTE BY-Klausel muß auch in der ORDER BY-Klausel erscheinen.

Die Reihenfolge der Spalten in der COMPUTE BY-Klausel muß mit der Reihenfolge der Spalten in der ORDER BY-Klausel übereinstimmen.

5.12 Temporäre Tabellen

Temporäre Tabelle unterscheiden sich von anderen Tabellen durch ihre Lebensdauer. Der SQL Server kennt zwei Arten von temporären Tabellen:

▶ Tabellen, die nach der Beendigung der aktuellen SQL Server-Sitzung gelöscht werden und

▶ Tabellen, die auch nach der aktuellen SQL Server-Sitzung existieren.

Für beide Arten von temporären Tabellen gilt, daß sie in der temporären Systemdatenbank *tempdb* gespeichert werden. Genauso können beide Arten von temporären Tabellen entweder mit der CREATE TABLE- oder SELECT-Anweisung erstellt werden.

Die temporären Tabellen, die nur während der aktuellen Sitzung existieren, werden mit dem Präfix „#" bzw. „##"gekennzeichnet. Sie können entweder explizit mit der

DROP TABLE-Anweisung oder am Ende der Sitzung implizit gelöscht werden. Diese temporären Tabellen unterliegen folgenden Einschränkungen:

▶ Views können für solche temporäre Tabellen nicht erstellt werden und

▶ Trigger, die Bezug auf solche Tabellen nehmen, sind nicht erlaubt.

Beispiel 5.63

```
create table #pr_temp
    (pr_nr char(4) not null,
     pr_name char(25) not null)
```

Das folgende Beispiel gleicht dem vorherigen.

Beispiel 5.64

```
select pr_nr, pr_name
    into #pr_temp
    from projekt
```

(3 Reihe(n) betroffen)

In Beispiel 5.64 wird nicht nur die temporäre Tabelle erstellt (wie in Beispiel 5.63), sondern auch die Reihen der Tabelle **projekt** in der neuen Tabelle geladen.

Die temporären Tabellen der zweiten Art kennzeichnet generell eine längere Lebensdauer. Diese Tabellen können auch mit der DROP TABLE-Anweisung explizit gelöscht werden, werden aber implizit erst beim nächsten Neustart des Systems gelöscht. Für diese Tabellen wird keine spezielle Notation verwendet.

Beispiel 5.65

```
use tempdb
create table projekt_temp
    (pr_nr char(4) not null,
     pr_name char(25) not null)
```

Die in Beispiel 5.65 definierte Tabelle stellt eine temporäre Tabelle der zweiten Art dar. Im Unterschied zu den temporären Tabellen der ersten Art, die automatisch (auf Grund der Notation) in der *tempdb*-Datenbank gespeichert werden, muß für die Tabellen der zweiten Art die *tempdb*-Datenbank explizit als aktuelle Datenbank angegeben werden. Solche Tabellen dürfen nur diejenigen Benutzer anlegen, die explizite Berechtigung (mit GRANT CREATE TABLE-Anweisung) für die Erstellung der Tabellen in der *tempdb*-Datenbank haben.

5.13 Zusammenfassung

Mit der SELECT-Anweisung können Abfragen auf eine oder mehrere Tabellen einer Datenbank durchgeführt werden. Jede SELECT-Anweisung muß die Angabe FROM enthalten, mit der die Tabellen spezifiziert werden, für die die Abfragen relevant sind. Die WHERE-Klausel beinhaltet eine oder mehrere Bedingungen, mit denen die Anzahl der auszuwählenden Reihen eingeschränkt wird. Mit der GROUP BY-Klausel werden eine oder mehrere Spalten spezifiziert, die das Kriterium für die Gruppierung der Reihen festlegen.

Aufgaben

A.5.1 Wählen Sie alle Reihen der Tabellen **arbeiten** und **mitarbeiter** aus.

A.5.2 Finden Sie die Personalnummer aller Sachbearbeiter.

A.5.3 Finden Sie die Personalnummer der Mitarbeiter, die in Projekt **p2** arbeiten, und deren Personalnummer kleiner als 10000 ist.

A.5.4 Finden Sie die Personalnummer der Mitarbeiter, die nicht im Jahr 1988 in ihr Projekt eingesetzt sind.

A.5.5 Finden Sie die Personalnummer aller Mitarbeiter, die in Projekt **p1** eine leitende Aufgabe (Gruppen- oder Projektleiter) haben.

A.5.6 Finden Sie das Einstellungsdatum der Mitarbeiter in Projekt **p2**, deren Aufgabe noch nicht festgelegt ist.

A.5.7 Finden Sie Personalnummern, Namen und Vornamen aller Mitarbeiter, deren Name mit „M" bzw. „H" anfängt und mit „er" endet.

A.5.8 Nennen Sie die Personalnummer aller Mitarbeiter, deren Standort Stuttgart ist.

A.5.9 Finden Sie Namen und Vornamen aller Mitarbeiter, die am 01.04.1989 eingesetzt worden sind.

A.5.10 Gruppieren Sie alle Abteilungen auf Grund ihres Standortes.

A.5.11 Nennen Sie die größte existierende Personalnummer.

A.5.12 Welche Aufgaben werden von mehr als zwei Mitarbeitern ausgeübt?

A.5.13 Finden Sie die Personalnummer aller Mitarbeiter, die entweder Sachbearbeiter sind oder der Abteilung a3 angehören.

A.5.14 Warum ist folgende Aufgabe falsch:

```
select pr_name
    from projekt
    where pr_nr =
(select pr_nr
    from arbeiten
    where aufgabe = 'Sachbearbeiter')
```

Wie sollte diese Aufgabe richtig lauten?

6 Komplexe Abfragen

Dieses Kapitel ist die inhaltliche Fortsetzung von Kapitel 5. Zuerst werden alle möglichen Arten von Verknüpfungen zweier oder mehrerer Tabellen definiert und durch Beispiele dargestellt. Daran anschließend wird die korrelierte Abfrage erklärt sowie eine ausführliche Beschreibung des EXISTS-Operators gegeben.

6.1 Verknüpfen zweier oder mehrerer Tabellen

Die Möglichkeit, zwei oder mehrere Tabellen einer Datenbank miteinander zu verknüpfen, ist eine der grundsätzlichen Eigenschaften des relationalen Datenmodells. Diese Eigenschaft stellt gleichzeitig einen der wichtigsten Unterschiede zwischen relationalen und nichtrelationalen Datenbanken dar.

Das Verknüpfen der Tabellen wird mit Hilfe des relationalen Operators Join durchgeführt, was im allgemeinen bedeutet, daß Datenwerte aus zwei oder mehreren Tabellen mittels einer SELECT-Anweisung ausgewählt werden. Der Operator Join kann auch zum Verknüpfen einer Tabelle mit sich selbst verwendet werden, was im Verlauf dieses Kapitels gezeigt wird.

Hinweis In Kapitel 5 haben wir schon den Mengenoperator UNION beschrieben, der im Grunde auch zwei Tabellen verknüpft. Trotzdem gibt es zwei wesentliche Unterschiede zwischen diesen beiden Arten von Tabellenverknüpfungen. Der Mengenoperator UNION verknüpft immer zwei SELECT-Anweisungen, während der Operator Join die Verknüpfung mehrerer Tabellen mittels einer SELECT-Anweisung durchführt. Weiter werden für die Verknüpfung mit dem Operator UNION immer die Reihen der Tabellen verwendet, während der Operator Join, wie wir noch sehen werden, gewisse Spalten der Tabellen für die Verknüpfung benutzt.

Der Operator Join kann sowohl auf Basistabellen als auch auf Views angewendet werden. In diesem Kapitel werden wir nur die Verknüpfung der Basistabellen beschreiben, während die Verknüpfung zweier oder mehrerer Views bzw. einer Basistabelle mit einem View in Kapitel 9 behandelt wird.

In diesem Kapitel sollen folgende Arten der Tabellenverknüpfungen vorgestellt werden:

▶ Equijoin,

▶ Kartesisches Produkt,

▶ natürlicher Join,

▶ Thetajoin und

▶ Outer Join.

6.1.1 Der Equijoin

Der Equijoin wird mit einem Beispiel dargestellt.

Beispiel 6.1

Finden Sie für jeden Mitarbeiter, zusätzlich zu seiner Personalnummer, Namen und Vornamen, auch die Abteilungsnummer und den Standort der Abteilung. Die doppelten Spalten beider Tabellen sollen ausgegeben werden.

```
select mitarbeiter.*, abteilung.*
from mitarbeiter, abteilung
where mitarbeiter.abt_nr = abteilung.abt_nr
```

Das Ergebnis ist:

m_nr	m_name	m_vorname	abt_nr	abt_nr	abt_name	stadt
18316	Müller	Gabriele	a1	a1	Beratung	München
28559	Mozer	Sibille a1	a1	a1	Beratung	München
29346	Probst	Andreas	a2	a2	Diagnose	München
9031	Meier	Rainer	a2	a2	Diagnose	München
2581	Kaufmann	Brigitte	a2	a2	Diagnose	München
10102	Huber	Petra	a3	a3	Freigabe	Stuttgart
25348	Keller	Hans	a3	a3	Freigabe	Stuttgart

(7 Reihe(n) betroffen)

Die Projektion in Beispiel 6.1 umfaßt alle Spalten beider Tabellen. Das ist ein Merkmal von Equijoin. Die äquivalente Schreibweise für die Projektion in einem Equijoin wäre die Verwendung des Zeichens „*". Die FROM-Klausel definiert die Tabellen, die verknüpft werden; die WHERE-Klausel gibt die jeweiligen Spalten, die miteinander verglichen werden, an. Diese Spalten heißen Joinspalten. Sie müssen denselben Datentyp haben.

Wir wollen nun zeigen, wie das Ergebnis eines Joins entsteht. Diese Darstellung beschreibt nur ein gedankliches Konzept und nicht unbedingt die Arbeitsweise des SQL-Servers. Das Konzept wird praktisch mit Beispiel 6.1 erklärt. Zunächst werden alle Reihen der Tabelle **mitarbeiter** mit jeder einzelnen Reihe der Tabelle **arbeiten** verkettet (siehe Tabelle 6.1). Dadurch entsteht eine Tabelle mit insgesamt 21 Reihen, die folgendermaßen aussieht:

	m_nr	m_name	m_vorname	abt_nr	abt_nr	abt_name	stadt
–	25348	Keller	Hans	a3	a1	Beratung	München
–	10102	Huber	Petra	a3	a1	Beratung	München
	18316	Müller	Gabriele	a1	a1	Beratung	München
–	29346	Probst	Andreas	a2	a1	Beratung	München
–	9031	Meier	Rainer	a2	a1	Beratung	München
–	2581	Kaufmann	Brigitte	a2	a1	Beratung	München
	28559	Mozer	Sibille	a1	a1	Beratung	München
–	25348	Keller	Hans	a3	a2	Diagnose	München
–	10102	Huber	Petra	a3	a2	Diagnose	München
–	18316	Müller	Gabriele	a1	a2	Diagnose	München
	29346	Probst	Andreas	a2	a2	Diagnose	München
	9031	Meier	Rainer	a2	a2	Diagnose	München
	2581	Kaufmann	Brigitte	a2	a2	Diagnose	München
–	28559	Mozer	Sibille	a1	a2	Diagnose	München
	25348	Keller	Hans	a3	a3	Freigabe	Stuttgart
	10102	Huber	Petra	a3	a3	Freigabe	Stuttgart
–	18316	Müller	Gabriele	a1	a3	Freigabe	Stuttgart
–	29346	Probst	Andreas	a2	a3	Freigabe	Stuttgart
–	9031	Meier	Rainer	a2	a3	Freigabe	Stuttgart
–	2581	Kaufmann	Brigitte	a2	a3	Freigabe	Stuttgart
–	28559	Mozer	Sibille	a1	a3	Freigabe	Stuttgart

(21 Reihe(n) betroffen)

*Tabelle 6.1: Kartesisches Produkt der Tabellen **mitarbeiter** und **abteilung***

Danach werden die Reihen entfernt, die die Bedingung

```
mitarbeiter.abt_nr = abteilung.abt_nr
```

in der WHERE-Klausel nicht erfüllen. Diese Reihen sind mit dem Zeichen „-" vor der ersten Spalte der Tabelle 6.1 gekennzeichnet. Die übrigen Reihen stellen das Ergebnis des Beispiels 6.1 dar.

Die Spaltenpaare, die in einem Vergleich beim Join erscheinen, unterliegen in der Praxis einer weiteren Bedingung, nämlich der, daß die sinnvolle Verknüpfung zweier Tabellen nur über Spaltenpaare durchgeführt wird, die dieselbe logische Bedeutung in der Anwendung haben.

In der Beispieldatenbank existieren insgesamt drei solche Spaltenpaare. Die Tabellen **abteilung** und **mitarbeiter** lassen sich durch die Joinspalten **abteilung.abt_nr** und **mitarbeiter.abt_nr** verbinden. Genauso lassen sich die Tabellen **mitarbeiter** und **arbeiten** durch die Joinspalten **mitarbeiter.m_nr** und **arbeiten.m_nr** und die Tabellen **projekt** und **arbeiten** durch die Joinspalten **projekt.pr_nr** und **arbeiten.pr_nr** verbinden.

Wie man hieraus erkennt, hat jedes Spaltenpaar der Beispieldatenbank denselben Namen, was im allgemeinen nicht der Fall sein muß. Die gekennzeichneten Namen in der WHERE-Klausel, wie z.B. **mitarbeiter.abt_nr** und **abteilung.abt_nr**, sind unbedingt anzugeben, falls die Spaltennamen in der SELECT-Anweisung nicht eindeutig sind.

Zusätzlich zu Bedingungen mit Joinspalten können weitere Bedingungen in der WHERE-Klausel existieren.

Beispiel 6.2

Finden Sie alle Daten der Mitarbeiter, die im Projekt Gemini arbeiten.

```
select *
from arbeiten, projekt
where arbeiten.pr_nr = projekt.pr_nr
and pr_name = 'Gemini'
```

Das Ergebnis ist:

m_nr	pr_nr	aufgabe	einst_dat	pr_nr	pr_name	mittel
25348	p2	Sachbearbeiter	15.Feb.1988 0:00	p2	Gemini	95000.0
18316	p2	(null)	1.Jun.1989 0:00	p2	Gemini	95000.0
29346	p2	(null)	15.Dez.1987 0:00	p2	Gemini	95000.0
28559	p2	Sachbearbeiter	1.Feb.1989 0:00	p2	Gemini	95000.0

(4 Reihe(n) betroffen)

Für die Spalte **pr_name** ist es nicht unbedingt notwendig, den gekennzeichneten Namen anzugeben, weil dieser Spaltenname in Beispiel 6.2 eindeutig ist.

6.1.2 Das Kartesische Produkt

Im vorherigen Abschnitt haben wir die Entstehung des Ergebnisses in Beispiel 6.1 mit Hilfe eines Konzeptes erklärt. Im ersten Schritt dieses Konzeptes sind alle Reihen der Tabelle **mitarbeiter** mit jeder einzelnen Reihe der Tabelle **abteilung** verkettet worden. Das so entstandene Zwischenergebnis heißt Kartesisches Produkt.

Beispiel 6.3

```
select *
from mitarbeiter, abteilung
```

Das Ergebnis ist in Tabelle 6.1 dargestellt.

Die Ergebnistabelle des Kartesischen Produktes enthält so viele Reihen wie das Produkt der Reihenanzahl der ersten und zweiten Tabelle. In Beispiel 6.3 lautet das Ergebnis 7x3=21 Reihen.

Das folgende Beispiel stellt das Kartesische Produkt zweier Tabellen dar, in dem die Bedingung in der WHERE-Klausel existiert, das aber nicht den Vergleich zwischen Joinspalten enthält.

Beispiel 6.4

```
select *
from arbeiten, projekt
where arbeiten.pr_nr = 'p3'
```

Das Ergebnis ist:

m_nr	pr_nr	aufgabe	einst_dat	pr_nr	pr_name	mittel
10102	p3	Gruppenleiter	1.Jan.1989 0:00	p1	Apollo	120000.0
10102	p3	Gruppenleiter	1.Jan.1989 0:00	p2	Gemini	95000.0
10102	p3	Gruppenleiter	1.Jan.1989 0:00	p3	Merkur	186500.0
2581	p3	Projektleiter	15.Okt.1989 0:00	p1	Apollo	120000.0
2581	p3	Projektleiter	15.Okt.1989 0:00	p2	Gemini	95000.0
2581	p3	Projektleiter	15.Okt.1989 0:00	p3	Merkur	186500.0
9031	p3	Sachbearbeiter	15.Nov.1988 0:00	p1	Apollo	120000.0
9031	p3	Sachbearbeiter	15.Nov.1988 0:00	p2	Gemini	95000.0
9031	p3	Sachbearbeiter	15.Nov.1988 0:00	p3	Merkur	186500.0

(9 Reihe(n) betroffen)

In der Praxis wird das Kartesische Produkt äußerst selten bewußt benutzt. Manchmal kommt es vor, daß der Anwender das Kartesische Produkt unbewußt erzeugt, wenn er vergißt, den Vergleich zwischen den Joinspalten in der WHERE-Klausel anzugeben. Dieses Ergebnis entspricht dann nicht dem tatsächlichen Resultat, das der Anwender erhalten wollte.

6.1.3 Der natürliche Join

Der natürliche Join ist eine Projektion des Equijoins, wenn die doppelte Spalte aus der Projektion entfernt wird. Der Equijoin in Beispiel 6.1 kann auf folgende Weise in einen natürlichen Join umgewandelt werden:

Beispiel 6.5

```
select mitarbeiter.*, abt_name, stadt
from mitarbeiter, abteilung
where mitarbeiter.abt_nr = abteilung.abt_nr
```

Das Ergebnis ist:

m_nr	m_name	m_vorname	abt_nr	abt_name	stadt
18316	Müller	Gabriele	a1	Beratung	München
28559	Mozer	Sibille	a1	Beratung	München
29346	Probst	Andreas	a2	Diagnose	München
2581	Kaufmann	Brigitte	a2	Diagnose	München
9031	Meier	Rainer	a2	Diagnose	München
10102	Huber	Petra	a3	Freigabe	Stuttgart
25348	Keller	Hans	a3	Freigabe	Stuttgart

(7 Reihe(n) betroffen)

Die Projektion in Beispiel 6.5 beinhaltet alle Spalten der ersten Tabelle und jene Spalten der zweiten Tabelle, die nicht die Joinspalte darstellen. Die Spalten der zweiten Tabelle **abt_name** und **stadt** sind in der Projektion mit nicht gekennzeichneten Namen, d.h. ohne Datenbank- und Tabellennamen angegeben. Dies ist möglich, weil die beiden Namen in der Ergebnistabelle eindeutig sind.

Der natürliche Join wird in der Praxis von allen Joinarten am häufigsten angewendet. Deswegen impliziert das Kürzel „Join" immer einen natürlichen Join.

Die Projektion eines natürlichen Joins muß nicht unbedingt alle unterschiedlichen Spalten beider Tabellen beinhalten, was auch das folgende Beispiel zeigt.

Beispiel 6.6

Nennen Sie die Abteilungsnummern aller Mitarbeiter, die am 15.10.1989 eingestellt wurden.

```
select abt_nr
from mitarbeiter, arbeiten
where mitarbeiter.m_nr = arbeiten.m_nr
and einst_dat = '15.10.1989'
```

Das Ergebnis ist:

abt_nr
a2

(1 Reihe(n) betroffen)

Beispiel 6.6 kann, genauso wie fast alle anderen Aufgaben, wo Join verwendet wird, auch mit Hilfe einer Unterabfrage gelöst werden. Die Lösung mit Join ist einfacher als die Lösung mittels einer Unterabfrage. Zusätzlich dazu hat die Unterabfrage mit dem Gleichheitszeichen eine Einschränkung: Die Unterabfrage darf nur eine Reihe als Ergebnis liefern. Diese Einschränkung gilt nicht für den Join.

6.1.4　Der Thetajoin

Der Thetajoin kennzeichnet jene SELECT-Anweisung, bei der die Joinspalten in der WHERE-Klausel mit einem der Vergleichsoperatoren verglichen werden. Die allgemeine Form eines Thetajoins sieht folgendermaßen aus:

```
SELECT tabelle_1.spalten, tabelle_2.spalten
FROM tabelle_1, tabelle_2
WHERE join_spalte_1 Θ join_spalte_2;
```

wobei „Θ" einen beliebigen Vergleichsoperator darstellt. Jeder Equijoin ist gleichzeitig auch ein Thetajoin, wenn man für „Θ" das Gleichheitszeichen benutzt.

Im folgenden Beispiel wird die Tabelle **mit_erweiter** verwendet.

Beispiel 6.7

```
select mit_erweiter.*, abteilung.*
from mit_erweiter, abteilung
where wohnort > stadt
```

Das Ergebnis ist:

m_nr	m_name	m_vorname	abt_nr	wohnort	abt_nr	abt_name	stadt
18316	Müller	Gabriele	a1	Rosen-heim	a1	Beratung	München
18316	Müller	Gabriele	a1	Rosen-heim	a2	Diagnose	München
28559	Mozer	Sibille	a1	Ulm	a1	Beratung	München
28559	Mozer	Sibille	a1	Ulm	a2	Diagnose	München
28559	Mozer	Sibille	a1	Ulm	a3	Freigabe	Stuttgart

(5 Reihe(n) betroffen)

In Beispiel 6.7 wurden die Spalten **wohnort** und **stadt** verglichen und alle Mitarbeiter-
und Abteilungsdaten ausgewählt; der Wohnort des Mitarbeiters folgt jeweils alphabe-
tisch nach dem Standort der Abteilung.

Die Verwendung der Form des Thetajoins mit einem anderen Vergleichsoperator als
dem Gleichheitszeichen kommt in der Praxis nicht oft vor. Am häufigsten wird noch
der Vergleich auf die Ungleichheit durchgeführt.

Beispiel 6.8

Finden Sie alle Mitarbeiter- und Abteilungsdaten, bei denen die Abteilungsnummer in
den beiden Tabellen nicht übereinstimmt.

```
select *
from mitarbeiter, abteilung
where mitarbeiter.abt_nr <> abteilung.abt_nr
```

Das Ergebnis ist:

m_nr	m_name	m_vorname	abt_nr	abt_nr	abt_name	stadt
25348	Keller	Hans	a3	a1	Beratung	München
10102	Huber	Petra	a3	a1	Beratung	München
29346	Probst	Andreas	a2	a1	Beratung	München
9031	Meier	Rainer	a2	a1	Beratung	München
2581	Kaufmann	Brigitte	a2	a1	Beratung	München
25348	Keller	Hans	a3	a2	Diagnose	München
10102	Huber	Petra	a3	a2	Diagnose	München
18316	Müller	Gabriele	a1	a2	Diagnose	München
28559	Mozer	Sibille	a1	a2	Diagnose	München
18316	Müller	Gabriele	a1	a3	Freigabe	Stuttgart
29346	Probst	Andreas	a2	a3	Freigabe	Stuttgart
9031	Meier	Rainer	a2	a3	Freigabe	Stuttgart
2581	Kaufmann	Brigitte	a2	a3	Freigabe	Stuttgart
28559	Mozer	Sibille	a1	a3	Freigabe	Stuttgart

(14 Reihe(n) betroffen)

6.1.5   Verknüpfung von mehr als zwei Tabellen

Die Anzahl der Tabellen, die miteinander verknüpft sein können, ist theoretisch unbe-
grenzt. Trotzdem hat der SQL Server eine implementierungsbedingte Einschränkung,
die die Anzahl der möglichen Joins begrenzt hält. Diese Anzahl beträgt 16.

Beispiel 6.9

Nennen Sie Namen und Vornamen aller Projektleiter, deren Abteilung den Standort Stuttgart hat.

```
select m_name, m_vorname
from arbeiten, mitarbeiter, abteilung
where arbeiten.m_nr = mitarbeiter.m_nr
and mitarbeiter.abt_nr = abteilung.abt_nr
and aufgabe = 'Projektleiter'
and stadt = 'Stuttgart'
```

Das Ergebnis ist:

m_name	m_vorname
Huber	Petra

(1 Reihe(n) betroffen)

In Beispiel 6.9 müssen drei Tabellen, nämlich, **arbeiten**, **mitarbeiter** und **abteilung** miteinander verknüpft werden, damit die notwendige Information mittels einer SELECT-Anweisung ausgewählt wird. Diese drei Tabellen werden mit Hilfe von zwei Paaren von Joinspalten verknüpft:

```
(arbeiten.m_nr, mitarbeiter.m_nr)
(mitarbeiter.abt_nr, abteilung.abt_nr)
```

Im folgenden Beispiel werden alle vier Tabellen der Beispieldatenbank miteinander verknüpft.

Beispiel 6.10

Nennen Sie die Namen der Projekte, in denen die Mitarbeiter arbeiten, die zur Abteilung **Diagnose** gehören.

```
select distinct pr_name
from projekt, arbeiten, mitarbeiter, abteilung
where projekt.pr_nr = arbeiten.pr_nr
and arbeiten.m_nr = mitarbeiter.m_nr
and mitarbeiter.abt_nr = abteilung.abt_nr
and pr_name = 'Diagnose'
```

Das Ergebnis ist:

pr_name
Apollo
Gemini
Merkur

(3 Reihe(n) betroffen)

6.1.6   Eine Tabelle mit sich selbst verknüpfen

Join kann nicht nur auf zwei oder mehrere Tabellen angewendet werden, sondern auch auf eine einzelne Tabelle. In diesem Fall wird die Tabelle mit sich selbst verknüpft, wobei eine einzelne Spalte dieser Tabelle gewöhnlich mit sich selbst verglichen wird.

Wird eine Tabelle mit sich selbst verknüpft, erscheint ihr Name doppelt in der FROM-Klausel einer SELECT-Anweisung. Damit der Tabellenname in beiden Fällen unterschieden werden kann, müssen Aliasnamen benutzt werden. Gleichzeitig müssen alle Spalten dieser Tabelle in der SELECT-Anweisung gekennzeichnet sein und zwar mit dem entsprechenden Aliasnamen als Präfix.

Beispiel 6.11

Finden Sie alle Abteilungen, an deren Standorte sich weitere Abteilungen befinden.

```
select a.abt_nr, a.abt_name, a.stadt
from abteilung a, abteilung b
where a.stadt = b.stadt
and a.abt_nr <> b.abt_nr
```

Das Ergebnis ist:

abt_nr	abt_name	stadt
a1	Beratung	München
a2	Diagnose	München

(2 Reihe(n) betroffen)

In der FROM-Klausel des obigen Beispiels sind zwei Aliasnamen für die Tabelle **abteilung** eingeführt worden. Die erste Erscheinung der Tabelle hat den Aliasnamen **a** und die zweite den Aliasnamen **b**. Die erste Bedingung in der WHERE-Klausel definiert die Joinspalten, während die zweite Bedingung notwendig ist, damit aus dem Ergebnis die mehrfach vorhandenen Reihen entfernt werden.

Beispiel 6.12

Finden Sie Personalnummer, Namen und Wohnort solcher Mitarbeiter, die einen Kollegen aus derselben Abteilung in ihrem jeweiligen Wohnort haben.

```
select a.m_nr, a.m_name, a.wohnort
from mit_erweiter a, mit_erweiter b
where a.wohnort = b.wohnort
and a.abt_nr = b.abt_nr
and a.m_nr <> b.m_nr
```

Das Ergebnis ist:

m_nr	m_name	wohnort
29346	Probst	Augsburg
9031	Meier	Augsburg

(2 Reihe(n) betroffen)

6.1.7 Der Outer Join

In den bisherigen Beispielen für Equi-, Theta- und natürlichen Join sind die Spalten zweier Tabellen immer miteinander verglichen worden. Auf Grund dieses Vergleichs werden dann die Reihen ausgewählt. Manchmal ist es in der Praxis notwendig, nicht nur die Reihen auszuwählen, die die Bedingung mit Joinspalten erfüllen, sondern auch die Reihen einer der beiden Tabellen, die diese Bedingung nicht erfüllen. Eine solche Verknüpfung der Tabellen heißt Outer Join.

Hinweis   Der Outer Join wird in der Praxis oft verwendet, weil durch diesen Operator der Informationsverlust zu vermeiden ist.

Damit der Unterschied zwischen Equijoin und Outer Join transparenter wird, werden wir zunächst ein Beispiel mit Equijoin zeigen.

Beispiel 6.13

Finden Sie alle Kombinationen von Mitarbeiter- und Abteilungsdaten für Orte, die gleichzeitig Wohnorte der Mitarbeiter und Standorte der Abteilungen sind.

```
select *
from mit_erweiter, abteilung
where wohnort = stadt
```

Das Ergebnis ist:

m_nr	m_name	m_vorname	abt_nr	wohnort	abt_nr	abt_name	stadt
25348	Keller	Hans	a3	München	a1	Beratung	München
2581	Kaufmann	Brigitte	a2	München	a2	Diagnose	München
25348	Keller	Hans	a3	München	a2	Diagnose	München
2581	Kaufmann	Brigitte	a2	München	a1	Beratung	München

(4 Reihe(n) betroffen)

Beispiel 6.13 stellt einen Equijoin dar. Falls wir zusätzlich auch alle anderen Wohnorte der Mitarbeiter auswählen wollen, muß der sogenannte linke Outer Join verwendet werden. Der SQL Server benutzt den Operator „*=" um den linken Outer Join zu unterstützen. Das Ergebnis dieses Outer Joins kann man sich als die Erweiterung des Ergebnisses des Beispiels 6.13 um eine zusätzliche Spalte vorstellen. Jeder Datenwert dieser Spalte erhält den NULL-Wert, falls die Bedingung in der WHERE-Klausel für diese Reihe in der linken Tabelle nicht erfüllt ist, bzw. den entsprechenden Datenwert der rechten Tabelle, falls die Bedingung in der WHERE-Klausel erfüllt ist.

Beispiel 6.14 zeigt die Verwendung des linken Outer Joins.

Beispiel 6.14

Finden Sie alle Kombinationen der Mitarbeiter- und Abteilungsdaten für die Orte, die entweder nur Wohnorte der Mitarbeiter oder gleichzeitig Wohnorte der Mitarbeiter und Standorte der Abteilungen sind.

```
select mit_erweiter.*, abteilung.abt_nr
from mit_erweiter, abteilung
where wohnort *= stadt
```

Das Ergebnis ist:

m_nr	m_name	m_vorname	abt_nr	wohnort	abt_nr
25348	Keller	Hans	a3	München	a1
25348	Keller	Hans	a3	München	a2
2581	Kaufmann	Brigitte	a2	München	a1
2581	Kaufmann	Brigitte	a2	München	a2
29346	Probst	Andreas	a2	Augsburg	(null)
9031	Meier	Rainer	a2	Augsburg	(null)
10102	Huber	Petra	a3	Landshut	(null)
28559	Mozer	Sibille	a1	Ulm	(null)
18316	Müller	Gabriele	a1	Rosenheim	(null)

(9 Reihe(n) betroffen)

Der SQL Server unterstützt den rechten Outer Join durch den Operator „=*". Beispiel 6.15 zeigt die Verwendung des rechten Outer Joins.

Beispiel 6.15

Finden Sie alle Kombinationen der Mitarbeiter- und Abteilungsdaten für die Orte, die entweder nur Standorte der Abteilungen oder gleichzeitig Wohnorte der Mitarbeiter und Standorte der Abteilungen sind.

```
select mit_erweiter.abt_nr, abteilung.*
from abteilung, mit_erweiter
where wohnort =* stadt
```

Das Ergebnis ist:

abt_nr	abt_nr	abt_name	stadt
a3	a1	Beratung	München
a2	a1	Beratung	München
a3	a2	Diagnose	München
a2	a2	Diagnose	München
(null)	a3	Freigabe	Stuttgart

(5 Reihe(n) betroffen)

Grundsätzlich ist es möglich, den Outer Join mit Hilfe des UNION-Operators und der Unterabfrage mit dem EXISTS-Operator zu ersetzen. Das nachfolgende Beispiel zeigt die Ersetzung des linken Outer Joins.

Beispiel 6.16

Finden Sie alle Kombinationen der Mitarbeiter- und Abteilungsdaten für die Orte, die entweder nur Wohnorte der Mitarbeiter oder gleichzeitig Wohnorte der Mitarbeiter und Standorte der Abteilungen sind.

```
select mit_erweiter.*, abteilung.abt_nr
from mit_erweiter, abteilung
where wohnort = stadt
union
select mit_erweiter.*, 'null'
from mit_erweiter
where not exists
(select *
from abteilung
where stadt = mit_erweiter.wohnort)
```

Das Ergebnis ist:

m_nr	m_name	m_vorname	abt_nr	wohnort	abt_nr
2581	Kaufmann	Brigitte	a2	München	a1
25348	Keller	Hans	a3	München	a1
2581	Kaufmann	Brigitte	a2	München	a2
25348	Keller	Hans	a3	München	a2
10102	Huber	Petra	a3	Landshut	null
18316	Müller	Gabriele	a1	Rosenheim	null
29346	Probst	Andreas	a2	Augsburg	null
9031	Meier	Rainer	a2	Augsburg	null
28559	Mozer	Sibille	a1	Ulm	null

(9 Reihe(n) betroffen)

Die erste SELECT-Anweisung stellt den natürlichen Join der Tabellen **mitarbeiter** und **abteilung** mit den Joinspalten **wohnort** und **stadt** dar. Diese Anweisung wählt alle Reihen aus, in denen die Orte gleichzeitig Wohnorte der Mitarbeiter und Standorte der Abteilungen sind. Die zweite SELECT-Anweisung mit der Unterabfrage wählt zusätzliche Reihen aus, in denen die Orte nur Wohnorte der Mitarbeiter sind.

6.1.8 Die Erweiterung der SELECT-Anweisung bezüglich der JOIN-Operatoren

Die SELECT-Anweisung im SQL Server V6.5 wurde um einige neue reservierten Wörtern, die explizit die Joinart angeben, erweitert. Diese Erweiterung wurde wegen der Kompatibilität mit dem SQL92-Standard durchgeführt.

Wie wir in vorherigen Abschnitten dieses Kapitels gesehen haben, werden alle unterschiedlichen Joinarten (natürlicher Join, Outer Join usw.) immer indirekt dargestellt. Das heißt, daß die Art des Joins auf dem Kontext der SELECT-Anweisung erkannt werden muß. Der SQL92-Standard hat die Möglichkeit geschaffen, jede Joinart explizit (mit Hilfe der entsprechenden reservierten Wörter) ausdrücken. Folgende Angaben können gemacht werden:

▶ CROSS JOIN,

▶ [INNER] JOIN,

▶ LEFT [OUTER] JOIN,

▶ RIGHT [OUTER] JOIN und

▶ FULL [OUTER] JOIN.

Die CROSS JOIN-Angabe kennzeichnet das Kartesische Produkt zweier Tabellen. INNER JOIN spezifizeirt den natürlichen Join zweier Tabellen. LEFT OUTER JOIN und RIGHT OUTER JOIN kennzeichnen den linken bzw. den rechten Outer Join, während FULL OUTER JOIN eine Kombination der beiden Outer Joins ist.

Mit folgenden beiden Beispielen werden das Kartesische Produkt und der natürliche Join dargestellt.

Beispiel 6.17 ist mit dem Beispiel 6.4 identisch.

Beispiel 6.17

```
select *
from projekt cross join abteilung
```

Beispiel 6.18 ist mit dem Beispiel 6.9 identisch.

Beispiel 6.18

```
select m_name, m_vorname
```

```
from arbeiten join mitarbeiter on arbeiten.m_nr =
              mitarbeiter.m_nr
     join abteilung on mitarbeiter.abt_nr = abteilung.abt_nr
     and stadt = 'Stuttgart'
     and aufgabe = 'Projektleiter'
```

6.2   Korrelierte Unterabfragen

Eine Unterabfrage wird dann korreliert genannt, wenn die innere SELECT-Anweisung eine Spalte enthält, deren Werte in der äußeren SELECT-Anweisung festgelegt sind.

Die beiden folgenden Beispiele zeigen, wie dieselbe Aufgabe mit Hilfe einer einfachen und einer korrelierten Unterabfrage gelöst werden kann.

Beispiel 6.19
Nennen Sie die Namen aller Mitarbeiter, die im Projekt **p3** arbeiten.

```
select m_name
    from mitarbeiter
    where m_nr in
    (select m_nr
        from arbeiten
        where pr_nr = 'p3')
```

Das Ergebnis ist:

m_name
Huber
Kaufmann
Meier

(3 Reihe(n) betroffen)

Beispiel 6.19 zeigt eine einfache Unterabfrage, in der zunächst die innere SELECT-Anweisung, unabhängig von der äußeren SELECT-Anweisung berechnet wird und als Ergebnis die Werte für den IN-Operator geliefert werden. Diese Werte werden dann zur Bildung des endgültigen Ergebnisses benutzt.

Beispiel 6.20
```
select m_name
    from mitarbeiter
    where 'p3' in
    (select pr_nr
        from arbeiten
        where arbeiten.m_nr = mitarbeiter.m_nr)
```

Das Ergebnis ist:

m_name
Huber
Meier
Kaufmann

(3 Reihe(n) betroffen)

In Beispiel 6.20 kann die innere SELECT-Anweisung nicht in einem Schritt ausgewertet werden, weil sie die Spalte **m_nr** beinhaltet, die der Tabelle **mitarbeiter** aus der äußeren SELECT-Anweisung angehört. Die innere SELECT-Anweisung ist also von einer Variablen abhängig, die in der äußeren SELECT-Anweisung berechnet sein muß.

In Beispiel 6.20, wie dies bei der korrelierten Unterabfrage grundsätzlich der Fall ist, untersucht das System zunächst die erste Reihe der Tabelle **mitarbeiter** und vergleicht die Mitarbeiternummer (25348) mit der Spalte **arbeiten.m_nr** in der inneren SELECT-Anweisung. Die innere SELECT-Anweisung liefert nach diesem Vergleich als Ergebnis den Datenwert **p2** für die Spalte **pr_nr**. Dieser Wert ist nicht gleich dem Datenwert **p3** in der äußeren SELECT-Anweisung. Deswegen wird die zweite Reihe der Tabelle **mitarbeiter** auf dieselbe Weise untersucht. Der Vergleich **arbeiten.m_nr = mitarbeiter.m_nr** in der inneren SELECT-Anweisung liefert als Ergebnis zwei Datenwerte: **p1** und **p3**. Weil **p3** zu der Menge der Datenwerte gehört, die die innere SELECT-Anweisung liefert, ist die Bedingung in der äußeren SELECT-Anweisung erfüllt, und der Datenwert der Spalte **m_name** in der zweiten Reihe (Huber) wird ausgewählt. Danach werden auf dieselbe Weise alle Reihen der Tabelle **mitarbeiter** untersucht und die Ergebnistabelle gebildet.

Im folgenden Beispiel wird eine korrelierte Unterabfrage gezeigt, in der die Tabelle mit sich selbst verknüpft wird.

Beispiel 6.21

Finden Sie alle Abteilungen, die sich an demselben Standort befinden.

```
select a.abt_nr, a.abt_name, a.stadt
    from abteilung a
    where a.stadt in
    (select b.stadt
            from abteilung b
            where a.abt_nr <> b.abt_nr)
```

Das Ergebnis ist

abt_nr	abt_name	stadt
a1	Beratung	München
a2	Diagnose	München

(2 Reihe(n) betroffen)

Die Aufgabe in Beispiel 6.21 ist mit der Aufgabe in Beispiel 6.11 identisch.

Im folgenden Beispiel wird eine korrelierte Unterabfrage mit der Aggregatfunktion MIN dargestellt.

Beispiel 6.22

Alle Mitarbeiter sind nach ihren Aufgaben in verschiedene Gruppen (Sachbearbeiter usw.) unterteilt. Finden Sie Personal-, Projektnummer und Aufgabe aller Mitarbeiter, die nicht die kleinste Personalnummer in ihrer Aufgabengruppe haben.

```
select a.m_nr, a.pr_nr, a.aufgabe
    from arbeiten a
    where m_nr >
(select min(m_nr)
        from arbeiten b
        where a.aufgabe= b.aufgabe)
```

Das Ergebnis ist:

m_nr	pr_nr	aufgabe
10102	p1	Projektleiter
10102	p3	Gruppenleiter
25348	p2	Sachbearbeiter
29346	p2	(null)
28559	p1	(null)
28559	p2	Sachbearbeiter
29346	p1	Sachbearbeiter

(7 Reihe(n) betroffen)

Wie bereits erwähnt, darf die innere SELECT-Anweisung bei der Verwendung eines Vergleichsoperators in der Unterabfrage, wie in Beispiel 6.22, nur einen Datenwert liefern. Falls das Ergebnis der inneren SELECT-Anweisung mehrere Datenwerte beinhaltet, muß der IN-Operator benutzt werden.

Weitere Beispiele für die korrelierte Unterabfrage finden Sie im nächsten Abschnitt.

6.3 Der EXISTS-Operator in Unterabfragen

Im vorherigen Kapitel haben wir den EXISTS-Operator bereits definiert. In diesem Abschnitt wird dieser Operator mit Hilfe von Beispielen ausführlich erklärt.

Beispiel 6.23

Finden Sie die Namen aller Mitarbeiter, die im Projekt **p1** arbeiten.

```
select m_name
    from mitarbeiter
```

```
where exists
(select *
        from arbeiten
        where mitarbeiter.m_nr = arbeiten.m_nr
        and pr_nr ='p1')
```

Das Ergebnis ist:

m_name
Huber
Probst
Meier
Mozer

(4 Reihe(n) betroffen)

Beim EXISTS-Operator wird die Bedingung in der äußeren SELECT-Anweisung als wahr betrachtet, wenn die innere SELECT-Anweisung zumindest eine Ergebnisreihe liefert. Dementsprechend ist die Bedingung in der äußeren SELECT-Anweisung falsch und liefert eine leere Ergebnismenge zurück, wenn die innere SELECT-Anweisung keine einzige Reihe als Ergebnis liefert.

Bei Unterabfragen mit dem EXISTS-Operator ist in der Praxis die innere SELECT- Anweisung immer von einer Variablen abhängig, die in der äußeren SELECT-Anweisung berechnet wird. Alle praxisbezogenen SELECT-Anweisungen mit dem EXISTS- Operator stellen damit gleichzeitig auch korrelierte Unterabfragen dar.

Wie der SQL Server eine SELECT-Anweisung mit dem EXISTS-Operator bearbeitet, wird an Beispiel 6.23 erklärt. In der Tabelle **mitarbeiter** wird zunächst der Datenwert (Keller) der Spalte **m_name** der ersten Reihe ausgewählt. Danach wird getestet, ob für den Mitarbeiter dieses Namens die Bedingungen in der WHERE-Klausel der inneren SELECT-Anweisung erfüllt sind oder nicht. Wenn die Bedingungen erfüllt sind, liefert die innere SELECT-Anweisung eine oder mehrere Ergebnisreihen. Das bedeutet gleichzeitig, daß der ausgewählte Name zur Ergebnistabelle gehört. Beim Mitarbeiter namens Keller ist die zweite Bedingung nicht erfüllt; deshalb gehört dieser Name auch nicht zu der Ergebnistabelle. Danach werden der Datenwert der zweiten Reihe (Huber) ausgewählt und die Bedingungen überprüft. Bei diesem Mitarbeiter sind beide Bedingungen erfüllt. Alle anderen Reihen der Tabelle **mitarbeiter** werden dementsprechend nacheinander abgearbeitet.

Beispiel 6.24

Nennen Sie die Namen aller Mitarbeiter, deren Abteilung nicht in Stuttgart ansässig ist.

```
select m_name
    from mitarbeiter
    where not exists
```

```
(select *
        from abteilung
        where mitarbeiter.abt_nr=abteilung.abt_nr
        and stadt = 'Stuttgart')
```

Das Ergebnis ist:

m_name
Müller
Probst
Meier
Kaufmann
Mozer

(5 Reihe(n) betroffen)

Die innere SELECT-Anweisung einer Unterabfrage mit dem EXISTS-Operator wird in der Praxis als

```
select *
```

geschrieben. Als Schreibweise wäre auch

```
select spalten_liste
```

möglich, wobei **spalten_liste** eine oder mehrere Spalten kennzeichnet. Der Grund für verschiedene Darstellungsmöglichkeiten ist, daß beim EXISTS-Operator nur die Existenz bzw. Nichtexistenz der Ergebnisreihen in der inneren SELECT-Anweisung von Bedeutung ist und nicht die Anzahl der ausgewählten Spalten.

Mit Hilfe des EXISTS-Operators ist es möglich, die Mengenoperationen Durchschnitt und Differenz darzustellen. Das nächste Beispiel zeigt, wie der Durchschnitt durch den EXISTS-Operator ersetzt werden kann. In diesem, wie auch im folgenden Beispiel, wird die Tabelle **mit_erweiter** benutzt.

Beispiel 6.25

Finden Sie die Städte, die sowohl die Wohnorte der Mitarbeiter als auch die Standorte der Abteilungen sind.

```
select distinct wohnort
    from mit_erweiter
    where exists
    (select stadt
        from abteilung
        where stadt = mit_erweiter.wohnort)
```

Das Ergebnis ist:

wohnort
München

(1 Reihe(n) betroffen)

Beispiel 6.26 zeigt, wie die Differenz durch den NOT EXISTS-Operator dargestellt werden kann.

Beispiel 6.26

Finden Sie solche Wohnorte von Mitarbeitern, an denen keine Abteilung ansässig ist.

```
select distinct wohnort
    from mit_erweiter
    where not exists
    (select stadt
            from abteilung
            where mit_erweiter.wohnort = stadt)
```

Das Ergebnis ist:

wohnort
Augsburg
Landshut
Rosenheim
Ulm

(4 Reihe(n) betroffen)

Der EXISTS-Operator kann auch verwendet werden, um die beiden Operatoren ANY und ALL zu ersetzen. Dabei gilt grundsätzlich, daß der Operator ANY durch den EXISTS-Operator zu ersetzen ist, während NOT EXISTS für die Ersetzung des ALL-Operators benutzt wird.

Das folgende Beispiel ist mit Beispiel 5.31 identisch.

Beispiel 6.27

Nennen Sie die Namen und Vornamen aller Mitarbeiter, die im Projekt **p1** arbeiten.

```
select m_name, m_vorname
    from mitarbeiter
    where exists
    (select *
            from arbeiten
            where pr_nr = 'p1'
            and mitarbeiter.m_nr = arbeiten.m_nr)
```

Das Ergebnis ist:

m_name	m_vorname
Huber	Petra
Probst	Andreas
Meier	Rainer
Mozer	Sibille

(4 Reihe(n) betroffen)

Beispiel 6.28 ist mit Beispiel 5.32 identisch.

Beispiel 6.28

Nennen Sie die Aufgabe des Mitarbeiters, der die kleinste Personalnummer hat.

```
select distinct aufgabe
    from arbeiten
    where not exists
(select *
        from mitarbeiter
        where not arbeiten.m_nr <= mitarbeiter.m_nr)
```

Das Ergebnis ist:

aufgabe
Projektleiter

(1 Reihe(n) betroffen)

Aufgaben

A.6.1 Erstellen Sie:

- einen Equijoin,
- einen natürlichen Join und
- ein Kartesisches Produkt

für die Tabellen **projekt** und **arbeiten**.

A.6.2 Finden Sie die Personalnummern und Aufgaben aller Mitarbeiter, die im Projekt **Gemini** arbeiten.

A.6.3 Finden Sie die Namen und Vornamen aller Mitarbeiter, die entweder Beratung oder Diagnose durchführen.

A.6.4 Finden Sie das Einstellungsdatum der Mitarbeiter, die zu Abteilung **a2** gehören und in ihrem Projekt Sachbearbeiter sind.

A.6.5 Finden Sie die Namen des Projekts, in dem zwei oder mehrere Sachbearbeiter arbeiten.

A.6.6 Nennen Sie die Namen und Vornamen der Mitarbeiter, die Gruppenleiter sind und im Projekt **Merkur** arbeiten.

A.6.7 Finden Sie in der erweiterten Beispieldatenbank die Personalnummer der Mitarbeiter, die im gleichen Ort wohnen und zu derselben Abteilung gehören.

A.6.8 Finden Sie die Personalnummern aller Mitarbeiter, die zur Abteilung **Freigabe** gehören. Lösen Sie diese Aufgabe mit Hilfe

a) des Join-Operators
b) der korrelierten Unterabfrage.

7 Änderung der Tabelleninhalte

In diesem Kapitel werden jene Transact-SQL-Anweisungen beschrieben, die der Änderung der Tabelleninhalte dienen. Mit der INSERT-Anweisung können eine oder mehrere Reihen eingefügt werden. Die UPDATE-Anweisung ändert Datenwerte einer Tabelle während die DELETE-Anweisung die ausgewählten Reihen einer Tabelle löscht. Die TRUNCATE TABLE-Anweisung ist eine spezielle Form der DELETE-Anweisung.

7.1 Die INSERT-Anweisung

Mit der INSERT-Anweisung können Reihen oder Teile von Reihen in einer bestehenden Tabelle eingefügt werden. Dabei existieren zwei unterschiedliche Formen dieser Anweisung:

(1) INSERT INTO tab_name I view_name[(spalte_1,...)]
    {DEFAULT VALUES I VALUES (ausdruck_1,...)}

(2) INSERT INTO tab_name I view_name [(spalte_1,...)]
    select_anweisung

Mit der ersten Form der INSERT-Anweisung werden eine einzige Reihe oder Teile einer Reihe in der Tabelle **tab_name** (oder mittels View namens **view_name** in der darunterliegenden Tabelle) eingefügt. Mit der zweiten Form werden mehrere Reihen oder Teile mehrerer Reihen mit Hilfe einer SELECT-Anweisung gleichzeitig in der Tabelle eingefügt.

Für beide Formen der INSERT-Anweisung gilt, daß jeder eingefügte Datenwert denselben Datentyp wie die Spalte haben muß, in der er eingefügt wird. Dabei sollen die alphanumerischen Werte und die Datums- und Zeitangaben immer in Apostrophen bzw. Anführungszeichen eingeschlossen werden, während man numerische Werte ohne Apostrophe (Anführungszeichen) schreiben kann.

7.1.1 Einfügen einer Reihe

Bei der ersten Form der INSERT-Anweisung ist die explizite Angabe der Spaltenliste optional. Falls alle Spalten einer Tabelle eingefügt werden sollen, kann auf die Angabe der Liste verzichtet werden.

Die Angabe DEFAULT VALUES fügt die Standard (default-)Werte für alle Tabellenspalten ein. Falls eine Spalte entweder den TIMESTAMP-Datentyp oder die IDENTITY-Eigenschaft hat, werden die entsprechenden Werte eingefügt. Der NULL-Wert wird eingefügt, falls für die Spalte sowohl NULL-Werte erlaubt sind als auch kein Standardwert definiert ist. In allen anderen Fällen wird eine Fehlermeldung ausgegeben.

In den folgenden vier Beispielen werden die Reihen aller Tabellen der Beispieldatenbank eingefügt. Damit wird gleichzeitig die Möglichkeit aufgezeigt, die Reihen einer Datenbank zu laden.

Beispiel 7.1

Laden Sie alle Reihen der Tabelle **arbeiten**.

```
insert into arbeiten values (10102,'p1',
                            'Projektleiter','1.10.1988')
insert into arbeiten values (10102,'p3',
                            'Gruppenleiter','1.1.1989')
insert into arbeiten values (25348,'p2',
                            'Sachbearbeiter','15.2.1988')
insert into arbeiten values (18316,'p2',null,'1.6.1989')

insert into arbeiten values (29346,'p2',null,'15.12.1987')
insert into arbeiten values (2581,'p3',
                            'Projektleiter','15.10.1989')
insert into arbeiten values (9031,'p1',
                            'Gruppenleiter','15.4.1989')
insert into arbeiten values (28559,'p1',null,'1.8.1988')
insert into arbeiten values (28559,'p2',
                            'Sachbearbeiter','1.2.1989')
insert into arbeiten values (9031,'p3',
                            'Sachbearbeiter','15.11.1988')
insert into arbeiten values (29346,'p1',
                            'Sachbearbeiter','1.4.1989')
```

Beispiel 7.2

Laden Sie alle Reihen der Tabelle **projekt**.

```
insert into projekt values('p1', 'Apollo', 120000.0)
insert into projekt values('p2', 'Gemini', 95000.0)
insert into projekt values('p3', 'Merkur', 186500.0)
```

Beispiel 7.3

Laden Sie alle Reihen der Tabelle **abteilung**.

```
insert into abteilung values('a1', 'Beratung', 'München')
insert into abteilung values('a2', 'Diagnose', 'München')
insert into abteilung values('a3', 'Freigabe', 'Stuttgart')
```

Beispiel 7.4

Laden Sie alle Reihen der Tabelle **mitarbeiter**.

```
insert into mitarbeiter values(25348,Keller', 'Hans', 'a3')
insert into mitarbeiter values(10102,Huber', 'Petra', 'a3')
insert into mitarbeiter values(18316,'Müller','Gabriele','a1')
insert into mitarbeiter values(29346,'Probst','Andreas','a2')
insert into mitarbeiter values(9031,'Meier','Rainer','a2')
insert into mitarbeiter values(2581,'Kaufmann','Brigitte','a2')
insert into mitarbeiter values(28559,'Mozer','Sibille','a1')
```

Falls wir die Datenwerte eines neuen Mitarbeiters der Firma einfügen wollen, kann dies auf verschiedene Weise geschehen.

Beispiel 7.5

```
insert into mitarbeiter
values(15201, 'Lang', 'Viktor', null)
```

(1 Reihe(n) betroffen)

Diese INSERT-Anweisung entspricht in ihrer Form den INSERT-Anweisungen in den Beispielen 7.1 - 7.4. Wie aus den Beispielen 7.1 und 7.5 ersichtlich, können NULL-Werte durch die explizite Angabe des Schlüsselwortes NULL eingefügt werden.

Falls nur ein Teil der Datenwerte einer Reihe eingefügt werden soll, muß die Liste der Spalten explizit angegeben werden. Dabei dürfen in der Liste nur solche Spalten ausgelassen werden, die entweder die NULL-Werte erlauben oder NOT NULL mit einem DEFAULT-Wert enthalten.

Falls ein Datenwert für eine Spalte ausgelassen wird, gilt folgendes:

▶ es wird implizit ein NULL-Wert zugewiesen, falls die Spalte die NULL-Werte erlaubt;

▶ bei einer Spalte mit einem *default*(Standard)-Wert wird der Standardwert zugewiesen. (Für die Beschreibung der Standardwerte siehe die CREATE DEFAULT-Anweisung in Kapitel 4.);

▶ bei einer Spalte mit der NOT NULL-Angabe ohne DEFAULT-Definition wird die INSERT-Anweisung abgewiesen.

Beispiel 7.6

```
insert into mitarbeiter (m_nr, m_name, m_vorname)
values (15201,'Lang', 'Viktor')
```

(1 Reihe(n) betroffen)

Beispiel 7.6 entspricht dem Beispiel 7.5. Die Spalte **abt_nr** ist die einzige Spalte der Tabelle **mitarbeiter**, welche NULL-Werte erlaubt. (Alle drei anderen Spalten dieser Tabelle sind in der CREATE TABLE-Anweisung mit der Angabe NOT NULL erstellt worden.) Falls eine Spalte, die keine NULL-Werte erlaubt, in der Liste der Spalten ausgelassen wird, wird vom SQL Server ein Fehler gemeldet.

Die Reihenfolge der Spalten in der INSERT-Anweisung muß nicht unbedingt der Reihenfolge der Spalten in der CREATE TABLE-Anweisung entsprechen. In diesem Fall ist es unbedingt notwendig, die Liste der Spalten explizit anzugeben, ungeachtet dessen, ob eine ganze Reihe oder ein Teil einer Reihe eingefügt werden soll.

Beispiel 7.7

```
insert into mitarbeiter(m_name,m_vorname,abt_nr,m_nr)
values ('Lotter','Wolfgang', 'a1',8413)
```

(1 Reihe(n) betroffen)

7.1.2 Einfügen mehrerer Reihen

Mit der zweiten Form der INSERT-Anweisung werden die Reihen einer existierenden Tabelle ausgewählt und in einer anderen Tabelle eingefügt.

Beispiel 7.8
Erstellen Sie die Tabelle aller Abteilungen, die in München ihren Standort haben, und laden Sie sie mit den entsprechenden Reihen aus der Tabelle **abteilung**.

```
create table muench_abt
    (abt_nr char(4) not null,
    abt_name char(20) not null)
insert into muench_abt(abt_nr, abt_name)
    select abt_nr, abt_name
        from abteilung
        where stadt = 'München'
```

(2 Reihe(n) betroffen)

Die neue Tabelle **muench_abt** hat dieselben Spalten wie die Tabelle **abteilung**, abgesehen von der Spalte **stadt**. Mit der SELECT-Anweisung werden alle Reihen der Tabelle **abteilung** ausgewählt, deren Spalte **stadt** den Datenwert **München** hat. Diese Reihen werden anschließend in der Tabelle **muench_abt** eingefügt.

Die Reihen der Tabelle **muench_abt** können mit der Anweisung:

```
select * from muench_abt
```

ausgewählt werden. Das Ergebnis dieser Anweisung ist:

abt_nr	abt_name
a1	Beratung
a2	Diagnose

(2 Reihe(n) betroffen)

Beispiel 7.9

Erstellen Sie eine Tabelle aller Sachbearbeiter, die im Projekt **p2** arbeiten, und laden Sie sie mit den entsprechenden Reihen aus der Tabelle **arbeiten**.

```
create table sach_arb
    (m_nr integer not null,
    pr_nr char(4) not null,
    einst_dat datetime)

insert into sach_arb(m_nr, pr_nr, einst_dat)
    select m_nr, pr_nr, einst_dat
        from arbeiten
        where aufgabe = 'Sachbearbeiter'
        and pr_nr = 'p2'
```

(2 Reihe(n) betroffen)

Die Tabelle **sach_arb** enthält nun folgende Reihen:

m_nr	pr_nr	einst_dat
25348	p2	15.Feb.1988 0:00
28559	p2	1.Feb.1988 0:00

(2 Reihe(n) betroffen)

In den Beispielen 7.8 und 7.9 waren die beiden Tabellen **muench_abt** und **sach_arb** leer, bevor die Reihen mit der INSERT-Anweisung eingefügt wurden. Dies muß nicht grundsätzlich der Fall sein. Ist eine Tabelle nicht leer, werden die Reihen mit der IN-SERT-Anweisung immer angefügt.

Mit Hilfe der INSERT-Anweisung ist es möglich, die Spalte(n) einer Tabelle zu löschen.

Beispiel 7.10

Löschen Sie die Spalte **einst_dat** in der Tabelle **arbeiten**.

```
create table arb_hilf
    (m_nr int not null,
    pr_nr char(4) not null,
    aufgabe char(15) null)
```

```
insert into arb_hilf(m_nr, pr_nr, aufgabe)
    select m_nr, pr_nr, aufgabe
        from arbeiten

drop table arbeiten
go

create table arbeiten
    (m_nr int not null,
     pr_nr char(4) not null,
     aufgabe char(15) null)
insert into arbeiten
    select *
        from arb_hilf

drop table arb_hilf
```

In Beispiel 7.10 wurde zunächst eine Hilfstabelle **arb_hilf** erstellt, die, abgesehen von der zu löschenden Spalte **einst_dat** mit der Tabelle **arbeiten** identisch ist. Mit der ersten INSERT-Anweisung werden die Datenwerte aus der Tabelle **arbeiten** in der Tabelle **arb_hilf** eingefügt. Die Tabelle **arbeiten** wird danach gelöscht und noch einmal erstellt, nun jedoch ohne die Spalte **einst_dat**. Am Ende werden die Datenwerte aus der Hilfstabelle in der neuerstellten Tabelle **arbeiten** eingefügt, und die Hilfstabelle wird gelöscht.

Hinweis   Die Anweisungsfolge in Beispiel 7.10 muß in zwei Teilen ausgeführt werden, weil der SQL Server in einer SQL-Anweisungsfolge die Anweisungen DROP TABLE und CREATE TABLE für dieselbe Tabelle nicht akzeptiert.

Das Einfügen der Reihen eines Views kann nicht uneingeschränkt durchgeführt werden. Diesem Thema ist ein Abschnitt des Kapitels 9 gewidmet.

7.2 Die UPDATE-Anweisung

Die UPDATE-Anweisung ändert die Datenwerte der Reihen einer Tabelle. Diese Anweisung hat folgende Form:

```
UPDATE tab_name|view_name
    SET spalte_1=ausdr_1 [{,spalte_2=ausdr_2}...]
    [FROM tab_name1|view_name1 [{,tab_name2|view_name2}...] ]
    [WHERE bedingung]
```

Bei der UPDATE-Anweisung werden die Reihen der Tabelle **tab_name** (oder mittels View **view_name** die Reihen der darunterliegenden Tabelle) auf Grund der Bedingung in der WHERE-Klausel zunächst ausgewählt. Danach wird der Spalte **spalte_1** der Wert **ausdr_1** zugewiesen. Falls mehrere Spalten in der SET-Klausel angegeben sind, wird jeder von ihnen der entsprechende Wert zugewiesen. **ausdr_1** kann eine Konstante oder ein Ausdruck sein. Die Angabe der WHERE-Klausel ist optional. Falls sie ausgelassen wird, werden alle Reihen der Tabelle geändert. Die optionale FROM-Klausel wird später in diesem Abschnitt erklärt.

Mit einer UPDATE-Anweisung kann nur eine Tabelle geändert werden.

Das Ändern der Reihen eines Views entspricht dem Ändern der Reihen einer Basistabelle. Im Unterschied zu Basistabellen ist das Ändern der Reihen bei Views nur eingeschränkt möglich. In Kapitel 9 wird dies ausführlich behandelt.

Beispiel 7.11

Ändern Sie die Aufgabe des Mitarbeiters mit der Personalnummer **18316** im Projekt **p2**. Er soll Gruppenleiter dieses Projektes werden.

```
update arbeiten
    set aufgabe = 'Gruppenleiter'
    where m_nr = 18316
    and pr_nr = 'p2'
```

(1 Reihe(n) betroffen)

Mit dieser UPDATE-Anweisung wird nur eine Reihe der Tabelle **arbeiten** geändert, weil die Kombination beider Bedingungen mit den Spalten **m_nr** und **pr_nr** immer nur eine Reihe als Ergebnis liefert. Im obigen Beispiel wurde die Aufgabe des Mitarbeiters, die bis dahin unbekannt war (NULL-Wert), definiert.

Im nächsten Beispiel wird den Datenwerten einer Spalte ein Ausdruck zugewiesen.

Beispiel 7.12

Die Finanzmittel aller Projekte sollen geändert und in Schweizer Franken dargestellt werden. (Der augenblickliche Währungskurs soll bei 0,89 SFR für 1 DM sein.)

```
update projekt
    set mittel = mittel * 0.89
```

(3 Reihe(n) betroffen)

In Beispiel 7.12 werden alle Reihen der Tabelle **projekt** geändert, weil die WHERE-Klausel fehlt. Die geänderten Reihen der Tabelle **projekt** können mit der folgenden Anweisung

```
select *
    from projekt
```

ausgewählt werden. Das Ergebnis dieser Anweisung ist

pr_nr	pr_name	mittel
p1	Apollo	106800.0
p2	Gemini	84550.0
p3	Merkur	165985.0

(3 Reihe(n) betroffen)

Beispiel 7.13

Die Aufgaben von Frau Huber sollen, wegen längerer Krankheit, in allen Projekten auf NULL gesetzt werden.

```
update arbeiten
    set aufgabe = null
    where m_nr =
    (select m_nr
            from mitarbeiter
            where m_name = 'Huber')
```

(2 Reihe(n) betroffen)

Im obigen Beispiel beinhaltet die WHERE-Klausel der UPDATE-Anweisung eine Unterabfrage. Das Ergebnis dieser Unterabfrage darf in diesem Fall nur einen Datenwert liefern.

Die in Beispiel 7.13 existierende UPDATE-Anweisung mit der Unterabfrage kann in Transact-SQL mit Hilfe der FROM-Klausel alternativ gelöst werden. Die FROM-Klausel enthält dann die Namen aller in der UPDATE-Anweisung verwendeten Tabellen, die anschließend in der WHERE-Klausel noch miteinander mit Hilfe der Joinspalten verknüpft werden müssen. Die Verwendung der FROM- Klausel wird in Beispiel 7.14 gezeigt. Die Aufgabe in Beispiel 7.14 ist mit der Aufgabe in Beispiel 7.13 identisch.

Beispiel 7.14

```
update arbeiten
    set aufgabe = null
    from arbeiten, mitarbeiter
        where arbeiten.m_nr = mitarbeiter.m_nr
        and m_name = 'Huber'
```

(2 Reihe(n) betroffen)

Hinweis   Die FROM-Klausel in der UPDATE-Anweisung ist eine Transact-SQL-Erweiterung gegenüber dem SQL-Standard.

Beispiel 7.15

```
update projekt
set mittel = case
    when mittel > 0 and mittel < 100000
            then mittel * 1.2
    when mittel >= 100000 and mittel < 200000
            then mittel * 1.1
    else mittel * 1.05
end
```

In Beispiel 7.15 wird die Anwendung eines CASE-Ausdrucks mit der UPDATE-Anweisung gezeigt. Die Mittel einzelner Projekte werden in diesem Beispiel abhängig von den existierenden Beträgen unterschiedlich erhöht: Jene Projekte, die kleinere Geldmittel haben werden überdurchschnittlich erhöht und umgekehrt.

7.3 Die DELETE-Anweisung

Mit der DELETE-Anweisung werden Reihen aus einer Tabelle gelöscht. Die DELETE-Anweisung hat zwei unterschiedliche Syntaxformen:

```
DELETE tab_name|view_name
    [FROM tab_name1|view_name1 [{,tab_name2|view_name2}...] ]
    [WHERE bedingung]

DELETE FROM tab_name|view_name
    [WHERE bedingung]
```

Die WHERE-Klausel liefert die Reihen, die aus einer Tabelle gelöscht werden. Die explizite Angabe von Spalten in einer DELETE-Anweisung ist nicht notwendig, weil alle Datenwerte einer oder mehrerer Reihen gelöscht werden.

Beispiel 7.16

Löschen Sie die Datenwerte der Gruppenleiter aller Projekte.

```
delete from arbeiten
    where aufgabe = 'Gruppenleiter'
```

(2 Reihe(n) betroffen)

Die WHERE-Klausel in der DELETE-Anweisung kann, wie bei der UPDATE-Anweisung auch, eine Unterabfrage enthalten.

Beispiel 7.17

Die Mitarbeiterin namens Mozer scheidet aus der Firma aus. Löschen Sie zunächst alle Reihen in der Tabelle **arbeiten**, die diese Mitarbeiterin betreffen, und danach auch die entsprechende Reihe der Tabelle **mitarbeiter**.

```
delete from arbeiten
    where m_nr =
    (select m_nr
        from mitarbeiter
        where m_name = 'Mozer')

delete from mitarbeiter
    where m_name = 'Mozer'
```

(2 Reihe(n) betroffen)
(1 Reihe(n) betroffen)

Für die FROM-Klausel in der DELETE-Anweisung gilt alles, was wir schon für die gleichnamige Klausel in der UPDATE-Anweisung gesagt haben.

Die Aufgabe in Beispiel 7.18 ist identisch mit der Aufgabe in Beispiel 7.17

Beispiel 7.18

```
delete arbeiten
from arbeiten, mitarbeiter
where arbeiten.m_nr = mitarbeiter.m_nr
and m_name = 'Mozer'

delete from mitarbeiter
where m_name = 'Mozer'
```

(2 Reihe(n) betroffen)

(1 Reihe(n) betroffen)

Die Angabe der WHERE-Klausel in der DELETE-Anweisung ist optional. Ist diese Klausel nicht angegeben, werden alle Reihen einer Tabelle gelöscht.

Beispiel 7.19

Löschen Sie alle Reihen der Tabelle **arbeiten**.

```
delete from arbeiten
```

(11 Reihe(n) betroffen)

Das Löschen der Reihen eines Views kann nur mit Enschränkungen ausgeführt werden. In Kapitel 9 wird das Löschen der Reihen eines Views beschrieben.

Hinweis   Die DELETE-Anweisung unterscheidet sich von der DROP TABLE-Anweisung dadurch, daß sie alle Reihen einer Tabelle löscht, während die DROP TABLE-Anweisung sowohl alle Reihen als auch die Tabellen- und Spaltenspezifikation einer Tabelle löscht.

Die TRUNCATE TABLE-Anweisung entspricht einer "schnelleren" Version der DELETE-Anweisung ohne WHERE-Klausel. Der Unterschied zwischen diesen beiden Anweisungen liegt darin, daß TRUNCATE TABLE ganze physikalische Seiten auf einmal löscht, während DELETE jede Reihe der Tabelle einzeln löscht. Damit braucht TRUNCATE TABLE weniger I/O-Zugriffe und macht weniger Einträge im Transaktionsprotokoll.

7.4 Zusammenfassung

Die Änderung der Tabelleninhalte umfaßt alle Transact-SQL-Anweisungen, mit denen Datenwerte eingefügt und geändert werden, sowie Reihen gelöscht werden. Im Unterschied zu der SELECT-Anweisung können die Änderungsanweisungen immer nur auf eine Tabelle angewendet werden. Dabei handelt es sich um:

▶ INSERT,
▶ UPDATE,
▶ DELETE und
▶ TRUNCATE TABLE.

Eine weitere Transact-SQL-Anweisung, die auch Tabelleninhalte ändert, ist die SELECT INTO-Anweisung. Diese Anweisung stellt eine Kombination aus einer Datendefinitions- und einer Datenmanipulationsanweisung dar und ist in Kapitel 5 beschrieben.

Aufgaben

A.7.1 Erstellen Sie eine neue Tabelle aller Mitarbeiter, die in den Projekten **a1** und **a2** arbeiten, und laden Sie sie mit den entsprechenden Reihen der Tabelle **mitarbeiter**.

A.7.2 Erstellen Sie eine neue Tabelle aller Mitarbeiter, die im Jahr 1989 eingestellt worden sind, und laden Sie sie mit den entsprechenden Reihen aus der Tabelle **mitarbeiter**.

A.7.3 Ändern Sie die Aufgabe aller Gruppenleiter in Projekt **p1**. Sie sollen ab sofort als Sachbearbeiter tätig sein.

A.7.4 Die Mittel aller Projekte sind bis auf weiteres nicht festgelegt. Weisen Sie den Mitteln den NULL-Wert zu.

A.7.5 Ändern Sie die Aufgabe der Mitarbeiterin mit der Personalnummer 28559. Sie soll ab sofort in allen Projekten Gruppenleiterin werden.

A.7.6 Löschen Sie alle Reihen der Tabelle **abteilung**, deren Standort München ist.

A.7.7 Das Projekt **p3** ist beendet worden. Löschen Sie zunächst alle Daten der Mitarbeiter in der Tabelle **mitarbeiter**, die in diesem Projekt gearbeitet haben, und danach auch die entsprechende Reihe der Tabelle **projekt**.

8 SQL-Erweiterungen und Datenbank-Prozeduren

In diesem Kapitel werden zuerst die prozeduralen Erweiterungen der Transact-SQL-Sprache erörtert. Auf der Basis dieser Erweiterungen können vom Benutzer u.a. Datenbank-Prozeduren programmiert werden, die im zweiten Teil des Kapitels beschrieben sind. Danach werden die wichtigsten, vom SQL Server angebotenen Systemprozeduren erläutert. Am Ende des Kapitels wird die Verwendung der **text**- und **image**-Datentypen erläutert.

8.1 Transact-SQL-Erweiterungen

In den letzten Kapiteln haben wir die von Transact-SQL unterstützten Datendefinitions- und Datenmanipulationsanweisungen dargestellt. Diese Anweisungen können in Anweisungsgruppen, die beim SQL Server *batch* heißen, zusammengefaßt werden. Die Anzahl der in einer Anweisungsgruppe enthaltenen Anweisungen ist durch die Größe des nach der Übersetzung entstandenen Objektes eingeschränkt. In einer Anweisungsgruppe können alle Transact-SQL-Anweisungen zusammen erscheinen, bis auf folgende Einschränkungen:

▶ Ein Datenbankobjekt (Tabelle, View usw.) darf nicht in einer Anweisungsgruppe zuerst gelöscht und dann wieder erstellt werden;

▶ Die Datendefinitionsanweisungen CREATE VIEW, CREATE PROCEDURE, CREATE RULE, CREATE TRIGGER und CREATE DEFAULT dürfen nur als einzelne Anweisungen erscheinen.

Im Unterschied zu den SQL-Sprachdialekten anderer Datenbankhersteller erlaubt Transact-SQL die Verwendung der prozeduralen Sprachkomponenten innerhalb einer Anweisungsgruppe. Die vom Transact-SQL unterstützten Spracherweiterungen werden einzeln im weiteren Text beschrieben.

8.1.1 Der BEGIN-Block

Die BEGIN-Anweisung ermöglicht die Ausführung mehrerer Anweisungen blockweise:

```
BEGIN
anweisung_1
anweisung_2
. . . . . . . . . . . .
END
```

Die Anweisung BEGIN kennzeichnet den Anfang und END das Ende eines Blocks. Der BEGIN-Block wird meistens in der IF-Anweisung verwendet, um die Ausführung mehrerer Anweisungen, abhängig von einer Bedingung, zu ermöglichen (siehe Beispiel 8.1).

8.1.2 Die IF-Anweisung

Die IF-Anweisung im Transact-SQL entspricht der gleichnamigen Anweisung in anderen (prozeduralen) Programmiersprachen. Mit dieser Anweisung wird die spezifizierte Bedingung getestet und, abhängig vom Ergebnis, entweder der IF-Zweig oder der ELSE-Zweig ausgeführt.

Beispiel 8.1

```
if (select count(*)
    from arbeiten
    where pr_nr = 'p1'
    group by pr_nr ) > 3
print "Mitarbeiterzahl in Projekt p1 ist 4 oder mehr"
else
begin
    print "Folgende Mitarbeiter arbeiten in Projekt p1"
    select m_name, m_vorname
        from mitarbeiter, arbeiten
        where mitarbeiter.m_nr = arbeiten.m_nr
        and pr_nr = 'p1'
end
```

In Beispiel 8.1 wird die Anwendung der IF- und BEGIN-Anweisung in einer Anweisungsgruppe gezeigt. Die Bedingung in der IF-Anweisung testet, ob die Mitarbeiterzahl in Projekt **p1** größer als 3 ist. Abhängig vom Ergebnis, wird entweder eine entsprechende Meldung, oder Namen und Vornamen aller Mitarbeiter, die in diesem Projekt arbeiten, ausgegeben.

Im ELSE-Zweig der IF-Anweisung ist der BEGIN-Block deswegen notwendig, weil dieser Zweig zwei Anweisungen - PRINT und SELECT - enthält. (Die PRINT-Anweisung ist eine Anweisung, die auch den Transact-SQL-Erweiterungen angehört und eine benutzerdefinierte Meldung am Bildschirm ausgibt.)

Das Ergebnis des Beispiels 8.1 ist:

```
Mitarbeiterzahl in Projekt p1 ist 4 oder mehr
```

8.1.3 Die WHILE-Anweisung

Mit der WHILE-Anweisung kann ein Anweisungsblock wiederholt ausgeführt werden, solange der spezifizierte Boolesche Ausdruck wahr ist. Der Anweisungsblock kann u.a. auch zwei weitere Anweisungen

▶ BREAK und

▶ CONTINUE

enthalten, die die Ausführung der Anweisungen innerhalb des Blocks steuern.

Die Anweisung BREAK verursacht die Beendigung der Ausführung eines Anweisungsblocks. Die Anweisung, die nach dem Blockende unmittelbar folgt, wird danach ausgeführt. Die Anweisung CONTINUE ist der Anweisung BREAK ähnlich, liefert aber die Steuerung nach der Beendigung der Ausführung in einem Block wieder zum Blockanfang zurück.

Beispiel 8.2

```
while (select sum(mittel)
    from projekt) < 500000
begin
    update projekt set mittel = mittel*1.1
    if (select max(mittel)
            from projekt) > 250000
    break
    else
            continue
    print "Das maximale Mittel eines Projekts übersteigt 250000DM"
end
```

In Beispiel 8.2 werden Geldmittel aller Projekte in mehreren Schritten jeweils um 10% erhöht, bis die Summe aller Mittel 500.000 DM übersteigt. Die Erhöhung aller Mittel wird aber vorher abgebrochen, falls der höchste Geldbetrag eines Projekts 250.000 DM übersteigt.

Die Ausführung der Anweisungsgruppe in Beispiel 8.2 bringt folgende Ausgabe:

(3 Reihe(n) betroffen)

(3 Reihe(n) betroffen)

(3 Reihe(n) betroffen)

```
Das maximale Mittel eines Projekts übersteigt 250.000 DM
```

8.1.4 Die RETURN-Anweisung

Die Anweisung RETURN hat dieselbe Funktionalität wie die Anweisung BREAK, steht aber nicht im Zusammenhang mit einer WHILE-Schleife. Nach der Ausführung der RETURN-Anweisung wird die Abarbeitung einer Anweisungsgruppe beendet, wobei optional ein Rückgabewert geliefert wird.

8.1.5 Lokale Variablen

Eine zusätzliche Erweiterung der Transact-SQL-Sprache bilden die Variablen, die für eine Anweisungsgruppe definiert werden können. Diese Variablen gelten nur innerhalb der Anweisungsgruppe, in der sie definiert sind und werden deswegen lokale Variablen genannt. (Neben den lokalen Variablen existieren beim SQL Server auch die globalen Variablen, die systemweit gelten und in Kapitel 2 beschrieben sind.)

Die lokalen Variablen werden mit Hilfe der DECLARE-Anweisung definiert. Die Definition jeder Variablen enthält ihren Namen und den Datentyp (siehe Beispiel 8.3). Jede lokale Variable ist durch das Präfix "@" gekennzeichnet.

Die Zuweisung der Variablenwerte wird generell mit Hilfe einer SELECT-Anweisung durchgeführt. Die SELECT-Anweisung, mit der Variablen entsprechende Werte zugewiesen werden, kann nicht gleichzeitig für die Auswahl der Daten verwendet werden.

Beispiel 8.3

```
declare @durchschnitt_mittel money, @zusatz_mittel money
select @zusatz_mittel = 15000
select @durchschnitt_mittel=avg(mittel) from projekt
if (select mittel
            from projekt
            where pr_nr = 'p1') < @durchschnitt_mittel
    begin
        update projekt set mittel = mittel + @zusatz_mittel
            where pr_nr = 'p1'
        print "Geldmittel für p1 sind um @zusatz_mittel erhöht"
    end
else
    print "Geldmittel für p1 sind unverändert geblieben"
```

In Beispiel 8.3 wurde zuerst der Durschnittswert aller Projektmittel berechnet und anschließend getestet, ob die Mittel des Projekts **p1** kleiner als der Durchschnittswert sind oder nicht. Im ersten Fall werden die Mittel des Projekts **p1**, mit Hilfe einer lokalen Variablen, erhöht.

Die Ausgabe des Beispiels 8.3 ist:

(1 Reihe(n) betroffen)

(1 Reihe(n) betroffen)

(1 Reihe(n) betroffen)

```
Geldmittel für p1 sind um 15.00DM erhöht
```

8.1.6 Weitere prozedurale Anweisungen

Zu den Transact-SQL-Erweiterungen gehören auch die folgenden drei Anweisungen:

▶ GOTO marke,

▶ RAISERROR und

▶ WAITFOR.

Die GOTO-Anweisung verursacht den Sprung zu der Marke, die sich vor einer Anweisung innerhalb der Anweisungsgruppe befinden muß. Die Anweisung RAISERROR bietet dem Benutzer die Möglichkeit, einen Fehler selbst zu generieren. Die Syntax dieser Anweisung ist:

```
RAISERROR fehler_nr {text|@lokale_var}
```

fehler_nr wird vom Benutzer definiert und muß größer als 17000 sein. Dieser Wert wird in der globalen Variablen @@ERROR (siehe Kapitel 2) gespeichert. Die WAITFOR-Anweisung definiert entweder ein Zeitintervall (DELAY-Angabe) oder eine genaue Zeit (TIME-Angabe) oder ein Ereignis. Diese Anweisung verzögert die Ausführung der nächsten Anweisung in der Anweisungsgruppe entweder um ein Zeitintervall oder bis zu einer genauen Zeit oder bis ein Ereignis auftritt. (Beispiel 14.4 zeigt die Anwendung der WAITFOR- und 23.1 die Anwendung der RAISERROR-Anweisung.)

8.2 Datenbank-Prozeduren

Datenbank-Prozeduren haben Ähnlichkeiten mit den Funktionen, die in einer prozeduralen Programmiersprache programmiert sind. Der SQL Server unterscheidet zwischen den benutzerdefinierten und Systemprozeduren. Die benutzerdefinierten Prozeduren werden ähnlich wie alle anderen Datenbankobjekte mit Hilfe einer Datendefinitionsanweisung erstellt, während Systemprozeduren der integrale Teil des SQL Servers sind. In diesem Abschnitt werden wir die benutzerdefinierten Prozeduren erläutern, während Systemprozeduren später in diesem Kapitel beschrieben werden.

Jede benutzerdefinierte DB-Prozedur kann sowohl SQL- als auch prozedurale Anweisungen enthalten. Die prozeduralen Anweisungen entsprechen genau den im letzten Abschnitt beschriebenen Erweiterungen der Transact-SQL-Sprache. Damit können folgende prozeduralen Anweisungen:

▶ BEGIN ... END,

▶ BREAK,

▶ CONTINUE,

▶ DECLARE,

▶ IF,

▶ PRINT,

▶ RAISERROR,

▶ RETURN,

▶ WAITFOR und

▶ WHILE

sowohl in jeder Anweisungsgruppe als auch in jeder DB-Prozedur benutzt werden.

Jeder DB-Prozedur können Daten als Parameter zugewiesen werden. Die Übergabe der Parameter wird beim Prozeduraufruf durchgeführt. DB-Prozeduren können auch einen Rückgabewert übergeben, der die Information über die erfolgreiche Ausführung der Prozedur bzw. über einen aufgetretenen Fehler liefert.

DB-Prozeduren werden übersetzt, bevor sie in der Datenbank gespeichert werden. Damit wird für jede DB-Prozedur immer ein Ausführungsplan gespeichert, der bei der Ausführung der Prozedur benutzt wird. Diese Vorgehensweise bringt für oft verwendete DB-Prozeduren einen entscheidenden Performance-Vorteil: Die wiederholte Übersetzung der DB-Prozedur kann eliminiert und damit ihre Ausführung wesentlich beschleunigt werden.

Das o.g. Verfahren bei der Übersetzung und Ausführung von DB-Prozeduren bringt auch einen anderen Vorteil: Die Anzahl der Zugriffe zwischen den Anwendungsprogrammen einerseits und dem Datenbank-Server andererseits läßt sich wesentlich reduzieren, indem man eine SQL-Anweisungsfolge in der Form einer DB-Prozedur schreibt, anstatt SQL-Anweisungen einzeln zu benutzen. (Diese Eigenschaft der DB-Prozeduren ist besonders vorteilhaft, wenn der SQL-Server und die Datenbank-Anwendung entfernt voneinander sind).

Die Verwendung von DB-Prozeduren kann weitere Vorteile mit sich bringen:

▶ DB-Prozeduren bieten die Möglichkeit, den Zugriff auf eine Tabelle einzuschränken, indem alle Änderungen der Tabellendaten mit Hilfe einer einzigen DB-Prozedur durchgeführt werden;

▶ Alle Anwendungsprogramme, die das entsprechende Zugriffsrecht haben, können DB-Prozeduren gemeinsam verwenden, anstatt denselben Code einzeln in jedem Programm zu enthalten. Dadurch wird die Programmierung und die Verwendung der existierenden Ressourcen effizienter.

Die Verwendung von DB-Prozeduren kann unter Umständen auch einen Nachteil haben: DB-Prozeduren sind in Systemtabellen, die sich im allgemeinen auf der Platte befinden, gespeichert. Bevor sie zum ersten Mal in einer Anwendung benutzt werden können, müssen sie in den Arbeitsspeicher geladen werden.

Die DB-Prozeduren können u.a. für folgende Zwecke verwendet werden:

▶ zur Einschränkung von Zugriffsrechten auf Datenwerte einer Datenbank;

▶ zur Erstellung einer Protokolldatei, die die Schreib- bzw. Leseoperationen auf Daten einer Tabelle enthält;

▶ zur Trennung von Datendefinitions- und Datenmanipulationsanweisungen.

Die Einschränkung von Zugriffsrechten mit Hilfe von DB-Prozeduren kann als Ergänzung bzw. Alternative zum Autorisierungsmechanismus gesehen werden. Falls z.B. eine Anwendung nur gewisse Spalten bzw. Reihen einer Tabelle ändern darf (und über die Existenz der anderen nicht informiert werden sollte), kann eine DB-Prozedur geschrieben werden, die dies ermöglicht. (Weitere Einzelheiten über dieses Thema finden Sie in Kapitel 12.)

Die Erstellung einer DB-Prozedur, die lesende bzw. schreibende Zugriffe auf gewählte Tabellen protokolliert, kann als eine zusätzliche Sicherheitsmaßnahme betrachtet werden. Dadurch läßt sich z.B. verfolgen, welcher Benutzer bzw. welches Anwendungsprogramm Datenwerte einer Tabelle verändert.

Die Verwendung von DB-Prozeduren für die Programmierung von Datendefinitionsanweisungen ist sinnvoll, weil dadurch eine klare Trennlinie zwischen der Erstellung von Datenbankobjekten in den DB-Prozeduren einerseits und der Datenmanipulation in den Anwendungsprogrammen andererseits gezogen wird.

8.2.1 Die Erstellung und Ausführung der DB-Prozeduren

Eine benutzerdefinierte DB-Prozedur wird mit der CREATE PROCEDURE-Anweisung erstellt. Diese Anweisung hat folgende Syntax:

```
CREATE PROCEDURE [ben_name.]proz_name[;nummer]
    [[(]@param_1 typ_1 [=default_1] [OUTPUT]
    [{,@param_2 typ_2 [=default_2] [OUTPUT]]}...[)]]
    [WITH RECOMPILE]
    AS anweisungs_gruppe
```

proz_name ist der Name der DB-Prozedur. Für diesen Namen gelten dieselben Regeln wie für alle anderen Datenbankobjektnamen. Die optionale Angabe **nummer** gibt dem Prozedureigentümer die Möglichkeit, mehrere Prozeduren gemeinsam zu gruppieren, indem allen derselbe Name, aber eine andere Nummer vergeben wird. Der Vorteil dieses Verfahrens liegt darin, daß alle DB-Prozeduren, die einer Gruppe angehören, mit einer einzigen Anweisung gelöscht werden können. (DB-Prozeduren, die einer Gruppe angehören, können nicht einzeln gelöscht werden.)

@param_1, @param_2,... sind Parameternamen, während **typ_1, typ_2,**... ihren Datentyp spezifizieren. Parameter einer DB-Prozedur entsprechen der lokalen Variablen einer Anweisungsgruppe. **default_1, default_2,**... kennzeichnen optionale Standardwerte der entsprechenden Parameter.

Jene Parameter, die einen Rückgabewert an das aufrufende Programm liefern, haben immer die Angabe OUTPUT als Zusatz. Die Angabe WITH RECOMPILE veranlaßt das System, die DB-Prozedur vor jeder Ausführung neu zu übersetzen. (Der Ausführungsplan für eine DB-Prozedur mit der Angabe WITH RECOMPILE wird also nicht gespeichert.)

Hinweis   Durch die Verwendung der Angabe WITH RECOMPILE wird einer der wichtigsten Vorteile der DB-Prozeduren – der Performance-Gewinn – zunichte gemacht. Deswegen sollte diese Angabe nur dann verwendet werden, wenn Objekte, die in einer DB-Prozedur benutzt werden, oft geändert werden.

anweisungs_gruppe kennzeichnet alle SQL- und prozeduralen Anweisungen, die zur Logik der DB-Prozedur gehören. (Die Transact-SQL-Anweisungen CREATE DEFAULT, CREATE RULE, CREATE PROCEDURE, CREATE TRIGGER und USE dürfen in der Anweisungsgruppe nicht vorkommen.)

Nicht jeder Benutzer hat das Recht, eine DB-Prozedur mit Hilfe der CREATE PROCEDURE-Anweisung zu erstellen. Gleich nach der Erstellung einer Datenbank hat nur der Datenbank-Eigentümer dieses Recht. Anschließend kann er auch den anderen Benutzern mit Hilfe der GRANT CREATE PROCEDURE-Anweisung die Rechte zur Erstellung der DB-Prozeduren vergeben.

Beispiel 8.4

```
create procedure erhoehe_mittel (@prozent int=5)
    as update projekt
        set mittel = mittel + mittel * @prozent/100
```

Die DB-Prozedur **erhoehe_mittel** erhöht die Mittel aller Projekte um einen festgelegten Wert, der mit Hilfe des Parameters **prozent** übergeben werden kann. (Falls kein Parameter übergeben wird, wird der Prozentsatz um den Standardwert 5 erhöht.)

Mit der Anweisung

```
[EXECUTE] [@ruckgabe_wert=] proz_name [;nummer]
    {[@param_name1=] wert| [@param_name1=] @variable} OUTPUT ...
    [WITH RECOMPILE]
```

kann eine existierende DB-Prozedur namens **proz_name** ausgeführt werden. Um eine Prozedur ausführen zu können, muß der Benutzer ihr Eigentümer sein oder das Ausführungsrecht EXECUTE (siehe die GRANT-Anweisung in Kapitel 12) für sie haben.

Alle Angaben in der EXECUTE-Anweisung, bis auf **rueckgabe_wert**, entsprechen der gleichnamigen Angaben in der CREATE PROCEDURE-Anweisung. **rueckgabe_wert** ist eine optionale, ganzzahlige Variable, die den Rückgabewert der ausgeführten DB-Prozedur speichert.

Der Parameterwert kann entweder als ein Datenwert (**wert**) oder mit Hilfe einer lokalen Variable (**@variable**) zugewiesen werden. Falls die übergebenen Werte in einer Anweisungsfolge (oder einer anderen DB-Prozedur) verwendet werden sollen, muß die Zuweisung durch eine lokale Variable erfolgen (siehe Beispiel 8.7).

Beispiel 8.5

```
execute erhoehe_mittel 10
```

Die Anweisung in Beispiel 8.5 führt die in Beispiel 8.4 erstellte Prozedur mit dem Parameterwert 10 aus und erhöht somit die Projektmittel um 10%.

Beispiel 8.6

```
create procedure aendere_persnr (@alte_nr int, @neue_nr int)
    as update mitarbeiter
        set m_nr = @neue_nr
        where m_nr = @alte_nr
    update arbeiten
        set m_nr = @neue_nr
        where m_nr = @alte_nr
```

Beispiel 8.6 zeigt eine DB-Prozedur, die die Erhaltung der referentiellen Integrität bei Änderung des Primärschlüssels der Tabelle **mitarbeiter** ermöglicht. (Um diese Erhaltung zu garantieren, darf für die o.g. Änderung ausschließlich die Prozedur **aendere_persnr** verwendet werden.)

Mit dem nächsten Beispiel wird die Übergabe eines Parameterwertes an eine Anweisungsgruppe gezeigt.

Beispiel 8.7

```
create procedure loesche_mitarb @pers_nr int,@zaehler int output
as select @zaehler = count(*)
from arbeiten
where m_nr = @pers_nr
delete from mitarbeiter
where m_nr = @pers_nr
delete from arbeiten
where m_nr = @pers_nr

declare @anzahl int
execute loesche_mitarb @pers_nr=28559, @zaehler=@anzahl output
```

In Beispiel 8.7 ist sowohl die Prozedur **loesche_mitarb** als auch ihr Aufruf (innerhalb einer Anweisungsgruppe) angegeben. Die DB-Prozedur **loesche_mitarb** berechnet die

Anzahl der Projekte, in denen der Mitarbeiter mit der Personalnummer **@pers_nr** arbeitet und weist diese Zahl dem Parameter **@zaehler** zu. Nach dem Löschen aller Reihen der Tabellen **mitarbeiter** und **arbeiten**, die die angegebene Personalnummer (28559) enthalten, wird der Anweisungsgruppe, in der sich die EXECUTE-Anweisung befindet, die Anzahl der Projekte des Mitarbeiters übergeben.

Hinweis   Die Voraussetzung für die Übergabe eines Parameters an ein übergeordnetes Programm (eine Anweisungsgruppe oder eine andere DB-Prozedur) ist die Verwendung der Angabe OUTPUT. Weil der Parameter **@zaehler** in Beispiel 8.7 sowohl von der Prozedur **loesche_mitarb** an die aufrufende Anweisungsgruppe als auch von dieser Anweisungsgruppe weiter an das System übergeben wird, ist es unbedingt notwendig, den Parameter **@zaehler** auf den beiden Ebenen mit der OUTPUT-Angabe zu definieren.

Eine DB-Prozedur (oder eine Gruppe von gleichnamigen DB-Prozeduren) wird mit der Anweisung

```
DROP PROCEDURE proz_name1
```

gelöscht. Das Löschen einer DB-Prozedur kann nur von ihrem Eigentümer ausgeführt werden. (Die ganze Problematik der Vergabe und des Entzugs der Prozedurrechte wird in Kapitel 12 beschrieben.)

Der Benutzer kann die gewünschten Informationen über existierende DB-Prozeduren und ihre Inhalte mit Hilfe der Systemtabellen **sysobjects** bzw. **syscomments** und/oder mit den Systemprozeduren **sp_helptext** bzw. **sp_depends** abfragen. (Für die Beschreibung der Systemprozeduren **sp_helptext** und **sp_depends** siehe Kapitel 11.)

8.2.2 Systemprozeduren

Systemprozeduren sind interne Prozeduren des SQL Servers, die bei der Installation des Servers automatisch erstellt werden. Systemprozeduren haben Namen, die immer mit „sp_" beginnen. Sie können u.a. für folgende Aufgaben eingesetzt werden:

▶ um den lesenden und schreibenden Zugriff auf Systemtabellen zu ermöglichen;

▶ um die Abfragen und Änderungen der Zugriffsrechte einer Datenbank durchzuführen;

▶ um die Speicherverwaltung einzelner Datenbanken zu überwachen bzw. zu ändern usw.

Hinweis   Die o.g. Unterteilung der Systemprozeduren ist weder vollständig noch eindeutig. Viele Systemprozeduren können z.B. sowohl der ersten als auch der zweiten Gruppe zugeordnet werden.

Weil Systemprozeduren für unterschiedliche Aufgaben angewendet werden können, werden wir sie in den entsprechenden Kapiteln beschreiben. Diese Beschreibung wird nicht alle vom SQL Server angebotenen Prozeduren enthalten. Für eine vollständige Auflistung der Systemprozeduren verweisen wir den Leser auf die entsprechenden Handbücher des SQL Servers.

Jeder Benutzer kann auch eigene Systemprozeduren mit der CREATE PROCEDURE-Anweisung erstellen. Die Voraussetzung für solche Prozeduren ist, daß sie mit dem Präfix „sp_" beginnen und der *master*-Datenbank angehören. Solche Prozeduren können unabhängig von der augenblicklich aktuellen Datenbank aufgerufen werden.

8.3 *text*- und *image*-Datentypen

Der SQL Server unterstützt die Datentypen **text** und **image**, die bis zu 2 GB (2.147.483.637 Bytes) enthalten können. Wie wir schon in Kapitel 2 erläutert haben, beschreibt der Datentyp **text** einen Datumswert, der ausschließlich abdruckbare Zeichen enthalten kann, während der Datentyp **image** eine Bitkette darstellt.

Um die Eigenschaften dieser beiden Datentypen zu erläutern, werden wir die Tabelle **mitarbeiter** um eine weitere Spalte - **pers_akte** - erweitern. (Die Spalte **pers_akte** enthält alle Personaldaten eines Mitarbeiters.) Die so entstandene Tabelle wird **mit_akte** genannt.

Spalten vom Typ **text** bzw. **image** werden genauso wie alle anderen Spalten definiert. Beispiel 8.8 zeigt die Definition der Tabelle **mit_akte**.

Beispiel 8.8

```
create table mit_akte
    (m_nr int not null,
    m_name char(20) not null,
    m_vorname char(20) not null,
    abt_nr char(4) null,
    pers_akte text null)
```

Daten vom Typ **text** und **image** werden getrennt von allen anderen Daten der Tabelle in einer verketteten Liste von physikalischen Seiten gespeichert. In der Tabelle wird für jedes derartige Objekt lediglich ein Zeiger, der auf den Anfang der verketteten Liste zeigt, gespeichert. Für eine Tabelle, die mehrere Spalten vom typ **text** bzw. **image** enthält, werden alle derartigen Daten in derselben verketteten Liste gespeichert.

Die Initialisierung der **text**- bzw. **image**-Werte wird erst beim Einfügen der (nicht NULL-) Werte oder bei ihrer Änderung durchgeführt. Bei der Initialisierung wird mindestens eine Speicherseite allokiert und der Zeiger in der Tabelle erstellt. Beispiel 8.9 zeigt die Initialisierung der Spalte **pers_akte** der Tabelle **mit_akte** für den Mitarbeiter namens Ott.

Beispiel 8.9

```
insert into mitarbeiter
    values (11111, 'Ott', 'Hans', 'a1', 'Herr Ott wurde in unserer
    Firma am 1.6.1990 eingestellt')
```

(1 Reihe(n) betroffen)

Hinweis   Alle Spalten vom Typ **text** und **image** sollten so definiert werden, daß sie NULL-Werte zulassen. Das Einfügen von NULL-Werten in einer solchen Spalte initialisiert sie nicht. Damit kann, bis zum Einfügen vom Daten der NULL-Wert eingefügt werden. Dieser Vorgang spart Speicherplatz.

Die SELECT-Anweisung kann verwendet werden, um die Information aus einer **text**- bzw. **image**-Spalte auszuwählen. Die Anzahl der auszugebenden Bytes einer solchen Spalte hängt vom Wert der globalen Variablen **@@textsize** ab. (Der Wert dieser Variablen kann mit Hilfe der SET TEXTSIZE-Anweisung geändert werden.)

Die Anweisung READTEXT bietet eine weitere Möglichkeit, die Information aus einer **text**- bzw. **image**-Spalte auszugeben. Diese Anweisung hat folgende Form:

```
READTEXT tab_name. spalten_name
zeiger_name offset groesse [HOLDLOCK]
```

Die Angabe **zeiger_name** definiert den Zeiger (vom Typ **varbinary(16)**), der in der Tabelle namens **tab_name** explizit gespeichert wird und auf den Speicherungsort des **text**- bzw. **image**-Wertes zeigt. Für die Festlegung des Zeigerwertes wird die Funktion **textptr** verwendet (siehe Beispiel 8.10). **offset** spezifiziert die Anfangsstelle, ab der eine **text**- bzw. **image**-Spalte gelesen wird. **groesse** definiert die Anzahl von Bytes (Zeichen), die gelesen werden. (Die Angabe HOLDLOCK ist in Abschnitt 14.3 beschrieben.)

Beispiel 8.10

```
declare @zeiger_1 varbinary(16)
    select @zeiger_1 = textptr(pers_akte)
        from mit_akte
        where m_nr = 11111
readtext mit_akte.pers_akte @zeiger_1 1 3000
```

In Beispiel 8.10 wird zuerst der Zeiger **zeiger_1** deklariert und mit Hilfe der **textptr**-Funktion die Verbindung zum Wert der Spalte **pers_akte** des Mitarbeiters mit der Personalnummer 11111 erstellt. Die abschließende READTEXT-Anweisung liest die ersten 3000 Zeichen, die für diesen Wert gespeichert sind.

Die Anweisung WRITETEXT ersetzt den ganzen Inhalt eines **text**- bzw. **image**-Wertes. Die Syntax dieser Anweisung ist:

```
WRITETEXT tab_name.spalten_name
    zeiger_name [WITH LOG] daten
```

Beispiel 8.11

```
declare @zeiger_2 varbinary(16)
select @zeiger_2 = textptr(pers_akte)
    from mit_akte where m_nr = 11111
writetext mit_akte.pers_akte @zeiger_2
    'Im Laufe der Zeit hat Hr. Ott folgende Gehaltserhoehungen
    bekommen'
```

Die Änderung von Daten mit Hilfe der WRITETEXT-Anweisung kann im Transaktionsprotokoll mit Hilfe der WITH LOG-Angabe gespeichert werden. (Standardmäßig werden diese Daten im Transaktionsprotokoll nicht gespeichert.) Die Speicherung solcher Daten hat gleichzeitig Vor- und Nachteile. Die Protokollierung erhöht einerseits die Datensicherheit, weil im Falle eines Fehlers auch **text**- und **image**-Daten restauriert werden können. Andererseits verursacht die Protokollierung großer Datenmengen die enorme Vergrößerung des Transaktionsprotokolls. (Für die Einzelheiten bezüglich des Transaktionsprotokolls siehe Kapitel 21.)

Zusätzlich zu der WRITETEXT-Anweisung, die den gesamten Inhalt einer **text**- bzw. **image**-Spalte aktualisiert, existiert auch die UPDATETEXT-Anweisung, die nur einen Teil des Wertes ersetzt. Die Syntax dieser Anweisung ist:

```
UPDATETAXT tab_name.spalten_name1 zeiger_1
    [WITH LOG] daten
    [tab_name.spalten_name2 zeiger_2]
```

Bei der UPDATETEXT-Anweisung ist es möglich, den Inhalt eines anderen **text**- bzw. **image**-Wertes (**spalten_name2**) zu kopieren. Dabei definiert der Zeiger **zeiger_2** die Anfangsstelle, von welcher der Kopiervorgang gestartet wird.

8.4 Zusammenfassung

Der SQL Server ist eines der wenigen relationalen Datenbankmanagementsysteme, das prozedurale Erweiterungen sowohl im Zusammenhang mit der SQL-Sprache selbst als auch für die Erstellung der DB-Prozeduren unterstützt. (Die meisten DBMS unterstützen prozedurale Erweiterungen ausschließlich in bezug auf DB-Prozeduren.)

Ein weiteres Merkmal des SQL Servers ist die Unterstützung zahlreicher Systemprozeduren. Diese werden u.a. für die komplette Administrierung eines SQL Server-Systems benutzt.

9 Views

Dieses Kapitel ist ausschließlich den Views gewidmet. Die Struktur des Kapitels ähnelt der Beschreibung der Basistabellen aus den Kapiteln 4 bis 7. Zunächst werden die Anweisungen zur Datendefinition beschrieben. Im zweiten Teil werden die Anweisungen SELECT, UPDATE, DELETE und INSERT erörtert, wobei die SELECT-Anweisung getrennt von den übrigen drei behandelt wird. Im Unterschied zu Basistabellen gelten bei Datenmanipulationsanweisungen für Views einige Einschränkungen, die am Ende des jeweiligen Abschnitts erklärt werden.

9.1 Datendefinitionsanweisungen und Views

In den bisherigen Kapiteln sind ausschließlich die Basistabellen erörtert worden. Eigenschaft aller Basistabellen ist, daß sie physikalisch existieren. Eine Basistabelle enthält also Objekte, die alle auf der Platte gespeichert sind. Im Unterschied zu Basistabellen belegen Views keinen Speicherplatz. Views werden immer aus existierenden Basistabellen abgeleitet, und das System trägt die Eigenschaften jedes Views in die Systemtabellen ein. Lediglich die Einträge in den verschiedenen Systemtabellen existieren physikalisch von einem View. Deswegen heißen Views auch virtuelle Tabellen.

In der Systemtabelle **sysobjects** befinden sich die wichtigsten Einträge für Views. **sysobjects** beinhaltet je eine Reihe für jedes im System erstellte Objekt. (Die Spalte **type** dieser Systemtabelle definiert den Objekttyp, wobei der Datenwert "V" das Objekt als View ausweist.) Diese Systemtabelle enthält u.a. auch die Spalten **name** und **id**. **name** kennzeichnet den Objektnamen, während **id** die Nummer enthält, die jedes Objekt einer Datenbank eindeutig identifiziert.

Die zweite, für Views relevante Systemtabelle heißt **syscomments**. Diese Tabelle enthält u.a. die schon beschriebene Spalte **id** und die Spalte **text**, die die SELECT-Anweisung beinhaltet, die aus der CREATE VIEW-Anweisung übernommen wird.

Um den Text der SELECT-Anweisung, die aus der CREATE VIEW-Anweisung übernommen wird, auszugeben, muß die DB-Prozedur **sp_helptext** benutzt werden. Mit der DB-Prozedur **sp_rename** kann der Name eines Views geändert werden.

Hinweis Die CREATE VIEW-Anweisung darf nicht mit anderen Transact-SQL-Anweisungen in einer Anweisungsfolge ausgeführt werden.

9.1.1 Erstellen von Views

Jedes View wird mit der Anweisung CREATE VIEW erstellt. Die allgemeine Form dieser Anweisung ist:

```
CREATE VIEW [benutzer.]view_name [(spalten_liste)]
    [WITH ENCRYPTION]
    AS select_anw
    [WITH CHECK OPTION]
```

view_name ist der Name des neuerstellten Views. **select_anw** kennzeichnet die SELECT-Anweisung, mit der die Auswahl der Reihen und Spalten aus der(n) Basistabelle(n) durchgeführt wird. **spalten_liste** ist eine Liste der Namen der Viewspalten. Falls diese optionale Angabe ausgelassen wird, werden die Namen der Spalten aus der Projektion der SELECT-Anweisung übernommen. Die optionale Angabe WITH EN-CRYPTION dient der Erhöhung der Sicherheit eines SQL Server-Systems. Sie verschlüsselt die Einträge in der Systemtabelle **syscomments**, und trägt dazu bei, daß die zum View gehörende SELECT-Anweisung nicht von jedem Benutzer gelesen werden kann.

Die Erstellung eines Views kann aus verschiedenen Gründen erfolgen. In umfangreicheren Datenbankanwendungen enthalten einige Basistabellen eine sehr große Anzahl von Reihen bzw. Spalten. Für den Benutzer, der z.B. nur mit einem kleinen Ausschnitt einer Basistabelle arbeitet, ist es nicht notwendig, alle Spalten der Basistabelle zu kennen. In diesem Fall ist es sinnvoll, ein View zu erstellen, das nur die Teile der Basistabelle enthält, die für den Benutzer von Bedeutung sind.

Genauso kann es sinnvoll sein, ein View zu erstellen, falls man gewissen Benutzern den Zugriff auf eine oder mehrere Spalten einer Basistabelle untersagen will. Dabei kann es sich um die Spalte mit den Gehältern der Mitarbeiter oder um die Spalten mit den sicherheitsrelevanten Daten der Firma handeln. (Dieser Aspekt des Views wird hier nicht weiter verfolgt; er wird ausführlich in Kapitel 12 erörtert.)

Nicht jeder Benutzer darf ein View erstellen. Nach der Erstellung der Datenbank kann nur der Datenbank-Eigentümer Views für diese Datenbank erzeugen. Der Datenbank-Eigentümer kann anschließend das Recht Views zu erstellen, mit Hilfe der GRANT-Anweisung vergeben. Der Benutzer, der das Recht für die Erstellung von Views bekommen hat, muß zusätzlich das Lese(SELECT)-Zugriffsrecht für jede im View verwendete Spalte haben.

Bei der Erstellung von Views gelten folgende Einschränkungen:

▶ die SELECT-Anweisung innerhalb CREATE VIEW darf den UNION-Operator und die ORDER BY-Klausel nicht enthalten;

▶ die SELECT-Anweisung innerhalb CREATE VIEW darf die DISTINCT-Angabe nicht enthalten.

Beispiel 9.1

Erstellen Sie ein View, das alle Daten der Sachbearbeiter der Firma beinhaltet.

```
create view v_sach_arb
    as select m_nr, pr_nr, einst_dat
        from arbeiten
        where aufgabe = 'Sachbearbeiter'
```

In Beispiel 9.1 werden mit der SELECT-Anweisung die Reihen der Basistabelle **arbeiten** ausgewählt, die die Bedingung in der WHERE-Klausel erfüllen. Alle ausgewählten
Reihen bilden das neuerstellte View **v_sach_arb**.

m_nr	pr_nr	aufgabe	einst_dat
9031	p3	Sachbearbeiter	15.Nov.1988 0:00
28559	p2	Sachbearbeiter	1.Feb.1989 0:00
28559	p1	(null)	1.Aug.1988 0:00
9031	p1	Gruppenleiter	15.Apr.1989 0:00
2581	p3	Projektleiter	15.Oct.1989 0:00
29346	p2	(null)	15.Dec.1987 0:00
18316	p2	(null)	1.Jun.1989 0:00
25348	p2	Sachbearbeiter	15.Feb.1989 0:00
10102	p3	Gruppenleiter	1.Jan.1989 0:00
10102	p1	Projektleiter	1.Oct.1988 0:00
29346	p1	Sachbearbeiter	1.Apr.1989 0:00

*Tabelle 9.1: Die Basistabelle **arbeiten***

Tabelle 9.1 zeigt die Basistabelle **arbeiten**, wobei die Reihen, die dem View **v_sach_arb**
nicht angehören, grau dargestellt sind.

Jeder Anwender, der ein View benutzt, arbeitet mit ihm genau wie mit jeder anderen
Basistabelle. Die Abfragen, die ein View betreffen, werden tatsächlich auf der zugrundeliegenden Basistabelle durchgeführt. (Wir erinnern noch einmal daran, daß ein View
physikalisch nicht existiert; es existieren nur Einträge in Systemtabellen, die es definieren.) Folgende Abfrage auf das View **v_sach_arb**:

```
select m_nr
    from v_sach_arb
    where pr_nr = 'p2'
```

wird vom SQL Server auf Grund der Definition des Views in die Abfrage auf die zugrundeliegende Basistabelle **arbeiten** umgewandelt:

```
select m_nr
from arbeiten
where pr_nr = 'p2'
and aufgabe = 'Sachbearbeiter'
```

Jedes Ändern einer Basistabelle, aus der ein View abgeleitet ist, betrifft automatisch auch das View. Genauso werden alle Änderungen eines Views automatisch auf die zugrundeliegende Basistabelle übertragen und durchgeführt. (Für das Ändern eines Views gelten gewisse Einschränkungen, die in einem späteren Abschnitt dieses Kapitels beschrieben sind.)

In Beispiel 9.1 wurde ein View erstellt, in dem einige Reihen aus der Basistabelle **arbeiten** ausgewählt wurden. Genauso ist es möglich, einige Spalten bzw. einige Reihen und Spalten einer Basistabelle auszuwählen und ein View zu erstellen.

Beispiel 9.2

Leiten Sie aus der Tabelle **projekt** ein View ab, bei dem die Spalte **mittel** nicht sichtbar ist.

```
create view v_teil_pr
as select pr_nr, pr_name
from projekt
```

Das View **v_teil_pr** beinhaltet alle Reihen der Basistabelle **projekt**, abgesehen von den Werten der Spalte **mittel**.

Wie aus der allgemeinen Form der CREATE VIEW-Anweisung ersichtlich, ist die Angabe der Spaltennamen eines Views optional. Falls die Spaltennamen des Views identisch mit den Spaltennamen der Basistabelle sein sollen, können sie weggelassen werden. Diese Eigenschaft ist in Beispiel 9.1 benutzt worden. In der Praxis ist es auch möglich, andere Namen für die Spaltennamen des Views zu vergeben.

In zwei Fällen ist es sogar notwendig, die Spaltennamen eines Views explizit anzugeben, und zwar:

▶ wenn eine Spalte in einem View aus einem Ausdruck oder einer Aggregatfunktion abgeleitet ist;

▶ wenn Spaltennamen in einem View nicht eindeutig sind.

Beispiel 9.3

Erstellen Sie ein View, das folgende Spalten beinhaltet: Die Projektnummer und die Anzahl der dem Projekt zugehörenden Mitarbeiter.

```
create view v_arb_anzahl (pr_nr, anzahl)
as select pr_nr, count(*)
from arbeiten
group by pr_nr
```

In Beispiel 9.3 müssen die Spaltennamen des Views **v_arb_anzahl** explizit angegeben werden, weil die Projektion in der SELECT-Anweisung die Aggregatfunktion COUNT(*) beinhaltet.

Beispiel 9.4

Erstellen Sie ein View, das alle Daten der Mitarbeiter beinhaltet, deren Standort München ist.

```
create view v_mch(m_nr,name,vorname,abt_nr,nr,aufg,stadt)
as select mitarbeiter.*, abteilung.*
from mitarbeiter, abteilung
where mitarbeiter.abt_nr = abteilung.abt_nr
and stadt = 'München'
```

Die Projektion beinhaltet zwei Spalten mit demselben Namen: **abt_nr**. Deswegen ist es notwendig, die Spaltennamen des Views **v_mch** explizit anzugeben. (Die andere Möglichkeit wäre die Benutzung eines natürlichen Joins in der SELECT-Anweisung anstatt des Equijoins. In diesem Fall wären alle Spaltennamen des Views eindeutig.).

Hinweis   Die explizite Angabe der Spaltennamen in einem View kann umgangen werden, indem die Spaltenüberschriften für die entsprechenden Spalten in der SELECT-Anweisung verwendet werden. Beispiel 9.5 zeigt die Verwendung der Spaltenüberschriften und ist mit dem Beispiel 9.3 identisch.

Beispiel 9.5

```
create view v_arb_anzahl
as select pr_nr, count(*) anzahl
from arbeiten
group by pr_nr
```

Ein View kann nicht nur aus einer Basistabelle, sondern auch aus einem existierenden View abgeleitet werden.

Beispiel 9.6

Erstellen Sie ein View, das die Personalnummern aller Sachbearbeiter im Projekt **p2** beinhaltet.

```
create view v_p2_sach
as select m_nr
from v_sach_arb
where pr_nr = 'p2'
```

Für die Erstellung des Views **v_p2_sach** haben wir ein schon existierendes View **v_sach_arb** (Beispiel 9.1) benutzt. Alle Abfragen auf das View **v_p2_sach** werden vom SQL Server in die Abfragen auf die Basistabelle **arbeiten** umgewandelt.

Die SELECT-Anweisung innerhalb CREATE VIEW kann Spalten aus zwei oder mehreren Basistabellen beinhalten. In Beispiel 9.4 sind mit Hilfe des Join-Operators die Basistabellen **mitarbeiter** und **abteilung** verknüpft und das View **v_mch** erstellt. Genauso ist es möglich, Basistabellen mit Views bzw. mehrere Views miteinander zu verknüpfen.

Das folgende Beispiel zeigt die Verknüpfung einer Basistabelle mit einem View.

Beispiel 9.7

Erstellen Sie ein View, das die Personalnummern aller Mitarbeiter enthält, die im Projekt Apollo arbeiten. Diese Aufgabe soll mit Hilfe des Views **v_teil_pr** (Beispiel 9.2) gelöst werden.

```
create view v_arb_teilpr
as select m_nr
from arbeiten, v_teil_pr
where arbeiten.pr_nr = v_teil_pr.pr_nr
and pr_name = 'Apollo'
```

9.1.2 Views löschen

Mit der Anweisung

```
DROP VIEW [ben_name.]view_1 [, [ben_name.]view_2] ...
```

werden ein oder mehrere existierende Views gelöscht. Das Löschen eines Views bedeutet das Entfernen aller Einträge aus Systemtabellen, die im Zusammenhang mit dem View stehen. Nur der Eigentümer des Views (d.h. der Benutzer, der die entsprechende CREATE VIEW-Anweisung ausgeführt hat) kann ein View löschen.

Beispiel 9.8

```
drop view v_arb_anzahl
```

In diesem Beispiel wird das View **v_arb_anzahl**, das in Beispiel 9.3 erstellt wurde, gelöscht.

Wenn ein View gelöscht wird, werden auch alle aus ihm abgeleiteten Views gelöscht.

Beispiel 9.9

```
drop view v_sach_arb
```

Das Löschen des Views **v_sach_arb** verursacht auch das implizite Löschen des Views **v_p2_sach** (siehe Beispiele 9.1 und 9.6).

9.2 Abfragen in Views

Wie wir schon im vorherigen Abschnitt gezeigt haben, wird jede Abfrage auf ein View vom SQL Server in eine entsprechende Abfrage auf die zugrundeliegende Basistabelle umgewandelt.

Beispiel 9.10

Erstellen Sie ein View mit den Personalnummern und Namen aller Mitarbeiter, die der Abteilung **a2** angehören. Danach wählen Sie die Mitarbeiter aus, deren Namen mit dem Buchstaben "M" beginnen.

```
create view v_a2_mit
as select m_nr, m_name
from mitarbeiter
where abt_nr = 'a2'
select m_name
from v_a2_mit
where m_name like 'M%'
```

Das Ergebnis ist:

m_name
Meier

(1 Reihe(n) betroffen)

Die SELECT-Anweisung aus Beispiel 9.10 wird vom System in die folgende Form umgewandelt:

```
select m_name
    from mitarbeiter
    where m_name like 'M%'
    and abt_nr = 'a2'
```

Für die Abfragen auf Views gelten folgende Einschränkungen:

▶ die GROUP BY-Klausel wird in der Definition eines Views außer acht gelassen, falls keine Aggregatfunktion in der Projektion der SELECT-Anweisung benutzt wird;

▶ falls die Definition eines Views ein Outer Join und die Abfrage die vollqualifizierte Spalte der inneren Tabelle enthält, kann es vorkommen, daß das Ergebnis anders als erwartet ist.

9.3 Datenänderungen mit Hilfe eines Views

In diesem Abschnitt wird die Verwendung der drei SQL-Anweisungen - INSERT, UP-DATE und DELETE - auf Views erörtert. Grundsätzlich gilt für all diese Anweisungen, daß sie nur eingeschränkt auf Views angewendet werden können.

Hinweis   In allen nachfolgenden Anweisungen (genauso wie in Beispiel 9.10) müssen die existierenden Transact-SQL-Anweisungen getrennt ausgeführt werden, weil die CREATE VIEW-Anweisun nicht in einer Anweisungsfolge ausgeführt werden darf.

9.3.1 INSERT-Anweisung und View

Das Einfügen der Reihen eines Views bedeutet das tatsächliche Einfügen der entsprechenden Reihen in der zugrundeliegenden Basistabelle.

Beispiel 9.11

```
create view v_abt_teil
as select abt_nr, abt_name
from abteilung
insert into v_abt_teil
values ('a4' , 'Test')
```

(1 Reihe(n) betroffen)

In Beispiel 9.11 wurde ein View aus der Basistabelle **abteilung** erstellt, in dem die ersten beiden Spalten dieser Basistabelle ausgewählt wurden. Die anschließende INSERT-Anweisung weist diesen Spalten die Werte **a4** und **Test** zu, während die nicht angegebene Spalte **stadt** der Basistabelle den NULL-Wert zugewiesen bekommt. Die INSERT-Anweisung wird ordnungsgemäß durchgeführt, weil die Spalte **stadt** NULL-Werte zuläßt.

Beispiel 9.12

```
create view v_pr_teil
as select pr_name, mittel
from projekt
insert into v_pr_teil
values ('Luna', 2286000.0)
```

Beispiel 9.12 wird nicht ordnungsgemäß durchgeführt. Die INSERT-Anweisung weist den Spalten **pr_name** und **mittel** die Werte Luna und 2286000.0 zu, während die nicht angegebene Spalte **pr_nr** der Basistabelle den NULL-Wert zugewiesen bekommt. Dies wird vom System mit einer Fehlermeldung abgewiesen, weil die Spalte **pr_nr** keine NULL-Werte erlaubt.

Die optionale Angabe „WITH CHECK OPTION" in der CREATE VIEW-Anweisung prüft alle Reihen, die über das View in der Basistabelle eingefügt oder geändert werden. Dabei wird die Bedingung in der SELECT-Anweisung innerhalb CREATE VIEW überprüft und, falls sie nicht erfüllt ist, das Ändern bzw. Einfügen der Reihen mit einer Fehlermeldung abgewiesen.

Falls die Angabe „WITH CHECK OPTION" fehlt, werden alle Reihen ohne Überprüfung über das View in der Basistabelle eingefügt bzw. geändert. Es werden also auch die Reihen eingefügt bzw. geändert, die die Bedingung in der SELECT-Anweisung nicht erfüllen. Diese Reihen können anschließend mit demselben View nicht abgefragt werden.

Beispiel 9.13

```
create view v_arb_1988
as select m_nr, pr_nr, einst_dat
from arbeiten
where einst_dat between '01.01.1988' and '31.12.1988'
with check option
insert into v_arb_1988
values (22334, 'p2' , '15.4.1989')
```

In Beispiel 9.13 wird die Rolle der „WITH CHECK OPTION"-Angabe gezeigt. In der INSERT-Anweisung dieses Beispiels wird überprüft, ob der Datenwert der Spalte **einst_dat** (15.04.1989) die Bedingung in der WHERE-Klausel der SELECT-Anweisung erfüllt. Da dies nicht der Fall ist, wird die INSERT-Anweisung mit einer Fehlermeldung abgewiesen.

Beispiel 9.14

```
create view v_arb_1988
as select m_nr, pr_nr, einst_dat
from arbeiten
where einst_dat between '01.01.1988' and '31.12.1988'
insert into v_arb_1988
values (22334, 'p2', '15.4.1989')
select *
from v_arb_1988
```

Das Ergebnis ist:

m_nr	pr_nr	einst_dat
10102	p1	1.Okt.1988 0:00
25348	p2	15.Feb.1988 0:00
28559	p1	1.Aug.1988 0:00
9031	p3	15.Nov.1988 0:00

(4 Reihe(n) betroffen)

Beispiel 9.14 unterscheidet sich von Beispiel 9.13 nur durch die fehlende Angabe „WI-TH CHECK OPTION" und der zusätzlichen SELECT-Anweisung. In diesem Beispiel wird die INSERT-Anweisung ordnungsgemäß durchgeführt und die angegebene Reihe in der Basistabelle **arbeiten** eingefügt. Die anschließende SELECT-Anweisung wählt, wie das Ergebnis zeigt, die neu eingefügte Reihe nicht aus, weil sie mit dem View **v_arb_1988** nicht abgefragt werden kann.

Falls das Einfügen der Reihen in der zugrundeliegenden Basistabelle mit Hilfe eines Views durchgeführt wird, gelten dafür folgende Einschränkungen:

▶ Wenn das View aus mehreren Tabellen abgeleitet ist, darf das Einfügen der Reihen nur erfolgen, falls ausschließlich die Spalten einer einzigen Tabelle in der Projektion der SELECT-Anweisung angegeben sind.;

▶ Keine Spalte des Views darf aus einer Aggregatfunktion abgeleitet werden;

▶ Keine Spalte des Views darf aus einer Konstanten oder einem arithmetischen Ausdruck abgeleitet werden;

▶ Die SELECT-Anweisung innerhalb CREATE VIEW darf die Angabe DISTINCT nicht enthalten;

▶ Das View, das mit Hilfe einer SELECT-Anweisung mit dem Join-Operator definiert ist, darf die WITH CHECK OPTION nicht enthalten.

Beispiel 9.15

```
create view v_pr_sum(summe)

    as select sum(mittel)
        from projekt
        select *
    from v_pr_sum
```

Das Ergebnis ist:

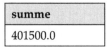

summe
401500.0

(1 Reihe(n) betroffen)

Beispiel 9.15 zeigt, warum keine Spalte eines Views aus einer Aggregatfunktion abgeleitet werden darf. Wie aus dem Ergebnis des Beispiels ersichtlich, ist jede INSERT-Anweisung mit dem View **v_pr_sum** sinnlos.

9.3.2 UPDATE-Anweisung und View

Das Ändern der Datenwerte eines Views bedeutet das tatsächliche Ändern der entsprechenden Datenwerte der zugrundeliegenden Basistabelle.

Beispiel 9.16

Erstellen Sie ein View, das Personalnummer und Aufgabe aller Mitarbeiter in Projekt **p1** beinhaltet. Ändern Sie anschließend die Aufgabe aller Projektleiter in den NULL-Wert.

```
create view v_arb_p1
    as select m_nr, aufgabe
        from arbeiten
        where pr_nr = 'p1'

update v_arb_p1
    set aufgabe = null
    where aufgabe = 'Projektleiter'
```

(1 Reihe(n) betroffen)

Die UPDATE-Anweisung in Beispiel 9.16 wird vom SQL Server in folgende Anweisung umgewandelt:

```
update arbeiten
    set aufgabe = null
    where pr_nr = 'p1'
    and aufgabe = 'Projektleiter'
```

Die Angabe „WITH CHECK OPTION" ist für die UPDATE-Anweisung auf dieselbe Weise wie für die INSERT-Anweisung wirksam.

Beispiel 9.17

```
create view v_pr_100
    as select pr_nr, mittel
        from projekt
        where mittel > 100000
        with check option

update v_pr_100
    set mittel = 92500
    where pr_nr = 'p3'
```

Die UPDATE-Anweisung in Beispiel 9.17 wird abgewiesen, weil der geänderte Datenwert der Spalte **mittel** in Projekt **p3** die WHERE-Bedingung nicht erfüllt.

Falls das Ändern der Datenwerte in der zugrundeliegenden Basistabelle mit Hilfe eines Views durchgeführt wird, gelten für dieses View folgende Einschränkungen:

▶ Wenn das View aus mehreren Tabellen abgeleitet ist, darf das Einfügen der Reihen nur erfolgen, falls ausschließlich die Spalten einer einzigen Tabelle in der Projektion der SELECT-Anweisung angegeben sind.;

▶ Keine Spalte des Views darf aus einer Aggregatfunktion abgeleitet werden;

▶ Keine Spalte des Views darf aus einer Konstante oder einem arithmetischen Ausdruck abgeleitet werden;

▶ Die SELECT-Anweisung innerhalb CREATE VIEW darf die Angabe DISTINCT
nicht enthalten;

Beispiel 9.18

```
create view v_pr_usd (pr_nr, mittel_usd)
    as select pr_nr, mittel * 0.55
        from projekt
        where mittel > 100000

select *
    from v_pr_usd
```

Das Ergebnis ist:

pr_nr	mittel_usd
p1	66000.0
p3	102575.0

(2 Reihe(n) betroffen)

Beispiel 9.18 zeigt, warum keine Spalte eines Views aus einem arithmetischen Ausdruck abgeleitet werden darf, falls das Ändern der Datenwerte mit Hilfe des Views
durchgeführt werden soll. Das View **v_pr_usd** beinhaltet alle Reihen der Basistabelle
projekt, deren Mittel größer als DM 100.000 sind. Zusätzlich dazu enthält dieses View
eine Spalte **mittel_usd**, die aus der Spalte **mittel** durch Multiplizieren abgeleitet ist.
(Die Geldmittel sind damit statt in DM in US$ angegeben.) Aus dem Ergebnis der an-
schließenden SELECT-Anweisung wird deutlich, daß jede UPDATE-Anweisung mit
der Spalte **mittel_usd** nicht möglich ist.

9.3.3 DELETE-Anweisung und View

Das Löschen der Reihen einer Basistabelle kann auch mit Hilfe eines abgeleiteten
Views durchgeführt werden.

Beispiel 9.19

```
create view v_arb_p2
    as select m_nr, aufgabe
        from arbeiten
        where pr_nr = 'p1'

delete from v_arb_p2
    where aufgabe = 'Sachbearbeiter'
```

(1 Reihe(n) betroffen)

Die DELETE-Anweisung in Beispiel 9.19 wird vom SQL Server in folgende Anweisung umgewandelt:

```
delete from arbeiten
where pr_nr = 'p1'
and aufgabe = 'Sachbearbeiter'
```

Wie für das Ändern und Einfügen gelten auch für das Löschen der Reihen mit Hilfe eines Views einige Einschränkungen:

▶ Wenn das View aus mehreren Tabellen abgeleitet ist, darf das Einfügen der Reihen nur erfolgen, falls ausschließlich die Spalten einer einzigen Tabelle in der Projektion der SELECT-Anweisung angegeben sind.);

▶ Keine Spalte des Views darf aus einer Aggregatfunktion abgeleitet werden;

▶ die SELECT-Anweisung innerhalb CREATE VIEW darf die Angabe DISTINCT nicht enthalten.

Im Unterschied zur INSERT- und UPDATE-Anweisung erlaubt die DELETE-Anweisung die Verwendung solcher Views, die aus einem arithmetischen Ausdruck oder einer Konstante abgeleitet sind.

Beispiel 9.20

```
create view v_pr_mult(mult_f)
as select mittel* 0.55
from projekt
delete from v_pr_mult
```

(3Reihe(n) betroffen)

Mit der DELETE-Anweisung werden alle Reihen der Tabelle **projekt**, die dem View **v_pr_mult** zugrunde liegt, gelöscht.

9.4 Zusammenfassung

Views sind wichtige Mechanismen der Datenbankmanagementsysteme, mit denen:

▶ unterschiedliche Benutzersichten auf Daten einer Datenbank erstellt werden können;

▶ große Tabellen mit vielen Spalten (durch die Erstellung eines Views über ausgewählte Spalten) für den Benutzer einfacher und übersichtlicher gemacht werden können und

▶ der Zugriff auf Daten einer Datenbank gezielt eingeschränkt werden kann.

Bei der Änderung von Daten mit Hilfe eines Views gilt, daß nicht alle möglichen Änderungen vom SQL Server unterstützt werden. (Trotzdem hat der SQL Server in bezug auf solche Änderungen wesentlich weniger Einschränkungen als andere DBMS.)

Aufgaben.

A.9.1 Erstellen Sie ein View, das die Daten aller Mitarbeiter enthält, die im Jahr 1988 eingestellt worden sind.

A.9.2 Erstellen Sie ein View, das die Daten aller Mitarbeiter enthält, die der Abteilung **a3** angehören.

A.9.3 Erstellen Sie ein View, das Namen und Vornamen aller Mitarbeiter beinhaltet, die im Projekt **p3** arbeiten.

A.9.4 Überprüfen Sie, ob Ihre Lösung der Aufgabe A.9.3 ein View darstellt, das modifizierbar ist. Ist das nicht der Fall, erstellen Sie ein solches View.

A.9.5 Erstellen Sie ein View, das Personalnummer und Aufgabe aller Mitarbeiter enthält, die im Projekt **Merkur** arbeiten.

A.9.6 Erstellen Sie ein View, das Namen und Vornamen aller Mitarbeiter enthält, deren Personalnummer kleiner als 10000 ist. Das View soll die WHERE-Klausel jeder UPDATE- bzw. DELETE-Anweisung überprüfen.

A.9.7 Schreiben Sie für das in A.9.6 erstellte View eine INSERT-Anweisung, die vom SQL Server akzeptiert wird, und eine DELETE-Anweisung, die abgewiesen wird.

10 Indizes und die Optimierung der Abfragen

In diesem Kapitel werden zunächst Indizes dargestellt und ihre Rolle bei der Optimierung der Antwortzeiten von Abfragen erläutert. Alle Transact-SQL-Anweisungen, die Indizes betreffen, werden angegeben und erklärt. Zusätzlich werden allgemeine Hinweise gegeben, für Fälle, in denen eine Indexrstellung sinnvoll ist. Im weiteren Verlauf des Kapitels werden Vergleiche zur Optimierung einer Abfrage durchgeführt. Es wird gezeigt, welche Konstrukte innerhalb einer SELECT-Anweisung gegenüber funktionell identischen Konstrukten vorzuziehen sind. Am Ende des Kapitels werden die Transact-SQL-Anweisungen dargestellt, welche die Optimierung der Suchanweisungen und DB-Prozeduren beeinflussen können.

10.1 Indizes

Die Reihen aus einer Tabelle werden mit Hilfe der SELECT-Anweisung ausgewählt. Die WHERE-Klausel innerhalb einer SELECT-Anweisung schränkt die Menge der ausgewählten Reihen und damit auch der Datenwerte ein. Die Suche nach Datenwerten, die durch eine SELECT-Anweisung mit der WHERE-Bedingung festgelegt sind, kann auf zwei verschiedene Weisen durchgeführt werden, nämlich

▶ sequentiell und

▶ direkt.

Sequentielle Suche bedeutet, daß jede Reihe der Tabelle einzeln auf die Bedingung in der WHERE-Klausel hin überprüft wird. Nacheinander werden also alle Reihen in der Reihenfolge, wie sie physikalisch gespeichert sind, geprüft.

Die direkte Suche kennzeichnet das gezielte Suchen nach den Reihen, die die angegebene Bedingung erfüllen. Welche Art der Suche angewendet wird, hängt primär von der Speicherstruktur, mit der die Reihen einer Tabelle auf der Platte gespeichert sind, ab. Einige Speicherstrukturen erlauben den Zugriff auf Daten mit Hilfe eines Schlüssels. In diesem Fall ist die direkte Suche möglich. Falls der Zugriff auf Daten ohne Schlüssel durchgeführt wird, muß die sequentielle Suche angewendet werden.

Ein Index kann mit dem Inhaltsverzeichnis eines Buches verglichen werden. Mit Hilfe eines Inhaltsverzeichnisses ist es möglich, einen Begriff, der im Buch ein- oder mehrmals vorkommt, gezielt zu suchen und anschließend im Text ausfindig zu machen.

Indizes des SQL Servers sind mit Hilfe einer Datenstruktur namens B+-Baum intern aufgebaut. Ein B+-Baum hat eine baumartige Datenstruktur mit der Eigenschaft, daß alle Blattknoten des Baums gleich weit von der Wurzel entfernt sind. Diese Struktur wird auch aufrechterhalten, wenn neue Einträge eingefügt, bzw. alte gelöscht werden.

Am Beispiel der Tabelle **mitarbeiter** wird die Struktur eines B+-Baums dargestellt und die direkte Suche nach der Reihe mit der Personalnummer 25348 in der Tabelle **mitarbeiter** erläutert. (Das setzt voraus, daß die Spalte **m_nr** der Tabelle **mitarbeiter** indiziert ist.)

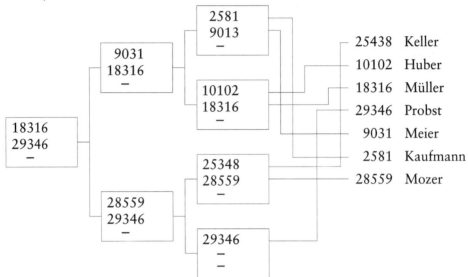

*Abbildung 10.1: B+-Baum für die Tabelle **mitarbeiter***

Wie aus Abbildung 10.1 ersichtlich, beinhaltet jeder B+-Baum eine Wurzel, eine Blattknotenebene und keine, eine oder mehrere dazwischen liegende Knotenebenen. Die Blattknotenebene enthält einen Eintrag für jeden Datenwert der Spalte(n), für die ein Index erstellt wurde, und je einen Zeiger, der die physikalische Adresse der entsprechenden Reihe enthält.

Das Suchen des Datenwertes 25348 verläuft folgendermaßen: Angefangen von der Wurzel des B+-Baums wird immer der Wert gesucht, der größer oder gleich dem Suchwert ist. Abbildung 10.1 folgend wird zuerst der Datenwert 29348 auf der höchsten Ebene ausgesucht, danach der Wert 28559 auf der nächsten und der gesuchte Wert 25348 auf der niedrigsten Ebene. Mit Hilfe des dazugehörigen Zeigers wird anschließend die entsprechende Reihe ausgewählt. (Eine andere, aber äquivalente Suchart wäre, stets den Wert zu suchen, der kleiner oder gleich dem Suchwert ist.)

Besonders bei Tabellen mit sehr vielen Reihen ist der Vorteil der direkten Suche offensichtlich. Das System findet jede Reihe einer Tabelle mit wenigen Ein/Ausgabe-Operationen immer in etwa gleich kurzer Zeit, während die sequentielle Suche um soviel länger dauert, je weiter eine Reihe vom Anfang der Tabelle entfernt ist.

10.1.1 Transact-SQL-Anweisungen in bezug auf Indizes

Transact-SQL ermöglicht das Erstellen und Löschen von Indizes. Mit der Anweisung CREATE INDEX wird ein Index erstellt. Diese Anweisung hat folgende Form:

```
CREATE [UNIQUE] [CLUSTERED|NONCLUSTERED] INDEX index_name
    ON [[db_name.]ben_name.]tab_name(spalte_1 [{,spalte_2}...])
    [WITH
    [FILLFACTOR=n]
    [[,]IGNORE_DUP_KEY]
    [[,] SORTED_DATA | SORTED_DATA_REORG]
    [[,]IGNORE_DUP_ROW | ALLOW_DUP_ROW]]
    [ON segment]
```

index_name kennzeichnet den Namen des erstellten Index. Für den Indexnamen **index_name** gilt dasselbe wie für den Namen anderer Datenbankobjekte. Ein Index kann für eine oder mehrere Spalten erstellt werden. **tab_name** bzw. **spalte_1**,... sind Namen der Tabelle bzw. der Spalte(n), für die der Index erstellt wird. Jede Spalte einer Tabelle kann indiziert sein, wobei der Typ und die Länge der Spalte beliebig sein können. (Die indizierte Spalte darf jedoch nicht vom Datentyp **bit**, **text** oder **image** sein.)

Ein Index, der mehrere Spalten umfaßt, wird zusammengesetzter Index genannt. Für den zusammengesetzten Index gelten gewisse Einschränkungen bezüglich seiner Gesamtlänge und der Anzahl der ihm zugehörigen Spalten. Bei Transact-SQL kann ein zusammengesetzter Index maximal 16 Spalten umfassen und die Gesamtlänge darf 256 Bytes nicht überschreiten.

Nur der Eigentümer einer Tabelle darf einen Index für sie erstellen (und diesen später löschen).

Die optionale Angabe UNIQUE legt fest, daß jeder Datenwert nur einmal in der indizierten Spalte vorkommen darf. Bei einem zusammengesetzten Index darf der verkettete Wert aller Datenwerte der zusammenhängenden Spalten nur einmal vorkommen. Falls UNIQUE nicht angegeben ist, dürfen Datenwerte in der indizierten Spalte mehrfach vorkommen.

Bei der CLUSTERED-Angabe werden alle Reihen einer Tabelle in der Reihenfolge des Index intern (physikalisch) sortiert. In einer Tabelle erlaubt der SQL Server das Erstellen eines einzigen CLUSTERED-Index. Die Angabe NONCLUSTERED besagt, daß die Reihen einer Tabelle nicht sortiert sind. Diese Angabe ist gleichzeitig der Standardwert. Physikalisch betrachtet beinhalten beim CLUSTERED-Index die Blätter des B+-Baums tatsächliche Werte, während beim NONCLUSTERED-Index auf der Blattebene Zeiger auf die tatsächlichen Daten existieren.

Die Angabe FILLFACTOR=n definiert den Prozentsatz des belegten Speichers jeder Indexseite beim Erstellen des Index. Falls der Wert von **n** auf 100 gesetzt wird, wird jede Indexseite beim Erstellen des Index zu 100% voll sein. Aus diesem Grund empfiehlt sich diese Angabe nur für statische Tabellen.

Die Angaben SORTED_DATA bzw. SORTED_DATA_REORG beschleunigen die Erstellung eines Index für die Spalte (Spaltengruppe), in der Datenwerte sortiert vorliegen. Diese Angaben können sinnvoll verwendet werden, falls die Tabelle sehr viele Reihen enthält. Die Angabe SORTED_DATA_REORG unterscheidet sich von SORTED_DATA dadurch, daß Daten zusätzlich physikalisch reorganisiert werden. (Die Verwendung der SORTED_DATA-Angabe für eine Spalte mit nichtsortierten Datenwerten führt zum Fehler.)

Die Angabe IGNORE_DUP_KEY läßt den Versuch, einen existierenden Datenwert in einer Spalte mit dem UNIQUE-Index einzufügen, außer acht. Diese Angabe ist nur sinnvoll, falls die Unterbrechung einer langen Transaktion, die u.a. die INSERT-Anweisung zum Einfügen dieser Reihe enthält, vermieden werden soll.

Die IGNORE_DUP_ROW und ALLOW_DUP_ROW sind Angaben für die Erstellung eines CLUSTERED-Index ohne UNIQUE-Angabe. Die ALLOW_DUP_ROW-Angabe erlaubt:

▶ die Erstellung eines CLUSTERED-Index ohne UNIQUE-Angabe für eine Tabellenspalte, die mehrfache Datenwerte enthält und

▶ das anschließende Einfügen der schon existierenden Datenwerte in dieser Spalte.

Die IGNORE_DUP_ROW eliminiert die Reihe, die schon existierende Datenwerte in der indizierten Spalte enthält, und die in einer Tabelle eingefügt werden sollte. Die ON **segment**-Angabe spezifiziert das physikalische Segment einer Platte, wo die Indexdatei gespeichert werden soll.

Beispiel 10.1

Erstellen Sie einen Index für die Spalte **m_nr** der Tabelle **mitarbeiter**.

```
create index i_mit_mnr
    on mitarbeiter(m_nr)
```

Beispiel 10.2

Erstellen Sie einen zusammengesetzten Index für die Spalten **m_nr** und **pr_nr** der Tabelle **arbeiten**. Die Werte in den zusammenhängenden Spalten **m_nr** und **pr_nr** dürfen nicht mehrfach vorkommen. Das Auffüllen der Indexseiten soll bei 80% liegen.

```
create unique index i_arb_mpr
    on arbeiten (m_nr, pr_nr)
    with fillfactor = 80
```

Das Erstellen eines UNIQUE-Index für eine Spalte ist nicht möglich, falls diese Spalte mehrfach vorhandene Werte enthält. Damit ein solcher Index erstellt werden kann, darf jeder existierende Datenwert in der Spalte nur einmal vorkommen, was auch für den NULL-Wert gilt.

Wie der SQL Server die Erstellung eines UNIQUE-Index für eine Spalte mit mehrfach vorhandenen Werten nicht zuläßt, so ist es nicht möglich, mehrfach vorhandene Werte in einer Spalte, für die ein UNIQUE-Index schon erstellt wurde, einzufügen. Der Versuch, mit einer UPDATE- bzw. INSERT-Anweisung einen schon existierenden Datenwert in einer Spalte mit UNIQUE-Index einzufügen, wird vom System abgewiesen.

Im folgenden Beispiel wird die Möglichkeit gezeigt, wie mehrfach vorhandene Werte einer Spalte gefunden und entfernt werden können, damit anschließend ein UNIQUE-Index für diese Spalte erstellt werden kann.

Beispiel 10.3

Entfernen Sie alle Reihen der Tabelle **arbeiten**, bis auf die Reihen, die für jeden Mitarbeiter das jüngste Einstellungsdatum enthalten.

```
use master
go
sp_dboption beispiel, "select into/bulkcopy", true
use beispiel
go
select m_nr, max(einst_dat) max_dat
into hilfs_tab
from arbeiten
group by m_nr
having count(*) > 1

delete from arbeiten
    where exists
    (select *
        from hilfs_tab
        where arbeiten.m_nr = hilfs_tab.m_nr
        and arbeiten.einst_dat <
        (select max_dat
            from hilfs_tab
            where arbeiten.m_nr = hilfs_tab.m_nr)
```

Die neue Tabelle **hilfs_tab**, die in Beispiel 10.3 zuerst erstellt wurde, enthält die Reihen der Tabelle **arbeiten**, deren Spalte **m_nr** mehrfach vorhandene Werte beinhaltet, und von diesen nur diejenigen mit dem jüngsten Einstellungsdatum.

Die erste innere SELECT-Anweisung in der WHERE-Klausel der DELETE-Anweisung wählt alle mehrfach vorhandenen Reihen der Tabelle **arbeiten** aus. Bei der zweiten SELECT-Anweisung wird die Auswahl auf nur die Reihen eingeschränkt, deren Spalte **einst_dat** das jüngste Einstellungsdatum nicht enthält. Damit werden mit Hilfe der Tabelle **hilfs_tab** alle Reihen gelöscht, deren Spalte **m_nr** mehrfach vorhandene Werte und deren Spalte **einst_dat** die Datenwerte, die nicht die jüngsten sind, enthält.

Die Tabelle **arbeiten** hat, nachdem die Anweisungsfolge in Beispiel 10.3 abgearbeitet wird, folgenden Inhalt:

m_nr	pr_nr	aufgabe	einst_dat
10102	p3	Gruppenleiter	1.Jan.1989 0:00
25348	p2	Sachbearbeiter	15.Feb.1988 0:00
18316	p2	(null)	1.Jun.1989 0:00
2581	p3	Projektleiter	15.Okt.1989 0:00
9031	p1	Gruppenleiter	15.Apr.1989 0:00
28559	p2	Sachbearbeiter	1.Feb.1989 0:00
29346	p1	Sachbearbeiter	1.Apr.1989 0:00

(7 Reihe(n) betroffen)

Wie aus der obigen Darstellung ersichtlich, kommt jeder Datenwert in der Spalte **m_nr** nur einmal vor. Damit ist es jetzt möglich, einen UNIQUE-Index für die Tabelle **arbeiten** zu erstellen.

Die erstellte Tabelle **hilfs_tab** kann, nachdem die Aufgabe in Beispiel 10.3 gelöst wurde, gelöscht werden, weil wir sie nur als Hilfsmittel benutzt haben.

Mit der Anweisung DROP INDEX wird der erstellte Index gelöscht. Die allgemeine Form dieser Anweisung sieht folgendermaßen aus:

```
DROP INDEX tab_name.index_name1 [{,tab_name.index_name2}...]
```

Beispiel 10.4

Löschen Sie den Index, der in Beispiel 10.1 erstellt wurde.

```
drop index mitarbeiter.i_mit_mnr
```

Wie aus der Definition der DROP INDEX-Anweisung ersichtlich, muß beim Löschen eines Index auch der Name der Tabelle, zu der dieser Index gehört, angegeben werden.

10.1.2 Indizes und Schlüssel

Wie wir schon gezeigt haben, sind Indizes ein Teil der SQL-Sprache. Genauso sind auch Schlüssel ein Teil dieser Sprache. Bevor der Zusammenhang zwischen Indizes und Schlüsseln erklärt wird, müssen die verschiedenen Schlüssel erläutert werden. Im relationalen Datenmodell existieren folgende Schlüsselarten:

▶ Schlüsselkandidat,

▶ Primärschlüssel und

▶ Fremdschlüssel.

Der Schlüsselkandidat kennzeichnet eine Spalte oder Spaltengruppe einer Tabelle, für die die minimale Eindeutigkeit gilt. (Jeder Datenwert dieser Spalte bzw. Spaltengruppe ist eindeutig und die Entfernung beliebiger Spalte(n) aus der Spaltengruppe führt zu mehrwertigen Daten.) Eine Tabelle kann einen oder mehrere Schlüsselkandidaten aufweisen. Einer dieser Schlüssel wird ausgewählt und als Primärschlüssel bezeichnet.

Als Fremdschlüssel wird eine Spalte oder Spaltengruppe einer Tabelle bezeichnet, die den Schlüsselkandidaten einer anderen Tabelle darstellt. Die Datenwerte der Spalte, die einen Fremdschlüssel darstellt, bilden gewöhnlich eine Untermenge der Datenwerte der Spalte, die den entsprechenden Primärschlüssel bildet.

Die Beispieldatenbank enthält folgende Schlüssel:

▶ Die Spalte **abt_nr** der Tabelle **abteilung** ist sowohl ein Schlüsselkandidat als auch ein Primärschlüssel;

▶ Die Spalte **pr_nr** der Tabelle **projekt** ist sowohl ein Schlüsselkandidat als auch ein Primärschlüssel;

▶ Die Spalte **m_nr** der Tabelle **mitarbeiter** ist sowohl ein Schlüsselkandidat als auch ein Primärschlüssel. Gleichzeitig ist die Spalte **abt_nr** ein Fremdschlüssel.

▶ Die Spaltengruppe (**m_nr,pr_nr**) der Tabelle **arbeiten** ist sowohl ein Schlüsselkandidat als auch ein Primärschlüssel. Zusätzlich dazu ist jede dieser Spalten ein Fremdschlüssel.

Für jeden Primärschlüssel und Schlüsselkandidaten einer Tabelle soll grundsätzlich ein Index erstellt werden, der die UNIQUE-Angabe enthält. Die Angabe UNIQUE steht im Zusammenhang mit der Definition beider Schlüssel; sowohl Primär- als auch Schlüsselkandidat lassen keine mehrfach vorhandenen Datenwerte zu. Zusätzlich dazu soll jede Spalte, die einen Primärschlüssel bzw. Schlüsselkandidaten darstellt, die NOT NULL-Angabe in der CREATE TABLE-Anweisung enthalten. Die Notwendigkeit der NOT NULL-Angabe stammt aus dem relationalen Modell: Jeder Primärschlüssel bzw. Schlüsselkandidat wird im relationalen Modell als eine (mathematische) Funktion betrachtet, die jedes Element eindeutig identifiziert.

Hinweis   Die Angabe PRIMARY KEY der CREATE TABLE- bzw. ALTER TABLE-Anweisung sorgt dafür, daß für die entsprechende Spalte (Spaltengruppe) implizit ein eindeutiger (UNIQUE) Index erstellt wird. Der SQL Server unterstützt zusätzlich zwei Datenbank-Prozeduren bezüglich Indizes: **sp_primarykey** und **sp_foreignkey**, die benutzt werden können, um Primär- bzw. Fremdschlüssel zu definieren. Die beiden Prozeduren liefern die Information, die anschließend in eine Systemtabelle (**syskeys**) gespeichert, aber vom SQL Server nicht ausgewertet wird. Deswegen sollte für die Erstellung eines Primärschlüssels (und die anschließende implizite Erstellung des eindeutigen Index) ausschließlich die PRIMARY KEY-Angabe benutzt werden. Dasselbe gilt für die Erstellung des Fremdschlüssels mit der FOREIGN KEY-Angabe.

Beispiel 10.5

Erstellen Sie einen UNIQUE-Index für jeden Primärschlüssel und Schlüsselkandidaten der Beispieldatenbank.

```
create unique index i_abt_nr on abteilung (abt_nr)
create unique index i_m_nr on mitarbeiter (m_nr)
create unique index i_pr_nr on projekt (pr_nr)
create unique index i_mpr_nr on arbeiten (m_nr,pr_nr)
```

Auch für jeden Fremdschlüssel ist es empfehlenswert, einen Index zu erstellen. Eine der Joinspalten, die bei der Verknüpfung zweier Tabellen benutzt wird, stellt gewöhnlich einen Fremdschlüssel dar. Das Erstellen eines Index für einen Fremdschlüssel wird die Abarbeitungszeit eines Joins wesentlich verkürzen. Die Angabe UNIQUE wäre in diesem Fall falsch, weil ein Fremdschlüssel mehrfach vorhandene Werte zuläßt.

Beispiel 10.6

Erstellen Sie einen Index für jeden Fremdschlüssel der Beispieldatenbank.

```
create index i_m_abtnr on mitarbeiter (abt_nr)
create index i_arb_mnr on arbeiten (m_nr)
create index i_arb_prnr on arbeiten (pr_nr)
```

10.1.3 Kriterien zur Erstellung eines Index

Obwohl der SQL Server keine Einschränkungen bezüglich der Anzahl von Indizes aufweist, ist es sinnvoll, diese Anzahl relativ gering zu halten. Erstens verbraucht jeder Index Speicherplatz; wenn für eine Anwendung sehr viele Indizes erstellt wurden, kann es sogar vorkommen, daß die Indizes mehr Speicherplatz brauchen als alle Datenwerte einer Datenbank. Zweitens werden im Unterschied zu Abfragen, die mit Hilfe eines Index wesentlich beschleunigt werden können, u.U. die Anweisungen INSERT und DELETE langsamer. Der Grund dafür ist, daß jedes Einfügen bzw. Löschen der Reihen einer Tabelle mit einer indizierten Spalte u.U. eine Änderung der Struktur des Indexbaumes verursacht. Dementsprechend wird der Indexbaum auch geändert, wenn eine indizierte Spalte selbst geändert wird.

Im folgenden werden wir einige Empfehlungen geben, wann ein Index erstellt werden soll. Für alle Beispiele dieses Kapitels gilt die Annahme, daß alle Tabellen der Beispieldatenbank eine große Anzahl von Reihen haben.

a. WHERE-Klausel

Wenn die WHERE-Klausel in einer SELECT-Anweisung eine Bedingung mit einer einzigen Spalte enthält, ist es empfehlenswert, diese Spalte zu indizieren. Dabei ist es wichtig zu wissen, welchen Prozentsatz der Reihen die SELECT-Anweisung auswählt. Das Erstellen eines Index wird die Abfrage am stärksten beschleunigen, wenn der Prozentsatz der Reihen, die die SELECT-Anweisung auswählt, unter 5% liegt. Andererseits ist es nicht sinnvoll, wenn die Menge der ausgewählten Reihen konstant 80% oder mehr beträgt, einen Index zu erstellen. In diesem Fall werden für die existierende Indexdatei zusätzliche E/A-Operationen notwendig, die dann die Zeitgewinne, die mit der direkten Suche erreicht wurden, zunichte machen. Ein sequentielles Suchen (*table scan*) ist in diesem Fall schneller.

Die WHERE-Klausel kommt auch in den Datenmanipulations-Anweisungen UPDATE und DELETE vor. Für die WHERE-Klausel gilt bei diesen beiden Anweisungen Ähnliches, wie es schon für die SELECT-Anweisung gesagt wurde. Der einzige Unterschied ist, daß die UPDATE- und DELETE-Anweisung u.U. zusätzliche Änderungen der Indexdatei verursachen. Dieser Zeitverlust muß in Betracht gezogen werden, wenn die Entscheidung getroffen wird, ob der Index erstellt werden soll oder nicht. (In der Praxis wird die Spalte, die in der Bedingung einer WHERE-Klausel in einer UPDATE- bzw. DELETE-Anweisung vorkommt, meist auch in einer SELECT-Anweisung benutzt.)

b. AND-Operator

Wenn eine Bedingung in der WHERE-Klausel einen oder mehrere AND-Operatoren enthält, empfiehlt es sich, einen zusammengesetzten Index zu erstellen, der alle Spalten der Tabelle, die in der Bedingung vorkommen, umfaßt. Dabei spielt die Länge aller Spalten, für die der zusammengesetzte Index erstellt werden soll, eine wesentliche Rolle. Je größer die Gesamtlänge aller Spalten ist, desto weniger empfehlenswert ist es, den Index zu erstellen.

Beispiel 10.7

```
create index i_arb_mdat
    on arbeiten (m_nr, einst_dat)

select *
    from arbeiten
    where m_nr = 29346
    and einst_dat = '1.4.1989'
```

(1 Reihe(n) betroffen)

In Beispiel 10.7 wird mit der SELECT-Anweisung sowohl nach der Personalnummer als auch nach dem Einstellungsdatum des Mitarbeiters gesucht. In diesem Fall empfiehlt es sich, einen zusammengesetzten Index zu erstellen, wie es auch im Beispiel gemacht wurde.

c. Join

Beim Verknüpfen zweier Tabellen mit Join ist es empfehlenswert, beide Joinspalten zu indizieren. Joinspalten stellen gewöhnlich den Primärschlüssel der einen und den entsprechenden Fremdschlüssel der anderen Tabelle dar. Nach den Kriterien des vorherigen Abschnitts sollten diese Spalten indiziert sein.

Beispiel 10.8

```
select m_name, m_vorname
    from mitarbeiter, arbeiten
    where mitarbeiter.m_nr = arbeiten.m_nr
    and einst_dat = '15.10.1989'
```

(1 Reihe(n) betroffen)

In diesem Beispiel wäre es sinnvoll, für die Spalten **mitarbeiter.m_nr** und **arbeiten.m_nr** je einen Index zu erstellen. Nach dem Kriterium b) soll ein zusätzlicher Index für die Spalte **einst_dat** erstellt werden.

10.2 Allgemeine Kriterien zur Verbesserung der Effizienz

Im letzten Abschnitt haben wir gezeigt, wie das Leistungsverhalten einer Datenbankanwendung mit Hilfe von Indizes verbessert werden kann. In diesem Abschnitt wird erläutert, wie die Programmierung die Effizienz der Anwendung beeinflussen kann.

Der SQL Server erarbeitet für eine gegebene SQL-Anweisung gleichzeitig mehrere mögliche Lösungen. Nachdem die Lösungen erstellt wurden, versucht ein spezieller Systemteil - der Optimierer - die effizienteste Lösung auszuwählen. Der Optimierer ist nicht imstande, für jeden Fall die bestmögliche Lösung zu finden. Deswegen ist es sehr wichtig herauszufinden, wie der Programmierer die Effizienz seiner Anwendung verbessern kann. Für den SQL Server gelten einige Kriterien, die in den folgenden drei Unterabschnitten beschrieben sind.

10.2.1 Join statt korrelierter Unterabfrage

Alle SELECT-Anweisungen mit der korrelierten Unterabfrage können auch mit Hilfe von Join dargestellt werden. (Der umgekehrte Fall gilt nicht immer.) Diese beiden Lösungsmethoden unterscheiden sich dadurch, daß Join wesentlich effizienter als die korrelierte Unterabfrage ist. Dies wird in folgendem Beispiel verdeutlicht.

Beispiel 10.9

Nennen Sie die Namen aller Mitarbeiter, die in Projekt **p3** arbeiten.

```
A. select m_name
    from mitarbeiter, arbeiten
    where mitarbeiter.m_nr = arbeiten.m_nr
    and pr_nr = 'p3'

B. select m_name
    from mitarbeiter
    where 'p3' in
```

```
(select pr_nr
    from arbeiten
    where mitarbeiter.m_nr = arbeiten.m_nr)
```

Die Lösung A ist effizienter als die Lösung B. Bei der Lösung B muß jede Reihe der äußeren SELECT-Anweisung mit allen Reihen der inneren SELECT-Anweisung verglichen werden. Dieses Verfahren ist nicht optimal, weil das einmalige Suchen nach dem Datenwert **p3** in der Spalte **pr_nr** (wie bei Lösung A) wesentlich schneller ist.

10.2.2   Unvollständige Anweisungen

In der Praxis kann es vorkommen, daß der Programmierer aus Versehen eine SQL-Anweisung unvollständig angibt. Diese Anweisung ist nicht nur fehlerhaft, sondern kann auch das Leistungsverhalten der ganzen Anwendung sehr beeinträchtigen. Ein typisches Beispiel dafür ist das Kartesische Produkt.

Das Kartesische Produkt ist schon in Kapitel 6 ausführlich beschrieben worden. Das Ergebnis eines Kartesischen Produkts enthält jede Kombination der Reihen zweier Tabellen. Wenn eine Tabelle z.B. 10000 und die andere 100 Reihen hat, enthält das Kartesische Produkt dieser Tabellen als Ergebnis insgesamt eine Million Reihen. Dementsprechend groß ist der Zeitverlust, der bei dieser Verknüpfung entsteht.

Das absichtliche Erzeugen eines Kartesischen Produkts ist in der Praxis sehr selten. Vielmehr handelt es sich um einen Fehler des Programmierers, der vergessen hat, das notwendige Join in der WHERE-Klausel anzugeben.

Hinweis   Der SQL Server bietet eine Option - ROWCOUNT - die in der SET-Anweisung dafür sorgt, daß immer nur eine im voraus angegebene Anzahl von Reihen mit einer Datendefinitionsanweisung (meistens SELECT) abgearbeitet wird. Mit dieser Option kann damit die Ausgabe der vielen Reihen, die durch die unabsichtliche Verwendung des Kartesischen Produkts entstanden sind, vermieden werden. (Die Option ROWCOUNT ist am Ende dieses Kapitels beschrieben.)

10.2.3   Der LIKE-Operator

Der LIKE-Operator ist ein Vergleichsoperator, der Datenwerte einer Spalte mit einer vorgegebenen Zeichenkette vergleicht. Falls diese Spalte indiziert ist, wird die Suche nach der Zeichenkette mit Hilfe des existierenden Index ausgeführt. Die Verwendung des Zeichens „%" bzw. „_" am Anfang der Zeichenkette macht es aber unmöglich, das Suchen von der Wurzel des Indexbaums aus zu starten.

Beispiel 10.10

Finden Sie die Personalnummer aller Mitarbeiter, deren Name mit „mann" endet.

```
select m_nr
    from mitarbeiter
    where m_name like '%mann'
```

In Beispiel 10.10 kann die Suche nicht von der Wurzel des Indexbaums aus durchgeführt werden, auch wenn der Index für die Spalte **m_name** existiert. Der Grund dafür ist, daß die ersten Zeichen des Vergleichsmusters in der Bedingung nicht bekannt sind.

10.3 Optimieren von Suchanweisungen

Die Aufgabe des Optimierers ist es, die besten Strategien für die Ausführung der Datenmanipulationsanweisungen (meistens Abfragen) zu erstellen. Der SQL Server unterstützt zwei Anweisungen

```
UPDATE STATISTICS und
SET,
```

die die Optimierung der Suchanweisungen ermöglichen.
Mit der Anweisung

```
UPDATE STATISTICS [[db_name.]}ben_name.]tab_name [index_name]
```

wird die Information über die Verteilung der Schlüsselwerte für den angegebenen Index **index_name** (oder für alle Indizes der Tabelle **tab_name**, falls der Indexname ausgelassen wird) aktualisiert.

Das Aktualisieren der Information mit Hilfe der UPDATE STATISTICS-Anweisung soll in folgenden Fällen durchgeführt werden:

▶ beim Laden einer Tabelle;

▶ beim Einfügen bzw. Löschen einer größeren Anzahl der Reihen einer Tabelle;

▶ beim Ändern einer größeren Anzahl der Datenwerte der indizierten Spalte.

Die Anweisung UPDATE STATISTICS wird vom System automatisch nach der Erstellung eines Index ausgeführt. Diese Anweisung kann sonst nur vom Tabellen- bzw. Datenbankeigentümer ausgeführt werden.

Die zweite Anweisung

```
SET liste_der_optionen [ON|OFF]
```

kann, abhängig von den angegebenen Optionen, sowohl für die Optimierung von Suchanweisungen als auch für andere Zwecke verwendet werden. In diesem Abschnitt werden wir die Optionen

▶ SHOWPLAN,

▶ NOEXEC,

▶ FORCEPLAN,

▶ ROWCOUNT,

▶ STATISTICS IO und

▶ STATISTICS TIME

erläutern, die zur Optimierung von Suchanweisungen benutzt werden können.

Die Angabe ON aktiviert die angegebene(n) Option(en), während OFF sie ausschaltet. Mit der Option SHOWPLAN kann die Information über den gewählten Ausführungsplan einer Anweisung (in der Praxis meistens SELECT) ermittelt werden. Die Information enthält u.a. die Liste der verwendeten Indizes.

Die zweite Option - NOEXEC - übersetzt jede Anweisung, führt sie aber nicht aus. Diese Option kann am sinnvollsten in der Kombination mit der SHOWPLAN-Option eingesetzt werden. Solange die NOEXEC-Option eingeschaltet ist, wird keine nachfolgende Anweisung ausgeführt (außer natürlich der Anweisung SET NOEXEC OFF).

Beispiel 10.11

```
set showplan, noexec on
go
select mitarbeiter.abt_nr
from mitarbeiter, arbeiten
where mitarbeiter.m_nr = arbeiten.m_nr
and arbeiten.pr_nr = 'p1'
go
```

Das Ergebnis ist:

```
STEP 1
The type of query is SELECT
FROM TABLE
arbeiten
Verschachtelte Iteration
Table Scan
FROM TABLE
mitarbeiter
Verschachtelte Iteration
Table Scan
```

In Beispiel 10.11 werden zuerst die Optionen SHOWPLAN und NOEXEC aktiviert. Dadurch wird die anschließende SELECT-Anweisung (wie auch alle nachfolgenden Anweisungen) nur übersetzt, aber nicht ausgeführt. Für die SELECT-Anweisung wird die Information über ihren Ausführungsplan am Bildschirm ausgegeben. (Für die Tabelle **mitarbeiter** ist ein Index für die Spalte **m_nr** und für die Tabelle **arbeiten** sind zwei getrennte Indizes für die Spalten **m_nr** und **pr_nr** erstellt worden.)

Mit der Option SHOWPLAN der SET-Anweisung hat der Benutzer keine direkte Möglichkeit, die Arbeit des Optimierers zu beeinflussen. Der Benutzer kann nur nachträglich durch verschiedene Tätigkeiten (z.B. die Erstellung neuer Indizes) versuchen, die Performance zu verbessern.

Die Option FORCEPLAN gibt dem Benutzer die Möglichkeit, die Arbeit des Optimierers direkt zu beeinflussen. Mit dieser Option bearbeitet der Optimierer die Tabellen genau in der Reihenfolge, wie sie in der FROM-Klausel der SELECT-Anweisung vom Benutzer angegeben sind. (Diese Option schaltet den Optimierer aus.)

Beispiel 10.12

```
set forceplan, showplan, noexec on
go
select mitarbeiter.abt_nr
from mitarbeiter, arbeiten
where mitarbeiter.m_nr = arbeiten.m_nr
and arbeiten.pr_nr = 'p1'
```

Das Ergebnis ist:

```
STEP 1
The type of query is SELECT
FROM TABLE
mitarbeiter
Verschachtelte Iteration
Table Scan
FROM TABLE
arbeiten
Verschachtelte Iteration
Table Scan
```

Wie aus den Beispielen 10.11 und 10.12 ersichtlich, ist die Reihenfolge der Abarbeitung der Tabellen **mitarbeiter** und **arbeiten** unterschiedlich.

Eine nichtdokumentierte Möglichkeit die Arbeit des Optimierers (und damit auch die Performance einer SELECT-Anweisung) zu beeinflussen, ist die explizite Angabe der Index-Identifikationsnummer in Klammern hinter dem Tabellennamen in der FROM-Klausel. (Die Spalte **id** der Systemtabelle **sysindexes** stellt die Index-Identifikationsnummer dar.)

Beispiel 10.13

```
set forceplan, showplan, noexec on
go
select o.name, u.name, log.name, i.rowpage
from sysobjects o, sysusers u(3), master..syslogins log(1),
  sysindexes i
where o.uid = u.uid
and log.suid = u.suid
and o.id = i.id
and i.indid = 0
and o.type = 'U'
```

Das Ergebnis ist:

```
STEP 1
The type of query is SET ON
STEP 1
The type of query is SELECT
FROM TABLE
sysobjects o
Verschachtelte Iteration
Table Scan
FROM TABLE
sysusers u
Verschachtelte Iteration
Index: ncsysusers2
FROM TABLE
master..sylogins log
Verschachtelte Iteration
Using Clustered Index
FROM TABLE
sysindexes i
Verschachtelte Iteration
Using Clustered Index
```

Mit der Option ROWCOUNT **n** wird eine Datenmanipulationsanweisung abgebrochen, nachdem **n** Reihen abgearbeitet sind. Diese Option kann sehr nützlich sein, wenn eine Abfrage (z.B. aufgrund eines semantischen Fehlers) viele Reihen ausgeben soll. Die Option ROWCOUNT wird durch die Anweisung SET ROWCOUNT 0 unwirksam.

Die Option STATISTICS IO gibt am Bildschirm die für eine Anweisung relevanten Ein- und Ausgabeinformationen aus. Dabei wird u.a. die Anzahl von gelesenen und geschriebenen physikalischen Seiten für jede Tabelle, die in dieser Anweisung verwendet wird, ausgegeben. Die andere Option - STATISTICS TIME - gibt am Bildschirm die Übersetzungs- und Ausführungszeit einer SQL-Anweisung aus.

10.4 Zusammenfassung

Indizes dienen der Optimierung der Abfragen. Wie alle anderen relationalen Datenbanksysteme verwendet der SQL Server B+-Bäume, um die Indizes intern aufzubauen.

Das Optimieren der Suchanweisungen kann beim SQL Server mit Hilfe der Anweisungen:

▶ UPDATE STATISTICS und

▶ SET

durchgeführt werden.

Aufgaben

A.10.1 Erstellen Sie unter der Annahme, daß alle Tabellen der Beispieldatenbank eine sehr große Anzahl von Reihen haben, die notwendigen Indizes für folgende SELECT-Anweisungen:

a)
```
select m_nr, m_name, m_vorname
      from mitarbeiter
      where m_name = 'Kaufmann'
```

b)
```
select m_nr, m_name, m_vorname
      from mitarbeiter
      where m_name = 'Meier'
      and m_vorname = 'Rainer'
```

c)
```
select aufgabe
      from arbeiten, mitarbeiter
      where arbeiten.m_nr = mitarbeiter.m_nr
```

d)
```
select m_name, m_vorname
      from mitarbeiter, abteilung
      where mitarbeiter.abt_nr=abteilung.abt_nr
      and abt_name = 'Beratung'
```

11 Der Systemkatalog des SQL Servers

In diesem Kapitel wird der Systemkatalog des SQL Servers behandelt. Nach der Einführung werden die wichtigsten Tabellen des Systemkatalogs beschrieben und für die Praxis relevante Abfragen auf gewählte Systemtabellen gezeigt. In einem weiteren Abschnitt werden ausgewählte DB-Prozeduren, die den Zugriff auf Systemtabellen ermöglichen, erläutert.

11.1 Beschreibung der Systemtabellen

Der Systemkatalog beinhaltet interne Informationen, die der SQL Server für einen reibungslosen Ablauf benötigt. Im Systemkatalog befindet sich die Information über alle Datenbanken und ihre Objekte (Tabellen, Spalten, Indizes, DB-Prozeduren usw.). Diese Information ist für das einwandfreie Funktionieren des Systems unerläßlich. Auf Grund der gespeicherten Information über ein DB-Objekt weiß das System z.B. wer der Eigentümer dieses Objektes ist.

Beim SQL Server besteht der Katalog aus Systemtabellen, die in ihrem Aufbau den Benutzertabellen entsprechen. Es gibt Systemtabellen, die in der *master*-Datenbank liegen, und andere, die in der jeweiligen Datenbank benötigt werden und dementsprechend dort liegen. Damit erscheint eine Systemtabelle in einem System entweder nur einmal (in der *master*-Datenbank) oder **n+1**-mal, wobei **n** die Anzahl der Benutzerdatenbanken im System ist.

Im folgenden Abschnitten werden wir die wichtigsten SQL Server-Systemtabellen mit den dazugehörigen Spalten beschreiben.

11.1.1 sysobjects

sysobjects stellt die wichtigste und in den Abfragen meistbenutzte Systemtabelle dar. Sie enthält je eine Reihe für die Beschreibung jedes DB-Objektes (Tabelle, View, DB-Prozedur, Regel, Trigger usw.). Diese Systemtabelle erscheint sowohl in der *master*- als auch in jeder Benutzerdatenbank. Die wichtigsten Spalten dieser Tabelle sind:

Spalte	Beschreibung
id	Die Identifikationsnummer(ID) des DB-Objektes. (Jedes Objekt hat eine systemweit eindeutige ID.)
name	Der Name des Objektes
uid	Die ID des Eigentümers eines Objektes

Spalte	Beschreibung
type	Der Objekttyp: „S" definiert eine Systemtabelle, „U" eine Benutzertabelle, „V" ein View, „L" ein Transaktionsprotokoll, „P" eine DB-Prozedur, „R" eine Integritätsregel, „D" einen *default*-Wert und „TR" einen Trigger.
crdate	Das Datum, wann das Objekt erstellt wurde.

11.1.2 syscolumns

Diese Tabelle beinhaltet je eine Reihe für die Beschreibung aller Spalten der existierenden Tabellen und Views sowie je eine Reihe für jeden Parameter der DB-Prozeduren. **syscolumns** erscheint sowohl in der *master*- als auch in jeder Benutzerdatenbank. Die wichtigsten Spalten dieser Tabelle sind:

Spalte	Beschreibung
id	Die ID der Tabelle, zu der die Spalte gehört, bzw. die ID der DB-Prozedur, der der Parameter gehört.
colid	Die ID der Spalte
name	Der Spaltenname / Parametername
status	Spezifiziert, ob NULL als Wert für die Spalte erlaubt ist, bzw. bei Spalten vom Typ **bit** die Stellung innerhalb eines Bytes.
length	Die physikalische Länge der Datenwerte

11.1.3 sysindexes

Diese Tabelle beinhaltet je eine Reihe für die Beschreibung jedes Index. Zusätzlich dazu existiert in dieser Tabelle je eine Reihe für jede Tabelle ohne Indizes und jede Tabelle mit den Spalten vom Typ TEXT und IMAGE. **sysindexes** erscheint sowohl in der *master*- als auch in jeder Benutzerdatenbank. Die wichtigsten Spalten dieser Systemtabelle sind:

Spalte	Beschreibung
name	Der Index- oder Tabellenname
id	Die Tabellen-ID
indid	Die Indikatornummer: 0 definiert eine Tabelle, 1 einen CLUSTERED- und >0 einen nicht CLUSTERED-Index.
dpages	Die Anzahl der physikalischen Seiten, die die Tabelle belegt. (Diese Spalte wird nur benutzt, wenn eine Tabelle beschrieben wird.)

11.1.4 sysusers

Diese Tabelle enthält je eine Reihe für jeden zugelassenen Benutzer und jede Benutzergruppe, die die aktuelle Datenbank benutzen kann. **sysusers** erscheint sowohl in der *master*- als auch in jeder Benutzerdatenbank. Die wichtigsten Spalten dieser Systemtabelle sind:

Spalte	Beschreibung
uid	Die Benutzer-ID
suid	Die innerhalb des Servers eindeutige Login-Kennummer
name	Der Benutzer bzw. Gruppenname

11.1.5 sysdepends

Diese Systemtabelle enthält je eine Reihe für jedes View, jede DB-Prozedur und jede Tabelle, die in einem (anderen) View, einer (anderen) DB-Prozedur oder einem Trigger verwendet werden. **sysdepends** erscheint sowohl in der *master*- als auch in jeder Benutzerdatenbank. Die wichtigsten Spalten dieser Tabelle sind:

Spalte	Beschreibung
id	Die Objekt-ID (Tabelle, View oder DB-Prozedur)
number	Die Nummer der DB-Prozedur (falls das Objekt eine DB-Prozedur ist; sonst NULL).
depid	Die ID des Objektes, von dem die Tabelle, das View oder die DB-Prozedur verwendet wird.

11.1.6 sysdatabases

Diese Systemtabelle enthält je eine Reihe für jede auf dem Datenbank-Server erstellte Datenbank. Sie erscheint nur in der *master*-Datenbank. Die wichtigsten Spalten dieser Tabelle sind:

Spalte	Beschreibung
dbid	Die Datenbank-ID
name	Der Datenbankname
suid	Die Benutzer-ID des Datenbankeigentümers
crdate	Das Erstellungsdatum
dumptrdate	Das Datum, an dem die Datenbank zuletzt (mit Hilfe der DUMP TRANSACTION-Anweisung) archiviert wurde.

11.1.7 sysconstraints

Die Systemtabelle **sysconstraints** enthält je eine Reihe für jede Integritätsregel, die mit Hilfe der CREATE TABLE- bzw. ALTER TABLE-Anweisung spezifiziert ist. Sie erscheint sowohl in der *master*- als auch in jeder Benutzerdatenbank. Die wichtigsten Spalten dieser Tabelle sind:

Spalte	Beschreibung
constid	Die ID der Integritätsregel
id	Die ID der Tabelle, zu der die Integritätsregel gehört
colid	Die ID der Spalte, für die die spaltenbezogene Integritätsregel definiert ist. (Falls es sich um eine tabellenbezogene Integritätsregel handelt, hat **colid** den Wert 0.)

11.1.8 sysreferences

sysreferences enthält je eine Reihe für jede referentielle Integrität, die mit Hilfe der CREATE TABLE- bzw. ALTER TABLE-Anweisung. definiert ist. Diese Systemtabelle erscheint sowohl in der *master*- als auch in jeder Benutzerdatenbank. Die wichtigsten Spalten sind:

Spalte	Beschreibung
constid	Die ID der Integritätsregel
keycnt	Die Anzahl der Spalten im Fremdschlüssel
fkeyid	Die ID der Zieltabelle

11.2 Abfragen auf Systemtabellen

Wie bereits erwähnt, ist die Form der System- und Benutzertabellen identisch. Deswegen können beim SQL Server die Systemtabellen genauso wie die Benutzertabellen abgefragt und modifiziert werden.

Die Abfragen auf Systemtabellen unterscheiden sich nicht von den Abfragen auf Benutzertabellen. Folgende drei Beispiele zeigen einige Abfragen auf Systemtabellen, die öfters in der Praxis benötigt werden.

Beispiel 11.1

Finden Sie die Tabellen-ID, Benutzer-ID und den Typ der Tabelle **mitarbeiter**.

```
select id tabellen_id, uid benutzer_id, type tabellen_typ
    from sysobjects
    where name = 'mitarbeiter'
```

Das Ergebnis ist:

tabellen_id	benutzer_id	tabellen_typ
832995995	1	U

(1 Reihe(n) betroffen)

Beispiel 11.2

Finden Sie alle Tabellen der Beispieldatenbank, die die Spalte **pr_nr** enthalten.

```
select sysobjects.name
from sysobjects, syscolumns
where sysobjects.id = syscolumns.id
and syscolumns.name = 'pr_nr'
and sysobjects.type = 'U'
```

Das Ergebnis ist:

name
projekt
arbeiten

(2 Reihe(n) betroffen)

Beispiel 11.3

Wie heißt der Eigentümer der Tabelle **mitarbeiter**?

```
select sysusers.name
from sysusers, sysobjects
where sysusers.uid = sysobjects.uid
and sysobjects.name = 'mitarbeiter'
and sysobjects.type = 'U'
```

Das Ergebnis ist:

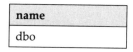

name
dbo

(1 Reihe(n) betroffen)

Hinweis   Für die o.g. Beispiele ist es wichtig, daß die Beispieldatenbank die aktuelle Datenbank ist.

Die Modifizierung der Systemtabellen mit Hilfe der Transact-SQL-Anweisungen UPDATE, INSERT und DELETE kann nicht ohne weiteres durchgeführt werden. Um dies zu ermöglichen, muß der System-Administrator die Option ALLOW UPDATES der RECONFIGURE WITH OVERRIDE-Anweisung aktivieren. Danach hat eine Anzahl ausgewählter Benutzer die Möglichkeit, Systemtabellen mit Hilfe der Transact-SQL-Anweisungen zu ändern.

Hinweis   Dem System-Administrator eines SQL Server-Systems kann auf keinen Fall empfohlen werden, die o.g. Änderung mit Hilfe der RECONFIG-URE-Anweisung durchzuführen. Das Modifizieren der Systemtabellen wie z.B. das Löschen interner Information über eine Benutzertabelle würde das weitere Arbeiten mit dieser Tabelle und damit mit der ganzen Datenbank unmöglich machen. Falls die Systemtabellen unbedingt geändert werden müssen, soll dies mit sehr großer Vorsicht durchgeführt werden.

11.3 DB-Prozeduren und der Systemkatalog

Im vorherigen Abschnitt haben wir erklärt, wie die Information aus dem Systemkatalog mit Hilfe der SELECT-Anweisung abgefragt werden kann. Für jene Benutzer, die die SQL-Sprache nicht kennen, bietet der SQL Server eine zweite Schnittstelle – Systemprozeduren – für die Systemkatalogabfragen an.

Systemtabellen können mit Hilfe der DB-Prozeduren sicher und einfach geändert werden. Die zur Verfügung stehenden DB-Prozeduren bieten viele Möglichkeiten an, die Systemtabellen gezielt zu ändern. Zu diesen Tätigkeiten gehören z.B. die Umbenennung eines Objektes (Datenbank, Tabelle, Spalte, View usw.), die Definition eines neuen Benutzers u.v.a. (Einige dieser DB-Prozeduren sind im nächsten Abschnitt dieses Kapitels beschrieben.)

Systemprozeduren können in zwei Teile unterteilt werden:

▶ allgemeine Systemprozeduren und

▶ Systemprozeduren bezüglich des Systemkatalogs (*Catalog Stored Procedures*)

Die allgemeinen Systemprozeduren werden bei der Installation des Systems aktiviert. Sie können für verschiedene Aufgaben benutzt werden, wobei die Abfrage der Systemtabellen eine dieser Möglichkeiten ist.

Die Systemprozeduren bezüglich des Systemkatalogs sind spezielle DB-Prozeduren, die ausschließlich für Systemkatalogabfragen verwendet werden.

Die meisten allgemeinen Systemprozeduren greifen auf Systemtabellen zu, um die vorhandene Information abzufragen oder zu ändern. Wegen der großen Anzahl der existierenden Systemprozeduren werden wir nur einige wenige, die für Abfragen und Änderungen des Systemkatalogs am wichtigsten sind, beschreiben. Dazu gehören:

▶ `sp_help`,

▶ `sp_depends`,

▶ `sp_helpdb` und

▶ `sp_helptext`.

11.3.1   sp_help

Diese DB-Prozedur liefert die Information über das genannte Datenbankobjekt. Jedes DB-Objekt, das für die aktuelle Datenbank definiert ist, kann mit dieser Prozedur abgefragt werden. (Falls **sp_help** ohne Parameter angegeben wird, wird die Information für alle Objekte der aktuellen Datenbank ausgegeben.) Das folgende Beispiel gibt die gesamte Information über die Tabelle **mitarbeiter** am Bildschirm aus.

Beispiel 11.4

```
sp_help mitarbeiter
```

Das Ergebnis ist

Name	Owner	Type	When Created
mitarbeiter	dbo	user table	29.Jan.1996 14:19

Data_located_on_segment
default

Column_name	Type	Length	Prec	Scale	Nullable
m_nr	int	4	0	0	no
m_name	char	20	0	0	no
m_vorname	char	20	0	0	no
abt_nr	char	4	0	0	yes

Identity	Seed	Increment
No identity column definition	(null)	(null)

index_name	index_description	index_keys
i_mn_nr	nonclustered, unique located on default	m_nr
i_m_abtnr	nonclustered, located on default	abt_nr

Keine Einschränkungen wurden für dieses Objekt definiert.

Keine Fremdschlüssel verweisen auf diese Tabelle.

11.3.2   sp_depends

sp_depends gibt die Information über alle Datenbankobjekte (Views, Trigger, DB-Prozeduren) zurück, die von der genannten Tabelle bzw. dem genannten View referenziert (verwendet) werden und auch die Information über alle Datenbankobjekte (Tabellen, Views), die das genannte Objekt benutzen.

Beispiel 11.5

```
sp_depends v_sach_arb
```

Das Ergebnis ist:

In der aktuellen Datenbank besitzt das angegebene Objekt folgende Bezüge:

name	type	updated	selected
dbo.arbeiten	user table	no	no

In der aktuellen Datenbank wird auf das angegebene Objekt wie folgt verwiesen:

name	type
dbo.v_p2_sach	view

Beispiel 11.5 zeigt das in Beispiel 9.1 definierte View **v_sach_arb**. Dieses View wird aus der Tabelle **arbeiten** abgeleitet. Genauso existiert ein anderes View – **v_p2_sach** (Beispiel 9.6) –, das mit Hilfe von **v_sach_arb** definiert ist.

11.3.3   sp_helpdb

Diese DB-Prozedur gibt die Information über alle an einem DB-Server existierenden Datenbanken aus. Die Information kann auf eine Datenbank eingeschränkt werden, falls der Datenbankname als Parameter explizit angegeben wird.

11.3.4   sp_helptext

sp_helptext gibt den Text einer DB-Prozedur, eines Triggers, eines Views oder einer Regel am Bildschirm aus.

Beispiel 11.6

```
sp_helptext erhoehe_mittel
```

Das Ergebnis ist

text
create procedure erhoehe_mittel (@prozent int=5)
as update projekt
set mittel = mittel + mittel * @prozent / 100

11.3.5 DB-Prozeduren bezüglich des Systemkatalogs

DB-Prozeduren bezüglich des Systemkatalogs eignen sich als Hilfe für Abfragen sowohl auf den SQL Server-Katalog als auch auf Kataloge entfernter Datenbanksysteme, die sich im Netz befinden.

Die meisten aufgelisteten DB-Prozeduren haben sehr viele Parameter. Deswegen werden wir nur die Funktionalität jeder DB-Prozedur beschreiben. Für die Beschreibung der Syntax einzelner DB-Prozeduren verweisen wir den Leser auf die entsprechenden Microsoft-Handbücher.

sp_column_privileges gibt die gesamte Information über alle Spaltenzugriffsrechte einer Tabelle, die auf dem aktuellen DB-Server definiert sind, zurück. Die Information kann auf eine Spalte eingeschränkt werden, falls der Name der Spalte explizit angegeben ist.

sp_columns gibt die gesamte Information über alle Spalten einer Tabelle, die auf dem aktuellen DB-Server definiert sind, zurück. Die Information kann auf eine Spalte eingeschränkt werden, falls der Name der Spalte als Parameter explizit angegeben ist.

sp_databases listet alle Datenbanken auf, die auf dem aktuellen DB-Server existieren.

sp_sproc_columns gibt die Information über alle Spalten, die in einer DB-Prozedur als Parameter oder als Teil des Ergebnisses existieren, zurück. Die Information kann auf eine Spalte eingeschränkt werden, falls der Name der Spalte explizit angegeben ist.

sp_statistics gibt die Liste aller Indizes der genannten Tabelle zurück. Die Information kann auf einen Index eingeschränkt werden, falls der Name des Index explizit angegeben ist.

sp_stored_procedures liefert die Liste aller DB-Prozeduren, die auf dem aktuellen DB-Server existieren.

sp_tables liefert die Liste aller Tabellen (System- und Benutzertabellen sowie Views), die am aktuellen DB-Server abgefragt werden können.

11.4 Zusammenfassung

Der Systemkatalog des SQL Servers enthält Systemtabellen, die die wichtigste Information über das gesamte System enthalten. Die Abfragen auf diese Information kann entweder mit Hilfe der SELECT-Anweisung oder mit Hilfe der existierenden Systemprozeduren durchgeführt werden. Zusätzlich dazu ermöglichen einige Systemprozeduren auch eine einfache Änderung der Inhalte der Systemtabellen.

12 Das Sicherheitskonzept des SQL Servers

In diesem Kapitel werden unterschiedliche Möglichkeiten beschrieben, wie der SQL Server die Daten vor unbefugtem Zugriff schützt. Nach der Einführung werden die GRANT und REVOKE-Anweisung erörtert, die die Vergabe bzw. den Entzug der Zugriffsrechte regeln. Danach wird die Rolle von Views im Zusammenhang mit dem Datenschutz erklärt. Eine ähnliche Rolle wie Views können auch Datenbank-Prozeduren haben, die im weiteren Verlauf des Kapitels beschrieben sind.

12.1 Einführung

Die Sicherheit des SQL Server-Systems, wie jedes anderen Datenbankmanagementsystems, bezieht sich auf die Frage, wer sich an das System anmelden darf und welche Zugriffsrechte ein einzelner Benutzer bzw. eine Benutzergruppe hat. Sowohl die Anmeldung als auch die Vergabe der Zugriffsrechte kann selektiv und dynamisch sein. Selektiv bedeutet, daß an verschiedenene Benutzer unterschiedliche Rechte vergeben werden können, während dynamisch die Möglichkeit kennzeichnet, die schon vergebenen Rechte bzw. die Erlaubnis zum Einloggen jederzeit zu entziehen.

12.1.1 Einloggen in das SQL Server-System

Bei der Installation eines SQL Server-Systems ist es möglich, zwischen drei unterschiedlichen Sicherheitsmodi zu wählen. Diese Modi sind:

▷ die integrierte Sicherheit,

▷ die Standard-Sicherheit und

▷ die gemischte Sicherheit.

Bei der integrierten Sicherheit wird das Einloggen in das Datenbanksystem mit dem Einloggen in das Betriebssystem vereinigt. Der Benutzer muß also nur auf der Betriebssystemebene seine Kennung zu der eigenen Identifizierung verwenden, um auch dem SQL Server bekannt zu sein und diesen benutzen zu können.

Bei der Standard-Sicherheit unterstützt der SQL Server zusätzlich zu der Betriebssystemkennung auch eine eigene Login-ID für jeden Benutzer. Damit braucht jeder Benutzer, der den SQL Server im Standard-Sicherheitsmodus verwenden will, zwei voneinander unabhängige Kennungen - für das Betriebs- und das Datenbanksystem.

Die gemischte Sicherheit kennzeichnet die Möglichkeit, abhängig von dem Typ des Netzwerkprotokolls, das zwischen der *front-end*-Komponente und dem SQL Server existiert, entweder die integrierte oder die Standard-Sicherheit zu wählen. Im allgemeinen kann man sagen, daß das System implizit die integrierte Sicherheit wählt, falls das Netzwerkprotokoll entweder Multi-Protokoll oder Named Pipes ist. (Eine Verbindung zwischen einer *front-end*-Komponente und einem SQL Server, die eines der beiden o.g. Protokolle verwendet, wird die vertraute Verbindung genannt.)

Bei der Installation eines SQL Server-Systems wird implizit u.a. die Login-ID des Systemadministrators (*sa*) erstellt. *sa* ist jene Login-ID, die (fast) alle Rechte für ein SQL Server-System hat. Diese Login-ID ist, im Unterschied zu den meisten anderen Kennungen des Datenbanksystems, nicht benutzerbezogen, sondern eher als eine Funktion zu betrachten. Jeder Benutzer, der das Kennwort von *sa* kennt, kann diese Rolle übernehmen. Der Systemadministrator ist für die Installation und das einwandfreie Funktionieren des SQL Server-Systems verantwortlich. Genauso ist die Aufgabe des Systemadministrators, Login-ID und Datenbank-Benutzernamen zu erstellen bzw. zu löschen und alle anderen Autorisierungen unmittelbar nach der Installation des Systems durchzuführen. (Für weitere Einzelheiten bezüglich der Login-ID siehe Kapitel 20.)

Nach der Installation eines SQL Server-Systems werden alle weiteren Login-ID von dem Systemadministrator eingerichtet. Für die Einrichtung neuer Login-ID können beim SQL Server:

▶ der SQL Enterprise Manager oder

▶ die entsprechenden Systemprozeduren

verwendet werden. Diese beiden Möglichkeiten werden in Kapitel 20 erörtert.

12.1.2 Datenbank-Benutzernamen

Eine Login-ID ermöglicht nur das Einloggen in das SQL Server-System. Jeder Benutzer, der eine Datenbank des Systems verwenden will, braucht einen Benutzernamen, welche der Datenbank bekannt ist. Dementsprechend muß ein Benutzer einen gültigen Benutzernamen für jede Datenbank, die er verwenden will, haben. (Der Datenbank-Benutzername kann der Login-ID identisch sein, muß aber nicht.)

Alle Benutzer, die eine gültige Login-ID für ein SQL Server-System haben, gehören einer der folgenden drei Benutzerklassen an:

▶ Datenbank-Eigentümer (Database Owner - *dbo*),

▶ Eigentümer von Datenbankobjekten und

▶ PUBLIC-Benutzer.

Die Unterteilung aller Benutzer in diese drei Gruppen stellt gleichzeitig eine Hierarchie der Zugriffsrechte dar. Jede Benutzerklasse, die sich auf einer höheren Hierarchiestufe befindet, hat alle Zugriffsrechte der niedrigeren Klasse, wobei der Datenbank-

Eigentümer die höchste und der PUBLIC-Benutzer die niedrigste Hierarchiestufe darstellen.

Hinweis   Der Systemadministrator kann, obwohl er kein expliziter Datenbankbenutzer ist, in dieser Hierarchie auf die oberste Stufe gestellt werden. Dabei gilt, daß er die Rechte anderer Benutzer nicht immer automatisch besitzt, sie aber (mit Hilfe der SETUSER-Anweisung) jederzeit übernehmen kann.

Alle Datenbank-Benutzernamen können entweder mit Hilfe des SQL Enterprise Managers oder mit den entsprechenden Systemprozeduren erstellt werden. (Für weitere Einzelheiten bezüglich der Datenbank-Benutzernamen siehe Kapitel 20.)

12.1.3 Anweisungsberechtigungen

Nach der Erstellung mehrerer Login-ID und verschiedener Benutzernamen kann der Systemadministrator entscheiden, welche Benutzer das Recht haben, Datenbanken zu erstellen. Dies geschieht mit der Anweisung GRANT CREATE DATABASE. Nachdem das Recht einem Benutzer vergeben wurde und er eine neue Datenbank erstellt hat, ist dieser Benutzer ihr Eigentümer. Der Systemadministrator und der Datenbank-Eigentümer sind die einzigen, die, unmittelbar nach der Erstellung der Datenbank, Zugriffsrechte für Objekte dieser Datenbank vergeben bzw. entziehen können.

Die Aufgabe des Datenbank-Eigentümers besteht darin, einzelne Benutzer dieser Datenbank hinzufügen, bzw. existierende, falls notwendig, zu entfernen. (Der Systemadministrator kann selbstverständlich die gesamten Aufgaben einzelner Datenbank-Eigentümer jederzeit wahrnehmen.)

Nach der Erstellung der Datenbank und dem Hinzufügen neuer Datenbank-Benutzer kann die dritte Benutzerklasse – Eigentümer von Datenbankobjekten – erstellt werden. Damit der Benutzer einer Datenbank Objekte dieser Datenbank erstellen kann, muß er zuvor vom Datenbank-Eigentümer (bzw. Systemadministrator) das entsprechende Recht zugewiesen bekommen. Dies geschieht mit der Anweisung GRANT CREATE **objekt**, wobei **objekt** für TABLE, VIEW, PROCEDURE, DEFAULT und RULE stehen kann. Jeder Benutzer, dem z.B. mit einer GRANT CREATE TABLE-Anweisung die Rechte zur Tabellenerstellung innerhalb einer Datenbank zugewiesen sind, kann anschließend Tabellen für sie erstellen.

Alle Benutzer, die keiner der drei o.g. Benutzerklassen angehören, sind PUBLIC-Benutzer einer Datenbank d.h. sie besitzen die Zugriffsrechte, die für die Gruppe PUBLIC eingeräumt werden.

12.2 Die Anweisungen GRANT und REVOKE

Jeder Benutzer, der ein Datenbankobjekt erstellt hat, ist gleichzeitig der Eigentümer dieses Objektes. Alle anderen (PUBLIC)-Benutzer dieser Datenbank haben nach der

Erstellung des Objektes keine Zugriffsrechte für dieses Objekt. Alle Zugriffsrechte können anschließend mit der GRANT-Anweisung vergeben werden.

Die GRANT-Anweisung beim SQL Server hat zwei unterschiedliche Syntaxformen, abhängig davon, ob sie für:

▶ Anweisungsberechtigungen oder

▶ Objektberechtigungen

verwendet wird.

Die GRANT-Anweisung für Anweisungsberechtigungen ermöglicht dem Benutzer, die in GRANT explizit angegebene Transact-SQL-Anweisung zu verwenden. Nicht alle existierenden Transact-SQL-Anweisungen können mit GRANT vergeben werden. Für die Liste jener Anweisungen, die verwendet werden können, verweisen wir den Leser auf die entsprechenden Microsoft-Handbücher.

Die Syntax dieser Form der GRANT-Anweisung ist:

```
GRANT { ALL | anw_liste }
TO { PUBLIC | kennungs_liste }
```

anw_liste kennzeichnet eine oder mehrere (erlaubte) Transact-SQL-Anweisungen – getrennt durch Kommata –, deren Benutzung vergeben wird. ALL beinhaltet alle erlaubten Transact-SQL-Anweisungen. **kennungs_liste** kennzeichnet einen oder mehrere Benutzer bzw. Benutzergruppen, denen das Zugriffsrecht auf Transact-SQL-Anweisungen, die in **anw_liste** bzw. ALL angegeben sind, vergeben wird. PUBLIC bezeichnet alle Benutzer der aktuellen Datenbank.

Beispiel 12.1

```
grant create table, create procedure
to petra, paul
```

Die Benutzer **petra** und **paul** haben beide das Recht, die Transact-SQL-Anweisungen CREATE TABLE und CREATE PROCEDURE zu verwenden.

Beispiel 12.2

```
grant all
to raimund, helga
```

Die Benutzer **raimund** und **helga** können alle erlaubten Transact-SQL-Anweisungen verwenden.

Die GRANT-Anweisung für Anweisungsberechtigungen kann nur vom Systemadministrator und dem Eigentümer der aktuellen Datenbank verwendet werden. (Die GRANT CREATE DATABASE-Anweisung stellt die einzige Ausnahme dar; sie kann nur vom Systemadministrator ausgeführt werden.)

Die GRANT-Anweisung für Objektberechtigungen hat folgende Syntax:

```
GRANT {ALL|liste_der_rechte}
ON {tab_name[(sp_liste)] | proz_name}
TO {PUBLIC | kennungs_liste}
[WITH GRANT OPTION]
```

liste_der_rechte kennzeichnet eine oder mehrere Zugriffsarten, die durch Kommata getrennt werden. Es existieren insgesamt sechs erlaubte Zugriffsarten:

- ▶ SELECT,
- ▶ UPDATE,
- ▶ INSERT,
- ▶ DELETE,
- ▶ REFERENCES und
- ▶ EXEC.

Die ersten fünf Zugriffsarten beziehen sich auf Tabellen bzw. Views, während EXEC ausschließlich für Datenbank-Prozeduren verwendet werden kann.

Zugriffsart	Beschreibung
SELECT	Das SELECT-Zugriffsrecht erlaubt den lesenden Zugriff auf Reihen einer Tabelle (eines Views). Sind einzelne Spalten dieser Tabelle explizit neben dem Tabellennamen angegeben, wird das Recht zur Abfrage nur für diese Spalten vergeben. Falls die Spaltenliste fehlt, können alle Spalten der Tabelle ausgewählt werden.
UPDATE	Das UPDATE-Zugriffsrecht erlaubt das Ändern der Reihen einer Tabelle (eines Views). Sind einzelne Spalten dieser Tabelle explizit neben dem Tabellennamen angegeben, wird das Recht zur Änderung nur für diese Spalten vergeben. Falls die Spaltenliste fehlt, können alle Spalten der Tabelle geändert werden.
INSERT	Erlaubt das Einfügen von Reihen in eine Tabelle.
DELETE	Erlaubt das Löschen von Reihen einer Tabelle.
REFERENCES	Erlaubt einem Benutzer, referentielle Integrität für eine referenzierte Tabelle zu erstellen, für die er kein SELECT-Zugriffsrecht hat.
EXEC	Erlaubt dem Benutzer, Datenbank-Prozeduren auszuführen.

ALL beinhaltet alle oben beschriebenen Zugriffsrechte. **tab_name** kennzeichnet einen Tabellen- bzw. Viewnamen, während **sp_liste** zusätzlich die Liste der Spalten darstellt. (**sp_liste** kann ausschließlich mit dem SELECT- bzw. UPDATE-Zugriffsrecht verwendet werden.) **proz_name** ist der Name einer existierenden Datenbank-Prozedur.

PUBLIC und **kennungs_liste** haben dieselbe Bedeutung wie die gleichnamigen Angaben in der ersten Form der GRANT-Anweisung.

Die Vergabe der Tabellen- und Prozedur-Zugriffsrechte an andere Benutzer ist fest geregelt. Am Anfang können nur der Systemadministrator bzw. der Eigentümer des entsprechenden Datenbankobjektes die Zugriffsrechte für das DB-Objekt an andere vergeben. Keine weiteren Benutzer können diese Rechte übertragen bekommen.

Seit der Version 6.5 des SQL Servers wird zusätzlich die Angabe WITH GRANT OPTION in der GRANT-Anweisung unterstützt. Mit dieser Angabe kann der Objekteigentümer den anderen Benutzern nicht nur Zugriffsrechte erteilen, sondern ihnen auch die Möglichkeit, geben, diese selbst weiterzuvergeben (siehe Beispiel 12.7).

Hinweis   Der Datenbank-Eigentümer hat nicht automatisch die Möglichkeit, Zugriffsrechte für Objekte seiner Datenbank zu vergeben bzw. zu entziehen. Um dies zu erreichen, muß er mit der Transact-SQL-Anweisung SETUSER die Rolle des Eigentümers des entsprechenden Objektes übernehmen. Erst danach kann er die Rechte vergeben bzw. entziehen. Wenn der Datenbank-Eigentümer die Identität eines anderen Benutzers annimmt, verfügt er danach nur über dessen Zugriffsrechte. Um die Objekte anderer Benutzer zu löschen muß der Datenbank-Eigentümer, seit der Version 6.0, nicht mehr die Identität des Objekt-Eigentümers annehmen.

Beispiel 12.3

```
grant select on mitarbeiter
to petra, lothar
```

Die Benutzer **petra** und **lothar** haben die Erlaubnis, die Reihen der Tabelle **mitarbeiter** auszuwählen.

Beispiel 12.4

```
grant update on arbeiten(m_nr, einst_dat)
to toni
```

Der Benutzer **toni** hat die Erlaubnis, die Spalten **m_nr** und **einst_dat** der Tabelle **arbeiten** zu ändern.

Beispiel 12.5

```
grant exec on erhoehe_mittel
to sibille
```

Der Benutzer **sibille** hat die Ausführungserlaubnis für die Datenbank-Prozedur **erhoehe_mittel**.

Beispiel 12.6

```
grant all on projekt
to renate
```

Der Benutzer **renate** hat alle Tabellen- und Prozedur-Zugriffsrechte für die Tabelle **projekt**.

Beispiel 12.7

```
grant select on arbeiten
to erika
with grant option
```

Der Benutzer **erika** kann sowohl die Reihen der Tabelle **arbeiten** auswählen als auch anderen Benutzern dieses Recht vergeben.

Mit der Anweisung REVOKE können die vergebenen Zugriffsrechte entzogen werden. Diese Anweisung hat zwei Formen, die den beiden Syntaxformen der GRANT-Anweisung entsprechen.

```
1. REVOKE {ALL | anw_liste}
   FROM {PUBLIC | kennungs_liste}
```

```
2. REVOKE [GRANT OPTION FOR]
   {ALL | liste_der rechte}
   ON {tab_name[(sp_liste)] | proz_name}
   FROM {PUBLIC | kennungs_liste}
   [CASCADE]
```

Alle gleichnamigen Angaben haben dieselbe Bedeutung wie bei der GRANT-Anweisung. Zusätzlich dazu existieren seit der Version 6.5 zwei weitere Angaben:

▶ GRANT OPTION FOR und

▶ CASCADE.

Die Angabe GRANT OPTION FOR entzieht einem Benutzer das vorher gegebene Recht, anderen Benutzern das (die) Tabellenzugriffsrecht(e) weiter zu vergeben. (Der Benutzer behält trotzdem das ursprünglich vergebene Recht für sich selbst.)

Die Angabe CASCADE entzieht das Recht, das einem Benutzer vergeben wurde, sowie dasselbe Recht, das er (bzw. weitere Benutzer in der Kette) vergeben haben. Diese Angabe muß unbedingt angegeben werden, falls ein davor vergebenes Recht mit der WITH GRANT OPTION-Angabe vergeben wurde. Falls diese Angabe in der REVOKE-Anweisung ausgelassen wird und das Tabellenzugriffsrecht vorher mit der WITH GRANT OPTION-Angabe vergeben wurde, wird die REVOKE-Anweisung mit einer Fehlermeldung zurückgewiesen.

Beispiel 12.8

```
revoke all on projekt
from renate
```

Die in Beispiel 12.8 dem Benutzer **renate** vergebenen Zugriffsrechte für die Tabelle **projekt** werden jetzt entzogen.

12.3 Einschränkung des Datenzugriffs mit Views

Wie schon in Kapitel 9 gezeigt, können Views für folgende Zwecke benutzt werden:

▶ um den verschiedenen Benutzern unterschiedliche Sichtweisen auf Datenwerte einer Datenbank zur Verfügung zu stellen;

▶ um die Tabellen mit einer großen Anzahl von Spalten den Benutzern gegenüber in einer eingeschränkten Form darzustellen, wodurch die Wahrnehmung und Handhabung für die Benutzer einfacher wird.

Zusätzlich dazu können die Datenwerte einer Datenbank mit Hilfe von Views gezielt geschützt werden. Wenn z.B. eine Tabelle eine Spalte mit Gehältern der Mitarbeiter einer Firma enthält, ist es möglich, durch die Erstellung eines Views, das die Gehälter-Spalte nicht beinhaltet, den Zugriff auf die Tabelle einzuschränken. In diesem Fall könnten z.B. alle Benutzer das SELECT-Zugriffsrecht auf das erstellte View haben, während nur eine kleine Anzahl ausgewählter Benutzer dasselbe Zugriffsrecht auf die gesamte Tabelle und damit auch auf die Spalte mit den Gehältern bekommen könnte. Dieselbe Regel gilt auch für alle sicherheitsrelevanten Datenwerte einer Datenbank.

Mit Hilfe der Beispieldatenbank werden verschiedene Möglichkeiten gezeigt, wie der Zugriff auf Datenwerte einer Datenbank eingeschränkt werden kann.

Beispiel 12.9

Erstellen Sie ein View, das den Zugriff auf die Mittel der Tabelle **projekt** nicht erlaubt.

```
create v_pr_mittn
    as select pr_nr, pr_name
        from projekt
```

Die Benutzer des Views **v_pr_mittn** sehen einen Spaltenausschnitt der Tabelle **projekt**. Mit der Erstellung dieses Views kann der Zugriff auf die Tabelle **projekt** eingeschränkt werden. Damit kann allen Benutzern der Zugriff auf das View ermöglicht, und nur den Benutzern, die die Projektmittel kennen dürfen, der Zugriff auf die ganze Tabelle erlaubt werden.

Der SQL Server bietet auch die Möglichkeit, dem Benutzer nur diejenigen Reihen einer Tabelle zu zeigen, die er hinzugefügt bzw. modifiziert hat. Beispiel 12.10 zeigt dies.

Beispiel 12.10

```
alter table mitarbeiter
add (ben_name char(20) default system_user)

create view meine_reihen
as select m_nr, m_name, m_vorname, abt_nr
from mitarbeiter
where ben_name = suser_name()
```

In Beispiel 12.10 wurde die Tabelle **mitarbeiter** um eine neue Spalte - **ben_name** - erweitert. Diese Spalte wird beim Einfügen neuer und Änderung existierender Reihen standardmäßig die Login-ID des Benutzers enthalten. Wenn ein Benutzer das View **meine_reihen** als Tabellensicht verwendet, enthält er nur diejenige Reihen der Tabelle **mitarbeiter**, die er selbst hinzugefügt bzw. modifiziert hat.

Beispiel 12.11

Erstellen Sie ein View, das Personalnummer, Namen und Vornamen aller Projektleiter beinhaltet.

```
create view v_arbmit_p1
    as select mitarbeiter.m_nr, m_name, m_vorname
        from mitarbeiter, arbeiten
        where mitarbeiter.m_nr = arbeiten.m_nr
        and aufgabe = 'Projektleiter'
```

Das View **v_arbmit_p1** stellt einen Ausschnitt der Reihen und Spalten der Tabellen **mitarbeiter** und **arbeiten** dar.

12.4 Einschränkung des Datenzugriffs mit Datenbank-Prozeduren

Datenbank-Prozeduren bieten eine weitere Möglichkeit an, den Schutz der Daten einer Datenbank zu gewährleisten. Der Datenschutz mit Hilfe der Datenbank-Prozeduren basiert auf der Systemeigenschaft, daß das Ausführungsrecht für eine Datenbank-Prozedur ausreicht, um auf alle Daten der Tabellen (Views), die in dieser Prozedur benutzt werden, lesend oder schreibend zuzugreifen.

Diese Eigenschaft kann vom Systemadministrator benutzt werden, um die Datensicherheit einer Datenbank ausschließlich auf der Basis der Datenbank-Prozeduren aufzubauen. In diesem Fall müssen die gesamten Zugriffsrechte für die existierenden Tabellen (Views) einer Datenbank allen Benutzern entzogen und danach entsprechende Datenbank-Prozeduren, die sämtliche Zugriffe auf Daten gewährleisten, programmiert werden. Schließlich muß der Datenbank-Administrator Ausführungsrechte für einzelne Datenbank-Prozeduren gewissen Benutzern (Benutzergruppen) gezielt vergeben.

12.5 Zusammenfassung

Das Sicherheitskonzept des SQL Servers basiert auf:

▶ einem Autorisierungsmechanismus,

▶ der Einschränkung des Datenzugriffs mit Hilfe von Views und

▶ der Einschränkung des Datenzugriffs mit Hilfe von Datenbank-Prozeduren.

Der Autorisierungsmechanismus beim SQL Server unterstützt zusätzlich zur existierenden Betriebssystemkennung auch eine eigene Login-ID. Die Existenz der Login-ID garantiert einen hohen Grad an Datenschutz.

Eine weitere Eigenschaft des SQL Servers ist die Unterscheidung zwischen der Login-ID und dem Datenbank-Benutzernamen. Die Login-ID dienen zum Einloggen in das System, während Benutzernamen den Zugriff auf Daten einer spezifischen Datenbank ermöglichen.

Die Vergabe der Zugriffsrechte erfolgt mit Hilfe der GRANT-Anweisung, während der Entzug der Zugriffsrechte mit Hilfe der REVOKE-Anweisung durchgeführt wird.

13 Die prozedurale Datenintegrität

In diesem Kapitel wird ein weiteres Datenbankkonzept beim SQL Server – die prozedurale Datenintegrität – beschrieben. Nach der allgemeinen Einführung werden Trigger, die als Mittel zur Programmierung allgemeiner Integritätsregeln verwendet werden können, beschrieben. Mit Hilfe von Beispielen werden die Gebiete, wo Trigger effektiv eingesetzt werden können, dargestellt.

13.1 Einführung

Wie wir schon in Kapitel 4 erläutert haben, können Integritätsregeln zentral auf drei unterschiedliche Arten definiert werden:

▶ deklarativ,

▶ prozedural (mit Hilfe von Triggern) und

▶ mit Hilfe von Wertebereichen.

Die deklarative Definition der Integritätsregeln hat Vorteile im Vergleich mit der Verwendung von Triggern, weil sie einfacher ist. Um eine Integritätsregel deklarativ zu definieren, müssen nur einige wenige Zeilen programmiert werden, während die Programmierung mit Triggern Dutzende, im schlimmsten Fall Hunderte von Programmzeilen erfordert.

Ein weiterer Vorteil der deklarativen Definition tritt ein, falls Integritätsregeln mit Hilfe von Triggern erst nach dem Laden von Daten in den Tabellen programmiert werden. In diesem Fall kann die Integrität nur für die zukünftigen Operationen auf Daten garantiert werden: Für die schon geladenen Daten wird keine nachträgliche Überprüfung durchgeführt. (Demgegenüber wird jede deklarative Definiton entweder vor dem Laden der Daten spezifiziert oder, falls nach dem Laden der Daten spezifiziert, nachträglich überprüft.)

Auf der anderen Seite stellen Trigger einen mächtigeren Mechanismus dar: Jede (komplexe) Integritätsregel kann immer mit Hilfe von Triggern definiert werden, nicht aber deklarativ.

13.2 Trigger

Trigger sind Mechanismen, die ausgeführt werden, falls die in ihnen enthaltenen Bedingungen erfüllt sind. Sie haben grundsätzlich drei Teile:

▶ den Namen,

▶ die Bedingung und

▶ den Ausführungsteil.

Die Bedingung eines Triggers enthält entweder eine INSERT-, eine UPDATE-, oder eine DELETE-Anweisung oder eine Kombination dieser Anweisungen. Der Ausführungsteil umfaßt gewöhnlich mehrere prozedurale und nichtprozedurale Transact-SQL-Anweisungen.

Beim SQL Server werden Trigger mit Hilfe der CREATE TRIGGER-Anweisung erstellt. Diese Anweisung hat folgende Syntax:

```
CREATE TRIGGER tr_name
    ON {tab_name|view_name}
    FOR {INSERT, UPDATE, DELETE}
    [WITH ENCRYPTION]
AS anw_gruppe|{IF UPDATE(sp_name1)[{{AND|OR} UPDATE(sp_name2)}
]anw_gruppe}
```

tr_name spezifiziert den Namen des Triggers und muß die allgemeinen Regeln für Objektnamen beim SQL Server erfüllen. **tab_name** ist der Name der Tabelle, für die die Integritätsregel definiert wird.

Die Angaben INSERT, UPDATE und DELETE stellen die Triggerbedingungen dar und spezifizieren die Art der Datenmodifikation, nach der die im Trigger enthaltene Anweisungsgruppe ausgeführt wird. Diese drei Angaben können in jeder beliebigen Kombination geschrieben werden. (Die DELETE-Angabe darf mit der IF UPDATE-Klausel nicht verwendet werden.)

Wie aus der Syntax der CREATE TRIGGER-Anweisung ersichtlich, kann nach der AS-Angabe entweder eine Anweisungsgruppe folgen oder das IF UPDATE-Konstrukt kann, jeweils mit einer eigenen Anweisungsgruppe, einmal oder mehrmals verwendet werden.

Das IF UPDATE-Konstrukt stellt die zweite, zusätzliche Form der Triggerbedingung dar, und wird benutzt, um festzustellen, ob Datenwerte der spezifizierten Spalte (**sp_name1**) in irgendeiner Form geändert worden sind. In einer CREATE TRIGGER-Anweisung können mehrere IF UPDATE-Konstrukte (für mehrere Spalten) definiert werden. (Die Verwendung eines IF UPDATE-Konstruktes entspricht damit der Definition einer spaltenbezogenen Integritätsregel.)

Nur der Eigentümer der Tabelle **tab_name** kann einen Trigger erstellen. Das gilt auch für den Datenbank-Eigentümer, wenn er die Rolle des Tabellen-Eigentümers mit Hilfe des SETUSER-Anweisung übernimmt.

Die CREATE TRIGGER-Anweisung verwendet zwei spezielle Namen:

▶ DELETED und
▶ INSERTED,

die zwei logische, bei der Ausführung einer CREATE TRIGGER-Anweisung vom SQL Server-System erstellte Tabellen sind. Ihre Struktur (Tabellenschema) entspricht genau der Struktur der Tabelle, für die der Trigger spezifiziert wird. Die Tabelle DELETED enthält die alten Werte der Tabellenreihe(n), die durch die Triggeraktion geändert werden, während die Tabelle INSERTED die entsprechenden neuen Werte enthält. Die DELETED- und die INSERTED-Tabelle werden vom Trigger verwendet, um zu spezifizieren, wie die Ausführung der Anweisungen innerhalb des Triggers durchgeführt werden soll. (Diese Tabellen können aber selbst nicht durch die Triggeraktion geändert werden.)

Die Tabelle DELETED wird bei der DELETE- und UPDATE-Angabe der CREATE TRIGGER-Anweisung, die Tabelle INSERTED bei der INSERT- und UPDATE-Angabe verwendet. Für jede INSERT-Anweisung, die für die im Trigger genannten Tabellen ausgeführt wird, wird also anschließend die Tabelle INSERTED erstellt. Dementsprechend wird die Tabelle DELETED nach einer entsprechenden DELETE-Anweisung erstellt. Bei einer UPDATE-Anweisung, die für die im Trigger genannte Tabelle ausgeführt wird, werden beide Tabellen – DELETED und INSERTED – erstellt: zuerst die Tabelle DELETED mit den alten und danach die Tabelle INSERTED mit den neuen Werten. (Diese beiden Tabellen befinden sich in der temporären Datenbank *tempdb*.)

Beispiel 13.1

```
create table tr_mittel_protokoll
(pr_nr char(4) null,
benutzer char(16) null,
zeit datetime null,
mittel_alt float null,
mittel_neu float null)
go
create trigger mittel_aendern
on projekt
for update as
if update(mittel)
begin
declare @wert_vor float
declare @wert_danach float
declare @projekt_nummer char (4)
select @wert_vor = (select mittel from deleted)
select @wert_danach = (select mittel from inserted)
select @projekt_nummer = (select pr_nr from deleted)
insert into mittel_protokoll values
(@projekt_nummer,user_name(),getdate(),@wert_vor,@wert_danach)
end
go
```

Beispiel 13.1 zeigt, wie Trigger in der Praxis sinnvoll als Kontrollmechanismen angewendet werden können. In diesem Beispiel wird zuerst eine Tabelle (**mittel_protokoll**),
in der alle Änderungen bei den Werten der Projektmittel protokolliert werden, erstellt.
Die Protokollierung wird durch den anschließend definierten Trigger
tr_mittel_aendern durchgeführt.

Jede Änderung der Spalte **mittel** der Tabelle **projekt** mit Hilfe der UPDATE-Anweisung aktiviert den Trigger. Bei der Aktivierung des Triggers werden den Variablen
wert_vor, wert_danach und **projekt_nummer** aus den erstellten Tabellen DELETED
und INSERTED die entsprechenden Datenwerte zugewiesen. Anschließend werden
diese Werte, gemeinsam mit dem Namen des Benutzers, der die UPDATE-Anweisung
ausgeführt hat, und der aktuellen Zeit in die Tabelle **mittel_protokoll** eingefügt.

Falls z.B. folgende Anweisung ausgeführt wird:

```
update projekt set mittel=200000
    where pr_nr = 'p2'
```

wird die Tabelle **mittel_protokoll** folgende Reihe enthalten:

pr_nr	benutzer	zeit	mittel_alt	mittel_neu
p2	dbo	5.Feb.1996 16:37	95000.0	200000.0

(1 Reihe(n) betroffen)

Damit kann der Trigger **tr_mittel_aendern** als Kontrollmechanismus für die Änderungen der Datenwerte der Projektmittel eingesetzt werden.

Hinweis   Weil die CREATE TRIGGER-Anweisung die erste Anweisung einer Anweisungsgruppe sein muß, müssen die beiden Anweisungen in Beispiel
13.1 getrennt ausgeführt werden.

Beispiel 13.2

```
create trigger tr_gesamt_mittel
on projekt
for update as
if update(mittel)
begin
declare @alte_summe float
declare @neue_summe float
select @alte_summe=(select sum(mittel) from deleted)
select @neue_summe=(select sum(mittel) from inserted)
if @neue_summe > @alte_summe * 1.5
begin
rollback transaction
print "Die Änderung der Projektmittel nicht ausgeführt"
end
```

```
else
print "Die Änderung der Projektmittel ausgeführt"
end
```

In Beispiel 13.2 wurde eine Regel erstellt, die Änderungen der Projektmittel in bezug auf die Gesamtsumme aller Mittel überprüft. Der Trigger **tr_gesamt_mittel** überprüft bei jeder Änderung der Projektmittel, ob die Gesamtsumme der Mittel um mehr als 50% erhöht wurde. Nur solche Änderungen an Projektmitteln, bei denen die Gesamtsumme um weniger als 50% erhöht wird, werden zugelassen. Im anderen Fall wird die UPDATE-Anweisung mit Hilfe der ROLLBACK TRANSACTION-Anweisung zurückgesetzt. (Die ROLLBACK-Anweisung wird im nächsten Abschnitt beschrieben.)

Ein weiteres Anwendungsgebiet für Trigger stellt die referentielle Integrität dar. Diese wichtige Integritätsregel, die in Kapitel 4 beschrieben wurde, kann entweder deklarativ oder mit Hilfe von Triggern spezifiziert werden .

Beispiel 13.3

```
create trigger tr_refint_arb
on arbeiten
for insert, update
as if update(m_nr)
begin
if (select mitarbeiter.m_nr
from mitarbeiter, inserted
where mitarbeiter.m_nr = inserted.m_nr)
is null
begin
rollback transaction
print "Die Reihe könnte nicht eingefügt/geändert werden"
end
else print "Die Reihe wurde eingefügt/geändert"
end
```

In Beispiel 13.3 werden die Änderungen der Werte des Fremdschlüssels **m_nr** der Tabelle **arbeiten** in Bezug auf die existierenden Werte des gleichnamigen Primärschlüssels der Tabelle **mitarbeiter** überprüft und jede Verletzung der Datenintegrität bei der UPDATE-Anweisung zurückgewiesen.

Jede Änderung eines Datenwertes der Spalte **m_nr** der Tabelle **arbeiten**, die mit Hilfe der INSERT- bzw. UPDATE-Anweisung ausgeführt wird, wird in bezug auf die existierenden Werte in der gleichnamigen Spalte der Tabelle **mitarbeiter** überprüft. Wird ein Wert in der Spalte **m_nr** der Tabelle **arbeiten** eingefügt bzw. geändert, zu dem kein entsprechender Wert in der gleichnamigen Spalte der Tabelle **mitarbeiter** existiert, wird die ausgeführte INSERT- bzw. UPDATE-Anweisung mit Hilfe der ROLLBACK TRANSACTION-Anweisung zurückgesetzt. Anderenfalls wird eine Bestätigungsmeldung am Bildschirm ausgegeben.

Die in Beispiel 13.3 definierte Integritätsregel überprüft die beiden ersten Fälle für den Primärschlüssel der Tabelle **mitarbeiter** und den entsprechenden Fremdschlüssel der Tabelle **arbeiten** (siehe Abschnitt „Referentielle Integrität" in Kapitel 4). Die Verletzungen der referentiellen Integrität, die durch die Fälle (3) und (4) für die Tabellen **mitarbeiter** und **arbeiten** ausgelöst werden können, können mit dem in Beispiel 13.4 definierten Trigger überprüft und zurückgesetzt werden.

Beispiel 13.4

```
create trigger tr_refint_arb2
on mitarbeiter
for delete, update
as if update(m_nr)
begin
if (select count(*)
from arbeiten, deleted
where arbeiten.m_nr = deleted.m_nr) > 0
begin
rollback transaction
print "Die Reihe könnte nicht gelöscht/geändert werden"
end
else print "Die Reihe wurde gelöscht/geändert"
end
```

Die Überprüfung der referentiellen Integrität bezüglich der übrigen existierenden Beziehungen zwischen Primär- und den entsprechenden Fremdschlüsseln in der Beispieldatenbank kann analog den Beispielen 13.3 und 13.4 programmiert werden.

Mit der Anweisung DROP TRIGGER **trigger_name** wird ein existierender Trigger gelöscht.

13.3 Zusammenfassung

Die Eigenschaft des SQL Servers ist, viele unterschiedliche Möglichkeiten für die Erstellung der Integritätsregeln zu unterstützen. Für die Definition der Integritätsregeln stehen drei Möglichkeiten zur Verfügung:

▶ die deklarative Form,

▶ Trigger und

▶ die Definition der Wertebereiche.

Die deklarative Form der Integritätsregeln wird mit Hilfe der Datendefinitionsanweisungen CREATE TABLE und ALTER TABLE definiert und entspricht dem SQL-Standard. Trigger sind Mechanismen des Datenbank-Servers, bei denen eine Anweisungsfolge ausgeführt wird, falls die dazu definierte Bedingung erfüllt ist. Wertebereiche sind benutzerdefinierte Datentypen, die Spalten einer Tabelle genauer definieren, als dies mit den Standard-Datentypen möglich ist.

Aufgaben

A.13.1 Definieren Sie mit Hilfe von Triggern die referentielle Integrität für den Primärschlüssel der Tabelle **abteilung** (**abt_nr**) und des gleichnamigen Fremdschlüssels der Tabelle **mitarbeiter**.

A.13.2 Definieren Sie mit Hilfe von Triggern die referentielle Integrität für den Primärschlüssel der Tabelle **projekt** (**pr_nr**) und des gleichnamigen Fremdschlüssels der Tabelle **arbeiten**.

14 Transaktionen

In diesem Kapitel werden zwei verwandte Begriffe – konkurrierender Datenzugriff und Transaktionen – behandelt. Zuerst werden die Definition der Transaktion gegeben und die SQL Server-Anweisungen, die in Bezug zu Transaktionen stehen, erläutert. Danach werden das Sperren der Datenbankobjekte und die Isolierungsstufen behandelt, womit der konkurrierende Zugriff mehrerer Benutzer auf die Daten einer Datenbank gewährleistet bzw. beeinflußt wird.

14.1 Einführung

Eine Datenbank wird in der Regel von mehreren Anwendern gleichzeitig benutzt. Dieser Umstand wirft eine Reihe von Problemen auf, die alle mit völliger Korrektheit abgehandelt werden müssen. Der konkurrierende Datenzugriff mehrerer Benutzer muß bei jedem Datenbankmanagementsystem gewährleistet sein.

Ein weiteres Problem, mit dem ein Datenbankmanagementsystem konfrontiert ist, sind Fehler, die sowohl in der Software als auch in der Hardware auftreten können. Ein Datenbankmanagementsystem sollte in der Lage sein, nach denkbaren Ausfällen die betroffenen Datenbanken in den letzten konsistenten Zustand zu überführen. Sowohl der konkurrierende Datenzugriff mehrerer Benutzer als auch die Erhaltung der Konsistenz der Datenbanken nach einem Hardware- oder Softwareausfall wird mit Hilfe der Transaktionen gewährleistet.

Eine Transaktion kennzeichnet mehrere nacheinander folgende, logisch zusammenhängende Anweisungen. An folgendem Beispiel wird dieser Begriff praktisch erläutert. In der Beispieldatenbank soll der Mitarbeiter namens Huber eine neue Personalnummer bekommen. (Der Grund dafür könnte die Änderung des Arbeitsstandortes o.ä. sein.) Die neue Personalnummer soll 39831 sein.

Die Änderung der Personalnummer muß gleichzeitig in zwei Tabellen durchgeführt werden: Eine Reihe der Tabelle **mitarbeiter** muß geändert werden sowie alle Reihen der Tabelle **arbeiten**, die Daten des Mitarbeiters Huber enthalten. Falls nur eine der beiden Tabellen geändert würde (z.B. die Tabelle **mitarbeiter**), wäre die Beispieldatenbank inkonsistent, weil der Primär- und Fremdschlüssel von Herrn Huber nicht mehr zueinander passen würden.

Beispiel 14.1

```
/* Anfang der Transaktion */
update mitarbeiter
```

```
set m_nr = 39831
where m_nr = 10102
if (@@error <> 0)
rollback transaction

update arbeiten
set m_nr = 39831
where m_nr = 10102
if (@@error <> 0)
rollback transaction
/* Erfolgreiches Ende der Transaktion*/
```

Die Konsistenz der Beispieldatenbank kann nur erhalten bleiben, wenn die UPDATE-Anweisungen in Beispiel 14.1 entweder vollständig durchgeführt oder – im Falle eines Fehlers während der Transaktion – rückgängig gemacht werden.

In Beispiel 14.1 wird die Systemvariable @@error nach jeder UPDATE-Anweisung überprüft, um festzustellen, ob die Anweisung erfolgreich ausgeführt wurde. Falls ein Fehler bzw. eine Warnung angezeigt wird (@@error <> 0) wird die Ausführung der Anweisung(en) zurückgesetzt. (Für die Beschreibung der ROLLBACK TRANSACTION-Anweisung siehe den nächsten Abschnitt.)

Hinweis   Der in Beispiel 14.1 dargestellte Fall stellt gleichzeitig auch eine Verletzung der referentiellen Integrität dar. Deswegen wird dieser Fall in der Praxis gewöhnlich mit Hilfe der deklarativen Integritätsregeln behandelt, die dann die Ausführung der beiden UPDATE-Anweisungen (oder keiner) garantieren.

14.2   Transact-SQL-Anweisungen in bezug auf Transaktionen

Der SQL Server kennt vier Transact-SQL-Anweisungen:

- ▶ BEGIN TRANSACTION,
- ▶ COMMIT TRANSACTION,
- ▶ ROLLBACK TRANSACTION und
- ▶ SAVE TRANSACTION,

die im Zusammenhang mit den Transaktionen stehen.

Mit der Anweisung

```
BEGIN TRANSACTION [transaktions_name]
```

wird eine Transaktion gestartet.

Mit der Anweisung

```
COMMIT TRANSACTION [transaktions_name]
```

wird eine Transaktion beendet, und alle ursprünglichen Datenwerte, die innerhalb der Transaktion geändert wurden, werden in das Transaktionsprotokoll geschrieben.

Mit der Anweisung

```
ROLLBACK TRANSACTION [transaktions_name]
```

werden alle schon ausgeführten Anweisungen innerhalb einer Transaktion rückgängig gemacht. Diese Anweisung wird entweder vom System implizit durchgeführt oder muß explizit vom Programmierer im Programm (wie in Beispiel 14.1) angegeben werden. Der Programmierer verwendet die Anweisung ROLLBACK TRANSACTION, wenn er nicht sicher ist, ob alle Änderungen an der Datenbank korrekt ausgeführt wurden.

Die Anweisung

```
SAVE TRANSACTION transaktions_name
```

erstellt eine Marke für eine TRANSACT-SQL-Anweisung innerhalb einer Transaktion. Eine anschließende ROLLBACK TRANSACTION-Anweisung mit demselben Transaktionsnamen setzt alle Anweisungen zwischen der SAVE- und ROLLBACK TRANSACTION zurück.

Beispiel 14.2

```
begin transaction
insert into abteilung (abt_nr, abt_name)
values ('a4', 'Vertrieb')
save transaction a
insert into abteilung (abt_nr, abt_name)
values ('a5', 'Verwaltung')
save transaction b
insert into abteilung (abt_nr, abt_name)
values ('a6', 'Marketing')
rollback transaction b
insert into abteilung (abt_nr, abt_name)
values ('a7', 'Support')
rollback transaction a
commit transaction
```

Die einzige Anweisung, die in der Transaktion des Beispiels 14.2 ausgeführt wird, ist die erste INSERT-Anweisung. Die INSERT-Anweisung mit der Abteilungsnummer **a6** wird durch die ROLLBACK TRANSACTION **b** und die zwei übrigen INSERT-Anweisungen durch die ROLLBACK TRANSACTION **a** zurückgesetzt.

Hinweis   Die SAVE TRANSACTION-Anweisung stellt ein nützliches Konstrukt dar, um die Ausführung verschiedener Teile einer Transaktion, mit Hilfe der **if**- bzw. **while**-Anweisung zu ermöglichen. Andererseits widerspricht ihre Verwendung dem Prinzip, daß eine Transaktion so kurz wie möglich sein soll.

Jede Transact-SQL-Anweisung befindet sich immer innerhalb einer Transaktion, entweder implizit oder explizit. Die explizite Transaktion kennzeichnet alle Anweisungen zwischen der BEGIN TRANSACTION und der COMMIT (bzw. ROLLBACK) TRANSACTION. Andererseits wird jede Anweisung implizit als eine einzelne Transaktion behandelt, falls keine expliziten Transaktionen angegeben sind.

Folgende Transact-SQL-Anweisungen dürfen nicht innerhalb einer expliziten Transaktion verwendet werden:

▶ ALTER DATABASE,

▶ CREATE **objekt**, wo **objekt** DATABASE, INDEX, PROCEDURE, TABLE und VIEW ist;

▶ DISK INIT

▶ DROP **objekt**, wo **objekt** dieselben Datenbankobjekte wie bei CREATE umfaßt,

▶ DUMP TRANSACTION,

▶ GRANT und REVOKE,

▶ LOAD DATABASE bzw. LOAD TRANSACTION,

▶ SELECT INTO

▶ TRUNCATE TABLE und

▶ UPDATE STATISTICS.

Der SQL Server erlaubt die Verwendung von geschachtelten Transaktionen. Jedes Anweisungspaar BEGIN/COMMIT bzw. BEGIN/ROLLBACK kann innerhalb eines oder mehrerer solcher Paare geschrieben werden. Die praktische Anwendung der geschachtelten Transaktionen liegt darin, daß die DB-Prozeduren, die Anweisungen bezüglich einer Transaktion enthalten, selbst innerhalb einer Transaktion aufgerufen werden können. Die Systemvariable **@@trancount** enthält die augenblickliche Schachtelungstiefe innerhalb der geschachtelten Transaktionen.

Die Anweisungen BEGIN TRANSACTION, COMMIT TRANSACTION und ROLLBACK TRANSACTION können mit einem optionalen Namen angegeben werden. (Eine ROLLBACK TRANSACTION-Anweisung mit Namen kann entweder einer genannten Transaktion oder einer gleichnamigen SAVE TRANSACTION-Anweisung entsprechen.) Ein Name soll im Falle einer verschachtelten Transaktion nur für die äußerste Transaktion verwendet werden.

14.2.1 Speicherung von Transaktionen

Um innerhalb einer Transaktion entscheiden zu können, ob die Transaktion ausgeführt oder zurückgesetzt werden soll, ist es notwendig, alle geänderten Reihen in deren ursprünglichen Form zu protokollieren. Für die Speicherung dieser Werte wird beim SQL Server (genau wie bei allen anderen Datenbankmanagementsystemen) das Transaktionsprotokoll verwendet. Jede Datenbank eines SQL Server-Systems hat ein eigenes

Transaktionsprotokoll. Damit enthält ein Transaktionsprotokoll sämtliche Informationen über abgeschlossene und nicht abgeschlossene Transaktionen einer Datenbank.

Die Datenbank selbst und ihr Transaktionsprotokoll sollten auf zwei unterschiedliche Platten gespeichert werden. Es gibt zwei Gründe, warum diese Empfehlung grundsätzlich für (fast) alle Datenbanken gilt:

▶ wegen der Wiederherstellung der Datenbank und

▶ wegen der Performance.

Für die Datenbank-Wiederherstellung ist das Transaktionsprotokoll unbedingt notwendig, weil dort alle Änderungen bezüglich der Datenbank protokolliert sind. Bei einem Plattenfehler gehen sowohl Daten selbst, als auch die notwendige Information, wie die Daten restauriert werden sollen, verloren.

Die Performanceeinbußen entstehen dadurch, daß sowohl das Schreiben im Transaktionsprotokoll als auch die Änderung der Datenbank u.U. nicht parallel ausgeführt werden können, wenn sich beide auf einer Platte befinden.

Beim SQL Server enthält die Systemtabelle **syslogs** das entsprechende Transaktionsprotokoll. Die Systemprozedur **sp_logdevice** ermöglicht die Änderung des Speicherungsortes der Systemtabelle **syslogs** (und damit auch des Transaktionsprotokolls). Die Syntax dieser Prozedur ist:

```
sp_logdevice db_name, bereichs_name
```

db_name kennzeichnet den Namen der Datenbank und **bereichs_name** den Plattenbereich, auf dem das Transaktionsprotokoll gespeichert werden soll. (**bereichs_name** muß davor der Datenbank als Speicherungsort zugewiesen werden.) Die Änderung des Speicherungsortes für ein Transaktionsprotokoll hat keine Wirkung auf die schon am ursprünglichen Ort gespeicherten Daten.

Hinweis   Die oben beschriebene Änderung des Speicherungsortes für ein Transaktionsprotokoll wirkt erst, wenn für die Tabelle **syslogs** zusätzlicher Speicherplatz allokiert werden muß. Damit kann es vorkommen, daß das oben beschriebene Verhalten nach der Ausführung der Systemprozedur **sp_logdevice** nicht gleich auftritt.

Weitere Einzelheiten über die Verwendung der Transaktionsprotokolle in bezug auf die Wiederherstellung finden Sie in Kapitel 21.

14.3   Sperren

Ein Datenbankmanagementsystem muß beim Mehrbenutzerbetrieb Mechanismen enthalten, die allen Benutzern zur selben Zeit den Zugriff auf Daten einer Datenbank ermöglichen. Beim SQL Server, wie bei den meisten anderen Datenbankmanagementsystemen wird dies mit Hilfe von Sperren erreicht.

Das Sperrverfahren dient dem Zweck, einem Benutzer die Möglichkeit zu geben, eine oder mehrere Reihen exklusiv zu bearbeiten, ohne daß die anderen Benutzer diese Reihe in der Zwischenzeit in unvorgesehener Weise benutzen bzw. ändern können.

Objekte einer Datenbank können beim SQL Server sowohl implizit als auch explizit gesperrt werden. Der SQL Server kann vier verschiedene Objekte sperren:

▶ eine Reihe,

▶ eine physikalische Seite,

▶ eine Tabelle und

▶ eine Datenbank.

Die physikalische Seite ist das Objekt, das beim SQL Server in den meisten Fällen gesperrt wird. Die Seitensperre sperrt die physikalische Seite, in der sich die Reihe befindet, die gesperrt werden soll. Eine Seitensperre kann vom System implizit in eine Tabellensperre befördert werden. Dies geschieht, falls die Anzahl der gespeicherten Seiten einen maximalen Wert (200) überschreitet.

Eine Reihensperre wird seit der Version 6.5 vom SQL Server unterstützt.

Die Entscheidung, welches Objekt beim SQL Server gesperrt werden soll, hängt von mehreren Faktoren ab. Bei einer Seitensperre wird einerseits die Verfügbarkeit anderer Reihen der Tabelle, die sich auf derselben Seite befinden, eingeschränkt, andererseits wird die Anzahl der Sperren gering gehalten. Bei einer Reihensperre wird die Verfügbarkeit der Reihen für die anderen Benutzer erhöht, gleichzeitig aber auch die Anzahl der notwendigen Sperren.

Grundsätzlich gilt, daß eine Seitensperre Vorteile gegenüber einer Reihensperre aufweist, wenn die Abarbeitungsreihenfolge der physikalischen Folge der Reihen entspricht. Dadurch werden gleichzeitig mehrere bearbeitete Reihen mit einer einzigen Sperre gesperrt.

Das SQL Server-System benutzt unterschiedliche Arten von Sperren, abhängig davon, ob es sich um Seiten- oder Tabellensperren handelt. Bei den Seitensperren existieren insgesamt drei unterschiedliche Sperrarten:

▶ *Share* (S-Sperre),

▶ *eXclusive* (X-Sperre) und

▶ *Update* (U-Sperre).

Wenn ein Benutzer ein Objekt mit einer S-Sperre belegt, dürfen alle anderen Benutzer nur lesend auf dieses Objekt zugreifen. Alle Abfragen, die dieses Objekt betreffen, sind dann erlaubt. Demgegenüber wird jeder Versuch, das Objekt zu ändern, in den Wartezustand versetzt. Ein Objekt kann mehrere S-Sperren haben.

Die X-Sperre stellt eine wesentlich restriktivere Art des Sperrens dar. Wenn ein Benutzer ein Objekt mit der X-Sperre belegt, werden alle Versuche anderer Benutzer, auf dieses Objekt schreibend oder lesend zuzugreifen, in den Wartezustand versetzt.

Die U-Sperre entspricht der S-Sperrre, solange das Sperrobjekt nicht gelöscht oder modifiziert wird. In diesem Fall wird die U-Sperre in die X-Sperre befördert. Ein Objekt kann nur eine U-Sperre haben.

Die U-Sperre kann für ein Objekt erworben werden, falls es schon eine oder mehrere S-Sperren hat. Diese Sperre kann aber nicht in eine X-Sperre befördert werden, solange ein anderer Prozeß die Sperre für das Objekt hält. Die U-Sperre wird für jede Reihe verwendet, die in einer FOR UPDATE-Klausel im Zusammenhang mit dem Cursor angewendet wird. (Für die Beschreibung der FOR UPDATE-Klausel siehe Kapitel 7.)

Die Kompatibilitätsmatrix dieser drei Sperren sieht folgendermaßen aus:

	S	U	X
S	j	j	n
U	j	n	n
X	n	n	n

Abbildung 14.1: Die Kompatibilitätsmatrix der Seitensperren

Bei den Tabellensperren gibt es insgesamt vier unterschiedliche Sperren:

▶ *Share* (S-Sperre),

▶ *eXclusive* (X-Sperre),

▶ *Intent Share* (IS-Sperre) und

▶ *Intent eXclusive* (IX-Sperre).

Die ersten beiden Sperren entsprechen den schon beschriebenen gleichnamigen Seitensperren. Bei der IS-Sperre stellt ein Prozeß lediglich fest, ob eine S-Sperre möglich wäre, ohne die Sperre tatsächlich zu setzen. Genauso stellt ein Prozeß bei der IX-Sperre fest, ob eine X-Sperre möglich wäre. Die Kompatibilitätsmatrix der Tabellensperren sieht folgendermaßen aus:

	IS	IX	S	X
IS	j	j	j	n
IX	j	j	n	n
S	j	n	j	n
X	n	n	n	n

Abbildung 14.2: Die Kompatibilitätsmatrix der Tabellensperren

Die wichtigste Systemprozedur bezüglich Sperren ist **sp_lock.** Diese Prozedur kann die Information über die Prozesse, die Sperren halten, am Bildschirm ausgegeben. Die Syntax von **sp_lock** sieht folgendermaßen aus:

```
sp_lock [spid]
```

spid ist die ID-Nummer des SQL Server-Prozesses. Falls die ID-Nummer nicht angegeben wird, werden Infomationen zu allen aktiven Prozessen angezeigt.

Beispiel 14.3

Nehmen wird an, daß folgende Transact-SQL-Anweisung für die Beispieldatenbank ausgeführt wird:

```
set showplan on
go
begin transaction
update mitarbeiter
set m_name = 'Lang'
where m_nr = 28559
```

Falls für die Tabelle **mitarbeiter** ein CLUSTERED-Index für die Spalte **m_nr** existiert, wird die anschließende Ausführung der Systemprozedur **sp_lock** für diese Tabelle folgendes Ergebnis liefern:

spid	locktype	table_id	page	dbname
4	Ex_intent	16009522	0	beispiel
4	Ex_page	16009522	254	beispiel
4	Update_page	16009522	254	beispiel

Die ID-Nummer der Tabelle **mitarbeiter** ist 4. Für diese Tabelle existieren insgesamt drei Sperren: eine IX-Sperre (*Ex_intent*) für die ganze Tabelle und eine X- bzw. U-Sperre für die Seite mit der physikalischen Nummer 254. (Falls der Wert der Spalte **page** 0 ist, handelt es sich um eine Tabellen-, sonst um eine Seitensperre.)

Falls die Tabelle **mitarbeiter** keinen Index für die Spalte **m_nr** enthält, wird das System die ganze Tabelle **mitarbeiter** sperren, was aus dem folgenden Ergebnis der Systemprozedur **sp_lock** sichtbar ist:

spid	locktype	table_id	page	dbname
4	Ex_table	16009522	0	beispiel

In der FROM-Klausel der SELECT-Anweisung ist es möglich, die Verwendung der Seiten- und Tabellensperren explizit zu beeinflussen. Folgende Angaben sind möglich:

▶ NOLOCK,

▶ HOLDLOCK,

▶ UPDLOCK,

▶ TABLOCK,

▶ PAGLOCK und

▶ TABLOCKX.

Die ersten beiden Angaben beziehen sich auf die Isolierungsstufen und werden dementsprechend im nächsten Unterabschnitt erläutert.

Die Angabe UPDLOCK bedeutet, daß während der ganzen Transaktion für jede gelesene Tabellenreihe jede S-Sperre in eine U-Sperre geändert wird. TABLOCK setzt eine S-Sperre für die ganze Tabelle (anstelle der einzelnen S-Seitensperren) während der Anweisungsausführung. (Die Kombination aus TABLOCK und HOLDLOCK verlängert die Wirkung der Tabellensperre bis zum Transaktionsende.) TABLOCKX entspricht der Angabe TABLOCK, bis auf die Verwendung einer X-Sperre statt S-Sperre.

Die PAGLOCK-Angabe ersetzt die S-Tabellensperre durch S-Sperren für die physikalischen Seiten.

Hinweis   Die Verwendung der o.g. Angaben ist in beliebigen Kombinationen möglich, es sei denn, die Kombination ergibt keinen Sinn (wie z.B. die Kombination aus TABLOCK und PAGLOCK).

14.3.1 Isolierungsstufen

Isolierungsstufen stellen auf verschiedenen Ebenen dar, wie sicher ein Benutzer sein kann, daß die von ihm gelesenen Reihen aktuellen Inhalt haben. (Sie stehen damit immer im Zusammenhang mit den S-Sperren.) Der SQL Server unterstützt alle vier Isolierungsstufen, die im SQL-Standard beschrieben sind:

▶ READ UNCOMMITTED,

▶ READ COMMITTED,

▶ REPEATABLE READ und

▶ SERIALIZABLE.

READ UNCOMMITTED kennzeichnet die niedrigste Isolierungsstufe; dabei wird keine Sperre vom Prozeß gesetzt. Vor dem Lesen der Reihe wird auch nicht geprüft, ob irgendeine Sperre auf dieser Reihe schon existiert. Die Daten, die bei der READ UNCOMMITTED-Stufe gelesen werden, können verfälscht sein. Dies tritt in dem Fall auf, wenn eine Reihe gelesen wird, die zuvor von einem anderen Prozeß geändert und anschließend mit der Anweisung ROLLBACK zurückgesetzt wurde. Diese Isolierungsstufe kann nützlich sein, wenn die Genauigkeit aller gelesenen Daten nicht die höchste Priorität hat bzw. wenn sich die Daten einer Tabelle nie ändern.

Bei READ COMMITTED wird vom System festgestellt, ob eine S-Sperre möglich ist. Bei dieser Isolierungsstufe setzt das System keine Sperre; vielmehr wird überprüft, ob eine solche Sperre gesetzt werden kann. COMMITTED READ gerantiert einem Benutzer, daß die von ihm gelesene Reihe im Augenblick des Lesens nicht verfälscht ist. Nachdem die Reihe gelesen wurde, ist es durchaus möglich, daß ein anderer Prozeß diese Reihe ändert. Diese Isolierungsstufe kann z.B. bei der Erstellung der wöchentlichen oder monatlichen Berichte verwendet werden.

Im Unterschied zu READ COMMITTED wird bei REPEATABLE READ für die gerade gelesene Reihe eine S-Sperre gesetzt. Während des Lesens der Reihe, wird diese Sperre gehalten.

Hinweis Die Isolierungsstufe REPEATABLE READ ist z. Zt. beim SQL Server nicht so implementiert wie oben beschrieben – sie ist der Isolierungsstufe SERIALIZABLE identisch.

Bei der Isolierungsstufe SERIALIZABLE werden S-Sperren auf alle Reihen gesetzt, die zum Ergebnis einer Abfrage gehören. Diese Sperren werden so lange gehalten, bis die Transaktion, zu der die Abfrage gehört, beendet wird. Bei dieser höchsten Isolierungsstufe kann der Benutzer sicher sein, daß alle von ihm abgefragten Reihen nicht geändert werden, bis die Transaktion beendet ist.

Jede strengere Isolierungsstufe schränkt im Vergleich zur vorherigen die Verfügbarkeit der Tabellenreihen für die anderen Benutzer ein. Andererseits kann es bei der vorherigen Stufen eher vorkommen, daß die gelesenen Reihen unmittelbar nach dem Lesen von einem anderen Benutzer geändert werden und damit eine anschließende Leseoperation unterschiedliche Datenwerte liefert.

Der SQL Server hat standardmäßig die Isolierungsstufe READ COMMITTED.

Isolierungsstufen eines SQL Server-Systems können explizit mit Hilfe:

▶ der NOLOCK- bzw. HOLDLOCK-Angabe in der FROM-Klausel der SELECT-Anweisung

▶ der TRANSACTION ISOLATION LEVEL-Angabe der SET-Anweisung

für die Dauer einer SQL Server-Sitzung geändert werden.

Die Angabe NOLOCK entspricht der Isolierungsstufe READ UNCOMMITTED, während HOLDLOCK der Stufe REPEATABLE READ entspricht.

Die TRANSACTION ISOLATION LEVEL-Angabe der SET-Anweisung kennt insgesamt vier Optionen, die mit den vier Isolierungsstufen gleichnamig sind. Jede Option setzt die entsprechende Isolierungsstufe für die Dauer der Sitzung fest.

Das Setzen der NOLOCK- bzw. HOLDLOCK-Angabe in der SELECT-Anweisung hat Vorrang vor der Verwendung der Optionen in der SET-Anweisung. Die Option USEROPTIONS der DBCC-Anweisung zeigt die aktuelle Isolierungsstufe eines Prozesses. (Das DBCC-Kommando wird in Kapitel 24 ausführlich beschrieben.)

14.3.2 Gegenseitige Blockierung (*Deadlock*)

Deadlock stellt eine spezielle Situation dar, in der eine Abhängigkeit zwischen zwei Prozessen im Zusammenhang mit Sperren existiert. Der erste Prozeß hält eine Sperre für das Objekt, auf das der zweite Prozeß zugreifen will. Gleichzeitig versucht der erste Prozeß ein Objekt zu benutzen, das vom zweiten gesperrt wurde.

Beispiel 14.4 zeigt eine Situation, wo die gegenseitige Blockierung zweier Prozesse auftritt.

Beispiel 14.4

/* Beide Prozesse müssen gleichzeitig gestartet werden */

```
begin transaction                       begin transaction
update arbeiten                             update mitarbeiter
        set aufgabe = 'Chef'                    set abt_nr = 'a2'
        where m_nr = 18316                      where m_nr = 9031
        and pr_nr = 'p2                 waitfor delay "00:00:05"
waitfor delay "00:00:05"                delete from arbeiten
update mitarbeiter                          where m_nr = 18316
        set m_name = 'Meier-Kunz'               and pr_nr = 'p2'
        where m_nr = 9031                   commit transaction
commit transaction
```

Falls die beiden in Beispiel 14.4 dargestellten Transaktionen parallel ausgeführt werden, tritt eine *Deadlock*-Situation auf.

Hinweis   Weil die Parallelität der Prozesse und damit die Reproduzierung einer gegenseitigen Blockierung mit einer kleinen Datenbank wie **beispiel** sehr schwierig zu erreichen ist, haben wir aus Lehrzwecken in beiden Transaktionen des Beispiels 14.4 die WAITFOR-Anweisung verwendet, die eine Pause von 5 Sekunden zwischen der Ausführung der beiden Anweisungen in der jeweiligen Transaktion vorsieht.

Das SQL Server-System erkennt eine *Deadlock*-Situation und bricht den Prozeß, der die geringste Prozessorzeit verbraucht hat, mit der Fehlermeldungsnummer 1205 ab. (Das Abbrechen eines Prozesses bedeutet, daß seine aktuelle Transaktion zurückgesetzt wird.) Da dies ein kontrollierbarer Abbruch ist, kann der Programmierer solche gegenseitige Blockierungen in seinem Programm sehr gut berücksichtigen und entsprechend behandeln, z.B. durch einen erneutenVersuch der abgewiesenen Transaktion.

14.4   Zusammenfassung

Transaktionen ermöglichen nicht nur den konkurrierenden Datenzugriff mehrerer Benutzer, sondern sie bilden auch die Basis für die Wiederherstellung von Datenbanken, die durch Fehler verschiedenen Ursprungs inkonsistent geworden sind. Die Wiederherstellung von Datenbanken wird in Kapitel 21 erläutert.

15 Systemumgebung

In diesem Kapitel werden mehrere Themen behandelt, die alle im Zusammenhang mit der Umgebung des SQL Server-Systems stehen. Zuerst werden Systemdatenbanken und Dienstprogramme, die der Benutzer bei der Bewältigung wichtiger Aufgaben benötigt, erörtert. Danach werden die Möglichkeiten gezeigt, wie die nationalen Sprachen (wie Deutsch, z.B.) vom System unterstützt werden. Am Ende werden die unterschiedlichen Arten der Systemarchitektur, die der SQL Server unterstützt, beschrieben.

15.1 Systemdatenbanken

Bei der Installation eines SQL Server-Systems werden automatisch vier Systemdatenbanken installiert:

▶ die *master*-Datenbank,

▶ die Modelldatenbank,

▶ die temporäre Datenbank und

▶ die *msdb*-Datenbank.

Die *master*-Datenbank ist die wichtigste Datenbank eines SQL Server-Systems. Diese Datenbank enthält diejenigen Systemtabellen, die die ganze Information über den SQL Server selbst und alle seinen Datenbanken umfaßt.

Die Modelldatenbank enthält diejenigen Systemtabellen, die jede Benutzerdatenbank benötigt. Damit stellt diese Datenbank eine Standardschablone dar, die bei der Erstellung jeder Benutzerdatenbank verwendet wird. Der Systemadministrator hat die Möglichkeit die Modelldatenbank zu ändern und sie damit seinen Vorstellungen anzupassen.

Die temporäre Datenbank (*tempdb*) bietet den Speicherplatz für alle temporären Tabellen bzw. Ausdrücke. Falls eine SELECT-Anweisung z.B. die ORDER BY-Klausel enthält, wird dadurch die Sortierung der Reihenmenge des Ergebnisses verursacht und in der temporären Datenbank durchgeführt. Die Standardgröße der temporären Datenbank beträgt 2 MB. Sie kann vom Systemadministrator geändert werden.

Die *msdb*-Datenbank steht in enger Beziehung zu der SQL Executive-Komponente. Sie enthält die ganze Information über diejenigen Aufgaben des Systemadministrators, die automatisch ausgeführt werden können. (Für die ausführliche Beschreibung der *msdb*-Datenbank und der SQL Executive-Komponente siehe Kapitel 23.)

15.2   Dienstprogramme

Dienstprogramme sind fester Bestandteil des SQL Server-Systems. Sie unterstützen die Benutzer bei den immer wiederkehrenden Aufgaben wie die Archivierung und Wiederherstellung von Daten usw. Für alle SQL Server-Dienstprogramme gilt gemeinsam, daß sie:

▶ als Kommando des entsprechenden Betriebssystems aufgerufen werden und

▶ im allgemeinen eine große Anzahl von möglichen Parametern haben.

In diesem Abschnitt werden die wichtigsten Dienstprogramme des SQL Servers beschrieben. Dies sind:

▶ isql,
▶ bcp und
▶ console.

15.2.1   isql

Aus der Benutzersicht ist **isql** eines der wichtigsten Dienstprogramme des SQL Server-Systems, weil mit ihm die Erstellung und die Ausführung der interaktiven SQL-Anweisungen möglich ist. Dieses Dienstprogramm ist eine *front end*-Komponente des SQL Servers und hat folgende allgemeine Syntaxform:

```
isql [{/schalter [parameter]} ...] ,
```

wobei **schalter** ein Zeichen mit spezifischer Bedeutung und **parameter** den Variablennamen des entsprechenden Schalters darstellt. (Zwischen **schalter** und **parameter** können kein, ein oder mehrere Leerzeichen geschrieben werden.)

isql hat eine große Anzahl von Schaltern, von denen die wichtigsten in der folgenden Tabelle dargestellt sind:

Schalter	Beschreibung
/S server_name	spezifiziert den Namen des SQL Servers, zu dem die Verbindung aufgebaut wird. Falls dieser Schalter ausgelassen wird, wird der mit der Umgebungsvariablen ISQLSERVER gesetzte Servername übernommen.
/U ben_name	spezifiziert den Benutzernamen. Der Name muß davor mit der Systemprozedur **sp_addlogin** erstellt werden. Falls dieser Schalter ausgelassen wird, wird der Wert der Umgebungsvariablen ISQLUSER genommen.
/P kennwort	spezifiziert das Kennwort des mit dem Schalter „/U" genannten Benutzers. Falls dieser Schalter ausgelassen wird, fordert **isql** nachträglich die Eingabe des Kennwortes vom Benutzer. Hat der Benutzer (noch) kein Kennwort (z.B. der Benutzer **sa** unmittelbar nach der Installation des Systems, bleibt die Angabe **kennwort** leer (NULL)).

Schalter	Beschreibung
/c endezeichen	erlaubt dem Benutzer das Endekommando zu ändern. Die Voreinstellung ist „go". (Dieser Schalter kann für jene Benutzer besonders nützlich sein, die sich an das Endezeichen „;" gewöhnt haben, das bei den anderen Datenbankmanagementsystemen üblich ist.)
/i eingabe_dat	spezifiziert den Namen der Datei, in der sich die Transact-SQL-Anweisungsfolge befindet. Die Datei muß das Endekommando (Standardwert: „go") (ggf. mehrfach) enthalten. Diese Angabe ist mit der Angabe < **eingabe_dat** identisch.
/o ausgabe_dat	spezifiziert den Namen der Datei, in der die Ausgabe der Transact-SQL-Anweisungsfolge gespeichert wird. Diese Angabe ist mit der Angabe > **ausgabe_dat** identisch.

Nach dem Aufruf des **isql**-Dienstprogrammes erscheint der interne SQL Server-Editor. Dieser Editor ist zeichenorientiert und nicht so benutzerfreundlich wie die meisten Bildschirmeditoren. Auf der Editorebene ist es möglich, weitere Parameter anzugeben:

Parameter	Beschreibung
go	spezifiziert das Endekommando einer Anweisungsfolge. Danach wird die Aweisungsfolge, die sich im Puffer befindet, ausgeführt.
ed	ruft den Editor im Windows NT-Betriebssystem auf.
reset	löscht den Pufferinhalt.
!! kommando	führt das Betriebssystemkommando namens **kommando** aus.
quit bzw. exit()	beendet das **isql**-Dienstprogramm.
STRG+C	bricht eine Abfrage ab, ohne **isql** zu beenden.

Beispiel 15.1

```
isql /Sinf_ente /Upetra /ib0401.sql /ob0401.out /c";"
```

In Beispiel 15.1 wird der SQL Server namens **inf_ente** vom Benutzer **petra** aufgerufen. Die Transact-SQL-Anweisungsfolge, die ausgeführt wird, befindet sich in der Datei **b0401.sql** und die Ausgabe wird in der Datei **b0401.out** gespeichert. In der Datei **b0401.sql** muß das Endekommando „;" in einer separaten Zeile geschrieben werden. (Weil der Schalter „/P" nicht angegeben ist, wird die Angabe des Kennwortes für den Benutzer **petra** nachträglich vom System verlangt.)

15.2.2   bcp

bcp ist ein sehr nützliches Dienstprogramm, mit dem ein Benutzer die gewünschte Tabelle in einer Datei entladen bzw. aus einer Datei laden kann. Zusätzlich dazu kann das Format des Ladens, bzw. Entladens nach den benutzerspezifischen Normen gewählt werden. Weil das Laden bzw. das Entladen von Daten in den meisten Fällen die

Aufgabe des Systemadministrators ist, wird dieses Dienstprogramm in Kapitel 22 beschrieben.

15.2.3 console

console wird vom Systemadministrator verwendet, um die Archivierung bzw. Wiederherstellung von Datenbanken durchzuführen. Die Syntax dieses Kommandos ist:

```
console [/Sserver_name] [/Ppipe_name]
```

Der Schalter /S definiert den SQL Server, mit dem die Verbindung aufgebaut werden soll. /P kennzeichnet den Namen der Pipe, mit der der SQL Server gestartet wird. (Dieses Dienstprogramm verwendet standardmäßig die *Named Pipes*.) **console** führt den Systemadministrator beim Aktivieren und Deaktivieren einzelner Magnetbände bzw. Disketten, die entweder die Information für die Wiederherstellung der Datenbanken enthalten oder auf denen die zu archivierende Datenbank gespeichert werden soll. Dieses Dienstprogramm muß bei der Diskettensicherung vor einer DUMP- bzw. LOAD-Anweisung ausgeführt werden.

15.3 Unterstützung nationaler Sprachen

Die Unterstützung nationaler Sprachen ist ein wichtiges Anliegen, das zur Internationalisierung von Software gehört. Folgende Anforderungen müssen in diesem Zusammenhang von einem System erfüllt werden [GRA93]:

► Elemente der Schrift jeder nationalen Sprache, die unterstützt wird, müssen sich im Zeichensatz des Rechners befinden;

► die Verarbeitung der alphabetischen Information soll auf den entsprechenden Ordnungskriterien (Sortierung, Unterteilung in Klassen usw.) der jeweiligen Sprache basieren;

► die Ein- und Ausgabe solcher Information, wie Geldbeträge, Datumsangaben usw. sollen im landesüblichen Format erfolgen.

Jede Datenbank, die landesspezifische Eigenschaften besitzt bzw. erlaubt, wird NLS (National Language Support)-Datenbank genannt. NLS-Datenbanken werden beim SQL Server mit Hilfe der Setup-Komponente spezifiziert.

Die Unterstützung nationaler Sprachen beim SQL Server beeinflußt folgendes:

► die Auswahl des entsprechenden Zeichensatzes,

► die Festlegung des Sortierkriteriums,

► die Installation der Fehlermeldungen in der nationalen Sprache und

► die Spezifizierung des Formats der Datumsausgabe

Ein Zeichensatz besteht aus einer festen Menge von Zeichen (Buchstaben, Ziffern und Symbole), die vom System erkannt werden. Beim SQL Server existieren immer mehrere unterschiedliche Zeichensätze, von welchen folgende drei die wichtigsten sind:

Bezeichnung	Erklärung
ISO 8859.1	Dieser Zeichensatz wird auch ANSI-Zeichensatz genannt. Er ist gleichzeitig der Standard-Zeichensatz, den der SQL Server benutzt.
Codeseite 859	Dieser Zeichensatz enthält, zusätzlich zu den üblichen alphabetischen und numerischen Zeichen, alle Buchstaben, die in den wichtigsten europäischen Sprachen existieren.
Codeseite 473	Dieser Zeichensatz wird meistens in den USA verwendet.

Die oben beschriebenen, wie auch alle anderen im System befindlichen Zeichensätze befinden sich im Dateiverzeichnis CHARSETS.

Hinweis   Es ist dringend zu empfehlen, den selben Zeichensatz sowohl für die Server- als auch für die Clientseite zu verwenden. Die Nichtbeachtung dieser Regel kann zu fehlerhaften Datenausgaben führen.

Das Sortierkriterium entscheidet darüber, wie das Ergebnis des Vergleichs zweier alphanumerischer Ausdrücke aussieht. Das Sortierkriterium ist u.a. in folgenden Fällen wichtig:

▶ bei der GROUP BY-Klausel der SELECT-Anweisung und

▶ bei der ORDER BY-Klausel der SELECT -Anweisung.

Der SQL Server bietet viele unterschiedliche Sortierkriterien, von welchen wir nur zwei erwähnen werden:

▶ Lexikalische Sortierung ohne Groß / Klein (*dictionary order, case sensitive*) und

▶ binäre Sortierung (*binary sort order*).

Das erste Sortierkriterium kennzeichnet die Verwendung der Buchstabenreihenfolge, wie sie in Lexika verwendet wird. Zusätzlich dazu wird bei diesem Kriterium nicht zwischen der Groß- und Kleinschreibung unterschieden. (Dieses Sortierkriterium ist gleichzeitig die Voreinstellung.)

Das binäre Sortierkriterium verwendet numerische Werte, um einen Vergleich zweier alphanumerischen Ausdrücke zu machen. Jedem Zeichen eines Zeichensatzes wird ein eindeutiger numerischer Wert zugewiesen, mit deren Hilfe dann der Vergleich durchgeführt wird.

Hinweis   Bei der Änderung eines Zeichensatzes bzw. eines Sortierkriteriums (nach der Installation des SQL Server-Systems) müssen Daten aller Benutzerdatenbanken neu geladen werden, damit diese einwandfrei weiter benutzt werden können. Zusätzlich zu der Spezifikation des Zeichensatzes und Sortierkriteriums werden bei der Installation auch die Fehlermeldungen und die spezifischen Kürzel der Monatsnamen festgelegt. Die relevanten Dateien werden beim SQL Server Lokalisierungsdatein (*Localization files*) genannt und befinden sich im Dateiverzeichnis LOCALES. In diesem Dateiverzeichnis der deutschen Version von SQL Server befindet sich das Verzeichnis DEUTSCH, das folgende Dateien enthält:

▶ SERVER.LOC und

▶ COMMON.LOC.

Die SERVER.LOC-Datei enthält alle Fehlermeldungen, die in der entsprechenden nationalen Sprache (in diesem Fall Deutsch) übersetzt sind. Die Datei COMMON.LOC enthält die spezifischen Namen für jeden Monat im Jahr und das jeweilige Kürzel.

Hinweis   Die Auswahl des entsprechenden Zeichensatzes und die Festlegung des Sortierkriteriums wird bei der Installation des SQL Server-Systems durchgeführt. Dementsprechend werden weitere Einzelheiten bezüglich dieser beiden Funktionen in Abschnitt 18.2 beschrieben.

15.4   Die Architektur des SQL Servers

Die Architektur eines SQL Server-Systems kann an die Hardware, auf der es läuft, angepaßt werden. Bei den Monoprozessor-Rechnern wird damit immer ein Prozeß gestartet, der dann mit allen Datenbankanwendungen, die in Bezug zum SQL Server stehen, kommuniziert (d.h. der SQL Server besitzt eine Multithreading-Architektur). Die Multithreading-Architektur kennzeichnet die Eigenschaft eines Datenbankmanagementsystems, mehrere *threads* parallel ausführen zu können. Ein *thread* ist Teil eines Prozesses, der aus der Sicht des Datenbankmanagementsystems als eine logische Einheit verarbeitet werden kann. (Aus diesem Grund werden *threads* auch Leichtgewichtprozesse genannt.)

Durch die Unterteilung der Prozesse in *threads* ist es möglich, eine hohe Anzahl von Datenbankanwendungen mit Hilfe einer kleinen Anzahl von Prozessoren effizient auszuführen. Das Umschalten von einem *thread* zu einem anderen in der Multithreading-Architektur geschieht wesentlich schneller als das entsprechende Umschalten von einem Prozeß zu einem anderen in der herkömmlichen Architektur. Zusätzlich dazu teilen *threads*, die einem Prozeß zugewiesen sind, immer die Ressourcen des Betriebssystems.

Falls der Rechner, auf dem der SQL Server läuft, mehrere Prozessoren hat, kann der SQL Server so konfiguriert werden, daß die Leistung aller Prozessoren gleichmäßig und effektiv ausgenutzt wird. (Damit hat der SQL Server eine wichtige Eigenschaft, nämlich, daß die Anzahl der zur Verfügung stehenden Prozessoren vom Datenbankadministrator selbst bestimmt werden kann.)

Hinweis   Bei den Multiprozessor-Rechnern wird zwischen lose gekoppelten (*loosely coupled*) und eng gekoppelten (*tightly coupled*) Prozessoren unterschieden. Jeder Prozessor eines Rechners mit lose gekoppelten Prozessoren benutzt einen eigenen Arbeitsspeicher. Bei den eng gekoppelten Prozessoren nutzen alle Prozessoren nur einen gemeinsamen Arbeitsspeicher und ein einziges Bussystem, auf das alle Prozessoren des Rechners gleichzeitig zugreifen. Die Rechner mit lose gekoppelten Prozessoren werden auch Massiv-Parallele Prozessor-Rechner (MPP) und die mit eng gekoppelten Prozessoren Symmetrische Multi-Prozessor-Rechner (SMP) genannt.

Die Vorteile des SMP-Rechner für ein Datenbankmanagementsystem ergeben sich nicht automatisch. Um sie auszunutzen, muß auch die Systemsoftware entsprechend implementiert werden. Abbildung 15.1 zeigt die Architektur des SQL Servers auf einem SMP-Rechner. (Eine solche Architektur wird auch „Ein Prozeß Multithreading"-Architektur genannt.)

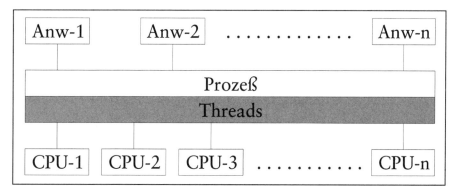

Abbildung 15.1: Die Architektur des SQL Servers bei SMP-Rechnern

Der SQL Server ermöglicht die optimale Auslastung der zur Verfügung stehenden Prozessoren und die Steigerung der Anwenderkapazität. Diese Architektur von SQL Server hat damit folgende Eigenschaften:

▶ die Anzahl der von dem Datenbankmanagementsystem genutzten Prozessoren kann vom Systemadministrator bestimmt werden;

▶ die Verwaltung der Benutzer und des Speichers ist für das Datenbankmanagementsystem optimiert und

▶ die Speicherkapazität wird als Ganzes (und nicht in Segmenten) behandelt.

Der Vorteil der Verwendung eines SMP-Rechners für den SQL Server liegt in der Parallelisierung einiger Aufgaben. Dazu gehören:

▶ die Archivierung von Daten und

▶ die parallele Datenbearbeitung.

Der SQL Server kann die Archivierung einer Datenbank bzw. eines Transaktionsprotokolls parallel durchführen, falls mehrere Sicherungsmedien (*dump devices*) für diesen Vorgang zur Verfügung stehen. (Für weitere Erklärungen bezüglich der parallelen Archivierung siehe Kapitel 21.)

Die parallele Datenbearbeitung (*parallel scan*) bezieht sich auf das sequentielle Lesen der physikalischen Seiten, wo Daten einer Tabelle bzw. eines Index gespeichert sind. In diesem Fall kann der SQL Server einzelne Seiten asynchron und im voraus lesen (*read ahead*). Diese Art der Abarbeitung der physikalischen Seiten kann

▶ bei den Abfragen, die sequentiell abgearbeitet werden,

▶ bei der Erstellung eines Index,

▶ bei der Aktualisierung eines Index mittels der UPDATE STATISTICS-Anweisung und

▶ bei der Überprüfung der logischen und physikalischen Konsistenz mittels der DBCC-Anweisung

signifikante Performanceverbesserungen bringen.

Hinweis   Die Systemprozedur **sp_configure** hat mehrere Optionen („RA delay", „RA cache hit limit" usw.), die alle in Bezug zum *read ahead* stehen.

15.5 Zusammenfassung

Der SQL Server gilt als technisch weit entwickeltes relationales Datenbankmanagementsystem in bezug auf zwei in diesem Kapitel erörterte Themen:

▶ die Unterstützung nationaler Sprachen und

▶ die Architektur des Datenbank-Servers.

Die Unterstützung nationaler Sprachen ist besonders in den Ländern, wo Englisch nicht die nationale Sprache ist, wichtig. Bei der deutschen Sprache geht es nicht nur um die bloße Unterstützung der Umlaute, sondern vielmehr um die richtige Sortierung (z.B. in der SELECT-Anweisung mit der ORDER BY-Klausel) der Tabellenreihen. All dies wird durch entsprechende Komponenten beim SQL Server unterstützt.

Der SQL Server hat auch eine moderne Technologie in bezug auf die Ausnutzung der Hardware mit eng gekoppelten Prozessoren. Die „Ein Prozeß Multithreading"-Architektur beim SQL Server ermöglicht die optimale Ausnutzung der zur Verfügung stehenden Prozessoren. Zusätzlich dazu wird sich die Performance des Servers durch die Erhöhung der Benutzeranzahl unwesentlich ändern, was bei den anderen DBMS, die diese Architektur nicht optimal unterstützen, nicht der Fall ist.

16 DB-Library

In diesem Kapitel wird eine der Programmierkomponenten des SQL Servers – DB Library – beschrieben. DB-Library stellt eine Sammlung von Bibliotheken dar, mit denen der Benutzer Datenbank-Anwendungen schreiben kann. Mit Hilfe eines einfachen C-Programms wird die Programmierung von Anwendungen mit DB-Library vorgestellt.

16.1 Einführung

In den bisherigen Kapiteln, die sich mit den SQL-Anweisungen des SQL Servers befaßt haben, haben wir erklärt, wie diese Anweisungen interaktiv, d.h. direkt am Bildschirm benutzt werden können. Die andere Möglichkeit stellt die Benutzung der Anweisungen innerhalb eines Anwendungsprogramms dar. Ob Anweisungen interaktiv oder in einem Anwendungsprogramm benutzt werden, hängt von der Art ihrer Verwendung ab. Interaktiv werden die Anweisungen meist benutzt, wenn Datendefinitionsanweisungen bzw. einfache Datenmanipulationsanweisungen angegeben werden sollen. Die Anwendungsprogramme werden vor allem dann verwendet, wenn komplexe Abfragen und Änderungen einer Datenbank durchgeführt werden sollen.

Die interaktiven und eingebetteten SQL-Anweisungen sind sich im Prinzip sehr ähnlich; der größte Unterschied ist, daß die eingebettete SQL-Sprache zusätzliche Anweisungen beinhaltet, die bei der interaktiven Anwendung nicht vorkommen. Jede SQL-Anweisung, die interaktiv verwendet wird, kann also auch eingebettet in einem Anwendungsprogramm, eventuell mit kleinen Änderungen, benutzt werden. (Diese Änderungen betreffen nur die Datenmanipulationsanweisungen und von diesen besonders die SELECT-Anweisung.)

Die eingebetteten Anweisungen können auf zwei unterschiedliche Arten abgearbeitet werden. Die erste Schnittstelle wird oft *Host Language Interface* (HLI) genannt, weil dabei die SQL-Anweisungen in einer Hostsprache eingebettet werden. Bei dieser Schnittstelle wird ein Vorübersetzer zur Verfügung gestellt, der jede SQL-Anweisung in die Hostsprache übersetzt. Damit wird, nach der Vorübersetzerphase, ein Programm mit einheitlichem Code erzeugt, das anschließend übersetzt werden kann.

Microsoft bietet selbst für den SQL Server keine Produkte für das *Host Language Interface*. Es ist trotzdem möglich, verschiedene Produkte (meistens für die Programmiersprachen C und Cobol) von Drittanbietern zu erwerben.

Prozedurale Programmiersprachen können auch auf eine andere Weise verwendet werden, um Datenbank-Anwendungen zu erstellen. Diese zweite Methode heißt Schnittstelle mit Funktionsaufrufen (*Function Call Interface*) und charakterisiert die Existenz einer oder mehrerer Bibliotheken, deren Funktionen von einem Programm aufgerufen werden. (Das Programm wird immer mit Hilfe einer prozeduralen Programmiersprache implementiert.) Die übersetzten und in der Bibliothek gespeicherten Funktionen stellen damit eine weitere Schnittstelle zum Datenbankmanagementsystem dar.

Abbildung 16.1 zeigt die Phasen der Schnittstelle mit Funktionsaufruf.

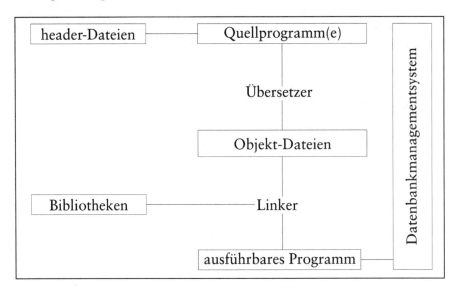

Abb. 16.1: Die Schnittstelle mit Funktionsaufruf

Vorteile der Schnittstelle mit dem Funktionsaufruf liegen hauptsächlich darin, daß der Benutzer eine einzige Sprache verwendet und damit die Vorübersetzerphase vermeidet. Damit vereinfacht sich die Erstellung der Datenbank-Anwendungen.

Die Verwendung des *Host Language Interface* hat auch zwei Vorteile:

▶ leichte Portierbarkeit und

▶ die eingebettete SQL-Sprache entspricht, mit wenigen Ausnahmen, der interaktiven SQL.

Programme, die *Host Language Interface* verwenden, sind leicht zu portieren, sowohl von einer Hardwareplattform auf eine andere (mit demselben Datenbankmanagementsystem) als auch vom Datenbankmanagementsystem eines Herstellers zum Datenbankmanagementsystem eines anderen. (Im zweiten Fall müssen einige Änderungen durchgeführt werden, die im allgemeinen nicht umfangreich sind.)

Falls ein DB-Programmierer die interaktive SQL-Sprache kennt (und zusätzlich eine prozedurale Programmiersprache wie z. B. C), ist es relativ einfach, Programme mit *Host Language Interface* zu schreiben.

Microsoft bietet für den SQL Server zwei Schnittstellen mit den Funktionsaufrufen:

▶ ODBC und
▶ DB-Library.

Wir werden in diesem Buch ausschließlich die DB-Library beschreiben, weil dieses Produkt ein spezifisches Produkt für den SQL Server ist, während ODBC eine allgemeine Schnittstelle für Produkte von Microsoft und vielen anderen Softwareanbietern ist.

16.1.1 Die Implementierung einer Datenbank-Anwendung mit DB-Library

Bei der Implementierung einer Datenbank-Anwendung muß generell entschieden werden, welche prozedurale Programmiersprache verwendet werden soll. Die Komponenten der DB-Library-Bibliotheken können beim Microsoft SQL Server von Programmen, die in der Programmiersprache C geschrieben sind, aufgerufen werden.

In diesem Abschnitt werden wir ein kleines C-Programm als Beispiel nehmen, um die typische Verwendung der Funktionen und Makros bei der Implementierung von Datenbank-Anwendungen zu zeigen.

Ein Programm, das DB-Library verwendet, kann in sechs Teile unterteilt werden. Diese Teile entprechen den Schritten, die in jeder Datenbank-Anwendung durchgeführt werden müssen. Zu diesen Schritten gehören:

▶ die Erstellung der Verbindung zum gewünschten Datenbank-Server und das Einloggen in das System;

▶ die Erstellung der Transact-SQL-Anweisungsfolge in dem zur Verfügung stehenden Puffer;

▶ das Senden der Anweisungsfolge zum Datenbank-Server und ihre anschließende Ausführung;

▶ die reihenweise Verarbeitung der Ergebnisse der SQL-Anweisungsfolge;

▶ die Ausgabe der Ergebnisse und

▶ das Schließen der Verbindung zum Datenbank-Server.

Mit dem folgenden Beispiel können die o.g. Schritte nachvollzogen werden.

Beispiel 16.1

```
/* Beispiel 16.1 */
#define DBNTWIN32
#include <stdio.h>
#include <windows.h>
#include <sqlfront.h>
#include <sqldb.h>
```

```
extern int fehler_handler(PDBPROCESS,int,int,int,LPCSTR,LPCSTR);
extern int msg_handler(PDBPROCESS,DBINT,int,int,LPCSTR,
LPCSTR,DBSMALLINT);
main()
{
 PDBPROCESS dbproc; /* Verbindung zum SQL Server */
 PLOGINREC log_info;  /* Einlogg-Information */
 RETCODE *rueckgabe_wert;
 DBINT m_nr;
 DBCHAR pr_nr[5];
 DBCHAR aufgabe[21];
 dbinit();  /* DB-Library initialisieren */
 log_info =dblogin() /* Einlogg-Information holen */;
 DBSETLUSER(log_info, "scott");
 DBSETLPWD (log_info, "tiger");
 DBSETLAPP (log_info, "anwendung");
 if ((dbproc = dbopen(log_info, "INF_ENTE")) == NULL)
      { printf ("Keine Verbindung zum SQL Server\n");
         exit(ERREXIT);
      }
dbuse (dbproc, "beispiel");
dbcmd (dbproc, "select m_nr, pr_nr, aufgabe");
dbcmd (dbproc, "from arbeiten");
dbcmd (dbproc, "where aufgabe = 'Sachbearbeiter'");
dbcmd (dbproc, "order by m_nr");
if (dbsqlexec(dbproc) == FAIL)
 {
    printf("SELECT-Anweisung falsch\n");
    dbexit();
    exit(ERREXIT);
 }
if (dbresults(dbproc) == SUCCEED)
 {
    dbbind(dbproc, 1, INTBIND, 0, &m_nr);
    dbbind(dbproc, 2, STRINGBIND, 0, pr_nr);
    dbbind(dbproc, 3, STRINGBIND, 0, aufgabe);
    printf("M_NR PR_NR AUFGABE\n");
    printf("_____\n");
    while (dbnextrow(dbproc) != NO_MORE_ROWS)
 {
 printf ("%s %s\n", pr_nr, aufgabe);
 }
 }
 dbexit();  /* Verbindung zum SQL Server schliessen */
 return(0);
```

```
}
int fehler_handler (PDBPROCESS dbproc, int severity,
                    int db_fehler, int bs_fehler,
                    LPCSTR db_fehlertext, LPCSTR bs_fehlertext)
{
    printf ("DB-Library-Fehler %i: %s\n", db_fehler,
           db_fehlertext);
    if (bs_fehler != DBNOERR)
    {
        printf ("Windows NT-Fehler %i: %s \n", bs_fehler,
               bs_fehlertext);
    }
    return (INT_CANCEL);
}
int msg_handler (PDBPROCESS dbproc, DBINT fehler_nr,
                 int fehler_zustand, int severity,
                 LPCSTR fehler_text, LPCSTR server, LPCSTR prozedur,
                 DBSMALLINT zeile)
{
    printf ("SQL Server Fehlermeldung %ld %s\n", fehler_nr,
           fehler_zustand);
    return(0);
}
```

Die *include*-Dateien **sqlfront.h** und **sqldb.h** sind Standard-Dateien, die in jedes DB-Library-Programm eingefügt werden müssen.

Die Funktion **fehler_handler**() wird nach dem Auftreten eines Fehlers aufgerufen. Dementsprechend wird **msg_handler**() bei der Ausgabe diverser Meldungen benutzt.

Jede Datenbank-Anwendung muß eine Verbindung zu einem Datenbank-Server haben. Bei der Herstellung der Verbindung erstellt der SQL Server eine Prozeßstruktur, die eine eindeutige Identifikationsnummer bekommt. Diese Struktur wird Datenbankstruktur genannt. Für jede Datenbankstruktur muß in der DB-Library-Anwendung eine entsprechende Datenstruktur existieren, die PDBPROCESS heißt. Damit enthält PDBPROCESS die Information über den Zustand der Verbindung zwischen der Anwendung einerseits und dem Datenbank-Server andererseits.

Die zweite Struktur - PLOGINREC - enthält die Information über den Namen des Benutzers und sein Kennwort sowie den Anwendungs- und den Hostnamen. Mit dem Makro DBSETLUSER() wird der Benutzername, der dem Datenbank-Server bekannt sein muß und zum Einloggen verwendet wird, gesetzt. Das zweite Makro - DBSETLPWD() - legt das entsprechende Kennwort fest. Für das Setzen der Anwendungs- bzw. Hostnamen werden die Makros DBSETLAPP() und DBSETLHOST() in dieser Reihenfolge verwendet.

Die dritte in Beispiel 16.1 existierende Struktur - RETCODE - enthält die entsprechenden Rückgabewerte, wie Meldungsnummer, Meldungstext usw.

Im weiteren Verlauf des Programms wird zuerst mit der Funktion **dbinit**() die *DB*-Library initialisiert und danach die Allokierung der LOGINREC-Struktur für die anschließende Verwendung mit der Funktion **dblogin**() durchgeführt.

Die Funktion **dbopen**() erstellt die Verbindung zu dem gewünschten Datenbank-Server. (In unserem Beispiel hat der Server den Namen INF_ENTE). Falls die Verbindung aus irgendeinem Grund nicht möglich ist, wird das Programm mit dem Rückgabewert ERREXIT beendet.

Die nächste im Programm befindliche Funktion - **dbuse**() - ist analog der Transact-SQL-Anweisung USE. Sie ändert also die aktuelle Datenbank. Die nächsten vier Programmzeilen verwenden die Funktion **dbcmd**(), um die gewünschte SQL-Anweisung in den von der PDBPROCESS-Struktur zur Verfügung gestellten Puffer zu plazieren. Dies ist für die anschließende Bearbeitung der SQL-Anweisung durch den Datenbank-Server unbedingt notwendig.

Hinweis   Der erste Aufruf der Funktion **dbcmd**(), nachdem die vorherige Anweisung aus dem Puffer an den Datenbank-Server gesendet wurde, löscht automatisch den Pufferinhalt. Falls der Benutzer den Pufferinhalt auch nach der Verarbeitung beibehalten will, kann er das implizite Löschen des Puffers mit der Option DBAUTOFREE der Funktion **dbsetopt**() verhindern. In diesem Fall muß das Löschen des Pufferinhalts explizit mit der Funktion **dbfreebuf**() vom Benutzer selbst durchgeführt werden.

DB-Library verwendet zwei symbolische Konstanten - SUCCEED und FAIL -, die den Erfolg bzw. den Mißerfolg eines Funktionsaufrufs signalisieren. Diese beiden Konstanten sind auch im Programmbeispiel verwendet worden: FAIL mit der Funktion **dbsqlexec**(), die die SQL-Anweisung aus dem Puffer zum Datenbank-Server sendet, und SUCCEED mit der Funktion **dbresults**(), die im Zusammenhang mit dem Ergebnis der Verarbeitung steht.

Nach der Verarbeitung einer Anweisung wird immer ein Ergebnis an das Programm zurückgeschickt. Das Ergebnis enthält immer einen Rückgabestatus und eventuell eine Anzahl von Ergebnisreihen. Der Rückgabestatus wird mit Hilfe der Funktion **dbresults**() gesendet, während die Datenwerte der Ergebnisreihen mit der Funktion **dbbind**() den entsprechenden Programmvariablen zugewiesen werden.

Hinweis   Die DB-Library enthält drei Makros, die im Zusammenhang mit den Ergebnisreihen stehen. Das Makro DBCMDROW() legt fest, ob die aktuelle Anweisung grundsätzlich Ergebnisreihen liefert, während das Makro DBROWS() festlegt, ob die Ergebnisreihen tatsächlich an das Programm geliefert wurden. Die Anzahl der tatsächlich gelieferten Ergebnisreihen wird mit dem Makro DBCOUNT() festgelegt.

Mit der Funktion **dbnextrow**() wird der Zeiger immer auf der nächsten Reihe der Ergebnismenge positioniert.

Das Ergebnis des Beispiels 16.1 sieht folgendermaßen aus:

PERS_NR	PR_NR	AUFGABE
9031	p3	Sachbearbeiter
25348	p2	Sachbearbeiter
28559	p2	Sachbearbeiter
29346	p1	Sachbearbeiter

17 Die Systemadministration

In diesem Kapitel wird sowohl ein allgemeiner Überblick über die Systemadministrationswerkzeuge, die der SQL Server bietet, als auch eine Einführung in die allgemeinen Aufgaben eines Systemadministrators gegeben. Es stellt gleichzeitig eine Einführung für die folgenden Kapitel dar.

17.1 Der SQL Server und die Systemadministration

Der Microsoft SQL Server ist ein skalierbares Datenbankmanagementsystem, das sich besonders für hohe Anforderungen bezüglich der Performance eignet. Zusätzlich dazu gehört der SQL Server zu den technisch am weitesten entwickelten Systemen in bezug auf die offene Client/Server-Architektur und die optimale Unterstützung der Rechner mit eng gekoppelten Prozessoren. Diese Eigenschaften werden beim SQL Server durch folgende Funktionen erreicht:

▶ die enge Integration des SQL Server-Systems in Windows NT,

▶ die Möglichkeit, mehrere SQL Server zentralisiert zu verwalten und

▶ die Task-Planung und die Verwaltung von Warnungen.

Die enge Integration des SQL Servers in Windows NT zeigt sich durch die direkte Verwendung mehrerer Betriebssystemdienste und Werkzeuge seitens des SQL Servers. Dazu gehören die Dienste zur *threads*-Verwaltung und die parallele Benutzung (zusammen mit dem Windows NT) von Performance Monitor und dem Ereignisprotokoll. Eine weitere Verbindung zeigt sich durch die Möglichkeit, Benutzerverwaltung des Betriebs- und des Datenbanksystems zu vereinen.

Der SQL Server bietet eine einfache und benutzerfreundliche Oberfläche für die zentralisierte Verwaltung aller Datenbank-Server, die einem Unternehmen gehören. Diese Funktionalität ermöglicht die Überwachung und die Verwaltung aller Datenbank-Server an einer Stelle zu vereinigen.

Der SQL Server enthält auch eine grafische Schnittstelle für die Planung unterschiedlicher Tasks und die Verwaltung möglicher Systemwarnungen. Diese Funktionalität beinhaltet nicht nur die Protokollierung diverser Fehlermeldungen im entsprechenden Protokoll wie bei den anderen Datenbanksystemen, sondern auch die Möglichkeit, im voraus ausgewählte Mitarbeiter über Medien wie die elektronische Post bzw. Pager zu informieren.

Der SQL Server verwendet den SQL DMF (*Distributed Management Framework*), um unternehmensweite Systemadministration zu ermöglichen. Mit dem SQL DMF ist es möglich, Funktionen wie die zentrale Serververwaltung und die Taskplanung zu realisieren. SQL DMF faßt mehrere Dienste zusammen, die in drei Gruppen unterteilt werden können (siehe Abbildung 17.1).

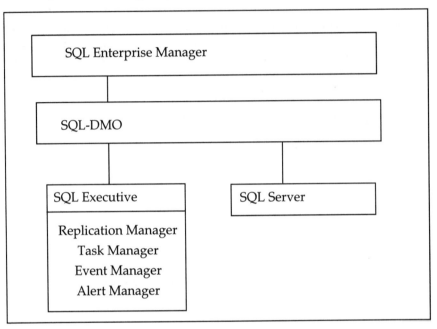

Abbildung 17.1: Die Komponenten des SQL Distributed Management Framework

Auf der niedrigsten Ebene befinden sich der Datenbank-Server und der SQL Executive. Der SQL Executive gehört zu den SQL Server-Diensten und ermöglicht die Verwaltung von Ereignissen, die bei der Benutzung eines SQL Server-Systems auftreten.

Die zweite Ebene enthält eine 32-Bit-Schnittstelle - SQL-DMO (*Distributed Management Objects*) -, die die Information über sämtliche Verwaltungsfunktionen des SQL Servers beinhaltet. SQL-DMO faßt über 50 Objekte und 1000 unterschiedliche Eigenschaften und Methoden dieser Objekte zusammen, die dann von logisch übergeordneten Werkzeugen benutzt werden können.

Auf der höchsten Ebene befindet sich der SQL Enterprise Manager. Dieses Werkzeug verwendet die Information, die im SQL-DMO über den SQL Server und seine Objekte gespeichert ist, und damit dem Systemadministrator die Möglichkeit gibt, alle seine Aufgaben auf eine einfache und benutzerfreundliche Weise zu lösen.

17.2 Die Administrationswerkzeuge des SQL Servers

Der SQL Server beinhaltet viele grafische Werkzeuge, die für unterschiedliche Administrationsaufgaben benutzt werden können. Diese Werkzeuge befinden sich in der Programmgruppe „Microsoft SQL Server (Allgemein)", die durch das Anklicken der SQL Server-Ikone auf dem Bildschirm angezeigt wird (siehe Abbildung 17.2). Welche Werkzeuge tatsächlich angeboten werden, hängt davon ab, um welche Umgebung (Client oder Server) es sich handelt.

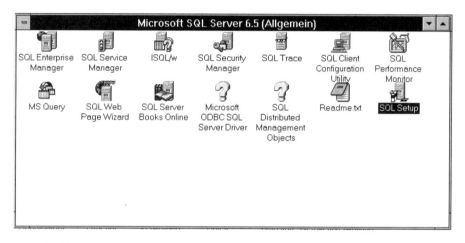

Abbildung 17.2: Die Programmgruppe „Microsoft SQL Server V6.5(Allgemein)"

Die in Abbildung 17.2 dargestellten Werkzeuge werden für folgende Zwecke verwendet:

Werkzeug	Beschreibung
SQL Setup	Mit Hilfe des SQL Setups kann ein SQL Server-System u.a. installiert bzw. konfiguriert werden. Weitere Funktionen, die dieses Programm bietet, sind: die Wiederherstellung der *master*-Datenbank, die Auswahl der Zeichensätze und Sortierfolgen usw. (SQL Setup wird in Kapitel 18 ausführlich beschrieben.)
SQL Service Manager	Dient zum Starten und Stoppen des SQL Servers und des SQL Executive-Dienstes.
ISQL/w	Wird meistens für die Eingabe und Ausführung von Transact-SQL-Anweisungen und Systemprozeduren verwendet.
SQL Security Manager	Dient der Verwaltung von Benutzerkonten, falls der SQL Server die Datensicherheit des Windows NT übernimmt.

Werkzeug	Beschreibung
SQL Enterprise Manager	Das wichtigste SQL Server-Werkzeug aus der Sicht eines Systemadministrators. Dient praktisch für fast alle Aufgaben, die der Administrator eines SQL Server-Systems hat.
SQL Transfer Manager	Wird für die logische Übertragung von Objekten und Daten zwischen zwei SQL Server-Systemen verwendet.
SQL Performance Monitor	Stellt die Windows NT-Komponente Systemmonitor dem SQL Server zur Verfügung.
SQL Server-Online-Dokumentation	Bietet Online-Zugriff auf die SQL Server-Dokumentation.
SQL Client-Konfigurations-programm	Ermöglicht die Einstellung der Bibliotheks- und Server-informationen auf der Client Seite.
SQL DMO	Bietet Online-Hilfe zur Anzeige des DMO-Modells.
SQL Trace	SQL Trace ist ein graphisches Werkzeug, mit dem alle Serveraktivitäten überwacht werden können. Für dieses Werkzeug, das seit SQL Server V6.5 vorhanden ist, können zusätzlich Filter erstellt werden, die spezifische Aktionen eines Benutzers oder einer Anwendung überwachen.
SQL Web Page Assistent	Dieses Werkzeug existiert seit SQL Server V6.5 und ermöglicht die Erstellung der HTML Seiten. (SQL Web Page Assistent ist in Anhang C beschrieben.)

Zusätzlich zu den grafischen Werkzeugen, die in Abbildung 17.2 dargestellt sind, bietet der SQL Server dem Systemadministrator zusätzliche Mittel an, die in folgende drei Gruppen unterteilt werden können:

▶ Dienstprogramme,

▶ Systemprozeduren und

▶ Kommandos bzw. Transact-SQL-Anweisungen.

17.3 Der Systemadministrator

Die Aufgabe des Systemadministrators umfaßt alle Dienste, die zum Arbeiten mit einem SQL Server-System im allgemeinen relevant sind. Zu diesen Aufgaben gehören:

▶ die Planung und die Ausführung der Systeminstallation,

▶ das Starten und Stoppen des Systems,

▶ das Verwalten der Systemressourcen,

▶ die Erstellung von Login-ID und die Vergabe bzw. der Entzug der Zugriffsrechte,

▶ der Transfer der Massendaten,

▶ die Untersuchung und Behebung entstandener Systemfehler,

▶ die Archivierung und Wiederherstellung von Datenbanken und Transaktionsprotokollen,

▶ die Durchführung der Maßnahmen zur Verbesserung der Performance und

▶ das Verwalten der Datenreplikation.

Die o.g. Aufgaben des Systemadministrators werden in unterschiedlichen Kapiteln erörtert. Das nachfolgende Kapitel beschreibt sowohl die Installation als auch das Starten bzw. Stoppen des Systems. Das Verwalten der Systemressourcen ist das Thema des Kapitels 19, während die Verwaltung von Login-ID und Benutzerkennungen in Kapitel 20 beschreiben wird. In Kapitel 21 wird die Archivierung bzw. Wiederherstellung von Datenbanken erörtert, während der Transfer der Massendaten in Kapitel 22 beschrieben wird. Die Untersuchung und Behebung entstandener Systemfehler ist das Thema des Kapitels 24, während die Performance in Kapitel 25 beschrieben ist. Die Datenreplikation wird in Kapitel 26 erörtert.

Die Aufgabe des Systemadministrators ist oft sehr schwierig von den Aufgaben eines Datenbankadministrators zu unterscheiden. Wenn z.B. eine Benutzerdatenbank nicht genügend Speicherplatz zur Verfügung hat, kann es sich sowohl um ein SQL Server System- als auch um ein Datenbankproblem handeln. Dazu kommt noch, daß bei Systemen mit vielen Datenbanken grundsätzlich zu empfehlen ist, sowohl System- als auch allgemeine Datenbankaufgaben einer Person – dem Systemadministrator – zu übertragen. Aus diesen Gründen werden wir im weiteren Text keinen Unterschied zwischen den System- und allgemeinen Datenbankaufgaben machen.

17.4   Zusammenfassung

Die Systemadministration kann aus zwei Blickwinkeln betrachtet werden: aus der Sicht des Systemadministrators und aus der Sicht des Datenbanksystems. Die Aufgaben des Systemadministrators umfassen alle Dienste, die den anderen Benutzern eine störungsfreie und performante Benutzung des SQL Server-Systems ermöglichen. Der SQL Server stellt dem Systemadministrator zahlreiche grafische Werkzeuge zur Verfügung, mit denen die Administrierung des Systems leicht durchführbar ist.

18 Die Planung und die Ausführung der Systeminstallation

In diesem Kapitel werden alle Aufgaben rund um die Installation des SQL Servers beschrieben. Zuerst werden Themengruppen genannt, die vor der Installation geplant werden sollen. Danach werden sowohl die Installation des Datenbank-Servers als auch der Clients erörtert. Ein weiteres Thema dieses Kapitels sind die Maßnahmen, die der Systemadministrator in der Postinstallationsphase durchführen soll. Schließlich werden unterschiedliche Alternativen zum Starten und Stoppen eines SQL Server-Systems erörtert.

18.1 Die Planung der Installation eines SQL Server-Systems

Die Installation eines SQL Server-Systems sollte nicht ohne Vorplanung durchgeführt werden. Eine sorgfältige Planung ist unbedingt notwendig, weil sehr viele Faktoren existieren, die die Entscheidungen bei der Installation beeinflußen.

Bei der Installationsplanung sollte sich der Systemadministrator mit den folgenden Themengruppen beschäftigen:

▶ Welchem Zweck dienen das System und die dazugehörigen Datenbanken?

▶ Welche Hard- und Software werden für das SQL Server-System benötigt?

▶ Welche Bedeutung haben die bei der Installation eines Systems anfallenden Fragen?

18.1.1 Anwendungszweck eines SQL Server-Systems

Ein SQL Server-System kann sehr vielen unterschiedlichen Zwecken dienen. Falls ein System z.B. ausschließlich für Lehrzwecke verwendet wird, sind die meisten der nachfolgenden Themen bezüglich der Installation irrelevant. In den meisten Fällen wird der SQL Server für produktive Zwecke verwendet, wobei sehr große Unterschiede bezüglich der Benutzeranzahl oder des Datenvolumens existieren können. Eine weitere Frage, die bei den modernen Datenbanksystemen wichtig ist, ist der allgemeine Verwendungszweck des Systems: Wird das System überwiegend für OLTP(*OnLine Transaction Processing*)-Anwendungen oder als DSS(*Decision Support System*) angewendet?

Die Frage, ob es sich bei Ihrem System überwiegend um ein OLTP-System (d.h. ein System mit vielen Benutzern, kurzen Transaktionen und schnellen Antwortzeiten) oder um ein *Decision Support System* (d.h. ein System mit wenig Benutzern und mit komplexen Abfragen auf ein sehr großes Datenvolumen) handelt, ist wichtig, weil sich verschiedene SQL Server-Versionen unterschiedlich für diese beide Aufgaben eignen. Generell kann man sagen, daß der SQL Server V6.5 neue Merkmale enthält, die ihn für die DSS-Anwendungen prädestiniert.

Falls die Anzahl der Benutzer sehr groß ist, kann es schwierig sein, die Performance des Systems optimal zu halten. Eine naheliegende Möglichkeit bei der Verwendung des SQL Servers wäre, einen Mehrprozessorrechner anzuschaffen, damit die Skalierbarkeit des Systems möglich ist. (Unabhängig davon benötigt jeder Benutzer des SQL Server-Systems etwa 40KB des Arbeitsspeichers, womit auch die notwendige Gesamtgröße des Arbeitsspeichers beeinflußt wird.)

Die geschätzte Größe der Datenbanken bezieht sich auf die Anschaffung der ausreichenden Plattenkapazität. Im allgemeinen kann man sagen, daß die Anschaffung mehrerer kleinerer Platten für das System vorteilhafter in bezug auf die Datensicherheit ist, als der Kauf einer einzigen Platte mit sehr großer Kapazität.

18.1.2   Hard- und Softwarevoraussetzungen

Die Tatsache, daß der SQL Server nur auf einer einzigen Betriebssystemplattform – Windows NT – läuft, vereinfacht die Entscheidung bezüglich der Anschaffung der notwendigen Hard- und Software. Vor der Installation muß die Entscheidung bezüglich folgender Hard- und Softwarekomponenten getroffen werden:

▶ welcher Rechner bzw. Prozessor benutzt wird;

▶ wieviel Arbeitsspeicher für die Benutzung des SQL Servers notwendig ist und

▶ welches Netzwerkprotokoll für die Kommunikation zwischen dem Server und den Clients verwendet werden soll.

Rechnerplattformen eines SQL Server-Systems

Das Betriebssystem Windows NT – und damit auch der SQL Server – läuft z.Zt auf folgenden 32-bitfähigen Rechnern:

▶ Intel-Prozessoren (486, Pentium);

▶ MIPS-Prozessoren;

▶ Power PC von IBM und

▶ Alpha AXP von Digital.

Dieser Liste werden sicher in naher Zukunft weitere Prozessortypen hinzugefügt werden.

Größe des Arbeitsspeichers

Die Größe des Arbeitsspeichers für ein SQL Server-System hängt von mehreren Faktoren ab, wobei die Frage, ob es sich um einen ausschließlich für Datenbankanwendungen verwendeten Rechner handelt, die wichtigste in diesem Zusammenhang ist. (Bei den Rechnern, die ausschließlich für Datenbankanwendungen mit dem SQL Server benutzt werden, kann praktisch der ganze zur Verfügung stehende Arbeitsspeicher für den SQL Server konfiguriert werden.)

Bei der Installation wird maximal 8 MB des Arbeitsspeichers dem SQL Server zugewiesen. Nachdem der SQL Server gestartet wird, hat der Systemadministrator die Möglichkeit, diesen Wert zu erhöhen. Die Firma Microsoft empfiehlt in ihren Handbüchern folgende Werte, die von der Arbeitsspeichergröße des Rechners abhängig sind, anzugeben:

Arbeitsspeicher d. Rechners	empfehlenswert für SQL Server
16 MB	4 MB
24 MB	8 MB
32 MB	16 MB
48 MB	28 MB
64 MB	40 MB
128 MB	100 MB
256 MB	216 MB
512 MB	464 MB

Die Größe des für einen SQL Server notwendigen Arbeitsspeichers hängt von zwei weiteren Faktoren ab:

▶ Anzahl der Benutzer und

▶ Daten- und Indexvolumen.

Folgende Formel zeigt, wie die notwendige Größe des Arbeitsspeichers berechnet werden kann:

Arbeitsspeicher = 5 MB + 0.02*(Daten-/Indexvolumen) + 40KB * Benutzeranzahl

Netzwerkprotokolle

Weil der SQL Server ein Client-Server-Datenbanksystem ist, werden von ihm unterschiedliche Netzwerkprotokolle, die die Kommunikation zwischen den Clients und dem Server ermöglichen, unterstützt. Bei der Installation eines SQL Server-Systems kann der Systemadministrator entscheiden, welche Protokolle (als Bibliotheken) vorhanden sein sollten.

Folgende Netzwerkprotokolle werden vom SQL Server unterstützt:

▶ Named Pipes,

▶ Multi-Protokoll,

▶ IPX/SPX,

▶ TCP/IP,

▶ Banyan Vines,

▶ AppleTalk ADSP und

▶ Decnet.

Named Pipes ist das Standard-Netzwerkprotokoll des SQL Servers. Mit diesem Protokoll ist die Interprozeßkommunikation (IPC) entweder lokal oder über Netze möglich. Multi-Protokoll benutzt den RPC (Remote Procedure Call)-Mechanismus für die Kommunikation zwischen einem Client und seinem Server. Dieses Protokoll enthält z.Zt. zwei andere Protokolle -IPX/SPX und TCP/IP.

IPX/SPX ist das Netzwerkprotokoll der Novell-Netze und Standard-Protokoll von Windows NT ab der Version 3.5. Falls der Systemadministrator sich bei der Installation für dieses Protokoll entscheidet, muß er den Dienstnamen für Novell Bindary angeben. TCP/IP ist das meistbenutzte Protokoll bei den UNIX-Rechnern. Ähnlich wie beim IPX/SPX muß der Systemadministrator die Port-Nummer für den SQL Server während der Systeminstallation angeben.

Banyan Vines ist ein weiteres Protokoll, das häufig bei der Kommunikation in der PC-Welt verwendet wird. (Banyan Vines-Unterstützung für Windows NT-basierte Clients steht z. Zt. nur auf der Intel-Plattform zur Verfügung.) Bei der Installation dieses Protokolls muß der Systemadministrator den Dienstnamen des PCs in der Sprache Street Talk angeben. (Dieser Name muß vorher mit Hilfe des Banyan Vines-Dienstprogramms erstellt werden.)

Apple Talk ADSP ist ein Netzwerkprotokoll der Firma Apple, das die Kommunikation zwischen dem SQL Server und den Apple Macintosh-Clients ermöglicht. Decnet ist ein Netzwerkprotokoll der Firma Digital, das sehr oft für die Kommunikation mit dem Betriebssystem VMS verwendet wird. Ähnlich wie bei den anderen Protokollen muß der Systemadministrator auch beim Decnet den Namen (in der Form einer Objekt-ID) bei der Installation angeben.

Die Auswahl des Netzwerkprotokolls beeinflußt die Benutzung der angebotenen Sicherheitsmodi beim SQL Server. Der SQL Server unterstützt drei Sicherheitsmodi:

▶ die Standard-Sicherheit,

▶ die integrierte Sicherheit und

▶ die gemischte Sicherheit,

die in Abschnitt 20.2 beschrieben sind. Die Standard-Sicherheit kann mit allen o.g. Netzwerkprotokollen verwendet werden, während die integrierte Sicherheit nur mit Named Pipes und dem Multi-Protokoll möglich ist.

Hinweis   Das schnellste aller Protokolle ist das SQL Server Standard-Protokoll Named Pipes. Die Benutzung eines der beiden Protokolle TCP/IP bzw. IPX/SPX macht die Netzwerk-Kommunikation schneller als die Benutzung des Multi-Protokolls, das eine Vereinigung der beiden darstellt. Andererseits schließen TCP/IP und IPX/SPX die Verwendung des integrierten Sicherheitsmodus aus.

18.1.3   Die notwendigen Angaben bei der Installation

Bei einer Installation des SQL Servers muß der Systemadministrator sehr viele Angaben machen. Einige diese Angaben sind einfach, während andere vorbereitet werden sollten. Folgende Fragen sollten vor der Installation geklärt werden:

▶ Wo soll sich das Hauptverzeichnis befinden?

▶ Welchen Zeichensatz und welches Sortierkriterium soll das System verwenden?

▶ Wie soll das *master*-Datenbankmedium heißen und wie groß soll es sein?

▶ Wo sollen die Online-Handbücher installiert werden?

Das Hauptverzeichnis des SQL Servers enthält die meisten SQL Server-Systemdateien. Wir empfehlen, den Standard-Pfadnamen zu behalten, weil dieser Name die Serverversion eindeutig identifiziert. (Beim SQL Server ist es durchaus möglich, unterschiedliche SQL Server-Versionen nebeneinander zu installieren und zu verwenden. Dies bezieht sich aber nur auf die Hauptversionen wie 4.2 und 6.0.)

Die Angaben zum Zeichensatz und Sortierkriterium spielen eine wichtige Rolle bei der Verwendung des SQL Servers außerhalb des englischsprachigen Raums. Für den deutschsprachigen Raum empfiehlt es sich, die Code-Seite 850 als Zeichensatz und das Standard-Sortierkriterium (Lexikalische Sortierung ohne Groß/Klein) zu verwenden. (Für weitere Informationen bezüglich des Zeichensatzes und des Sortierkriteriums siehe Abschnitt 15.3.)

Das *master*-Datenbankmedium ist jener Teil des Speichers, wo die wichtigste Systemdatenbank – *master* – gespeichert wird. Wir empfehlen den vorgeschlagen Namen (MASTER.DAT) nicht zu ändern, weil dieser Name in der Praxis sehr oft als Synonym für dieses Medium verwendet wird. Die empfohlene Größe dieses Mediums (25MB) sollte, falls möglich, auf 35-40MB erhöht werden, damit die Erhöhung des notwendigen Speichers für die *master*-Datenbank nicht schon nach kurzer Produktionszeit notwendig wird.

Die Online-Handbücher können entweder auf der Platte gespeichert oder von der CD-ROM verwendet werden. Falls Ihre Anlage 15MB Plattenspeicher zusätzlich zur Verfügung hat, empfehlen wir diese Handbücher bei der Installation auf der Platte zu speichern, weil dadurch der Zugriff auf die notwendige Information direkt und damit schneller ist.

18.2 Die Installation eines SQL Server-Systems

Die Installation des SQL Servers muß sowohl auf der Server- als auch auf der Client-Seite durchgeführt werden. Weil diese beiden Installationen voneinander unabhängig sind, werden wir sie getrennt beschreiben.

18.2.1 Die Installation eines Datenbank-Servers

Die Installation des Datenbank-Servers wird mit Hilfe des Setup-Programms und der mitgelieferten CD-ROM durchgeführt. Das CD-ROM enthält folgende Dateiverzeichnisse:

▶ ALPHA,

▶ MIPS,

▶ I386 und

▶ CLIENTS.

Die ersten drei Dateiverzeichnisse enthalten die entsprechenden Dateien für die z. Zt. vom SQL Server unterstützten Rechner, während CLIENTS für die Installation von 16-Bit-Clients verwendet wird. Nach der Auswahl des richtigen Dateiverzeichnisses wird das Setup-Programm durch die Auswahl der SETUP.EXE-Datei gestartet.

Die Installation des Datenbank-Servers erfolgt in insgesamt acht Schritten:

1. Angabe des Systemadministrator- und Firmennamens sowie der Produkt-ID der Software,

2. Auswahl der Installationsoption,

3. Auswahl des Lizenzierungsmodus,

4. Angabe des Hauptverzeichnisses,

5. Angabe des Verzeichnisses für das *master*-Datenbankmedium,

6. Auswahl der Installationsoption für die Online-Handbücher,

7. Auswahl des spezifischen Zeichensatzes, Sortierverfahrens und der notwendigen Netzwerkprotokolle und

8. Festlegen einer Windows NT-Benutzerkennung für die SQL Executive-Komponente.

Nachdem Sie Ihren Namen und den Namen Ihrer Firma eingetragen haben, erscheint das Setup-Dialogfeld mit den Optionen. In diesem Schritt soll der SQL Server installiert werden. Deswegen müssen das Kontrollkästchen „SQL Server und Dienstprogramme installieren" markiert und die Schaltfläche „Fortfahren" angeklickt werden.

Im nächsten Schritt wird das Lizenzierungsverfahren gewählt. Der Systemadministrator hat zwei Möglichkeiten: der Modus „Pro Server" und „Pro Arbeitsplatz". Beim ersten Modus muß eine maximale Anzahl von Benutzern, die gleichzeitig eine aktive Verbindung mit dem Server haben können, angegeben werden. Der zweite Modus verlangt für jeden Client eine Zugriffslizenz. Welchen Modus Sie wählen sollen, hängt von Ihrer Lizenz ab.

Hinweis   Falls Sie nicht wissen, welches Lizenzierungsverfahren Ihre Software hat, empfiehlt es sich, den „Pro Server"-Modus zu wählen, weil dieser Modus anschließend leicht in „Pro Arbeitsplatz" modifiziert werden kann.

In den nächsten beiden Schritten werden die Angabe des Hauptverzeichnisses und des Verzeichnisses für das *master*-Datenbankmedium verlangt. Es ist zu empfehlen, die angebotenen Standardeingaben zu behalten und nur die Größe des *master*-Mediums, falls möglich, auf 35-40MB zu erhöhen (siehe auch die entsprechenden Empfehlungen im vorherigen Abschnitt).

Der nächste Schritt – die Auswahl des spezifischen Zeichensatzes, Sortierverfahrens und der notwendigen Protokolle -, bietet mehrere Schaltflächen, die unterschiedliche Optionen darstellen, um das Arbeiten mit dem SQL Server zu beeinflußen. Die Auswahl des Zeichensatzes und des Sortierkriteriums wurde schon im vorherigen Abschnitt erläutert. Das Festlegen zusätzlicher Netzwerkprotokolle ist wichtig, falls Ihre Clients nicht das Standard-Protokoll *(Named Pipes)* für die Kommunikation mit dem Datenbank-Server verwenden.

Eine weitere Option, die dieser Schritt bietet, bezieht sich auf das automatische Starten des SQL Servers (und auch der SQL Executive-Komponente) zusammen mit dem Betriebssystem. Die Auswahl dieser Option empfiehlt sich generell und insbesondere dann, wenn Ihr Windows NT-System ausschließlich für Datenbankanwendungen mit dem SQL Server verwendet wird.

Das Festlegen einer Windows NT-Benutzerkennung für die SQL Executive-Komponente kann entweder vor oder während der Installation durchgeführt werden. Falls eine spezielle Kennung für diese Komponente existieren soll, muß sie vor der Installation eingerichtet und im letzten Installationsschritt eingegeben werden. Anderenfalls wird eine lokale Benutzerkennung verwendet. (Die erste Alternative ist die einzige Möglichkeit, falls der SQL Executive auf die Dateien auf einem anderen Server, wie z.B Novell Netware, zugreifen soll.)

Hinweis   Eines der häufig auftretenden Probleme bei der Installation des SQL Servers ist die Nichtexistenz der Windows NT-Rechte zur Erstellung neuer Dateien und Dateiverzeichnisse für die Kennung, unter der die Installation durchgeführt wird. Dieses Problem kann umgangen werden, indem der Benutzer eine andere Kennung, die entsprechende Rechte hat, für die Installation verwendet.

18.2.2 Die Installation und die Konfiguration von Clients

Im Unterschied zum Datenbank-Server, der ausschließlich unter Windows NT laufen kann, kann ein Client sowohl unter 32-Bit- als auch unter 16-Bit-Betriebssystemen installiert und verwendet werden. Zu den 32-Bit-Betriebssystemen, auf denen Clients installiert werden können, gehören:

▶ Windows NT (ab V3.51) und
▶ Wndows 95.

Die entsprechenden 16-Bit-Betriebssysteme sind:

▶ Windows V3.11 und
▶ MS-DOS.

Weil einige *front-ends* des SQL Servers ausschließlich 32-Bit-Komponenten sind, können nicht alle von ihnen auf Windows 3.11- bzw. MS-DOS-Rechnern installiert werden. Folgende Komponenten können auf einem MS-DOS-Rechner installiert und verwendet werden:

▶ das Dienstprogramm **isql** und
▶ das Dienstprogramm **bcp**.

Unter Windows V3.11 können:

▶ ISQL/w,
▶ SQL Client-Konfigurationsprogramm und
▶ **bcp**

installiert und benutzt werden.

Auf den 32-Bit-Betriebssystemen können zusätzlich:

▶ SQL Security Manager und
▶ SQL Enterprise Manager

installiert und benutzt werden.

Hinweis   SQL Client-Konfigurationsprogramm kann benutzt werden, um die Version der installierten *DB-Library* anzuzeigen, die verwendete Net-Library festzulegen und die erforderlichen Informationen über die Serververbindung einzurichten. Die anderen o.g. Komponenten sind an verschiedenen Stellen dieses Buches beschrieben.

Die Installation der Client-Komponenten erfolgt in zwei Schritten:

▶ der Aufruf des Setup-Programms und
▶ die Auswahl der Client-Komponenten.

Der Aufruf des Setup-Programms ist abhängig davon , ob der Client unter einem 32-Bit- oder 16-Bit-Betriebssystem laufen soll. Bei einem 32-Bit-Betriebssystem muß genauso wie bei der Installation eines Datenbank-Servers das entsprechende Dateiverzeichnis (ALPHA, MIPS oder I386) ausgewählt werden, abhängig von dem Rechnerprozessor, auf dem das Betriebssystem läuft.

Bei einem 16-Bit-Betriebssystem hängt der Installationsvorgang davon ab, ob es sich um Windows V3.11 oder MS-DOS handelt. Bei Windows V3.11 muß das Setup-Programm unter dem Dateiverzeichnis \CLIENTS\WIN16 gestartet werden. Nach dieser Auswahl erscheint das Fenster, wo der Systemadministrator zwischen der Installation und Deinstallation von Client-Komponenten wählen kann. Nach der Entscheidung für die Installation werden anschließend die zu installierenden *front-end*-Komponenten ausgewählt. Anschließend muß die Standard-Net-Library festgelegt werden. (Falls die ODBC-Treiber installiert werden sollen, muß das Setup-Programm auch unter dem Dateiverzeichnis \CLIENTS\WIN16\ODBC gestartet werden.)

Die Installation der Client-Software unter MS-DOS verläuft anders. Vor der Installation muß ein Dateiverzeichnis (z. B. \SQL\BIN) auf der Platte erstellt werden. Nachdem die Dateien (von dem Dateiverzeichnis \CLIENTS\MSDOS) in das gerade erstellte Verzeichnis kopiert werden, muß noch die Datei AUTOEXEC.BAT so modifiziert werden, daß der Start der Client-Software möglich ist.

18.3 Administrationsaufgaben nach der Installation

Nach der Installation des SQL Servers, muß der Systemadministrator einige Arbeiten durchführen, bevor die Anwender das System benutzen können. Zu diesen gehören:

▶ die Registrierung des installierten Servers;
▶ die Zuweisung eines Kennwortes der *sa*-Kennung;
▶ das Setzen verschiedener Server-Optionen;
▶ das Setzen diverser Konfigurations-Optionen und
▶ die Konfiguration der Client-Software.

18.3.1 Die Registrierung des installierten Servers

Die Registrierung eines SQL Servers ist unbedingt notwendig, damit dieser durch den SQL Enterprise Manager verwaltet werden kann. Durch die Registrierung wird dem SQL Enterprise Manager der Servername bekanntgemacht. Zusätzlich dazu wird festgelegt, zu welcher Servergruppe der installierte Server gehört.

Hinweis   Vor der Registrierung eines Servers sollte der Systemadministrator Server-Gruppen erstellen. Die Erstellung einer oder mehrerer Server-Gruppen kann sinnvoll sein, um die organisatorische Struktur eines Unternehmens oder den Verantwortungsbereich eines Systemadministrators zu definieren. Alle Server einer Server-Gruppe können von einem Rechner mit Hilfe des SQL Enterprise Managers direkt angesprochen werden.

Beim ersten Aufruf des SQL Enterprise Managers nach der Installation wird automatisch das Dialogfeld „Server registrieren" (Abbildung 18.1) angezeigt.

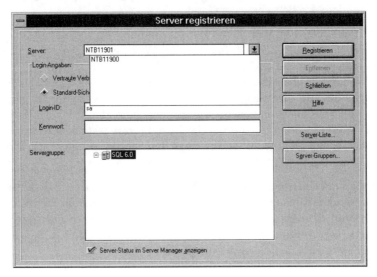

Abbildung 18.1: Das Dialogfeld „Server registrieren"

Im diesem Dialogfeld muß zuerst der Name des installierten Servers angegeben bzw. aus der Serverliste ausgewählt werden. Anschließend muß zwischen der vertrauten Verbindung (*trusted connection*) und der Standard-Sicherheit die Wahl getroffen werden. Die beiden Alternativen entscheiden über den Sicherheitsmodus, in dem der SQL Enterprise Manager als Client die Verbindung zum gerade registrierten Server herstellt.

Hinweis   Wir empfehlen die Standard-Sicherheit zu wählen. Die Gründe für diese Empfehlung werden in nächsten Kapitel, wo die Sicherheitsmodi erläutert werden, nachgereicht. In diesem Fall muß auch die Login-ID (eventuell mit dem Kennwort) angegeben werden. Die naheliegende Möglichkeit ist, die *sa*-Kennung zu wählen.

18.3.2   Die Zuweisung eines Kennwortes der *sa*-Kennung

Die Zuweisung des Kennwortes der *sa*-Login-ID ist nur dann erforderlich, falls der SQL Server nicht im integrierten Sicherheitsmodus konfiguriert wurde. (Für die Definition aller Sicherheitsmodi siehe Kapitel 20.)

Direkt nach der Installation des SQL Servers existiert kein Kennwort für die *sa*-Login-ID. Weil der Benutzer, der diese Login-ID verwenden kann, praktisch uneingeschränkten Zugriff auf das SQL Server-System hat, ist es dringend zu empfehlen, gleich nach der Installation ein Kennwort zuzuweisen.

Die Zuweisung eines Kennwortes der *sa*-Login-ID wird am einfachsten mit Hilfe des SQL Enterprise Managers durchgeführt. Nach dem Aufruf dieser Komponente muß der Name des Servers, für den das *sa*-Kennwort zugewiesen werden soll, ausgewählt werden. Im Ordner „Logins" des ausgewählten Servers wird (mit der rechten Maustaste) die *sa*-Login-ID angeklickt und die Funktion „Bearbeiten" ausgewählt. Das Dialogfeld „Logins verwalten" mit den Informationen für die *sa*-Login-ID wird angezeigt (Abbildung 18.2).

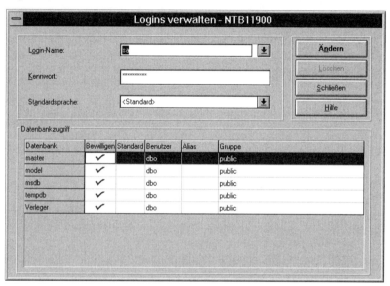

Abbildung 18.2: Das Dialogfeld „Logins verwalten"

Durch die Angabe des Kennwortes, das im nachfolgenden Dialogfeld bestätigt werden muß, wird ein gültiges *sa*-Kennwort zugewiesen.

Die alternative Vorgehensweise wäre, die Systemprozedur **sp_password** zu verwenden. (Für die Beschreibung dieser Systemprozedur siehe Abschnitt 20.3.)

Hinweis   Vergessen Sie das *sa*-Kennwort Ihres Systems nicht! Der Zugang zum System ist nur mit diesem Kennwort möglich. Sonst müssen Sie das System neu installieren.

18.3.3   Serveroptionen setzen

Die Serveroptionen sind alle Angaben, die die Arbeit des SQL Server-Systems direkt beeinflussen. Nach der Installation des SQL Servers sollte der Systemadministrator diese Optionen überprüfen und, falls notwendig, modifizieren.

Serveroptionen können mit Hilfe:

▶ des SQL Setup-Programms und

▶ des SQL Enterprise Managers

gesichtet und modifiziert werden.

Die Auswahl der Serveroptionen mit Hilfe des SQL Enterprise Managers erfolgt durch das Anklicken der Funktionsfolge „Server" -> „Konfigurationen" im Hauptmenü. Danach erscheint das Dialogfeld „Server-Konfiguration/Optionen" (Abbildung 18.3).

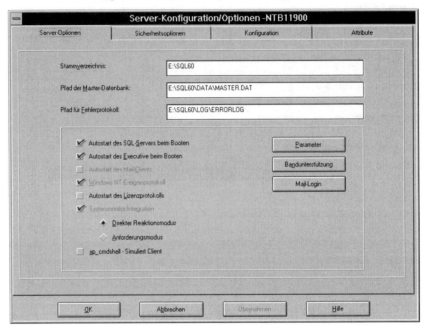

Abbildung 18.3: Das Dialogfeld „Serveroptionen"

Die angezeigten Optionen haben folgende Bedeutung:

Option	Beschreibung
Stammverzeichnis	Das Dateiverzeichnis, das SQL Server-Dateien enhält.
Pfad für Master-DB	Der absolute Pfadname des *master*-Datenbankmediums.
Pfad für Fehlerprotokoll	Der absolute Pfadname der Fehlerprotokolldatei. Der SQL Server behält immer die sechs zuletzt erstellten Protokolle. Wenn der Eintrag leer ist, werden keine Fehler protokolliert.
Autostart des Servers beim Booten	Falls das Kontrollkästchen markiert ist, wird der SQL Server jedesmal beim Hochfahren von Windows NT automatisch gestartet.
Autostart des Executive beim Booten	Falls das Kontrollkästchen markiert ist, wird der SQL Executive-Komponente jedesmal beim Hochfahren von Windows NT automatisch gestartet.

Autostart des Mail-Clients	Falls das Kontrollkästchen markiert ist, wird eine Mail Client-Sitzung jedesmal beim Starten von SQL Server gestartet
Windows-NT- Ereignis-protokoll	Falls das Kontrollkästchen markiert ist, werden alle SQL Server-Ereignisse zusätzlich im Windows NT- Ereignisprotokoll protokolliert.
SQL Systemmonitor- Integration	Falls dieses Kontrollkästchen markiert ist, werden dem Windows NT Systemmonitor SQL Server-Durchsatzstatistiken zur Verfügung gestellt. Diese Option hat zwei Modi:
Direkter Reaktionsmodus	Alle statistischen Daten bezüglich des SQL Servers stehen dem Systemmonitor unmittelbar zur Verfügung.
Anforderungsmodus	Alle statistischen Daten werden vom Systemmonitor angefordert.

18.3.4 Konfigurationsoptionen setzen

Konfigurationsoptionen eines SQL Server-Systems können mit Hilfe

▶ des SQL Enterprise Managers und
▶ der Systemprozedur **sp_configure.**

durchgeführt werden.

Die Auswahl der Konfigurationsoptionen mit Hilfe des SQL Enterprise Managers erfolgt durch das Anklicken der Funktionsfolge „Server"-> „Serverkonfiguration" im Hauptmenü. Danach erscheint das Dialogfeld „Server-Konfiguration/Optionen" (Abbildung 18.3). In diesem Dialogfeld muß die Schaltfläche „Konfiguration" angeklickt werden, um die Liste aller Konfigurationsoptionen auszuwählen (Abbildung 18.4).

Wir empfehlen, die Änderung zweier Optionen – **memory** und **user** – vorzunehmen. Die Option **memory** definiert die Größe des Arbeitsspeichers, der ausschließlich dem SQL Server zur Verfügung steht. Bei der Installation werden dem SQL Server standardmäßig 8 MB zur Verfügung gestellt, unabhängig davon, wie groß der Arbeitsspeicher des Rechners ist. Wir empfehlen die Größe des Arbeitsspeichers für den SQL Server auf mindestens 16 MB zu erhöhen, falls der Arbeitsspeicher Ihres Rechners dies erlaubt. (Für die empfohlenen Werte bezüglich der Arbeitsspeichergröße siehe auch die Tabelle am Anfang dieses Kapitels.)

Die zweite Option – **user** – soll so geändert werden, daß der angegebene Wert der tatsächlichen Anzahl von Benutzern, die gleichzeitig das System benutzen können, entspricht.

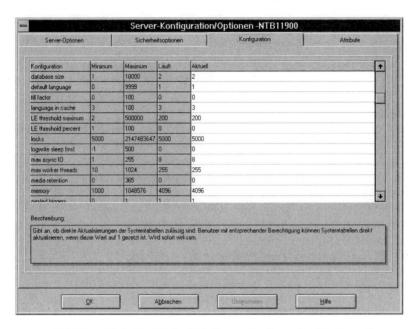

Abbildung 18.4: Das Dialogfeld „Server-Konfiguration/Optionen"

Hinweis   Konfigurieren Sie nicht mehr Benutzer, als Sie tatsächlich brauchen werden! Für jeden konfigurierten Benutzer werden zusätzlich etwa 40 KB des Arbeitsspeichers reserviert, unabhängig davon, ob die Benutzerverbindung verwendet wird oder nicht. Aus diesem Grund kann es notwendig sein, nach der Konfiguration der Benutzeranzahl noch einmal die Größe des Arbeitsspeichers zu modifizieren. (Für die empfohlene Größe des Arbeitsspeichers bezüglich der Benutzeranzahl siehe auch die Formel am Anfang dieses Kapitels.)

18.4   Das Starten und Stoppen des SQL Server-Systems

Das Starten des SQL Servers kann entweder automatisch oder mit Hilfe einer der SQL Server-Komponenten bzw. -Kommandos durchgeführt werden. Falls der Systemadministrator bei der Installation des SQL Servers die Option für das automatische Starten des SQL Servers beim Hochfahren des Betriebssystems ausgewählt hat, wird der SQL Server zusammen mit Windows NT automatisch gestartet.

Das Starten bzw. Stoppen des SQL Servers kann auch mit Hilfe:

▶ des SQL Service Managers,

▶ des SQL Enterprise Managers,

▶ der Windows NT-Dienste,

▶ des **sqlservr**-Kommandos und

▶ des **net start**-Kommandos

durchgeführt werden.

Falls die beiden ersten Komponenten (SQL Service Manager und SQL Enterprise Manager) für das Starten bzw. Stoppen des SQL Server-Systems verwendet werden, erscheint nach dem Anklicken der entsprechenden Komponente der in Abbildung 18.5 gezeigte SQL Service Manager. Im Feld „Dienste" muß die Angabe „MSSQLServer" ausgewählt werden. Die Ampel zeigt den augenblicklichen Stand des SQL Servers. Falls ein laufender Server gestoppt werden soll, muß das rote Ampellicht angeklickt werden. Dementsprechend muß ein gestoppter SQL Server durch das Anklicken des grünen Lichts wieder gestartet werden. Das Anklicken des gelben Lichts läßt die existierenden Prozesse weiterlaufen, hindert aber neue Benutzer am Einloggen in das SQL Server-System.

Abbildung 18.5: Starten eines SQL Server-Systems

Das Starten bzw. Stoppen des SQL Servers mit Hilfe der Windows NT-Dienste funktioniert anders. In diesem Fall muß der Systemadministrator in der Programmgruppe „Systemsteuerung" „Dienste" anklicken und anschließend den SQL Server (MSSQL-Server) auswählen. Die Angaben neben MSSQLServer zeigen, ob der Server läuft und in welchem Modus das Starten erfolgt (automatisch bzw. manuell). Durch die Auswahl der entsprechenden Schaltfläche („Starten", „Beenden", „Anhalten") kann das System gestartet, gestoppt oder angehalten werden.

Mit dem Kommando

```
sqlservr options_liste
```

kann der SQL Server ebenfalls gestartet werden. **options_liste** enthält mögliche Optionen, die in der folgenden Tabelle beschrieben sind:

Option	Beschreibung
-c	Startet den SQL Server unabhängig von Windows NT-Diensten.
-d	Gibt den absoluten Pfadnamen für das master-Datenbankmedium an.
-e	Gibt den absoluten Pfadnamen für die Fehlerprotokolldatei an.
-r	Gibt den absoluten Pfadnamen des gespiegelten Mediums an.

Mit dem **net start**-Kommando wird auch der SQL Server von der Betriebssystemebene gestartet.

Beispiel 18.1

```
net start mssqlserver
```

Mit dem **net start**-Kommando in Beispiel 18.1 wird der SQL Server gestartet.

18.5   Zusammenfassung

Die Installation eines SQL Servers hat zusätzlich noch zwei Phasen: die Prä- und die Postinstallationsphase. In der Präinstallationsphase müssen einige Voraussetzungen (existierendes Netzwerkprotokoll, notwendige Größe des Arbeitsspeichers usw.) ermittelt werden. Die Installationsphase erfolgt direkt danach. Die Postinstallationsphase enthält folgende Schritte:

▶ die Registrierung des installierten Servers;
▶ die Zuweisung eines Kennwortes der *sa*-Kennung;
▶ das Setzen verschiedener Server-Optionen;
▶ das Setzen diverser Konfigurations-Optionen und
▶ die Konfiguration der Client-Software.

19 Das Verwalten der Systemressourcen

In diesem Kapitel werden die Möglichkeiten, die ein Systemadministrator in bezug auf die Verwaltung unterschiedlicher Objekte hat, gezeigt. Zu diesen Tätigkeiten gehören:

▶ das Erstellen bzw. Löschen von Medien;
▶ das Festlegen, welche Datenbankmedien zur Gruppe der Standardmedien gehören;
▶ die Spiegelung der Datenbankmedien;
▶ die Erstellung von Benutzerdatenbanken und
▶ die Erstellung von Segmenten.

19.1 Physikalische Objekte beim SQL Server

Bevor wir die einzelnen o.g. Tätigkeiten beschreiben, werden wir die physikalischen Objekte, die ein SQL Server-System verwendet, erklären.

Alle Objekte eines Systems können physikalisch oder logisch sein. Die physikalischen Objekte beschreiben die interne Datenorganisation einer Datenbank, einer Tabelle oder eines Index. Beim SQL Server existieren sowohl physikalische Objekte als auch verschiedene Speichereinheiten. Der Unterschied zwischen den physikalischen Objekten und den Speichereinheiten liegt in ihrer Natur: Physikalische Objekte sind objektbezogen und können in den Anweisungen CREATE DATABASE, CREATE TABLE usw. explizit angesprochen werden, während Speichereinheiten unterschiedliche Größen des Spiecherplatzes darstellen. Zu den Speichereinheiten gehören:

▶ physikalische Seite,
▶ *extent* und
▶ Allokierungseinheit (*allocation unit*),

während

▶ Medium (*device*) und
▶ Segment

physikalische Objekte darstellen.

Die physikalische Seite ist die kleinste Speichereinheit. Sowohl die Daten als auch die interne Information des Systems (Metadaten) werden beim SQL Server auf physikalischen Seiten gespeichert. Die Größe einer physikalischen Seite hängt vom Rechnertyp ab, ist aber bei den Rechnern, die Windows NT unterstützen, immer 2KB groß.

Ein *extent* stellt eine Sammlung von genau 8 physikalischen Seiten dar. (Der Benutzer hat also keine Möglichkeit, die Größe eines *extent* zu ändern.) Diese Speichereinheit steht in enger Verbindung mit der Erstellung von Tabellen und Indizes. Jedesmal wenn eine Tabelle (ein Index) den Speicherplatz braucht, wird ihr (ihm) vom System automatisch ein *extent* zur Verfügung gestellt.

Die größte Speichereinheit beim SQL Server heißt Allokierungseinheit. Diese Speichereinheit enthält 256 physikalische Seiten, wobei die erste Seite die Verwaltung der ganzen Einheit übernimmt. Die Allokierungseinheit steht im Zusammenhang mit den Datenbankmedien und dem DISK INIT-Kommando, die später in diesem Kapitel beschrieben sind.

Ein Medium ist ein Teil des Speichers, in dem Datenbanken, Transaktionsprotokolle und ihre Sicherungen gespeichert werden. Der Speicherungsort eines Mediums beim SQL Server kann entweder eine Platte, ein Bandgerät oder eine Diskette sein. Es existieren zwei Arten von Medien:

▶ Datenbankmedien und

▶ Sicherungsmedien.

Ein Segment wird benutzt, um Tabellen und Indizes einer Datenbank auf einem Datenbankmedium zu plazieren. Dabei kann ein Segment eine ganze bzw. mehrere Tabellen enthalten, oder eine Tabelle kann auf mehrere Segmente verteilt werden. Die wichtigste Eigenschaft der Segmente ist, daß sie keinen neuen Speicherplatz spezifizieren, sondern vorhandene Medien bezeichnen. (Segmente werden am Ende dieses Kapitels beschrieben.)

19.2   Das Erstellen und Löschen von Medien

Ein Datenbankmedium (*database device*) kann für folgende Zwecke verwendet werden:

▶ als Speicherungsort für beliebige logische Objekte einer Datenbank;

▶ als Speicherungsort eines spezifischen Objektes einer Datenbank;

▶ als Speicherungsort des Transaktionsprotokolls einer Datenbank und

▶ als Standardspeicherungsort einer Datenbank.

Zusätzlich zu den Datenbankmedien existieren auch Sicherungsmedien (*dump devices*), die, logisch betrachtet, mit den Datenbankmedien identisch sind, aber als Speicherungsort der Datenbank- bzw. Transaktionsprotokoll-Sicherungen verwendet werden.

Ein Datenbankmedium kann eine oder mehrere Datenbanken (Transaktionsprotokolle) enthalten. Genauso kann eine Datenbank (ein Transaktionsprotokoll) auf mehrere Datenbankmedien verteilt sein.

Nach der Installation des SQL Servers existieren im Hauptverzeichnis drei Dateien, die Datenbankmedien darstellen:

▶ MASTER.DAT,

▶ MSDBDATA.DAT und

▶ MSDBLOG.DAT.

MASTER.DAT ist das wichtigste Medium des SQL Servers. In diesem Datenbankmedium sind folgende Systemdatenbanken: *master-*, Modell- und die temporäre Datenbank *tempdb* gespeichert. Die Standardgröße der MASTER.DAT-Datei ist 25MB.

MSDBDAT.DAT ist das Datenbankmedium, in dem die *msdb*-Datenbank gespeichert ist. (Die *msdb*-Datenbank gehört zu den Systemdatenbanken (zusammen mit der *master-*, Modell- und temporären Datenbank) und wird von der SQL Executive-Komponente als Speicherungsort für ihre Informationen verwendet.) Dementsprechend wird MSDBLOG.DAT für die Speicherung des zur *msdb*-Datenbank gehörenden Transaktionsprotokolls verwendet. Die beiden Dateien sind standardmäßig je 2MB groß.

Während der Installation des SQL Servers werden auch automatisch drei Sicherungsmedien erstellt:

▶ DISKETTEDUMPA,

▶ DISKETTEDUMPB und

▶ DISKDUMP.

DISKETTEDUMPA und DISKETTEDUMPB sind Medien für Diskettentreiber A und B und werden aus Kompatibilitätsgründen unterstützt. (Mit dem SQL Enterprise Manager kann keine Diskettensicherung ausgeführt werden: Das Dienstprogramm **console** kann dazu verwendet werden.) DISKDUMP ist ein spezielles Medium, das den NULL-Bereich darstellt. Alle Sicherungen, die diesem Medium zugewiesen werden, werden überhaupt nicht gespeichert!

Hinweis   DISKDUMP entspricht dem / dev / null-Verzeichnis in UNIX und kann sinnvoll für das Verringern des Datenvolumens einer Datenbank (eines Transaktionsprotokolls) verwendet werden, indem nicht relevante Daten ohne Sicherung diesem Medium zugewiesen werden.

19.2.1   Erstellen eines Datenbankmediums

Ein Datenbankmedium kann mit Hilfe:

▶ des SQL Enterprise Managers und

▶ der DISK INIT-Anweisung

erstellt werden.

Um ein Datenbankmedium mit Hilfe des SQL Enterprise Managers zu erstellen, muß zuerst durch das Anklicken des „+"-Zeichens der gewünschte SQL Server ausgewählt werden. Danach wird die Schaltfläche „Medien verwalten" angeklickt und in dem eröffneten gleichnamigen Dialogfeld (Abbildung 19.1) die Schaltfläche „Neues Medium" ausgewählt. Im Dialogfeld „Neues Medium" (Abbildung 19.2) muß der Systemadministrator den Namen des Mediums und den Pfadnamen des Dateiverzeichnisses, wo das Medium erstellt werden soll, eintragen und die Angabe, ob es sich um ein Standardmedium handelt, machen. Danach werden die gemachten Angaben bestätigt und das neue Datenbankmedium vom System erstellt.

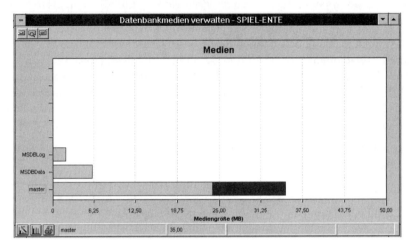

Abbildung 19.1: Das Dialogfeld „Datenbankmedien verwalten"

Hinweis   Bevor ein neues Datenbankmedium erstellt wird, ist es empfehlenswert, die *master*-Datenbank zu archivieren. Damit kann die später eventuell notwendige Wiederherstellung der *master*-Datenbank einfacher und sicherer gemacht werden.

Mit dem DISK INIT-Kommando kann dem System auch ein Datenbankmedium zur Verfügung gestellt werden. Die Syntax dieses Kommandos lautet:

```
DISK INIT
    NAME = 'medium_name',
    PHYSNAME = 'speicher_name',
    VDEVNO = "virt_nr",
    SIZE = anzahl_blöcke
    [, VSTART=offset]
```

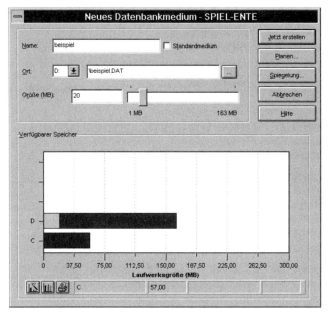

Abbildung 19.2: Das Dialogfeld „Neues Medium"

medium_name ist der (logische) Name eines neuen Datenbankmediums. Dieser Name kann anschließend in der CREATE (ALTER) DATABASE-Anweisung verwendet werden, um den Speicherungsort der Datenbank festzulegen. **speicher_name** ist der tatsächliche (physikalische) Name der Datei, die als Speicherungsort dient.

virt_nr ist die identifizierende Nummer des Datenbankmediums. Sie muß innerhalb eines Systems eindeutig sein. **anzahl_blöcke** kennzeichnet die Anzahl der physikalischen Seiten, die das Datenbankmedium enthält. (Für die Erstellung einer Datenbank sind mindestens soviele Seiten notwendig, wie die Modelldatenbank umfaßt.)

offset definiert die relativ vom Anfang eines Plattenbereiches (einer Datei) entfernte Speicherstelle, ab der das Datenbankmedium beginnt. Der Voreinstellungswert 0 besagt, daß die Speicherung vom Anfang des Plattenbereichs (der Datei) durchzuführen ist. Dieser Wert soll nur in Ausnahmefällen modifiziert werden.

Beispiel 19.1

```
disk init
    name = 'part_1',
    physname = 'C:\SQL60\beispiel.DAT',
    vdevno = 3,
    size = 1024
```

In Beispiel 19.1 wird eine Datei (C:\SQL60\beispiel.DAT) dem System unter seinem logischen Namen **part_1** zur Verfügung gestellt. Seine interne Identifikationsnummer ist 3 und die Größe des Mediums beträgt 1024 physikalische Seiten.

Hinweis   Ein neues Datenbankmedium kann nicht auf einem entfernten (nichtlokalen) Rechner erstellt werden.

19.2.2   Erstellen eines Sicherungsmediums

Ein Sicherungsmedium kann:

▶ mit Hilfe des SQL Enterprise Managers und

▶ der Systemprozedur **sp_addumpdevice**

erstellt werden.

Die Erstellung eines Sicherungsmediums mit Hilfe des SQL Enterprise Managers wird durch die Auswahl der Servers und das Anklicken (mit der rechten Maustaste) des Ordners „Sicherungsmedien" durchgeführt. In dem eröffneten Menü muß anschließend das Dialogfeld „Neues Sicherungsmedium" ausgewählt werden. Danach erscheint das in Abbildung 19.3 dargestellte Dialogfeld:

Abbildung 19.3: Das Dialogfeld „Neues Speichermedium"

In dem angebotenen Fenster müssen folgende Angaben gemacht werden:

▶ der Name des neuen Sicherungsmediums,

▶ der Pfadname des Verzeichnisses, in dem sich das Sicherungsmedium befinden wird und

▶ der Typ des Mediums (Band oder Platte).

Hinweis   Beim Erstellen eines neuen Sicherungsmediums wird keine Dateigröße angegeben. Falls Ihr Medium auf einer Platte erstellt wird, müssen Sie sich vor jeder Archivierung vergewissern, daß genug Speicherplatz auf der Platte zur Verfügung steht. Der SQL Server bricht die Archivierung ab, falls auf der Platte zu wenig Speicherplatz vorhanden ist.

Die Sicherungsmedien können alternativ mit der Systemprozedur **sp_addumpdevice**, die die folgende Syntax hat, erstellt werden:

```
sp_addumpdevice typ 'log_name', 'phys_name'
[, @devstatus = {NOSKIP|SKIP}]
```

typ 'tape' (Angabe 'disk') des
SQL Enterprise Managers unterstützt **sp_addumpdevice** beim Erstellen eines Sicherungsmediums aus Kompatibilitätsgründen zu den früheren Versionen auch die Disketten als Medien.) **log_name** ist der logische Name des neuen Sicherungsmediums, während **phys_name** den absoluten Pfadnamen der Datei, wo sich das Sicherungsmedium befindet, darstellt. Durch die Ausführung der Systemprozedur **sp_adddumpdevice** wird das Sicherungsmedium in der Systemtabelle **sysdevices** der *master*-Datenbank hinzugefügt.

Hinweis Nach der Erstellung eines Sicherungsmediums ist es empfehlenswert, die *master*-Datenbank zu archivieren.

19.2.3 Information über ein Medium ausgeben

Die Information über ein Medium kann mit Hilfe

▶ des SQL Enterprise Managers und

▶ der Systemprozedur **sp_helpdevice** ausgegeben werden.

Sowohl Datenbank- als auch Sicherungsmedien können nach der Auswahl des Servers im „Server Manager"-Fenster durch das Navigieren (d.h. das Anklicken des entsprechenden Ordners und Mediennamens) gesichtet werden. Dieselbe Funktionalität liefert die Systemprozedur

```
sp_helpdevice [medien_name].
```

19.2.4 Medien löschen

Sowohl Datenbank- als auch Sicherungsmedium können mit Hilfe

▶ des SQL Enterprise Managers und

▶ der Systemprozedur **sp_dropdevice**

gelöscht werden.

Um ein Datenbankmedium mit der SQL Enterprise Manager-Komponente zu löschen, muß die Schaltfläche „Medium löschen" im „Datenbankmedien verwalten"-Dialogfeld (Abbildung 19.1) angeklickt werden, nachdem das zu löschende Medium vorher in demselben Dialogfeld ausgewählt wurde.

Ein Sicherungsmedium kann durch das Navigieren im „Server Manager"-Fenster ausgewählt und anschließend durch das Anklicken mit der rechten Maustaste und der Auswahl der Menüfunktion „Löschen" gelöscht werden.

Mit der Systemprozedur

```
sp_dropdevice [medium_name]
```

können sowohl Datenbank- als auch Sicherungsmedien gelöscht werden.

Nach dem Löschen eines Datenbankmediums werden alle in ihm enthaltenen Datenbanken und Transaktionsprotokolle gelöscht. Vor dem Löschen gibt das SQL Server-System eine Warnung mit der Liste aller im Medium enthaltenen Objekte aus.

Hinweis   Durch das Löschen eines Datenbankmediums wird nur sein logischer Inhalt gelöscht. Die physikalische Datei, die dem Medium bei seiner Erstellung zugewiesen wird, bleibt erhalten und muß, falls gewünscht, separat (mit DEL-Kommando z.B.) gelöscht werden.

19.2.5   Größe eines Mediums ändern

Von den beiden Medienarten kann nur das Datenbankmedium geändert (vergrößert) werden. (Die Größe eines Sicherungsmediums wird nicht festgelegt, es verwendet immer den verbleibenden Speicherplatz auf der Platte bzw. auf dem Band.) Für das Löschen eines Datenbankmediums können

▶ der SQL Enterprise Manager und

▶ die DISK RESIZE-Anweisung

benutzt werden.

Bei der Verwendung des SQL Enterprise Managers muß zuerst zum gewünschten Datenbankmedium navigiert werden und danach mit der rechten Maustaste das dazugehörige Menü geöffnet werden. Durch die Auswahl der Menüfunktion „Bearbeiten" wird das Fenster „Datenbankmedium bearbeiten" geöffnet, wo dann die Größe geändert werden muß.

Die alternative Anweisug DISK RESIZE hat folgende Syntax:

```
DISK RESIZE
    NAME = 'log_name',
    SIZE = groesse
```

log_name kennzeichnet den logischen Namen des Datenbankmediums, während **groesse** die Größe (in 2K-Blöcken) des Mediums darstellt.

19.3 Standardmedien

Standardmedien kennzeichnen eine Gruppe von Datenbankmedien, die allen Datenbanken und Transaktionsprotokollen zur Speicherung zur Verfügung stehen. Der SQL Server verwendet die zu den Standardmedien gehörenden Datenbankmedien in alphabetischer Reihenfolge. Nachdem der Speicherplatz eines Standardmediums aufgebraucht ist, wird automatisch das nächste Medium zum Speichern von Datenbanken und Transaktionsprotokollen verwendet.

Ein Datenbankmedium wird zur Gruppe der Standardmedien hinzugefügt, wenn bei seiner Erstellung das gleichnamige Kontrollkästchen markiert wird. (Falls ein schon erstelltes Medium nachträglich zu der Gruppe der Standardmedien hinzugefügt bzw. aus dieser Gruppe entfernt werden soll, muß im gleichnamigen Kontrollkästchen im Dialogfeld „Datenbankmedium bearbeiten" die Marke gesetzt bzw. die Markierung entfernt werden.

Datenbanken und Transaktionsprotokolle können entweder Standard- oder spezifische Medien für ihre Speicherung verwenden. Eine Datenbank benutzt die Standardmedien, falls bei ihrer Erstellung mit Hilfe der CREATE DATABASE-Anweisung die DEFAULT-Angabe verwendet wird. Bei der Verwendung des SQL Enterprise Managers muß das Kontrollkästchen „Standardmedium" im Dialogfeld „Neues Medium" (Abbildung 19.2) markiert werden.

Mit der Systemprozedur

```
sp_diskdefault medium_name, DEFAULTON, DEFAULTOFF
```

können einzelne Datenbankmedien der Gruppe der Standardmedien hinzugefügt bzw. aus dieser Gruppe entfernt werden. **medium_name** ist der Name des Datenbankmediums. DEFAULTON fügt das Medium zu der Gruppe der Standardmedien hinzu, während DEFAULTOFF es aus dieser Gruppe entfernt.

Hinweis   Nach der Installation des SQL Server-Systems gehört das *master*-Datenbankmedium MASTER.DAT zur Gruppe der Standardmedien. Bei einem produktiven Datenbanksystem sollte dieses Medium auf keinen Fall zu dieser Gruppe gehören, weil es exklusiv für *master*-Datenbank verwendet werden soll. Deswegen ist es dringend zu empfehlen, *master*-Datenbankmedium aus dieser Gruppe zu entfernen!

19.4 Spiegelung der Datenbankmedien

Die Spiegelung des von einem SQL Server verwalteten Speichers ist eine wichtige Funktion, die die Datensicherheit maßgeblich beeinflußen kann. Sie stellt einen Prozeß dar, in dem alle Daten eines (primären) Bereichs, in einem zweiten (gespiegelten bzw. sekundären) Bereich dupliziert werden. Jede Schreiboperation auf Daten des primären Bereichs verursacht die identische Operation auf den Daten des gespiegelten Bereichs.

Für die laufenden Anwendungen bedeutet das, daß auch beim Ausfall einer der beiden Bereiche Programme ungestört weiterlaufen.

Hinweis   Beim Microsoft SQL Server sind die primären und gespiegelten Bereiche immer die Dateien, was bei den anderen Datenbanksystemen nicht unbedingt der Fall sein muß.

Ein SQL Server-System spiegelt immer einzelne Datenbankmedien. Welche Datenbankmedien gespiegelt werden sollen, muß genau überlegt werden. Einerseits bringt die Spiegelung eine höhere Datensicherheit, andererseits wird, durch die Verdoppelung der Schreiboperationen die Verarbeitung von Daten langsamer.

Der SQL Server kann:

▶ die Spiegelung eines Mediums starten,
▶ die Spiegelung beenden und
▶ die deaktivierte Spiegelung eines Mediums wieder starten.

Alle drei o.g. Tätigkeiten können mit Hilfe:

▶ des SQL Enterprise Managers und

▶ der Kommandos DISK MIRROR, DISK UNMIRROR und DISK REMIRROR

durchgeführt werden.

19.4.1   Spiegelung starten

Um die Spiegelung eines Datenbankmediums zu starten, muß der Name dieses Mediums mit der rechten Maustaste angeklickt und im angebotenen Menü die Funktion „Bearbeiten" ausgewählt werden. Danach erscheint das Fenster „Datenbankmedien bearbeiten", in dem die Schaltfläche „Spiegelung" angeklickt werden muß. (Diese Aktivitäten sind für alle drei o.g. Vorgänge identisch.)

Im eröffneten Dialogfeld kann der angebotene Name des gespiegelten Mediums bestätigt oder geändert werden. Abschließend wird die Spiegelung durch das Anklicken der Schaltfläche „Spiegeln" veranlaßt.

Das Kommando DISK MIRROR startet auch die Spiegelung eines Datenbankmediums. Diese Anweisung hat folgende Syntax:

```
DISK MIRROR
    NAME = 'db_medium',
    MIRROR = 'platten_bereich'
    [, WRITES {SERIAL|NOSERIAL}]
```

db_medium ist der Name des Datenbankmediums, das gespiegelt werden soll. **platten_bereich** ist der absolute Pfadname der Datei, wo die Daten gespiegelt werden sollen. Die Angabe WRITES hat keinen Einfluß auf den SQL Server. Sie existiert nur aus Kompatibilitätsgründen zum Sybase SQL Server-System.

Hinweis   Manche Datenbanksysteme können den Zeitpunkt, an dem die Änderungen im gespiegelten Medium stattfinden sollen, festlegen. Das serielle Schreiben kennzeichnet den Vorgang, bei dem Schreiboperationen auf dem primären Medium abgeschlossen werden müssen, bevor sie auf dem gespiegelten Medium gestartet werden. Bei nichtseriellem Schreiben dürfen die Schreiboperationen parallel ausgeführt werden. Der Microsoft SQL Server verwendet ausschließlich das serielle Schreiben.

19.4.2   Spiegelung beenden

Die Spiegelung eines Datenbankmediums kann in zwei Fällen beendet werden:

▶ implizit, bei einem Fehler an einem der beiden Medien und

▶ explizit.

Die explizite Beendigung der Spiegelung wird, genauso wie das Starten einer Spiegelung, im Fenster „Datenbankmedium bearbeiten" durchgeführt. In diesem Fall wird nach dem Anklicken der Schaltfläche „Spiegelung" das in Abbildung 19.4 angezeigte Dialogfeld erscheinen. Nach der Bestätigung der Spiegelung wird das gespiegelte Medium erstellt. Die Änderung des Spiegelungsmodus kann durch das nochmalige Anklicken der Schaltfläche „Spiegelung" erreicht werden. In diesem Fall erscheint das in Abbildung 19.5 dargestellte Dialogfeld. In diesem Dialogfeld kann der Systemadministrator eine der vier Alternativen wählen:

▶ zum Spiegelungsmedium umschalten – Originalmedium beibehalten (Das primäre Medium wird deaktiviert, das gespiegelte Medium wird primäres Medium und die Spiegelung temporär ausgesetzt);

▶ zum Spiegelungsmedium umschalten – Originalmedium ersetzen (Das gespiegelte Medium ersetzt das primäre);

▶ Spiegelung abschalten – Spiegelungsmedium beibehalten (Das gespiegelte Medium wird deaktiviert und die Spiegelung temporär ausgesetzt);

▶ Spiegelung abschalten – Spiegelungsmedium entfernen (Das primäre Medium wird nicht ersetzt und das gespiegelte Medium wird entfernt).

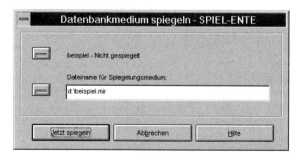

Abbildung 19.4: Das Dialogfeld „Datenbankmedium spiegeln"

Die Alternative zur expliziten Beendigung einer Spiegelung mit Hilfe des SQL Enterprise Managers stellt das DISK UNMIRROR-Kommando dar. Die Syntax des DISK UNMIRROR-Kommandos ist:

```
DISK UNMIRROR
    NAME = 'db_medium'
    [, SIDE = {PRIMARY|SECONDARY}]
    [, MODE = {RETAIN|REMOVE}]
```

db_medium ist der Name des Datenbankmediums, für das die Spiegelung beendet werden soll. (Die Beendigung der Spiegelung wird meistens bei der Hardwarewartung vorgenommen.)

Mit der SIDE-Angabe kann entschieden werden, welcher Plattenbereich deaktiviert werden soll. Mit der Angabe SIDE=PRIMARY wird das primäre und mit SIDE=SECONDARY das gespiegelte Datenbankmedium deaktiviert. (Die Voreinstellung ist SIDE=SECONDARY.) Mit der MODE-Angabe wird festgelegt, ob die Deaktivierung eines Datenbankmediums temporär (MODE=RETAIN) oder dauerhaft (MODE=REMOVE) ist.

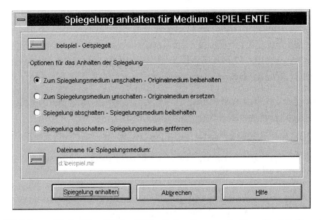

Abbildung 19.5: Das Dialogfeld „Spiegelung anhalten für Medium"

19.4.3 Spiegelung reaktivieren

Eine implizit bzw. explizit verursachte Deaktivierung der Spiegelung eines Datenbankmediums kann durch das Anklicken der Schaltfläche „Spiegeln" im Dialogfeld „Datenbankmedien bearbeiten" reaktiviert werden. Im angezeigten Dialogfeld „Medium neu spiegeln" muß die Schaltfläche „Neu spiegeln" angeklickt werden.

Mit dem Kommando

```
DISK REMIRROR
    NAME = 'db_medium'
```

kann auch eine deaktivierte Spiegelung reaktiviert werden.

19.5 Erstellen und Löschen von Datenbanken und Transaktionsprotokollen

Die Existenz eines oder mehrerer Datenbankmedien, die im vorherigen Abschnitt beschrieben wurden, ist die Voraussetzung für die Erstellung der Benutzerdatenbanken und ihrer Transaktionsprotokolle, weil jede Datenbank in einem oder mehreren Datenbankmedien gespeichert ist.

Eine Datenbank ist eine logisch zusammenhängende Sammlung von Daten, die einem gewissen Zweck dienen. Jede Datenbank enthält weitere Objekte wie Tabellen, Indizes, Trigger, Datenbank-Prozeduren usw.

Ein Transaktionsprotokoll ist ein fester, aber unabhängiger Teil einer Datenbank, in dem alle abgeschlossenen und nicht abgeschlossenen Transaktionen dieser Datenbank gespeichert werden. Mit Hilfe des Transaktionsprotokolls wird die Datenkonsistenz einer Datenbank aufrechterhalten. (Für weitere Einzelheiten bezüglich der Transaktionsprotokolle siehe Kapitel 21.)

Hinweis   Jede Datenbank eines SQL Server-Systems hat immer ein Transaktionsprotokoll. Damit ist beim SQL Server nicht möglich (wie bei manchen anderen Datenbanksystemen) eine neue Datenbank ohne Transaktionsprotokoll zu erstellen.

19.5.1 Eine neue Datenbank bzw. ein Transaktionsprotokoll erstellen

Eine neue Datenbank kann mit Hilfe:

▶ des SQL Enterprise Managers und

▶ der CREATE DATABASE-Anweisung

 erstellt werden.

Um eine Datenbank mit Hilfe des SQL Enterprise Managers zu erstellen, muß der Server im „Server Manager"-Fenster ausgewählt werden. In der existierenden Symbolleiste muß zuerst die Schaltfläche „Datenbanken verwalten" und danach , im gleichnamigen Dialogfeld, die Schaltfläche „Neue Datenbank" angeklickt werden. (Die alternative Vorgehensweise ist, mit der rechten Maustaste den Ordner „Datenbanken" anzuklicken und danach die Menüfunktion „Neue Datenbank" auszuwählen.)

Im Dialogfeld „Neue Datenbank" müssen anschließend einige Angaben (Datenbankname, Name und Größe der Datenbankmedien für die Datenbank und ihr Transaktionsprotokoll) gemacht werden (Abbildung 19.6). Der Name einer Datenbank kann maximal 30 Zeichen lang sein und muß den SQL Server-Konventionen für die Objektnamen entsprechen.

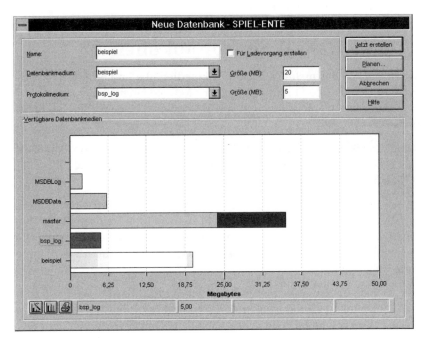

Abbildung 19.6: Das Dialogfeld „Neue Datenbank"

Der Name des Mediums, in dem die neue Datenbank gespeichert werden soll, kann in dem entsprechenden Menü ausgewählt werden. Die zugewiesene Größe für die Datenbank darf nicht den zur Verfügung stehenden Speicherplatz dieses Mediums überschreiten. Falls ein neues Medium für die Datenbank angegeben wird, erscheint automatisch das Dialogfeld „Neues Datenbankmedium", in dem die Eigenschaften des Mediums, vor der Erstellung der Datenbank, festgelegt werden müssen.

Falls ein existierendes Medium für eine neue Datenbank verwendet werden soll, seine Größe aber für die Speicherung nicht ausreicht, muß es vergrößert werden. Die Vergrößerung eines Datenbankmediums ist im vorherigen Abschnitt beschrieben.

Hinweis   Es ist dringend abzuraten, eine Benutzerdatenbank (oder ihr Transaktionsprotokoll) auf dem *master*-Datenbankmedium zu speichern. Die Verwendung des *master*-Datenbankmediums als Speicherungsort einer Benutzerdatenbank kann sehr große Probleme bei der späteren Wiederherstellung dieses Mediums verursachen.

Die Angaben für das Medium des dazugehörigen Transaktionsprotokolls sind ähnlich wie die Angaben bei der Medienauswahl für eine Datenbank.

Hinweis   Ein Transaktionsprotokoll soll <u>nie</u> zusammen mit der Datenbank auf einem Datenbankmedium gespeichert werden. Die Speicherung der Datenbank und ihres Transaktionsprotokolls auf demselben Datenbankmedium macht eine spätere Archivierung des Transaktionsprotokolls unmöglich.

Im Dialogfeld „Neue Datenbank" befindet sich auch das Kontrollkästchen „Für Ladevorgang erstellen". Dieses Kontrollkästchen soll nur markiert werden, falls das Laden der neuen Datenbank mit Hilfe einer Archivierung, die auf einem anderen Rechner erstellt wurde, durchgeführt werden soll. (Für weitere Einzelheiten siehe Kapitel 21.)

Hinweis Dokumentieren Sie die Konfiguration einer neuerstellten Datenbank! Dies kann mit Hilfe der Systemprozedur **sp_helpdb** einfach gemacht werden.

19.5.2   Information über eine Datenbank ausgeben

Die Information über eine existierende Datenbank kann mit Hilfe

▶ des SQL Enterprise Managers und

▶ der Systemprozedur **sp_helpdb**

ausgegeben werden.

Die Eigenschaften einer Datenbank können, nach der Auswahl des Servers im „Server Manager"-Fenster durch das Navigieren (d.h. das Anklicken des entsprechenden Ordners und Datenbanknamens) und mit Hilfe des anschließend geöffneten Dialogfeldes „Datenbank bearbeiten" gesichtet werden (Abbildung 19.7). Eine ähnliche Funktionalität liefert die Systemprozedur:

```
sp_helpdb [db_name]
```

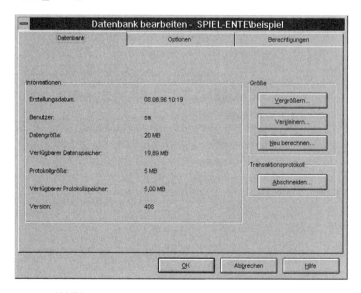

Abbildung 19.7: Das Dialogfeld „Datenbank bearbeiten"

19.5.3 Datenbankoptionen ändern

Die Datenbankoptionen können mit Hilfe

▶ des SQL Enterprise Managers und

▶ der Systemprozedur **sp_dboption**

geändert werden.

Die Datenbankoptionen können mit dem Dialogfeld „Datenbank bearbeiten" (Abbildung 19.7) des SQL Enterprise Managers gesichtet und eventuell geändert werden, indem die Schaltfläche „Optionen" angeklickt wird. Das Dialogfeld mit allen Optionen ist in Abbildung 19.8 dargestellt.

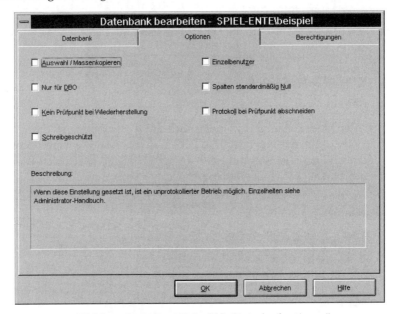

Abbildung 19.8: Das Dialogfeld „Datenbankoptionen"

Durch die Aktivierung der Option „Auswahl/Massenkopieren" ist es möglich, Datenbankoperationen ohne Protokollierung auszuführen. Das Ausschalten der Protokollierung bedeutet, daß jede Operation schneller ausgeführt werden kann, weil das zusätzliche Schreiben in das Protokoll entfällt. Standardmäßig wird diese Option bei der Erstellung einer neuen Datenbank nicht aktiviert. Sie beeinflußt folgende Operationen bzw. Anweisungen:

▶ die SELECT-Anweisung mit der INTO-Klausel,

▶ die WRITETEXT-, bzw. UPDATETEXT-Anweisung,

▶ das **bcp**-Kommando und

▶ das Laden von Daten.

Hinweis   Das Archivieren eines Transaktionsprotokolls, nachdem diese Option aktiviert wird, ist nicht möglich. Falls Sie die Transaktionsprotokoll-Sicherung brauchen, müssen Sie zuerst die Option deaktivieren und anschließend die Datenbank archivieren.

Falls die Option „Nur für DBO" (*dbo use only*) aktiviert wird, darf nur der Datenbankeigentümer (und *sa*) auf die Datenbank zugreifen. Die Benutzer, die sich vor der Änderung der Option eingeloggt haben und diese Datenbank verwenden, können mit ihr weiterarbeiten. Standardmäßig wird diese Option bei der Erstellung einer Datenbank nicht aktiviert.

Mit der Option „Kein Prüfpunkt bei Wiederherstellung" (*no checkpoint on recovery*) wird festgelegt, ob ein Prüfpunkt (*checkpoint*) ausgeführt wird, nachdem die Datenbank durch das Neustarten wiederhergestellt ist. (Für die Definition des Prüfpunktes siehe Kapitel 21.) Standardmäßig ist diese Option bei der Erstellung einer Datenbank nicht aktiviert.

Mit der Option „Schreibgeschützt" (*read only*) können Daten einer Datenbank von den Benutzern nur gelesen werden. Standardmäßig ist diese Option nicht aktiviert.

Das Aktivieren der Option „Einzelbenutzer" (*single user*) beschränkt die Benutzung der Datenbank auf einen einzelnen Benutzer. (Die zum Zeitpunkt der Aktivierung dieser Option angemeldeten Benutzer können weiter die Datenbank verwenden.) Ein neuer Benutzer wird erst dann eine Verbindung zur Datenbank herstellen können, wenn alle angemeldeten Benutzer ihre Verbindung zur Datenbank beenden.

Die Option „Spalten standardmäßig Null" (*ANSI null default*) beeinflußt die Definition einzelner Tabellenspalten, die ohne explizite Angabe (NULL bzw. NOT NULL) definiert sind. Falls diese Option aktiviert wird, wird allen solchen Spalten die NULL-Angabe zugewiesen, was dem (ANSI-)SQL-Standard entspricht. Der SQL Server weist solchen Spalten standardmäßig NOT NULL zu. Der Benutzer hat durch die Aktivierung dieser Option die Möglichkeit, Spalten ohne explizite NULL-Angabe entsprechend dem SQL-Standard zu behandeln.

Beispiel 19.2

```
create table test
    (nummer integer);
```

Falls die Option „Spalten standardmäßig Null" nicht aktiviert ist, wird die Spalte **nummer** NULL-Werte nicht zulassen. Im anderen Fall (ANSI entsprechend) wird diese Spalte NULL-Werte erlauben.

Hinweis   Bei der Erstellung einer neuen Datenbank ist es empfehlenwert, diese Option zu aktivieren, weil dadurch die neue Datenbank dem SQL-Standard in diesem Punkt entsprechen wird. (Die Alternative wäre, alle Spalten jeder Tabelle explizit mit NULL- bzw. NOT NULL-Angabe zu versehen.)

Das Aktivieren der Option „Protokoll bei Prüfpunkt abschneiden" (*truncate log on checkpoint*) legt fest, daß die abgeschlossenen Transaktionen aus dem Transaktionsprotokoll entfernt werden, wenn der Prüfpunkt gesetzt wird.

Zwei weitere Datenbankoptionen:

▶ subscribed und

▶ published

stehen im Zusammenhang mit den Datenreplikationen und werden dementsprechend in Kapitel 26 erläutert werden.

Die Änderung der Datenbankoptionen kann alternativ mit der Systemprozedur

```
sp_dboption [db_name, option, {TRUE|FALSE}]
```

durchgeführt werden. Diese Prozedur hat dieselben Optionen wie die SQL Enterprise Manager-Komponente, diese Optionen müssen aber in englischer Sprache geschrieben werden. Falls **sp_dboption** ohne irgendwelche Angaben ausgeführt wird, wird die Liste aller verfügbaren Datenbankoptionen ausgegeben.

Hinweis   Abgesehen von der Option „truncate log on checkpoint" können Optionen nur vom Datenbankeigentümer bzw. dem Systemadministrator geändert werden.

Beispiel 19.3

```
sp_dboption beispiel 'read only', TRUE
```

In Beispiel 19.3 wird die Datenbank **beispiel** nur für die Leseoperationen zugelassen. Bei der Angabe des Optionsnamens kann man jeden Teil des Optionsnamens, der die Option eindeutig identifiziert, eingeben (z.B. „read" anstatt „read only") werden.

19.5.4   Ändern der Größe einer Datenbank

Eine Datenbank kann sowohl vergrößert als auch verkleinert werden. Die Vergrößerung einer Datenbank erfolgt mit Hilfe:

▶ des SQL Enterprise Managers und

▶ der ALTER DATABASE-Anweisung,

während die Verkleinerung mit Hilfe:

▶ des SQL Enterprise Managers und

▶ der Option SHRINKDB des DBCC-Kommandos

möglich ist.

Die Vergrößerung bzw. die Verkleinerung einer Datenbank mit Hilfe des SQL Enterprise Managers wird mit dem Dialogfeld „Datenbank bearbeiten" (Abbildung 19.5) durchgeführt. Das Anklicken der entsprechenden Schaltfläche („Vergrößern" bzw. „Verkleinern") vergrößert bzw. verkleinert den auf dem Datenbankmedium zur Verfügung stehenden Speicherplatz für die ausgewählte Datenbank.

Die Vergrößerung einer Datenbank kann:

▶ auf dem aktuellen und

▶ auf einem anderen Datenbankmedium

ausgeführt werden.

Für beide Fällen gilt: Die Größe des zugewiesenen Speicherplatzes darf nicht den zur Verfügung stehenden freien Speicherplatz auf dem Datenbankmedium überschreiten.

Die alternative Vorgehensweise für die Vergrößerung einer Datenbank bietet die Transact-SQL-Anweisung ALTER DATABASE, die folgende Syntax hat:

```
ALTER DATABASE db_name
    [ON DEFAULT|db_medium[=groesse1] [{,db_medium[=groesse2]}...]
    [FOR LOAD]
```

db_name ist der Name der Datenbank, die geändert werden soll. Die Verwendung der DEFAULT-Angabe besagt, daß die Erweiterung der Datenbank auf einem oder mehreren (beliebigen) Standardmedien durchgeführt wird. **groesse** definiert die Größe des Speicherplatzes, der für die Erweiterung zur Verfügung gestellt wird. (Falls die Größe nicht angegeben wird, wird standardmäßig 1 MB genommen.)

Hinweis   Mit der ALTER TABLE-Anweisung kann der Speicherplatz für eine Datenbank nur vergrößert werden.

Beispiel 19.4

```
alter database test
on default = 3
```

In Beispiel 19.4 wird der existierenden Datenbank **test** 3MB Speicherplatz auf dem Standardmedium zusätzlich zugewiesen.

Hinweis   Einer Benutzerdatenbank soll nie der Speicherplatz auf dem *master*-Datenbankmedium zugewiesen werden!

Die Verkleinerung des Speicherplatzes einer Datenbank kann seit der Version 6.0 mit der SHRINKDB-Angabe des DBCC-Kommandos durchgeführt werden. Dieses Kommando kann nur den unbenutzten Speicherplatz am Ende des für eine Datenbank verfügbaren Speichers löschen. Das System überprüft, ob am Ende des zur Verfügung stehenden Speicherplatzes eine oder mehrere nicht verwendete Allokierungseinheiten existieren. Nach der Überprüfung werden alle gelöscht. (Wenn die Größe des zu löschenden Speicherplatzes explizit angegeben ist, werden nur so viele Allokierungseinheiten wie angegeben gelöscht.)

Hinweis   Erstellen Sie nach jeder Änderung einer Datenbank ein Dokument, das die neue Konfiguration enthält! Dieser Vorgang kann am einfachsten mit Hilfe der Systemprozedur **sp_helpdb** durchgeführt werden.

Beispiel 19.5

```
use master
go
sp_dboption beispiel, 'single user', true
go
use beispiel
go
dbcc shrinkdb (beispiel)
go
```

Die Voraussetzung für die Verwendung des DBCC SHRINKDB-Kommandos ist, wie aus Beispiel 19.5 ersichtlich, daß sich die zu verkleinernde Datenbank im Ein-Benutzer-Modus befindet. Das DBCC-Kommandos in Beispiel 19.5 wird alle leeren Allokierungseinheiten am Ende des zur **beispiel**-Datenbank gehörenden Speicherplatzes freigeben.

Hinweis   Sowohl nach der Vergrößerung als auch nach der Verkleinerung einer Datenbank sollte die *master*-Datenbank archiviert werden!

19.5.5   Die Größe eines Transaktionsprotokolls ändern

Ein Transaktionsprotokoll kann nur vergrößert werden. Die Vergrößerung des Transaktionsprotokolls kann mit Hilfe:

▶ des SQL Enterprise Managers und

▶ der ALTER DATABASE-Anweisung

durchgeführt werden.

Die Vergrößerung des Transaktionsprotokolls mit Hilfe des SQL Enterprise Managers erfolgt wie die Vergrößerung einer Datenbank. Der einzige Unterschied liegt darin, daß im Dialogfeld „Datenbank vergrößern" der Name des Transaktionsprotokolls (anstatt des Datenbanknamens) und die Größe des notwendigen Speichers angegeben werden müssen.

Um den Speicherplatz für ein Transaktionsprotokoll mit Hilfe der ALTER DATABASE-Anweisung zu vergrößern, muß der Name des Datenbankmediums, in dem sich das Protokoll befindet, angegeben werden.

Beispiel 19.6

```
alter database test
on testlog
```

In Beispiel 19.6 wird dem Transaktionsprotokoll **testlog** der Datenbank **test** 1MB zugewiesen.

19.5.6 Datenbank löschen

Eine Datenbank kann mit Hilfe

▶ des SQL Enterprise Managers,

▶ der DROP DATABASE-Anweisung und

▶ der Systemprozedur **sp_dbremove**

gelöscht werden.

Um eine Datenbank mit Hilfe des SQL Enterprise Managers zu löschen, muß im Server Manager-Fenster der Ordner „Datenbank" geöffnet und die zu löschende Datenbank mit der rechten Maustaste angeklickt werden. Nach der Auswahl der Menüfunktion „Datenbank löschen" und der Bestätigung dieser Operation wird die Datenbank gelöscht.

Mit der Anweisung

```
DROP DATABASE db_name1 [{,db_name2}...]
```

können eine oder mehrere Datenbanken gelöscht werden.

Genauso kann eine Datenbank mit der Systemprozedur

```
sp_dbremove db_name [,db_medium]
```

gelöscht werden. Falls die optionale Angabe **db_medium** gemacht wird, wird auch das Datenbankmedium, auf dem die Datenbank gespeichert ist, gelöscht.

Generell gilt: Das Löschen der Datenbank bedeutet, daß sie mit allen dazugehörigen Objekten (Tabellen, Trigger, Indizes, Datenbank-Prozeduren usw.) entfernt wird. Alle Einträge, die über diese Datenbank in der *master*-Datenbank existieren, werden ebenso entfernt. Das Löschen einer Datenbank kann entweder vom Systemadministrator oder vom Eigentümer dieser Datenbank vorgenommen werden.

19.5.7 Segmente

Ein Segment wird benutzt, um Tabellen und Indizes einer Datenbank auf einem Datenbankmedium zu plazieren. Dabei kann ein Segment eine ganze bzw. mehrere Tabellen enthalten, oder eine Tabelle kann auf mehrere Segmenten verteilt werden. Die wichtigste Eigenschaft der Segmente ist, daß sie keinen neuen Speicherplatz spezifizieren, sondern vorhandene Speicherbereiche (Datenbank- bzw. Sicherungsmedien) bezeichnen.

Die Erstellung eines Segments für die aktuelle Datenbank wird mit Hilfe der Systemprozedur **sp_addsegment** durchgeführt. Die Syntax dieser Prozedur ist:

```
sp_addsegment seg_name, db_medium
```

wobei **seg_name** der Name des neuen Segments und **db_medium** der Name eines Datenbankmediums ist. (**seg_name** muß eindeutig innerhalb einer Datenbank sein.) Die Voraussetzung für die Erstellung eines Segmentes ist, daß das zugewiesene Datenbankmedium zuerst initialisiert und danach der aktuellen Datenbank zugewiesen wird.

Ein Datenbankmedium kann mehrere ihm zugewiesene Segmente haben. Genauso kann sich ein Segment über mehrere (max. 255) Datenbankmedien erstrecken. Eine Datenbank kann höchstens 32 Segmente haben.

Eine weitere Systemprozedur

```
sp_placeobject seg_name, obj_name
```

bewirkt die unmittelbare Änderung des Speicherungsortes für das Datenbankobjekt (Tabelle, Index) namens **obj_name**. Die schon existierenden Daten des Objektes werden nicht zu dem neuen Speicherungsort bewegt.

Mit den Systemprozeduren

▶ sp_helpsegment und

▶ sp_helpdb

kann die Information über existierende Segmente ausgegeben werden. **sp_helpsegment** listet entweder alle der aktuellen Datenbank zugehörigen Segmente auf oder gibt die Information über das genannte Segment aus. **sp_helpdb** gibt für die aktuelle Datenbank die Beziehungen zwischen den existierenden Segmenten und den zugewiesenen Datenbankmedien aus.

Mit der Systemprozedur **sp_dropsegment** kann ein Segment gelöscht werden. Ein Segment kann erst gelöscht werden, wenn alle in ihm gespeicherten Daten gelöscht sind.

19.6 Zusammenfassung

Das Verwalten der zur Verfügung stehenden Ressourcen (Speichers) bezieht sich auf folgende Tätigkeiten:

▶ das Erstellen bzw. Löschen von Medien;

▶ das Festlegen, welche Datenbankmedien zur Gruppe der Standardmedien gehören;

▶ die Spiegelung der Datenbankmedien;

▶ die Erstellung von Benutzerdatenbanken und

▶ die Erstellung von Segmenten.

20 Benutzerverwaltung

In diesem Kapitel werden alle Aspekte der Benutzerverwaltung beim SQL Server erläutert. Nach der allgemeinen Einführug und Erklärung der Differenz zwischen den Begriffen „Login-ID" und „Benutzername" werden unterschiedliche Sicherheitsmodi, die der SQL Server unterstützt, beschrieben. Danach wird der Zugriff auf ein Datenbanksystem erläutert. Am Ende werden die Zugriffe auf einzelne Datenbanken bzw. ihre Objekte dargestellt.

20.1 Einführung

Die Benutzerverwaltung beim SQL Server bezieht sich auf die Frage, wer das SQL Server-System benutzen darf, und welche verschiedenen Möglichkeiten ein im System eingeloggter Benutzer in bezug auf einzelne Datenbanken und ihre Objekte hat. Damit kann die Benutzerverwaltung in drei Teile unterteilt werden:

▶ das Verwalten des Einloggens in das Datenbankystem,

▶ die Vergabe und den Entzug der Zugriffsberechtigungen für einzelne Datenbanken und

▶ das Verwalten des Zugriffs auf die Datenbankobjekte.

Die ersten beiden Aufgaben werden in diesem Abschnitt erläutert, während auf die dritte später in diesem Kapitel eingegangen wird. Die erste Aufgabe wird mit Hilfe von Login-ID und die zweite mit Hilfe der Datenbank-Benutzernamen realisiert. Die beiden Begriffe:

▶ Login-ID und

▶ Datenbank-Benutzername

können mißverstanden werden. Deswegen werden wir ihre Unterschiede hier hervorheben.

Ein Anwender, der eine Login-ID für ein SQL Server-System verwendet, kann sich nur in das System einloggen: Dies erlaubt ihm nicht, einzelne Datenbanken des Systems ohne weiteres zu benutzen. Genauso hat ein Anwender mit einem Datenbank-Benutzernamen im allgemeinen keinen Zugriff auf das SQL Server-System: Er kann nur diese eine Datenbank und ihre Objekte verwenden.

Die Login-ID eines Benutzers kann beim SQL Server mit der Betriebssystemkennung von Windows NT vereinigt bzw. unabhängig von ihr gehalten werden. Dies hängt von dem Sicherheitsmodus des SQL Servers ab.

20.2 Sicherheitsmodi des SQL Servers

Der SQL Server kennt drei unterschiedliche Sicherheitsmodi:

▶ die Standard-Sicherheit,

▶ die integrierte Sicherheit und

▶ die gemischte Sicherheit.

20.2.1 Standard-Sicherheit

Bei der Standard-Sicherheit unterstützt der SQL Server zusätzlich zu der Betriebssystemkennung auch eine eigene Login-ID für jeden Benutzer. Damit braucht jeder Benutzer, der den SQL Server im Standard-Sicherheitsmodus verwenden will, zwei voneinander unabhängige Kennungen – für das Betriebs- und das Datenbanksystem.

Wenn der Sicherheitsmodus eines SQL Server-Systems der Standard-Sicherheit entspricht, wird die Login-ID folgendermaßen überprüft:

1. Beim Versuch sich einzuloggen, wird die Login-ID und das dazugehörige Kennwort des Benutzers mit den Einträgen in der Systemtabelle **syslogins** verglichen.

2. Falls beide Eingaben gültig sind, wird der Benutzer mit dem SQL Server verbunden.

3. Falls einer der Einträge (oder beide) nicht gültig ist, wird dem Benutzer die Verbindung zum SQL Server verweigert. Dies passiert auch dann, wenn der Benutzer sich vorher mit Hilfe einer gültigen Betriebssystemkennung in Windows NT eingeloggt hat.

Die Standard-Sicherheit ist gleichzeitig der voreingestellte Sicherheitsmodus. Die Implementierung der Standard-Sicherheit kann vom Systemadministrator in drei Schritten durchgeführt werden:

1. Überprüfen, ob der Sicherheitsmodus der Standard-Sicherheit entspricht;

2. Login-ID der Benutzer erstellen und

3. Datenbank-Benutzernamen für einzelne Datenbanken definieren.

Die Überprüfung, ob der Sicherheitsmodus der Standard-Sicherheit entspricht, kann mit Hilfe des SQL Enterprise Managers durchgeführt werden (siehe Abbildung 20.1). Bei der Überprüfung empfiehlt es sich, auch die Option(en) für die Überwachungsebene zu setzen.

Die Erstellung der Login-ID kann entweder mit Hilfe des SQL Enterprise Managers oder mit der Systemprozedur **sp_addlogin** durchgeführt werden. (Dieser Schritt wird in Abschnitt 20.3 beschrieben.)

Die Definition der Datenbank-Benutzernamen für einzelne Benutzer kann mit Hilfe des SQL Enterprise Managers oder mit der Systemprozedur **sp_adduser** ausgeführt werden. (Dieser Schritt wird in Abschnitt 20.6 beschrieben.)

20.2.2 Integrierte Sicherheit

Bei der integrierten Sicherheit wird das Einloggen in das Datenbanksystem mit dem Einloggen in das Betriebssystem vereinigt. Der Benutzer muß also nur auf der Betriebssystemebene seine Kennung für die Identifizierung verwenden, um auch dem SQL Server bekannt zu sein und diesen benutzen zu können.

Wenn der Sicherheitsmodus eines SQL Server-Systems der integrierten Sicherheit entspricht, wird das Einloggen des Benutzers folgendermaßen überprüft:

1. Um die Verbindung zum Datenbanksystem herzustellen, muß der Benutzer sich zuerst mit Hilfe einer gültigen Betriebssystemkennung und dem entsprechenden Kennwort in Windows NT einloggen.

2. Die Betriebssystemkennung wird weiter an das SQL Server-System gereicht. Das Datenbanksystem überprüft (in der Systemtabelle **syslogins**), ob eine gleichnamige Login-ID existiert.

3. Falls eine solche Login-ID existiert, wird die Verbindung zum Datenbanksystem hergestellt und der Benutzer erhält alle Zugriffsberechtigungen, die das System für dieses Login-ID vorgesehen hat.

   Falls die gleichnamige Login-ID in der Systemtabelle **syslogins** nicht existiert, wird die Verbindung zum Datenbanksystem trotzdem hergestellt. Der einzige Unterschied ist, daß die Zugriffsberechtigungen des Benutzers in diesem Fall einer Standard-Login-ID (gewöhnlich *„guest"*) entsprechen. (Falls der Benutzer auf der Betriebssystemebene die Administratorberechtigungen besitzt, wird er mit der Login-ID *sa* in das Datenbanksystem eingeloggt.)

4. Die Verbindung zum Datenbanksystem wird dem Benutzer nur verweigert, wenn keine Standard-Login-ID für das Datenbanksystem existiert <u>und</u> der Benutzer keine Administrationsrechte für Windows NT hat.

20.2.3 Das Verwalten von Login-ID im integrierten Modus

Wie wir schon im letzten Abschnitt erläutert haben, ermöglicht der integrierte Sicherheitsmodus die Verwendung der Windows-NT-Kennung auch für das SQL Server-System. Damit wird in diesem Modus die Verwendung von Login-ID hinfällig. Wenn sich ein Benutzer auf der Betriebssystemebene einloggt und der SQL Server sich im integrierten Sicherheitsmodus befindet, dann wird der Windows NT-Benutzername und das Kennwort über Netzwerk-Sicherheitskomponenten von Windows NT an das SQL Server-System weitergeleitet.

Die Implementierung der integrierten Sicherheit kann vom Systemadministrator in drei Schritten durchgeführt werden:

1. überprüfen, ob das System die vertraute Verbindung benutzt;

2. Windows NT-Kennungen und Gruppen erstellen und

3. die Sicherheitsoptionen konfigurieren.

Im Unterschied zum Standard-Modus, der mit allen Netzwerkprotokollen betrieben werden kann, kann der integrierte Modus (in der Version 6) nur mit zwei Protokollen:

▶ Named Pipes und

▶ dem Multi-Protokoll

laufen. Diese beiden Netzwerkprotokolle gehören zu den vertrauten Verbindungen (*trusted connections*).

Die Windows NT-Benutzer und Benutzergruppen werden mit Hilfe der Windows NT-Komponente namens User Manager erstellt. Dies ist die Aufgabe des Windows NT-Administrators und wird deswegen hier nicht weiter erläutert.

Der SQL Server muß noch zusätzlich konfiguriert werden, damit der integrierte Sicherheitsmodus aktiviert wird. Die Konfiguration erfolgt im Dialgofeld „Server Konfigurationen/Optionen", in dem dann die Schaltfläche „Sicherheitsoptionen" angeklickt wird. (Damit dieses Dialogfeld geöffnet wird, muß zuerst der SQL Server und danach die Funktionsfolge „Server" -> „Konfigurationen" im Hauptmenü des SQL Enterprise Managers ausgewählt werden. Abbildung 20.1 zeigt dieses Dialogfeld.

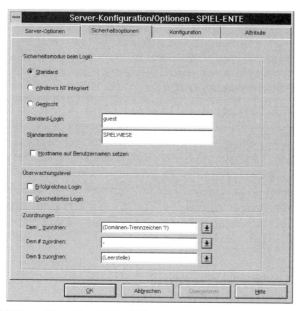

Abbildung 20.1: Das Dialogfeld „Server-Konfigurationen/Optionen"

Folgende Angaben können in diesem Dialogfeld gemacht werden:

Angabe	Beschreibung
Sicherheitsmodus beim Login	Das Kontrollkästchen „Windows NT integriert" muß angeklickt werden, um den integrierten Modus zu aktivieren. (Nur der Systemadministrator darf den Sicherheitsmodus eines SQL Servers modifizieren.)
Standard-Login	kennzeichnet den Benutzernamen für alle Benutzer, die keinen Eintrag in der Systemtabelle **syslogins** haben. Bleibt dieses Feld leer, wird Benutzern ohne Eintrag in der Systemtabelle **syslogins** der Zugriff auf den Datenbank-Server untersagt. (Der Windows NT-Benutzer muß zu derselben Gruppe wie der Standard-Benutzer gehören.)
Standarddomäne	Der Domänenname des Windows NT-Rechners, auf dem der SQL Server läuft. (Falls der Rechner zu keiner Domäne gehört, muß der Rechnername angegeben werden.)
Hostname auf Benutzernamen setzen	Das Anklicken dieser Option gibt den Benutzernamen bei dem Aufruf der Systemprozedur **sp_who** aus.
Erfolgreiches bzw. gescheitertes Login	Alle erfolgreichen bzw. gescheiterten Versuche werden protokolliert. Die Protokollierung wird sowohl in der Fehlermeldungsdatei des SQL Servers als auch in der Ereignisprotokolldatei des Windows NT-Systems veranlaßt.

Angabe	Beschreibung
Zuordnungen	Die angebotenen Zeichen („-", „#" und „$") können den Windows NT-Zeichen, die beim SQL Server ungültig sind, als Ersatz zugewiesen werden (wie z.B. dem Zeichen „ \ ", das ein ungültiges SQL Server-Zeichen ist.)

Hinweis Wir empfehlen, grundsätzlich den Standard-Sicherheitsmodus für ein SQL Server-System zu verwenden. Die Existenz einer zusätzlichen Login-ID für das Datenbanksystem garantiert einen höheren Grad an Datenschutz als die bloße Verwendung der Betriebssystemkennung. Um den unerlaubten Zugriff auf Daten eines Datenbanksystems, das nur die Betriebssystemkennung zur Identifizierung verwendet, zu erreichen, genügt das Durchbrechen einer einzigen Ebene – der Betriebssystemkennung. Beim Standard-Sicherheitsmodus des SQL Servers müssen zwei solche Ebenen durchbrochen werden, um unerlaubt an die Daten zu gelangen.

20.2.4 Gemischte Sicherheit

Die gemischte Sicherheit kennzeichnet die Möglichkeit, abhängig vom Typ des Netzwerkprotokolls, das zwischen der *front-end*-Komponente und dem SQL Server existiert, entweder die integrierte oder die Standard-Sicherheit zu wählen. Im allgemeinen kann man sagen, daß das System implizit die integrierte Sicherheit wählt, falls das Netzwerkprotokoll entweder Multi-Protokoll oder Named Pipes ist. (Eine Verbindung zwischen einer *front-end*-Komponente und einem SQL Server, die eines der beiden o.g. Protokolle verwendet, wird vertraute Verbindung genannt.) Falls es sich um eine nicht-vertraute Verbindung handelt, wird das System die Standard-Sicherheit wählen.

20.3 Das Verwalten des Zugriffs auf das Datenbanksystem

Beim SQL Server wird die Login-ID verwendet, um auf ein Datenbanksystem zuzugreifen. Wie wir schon erläutert haben, ist die Login-ID ein eindeutiger Name, welchen das Datenbanksystem kennt, und mit dem sich der Benutzer dem System gegenüber identifizieren kann.

Bei der Installation eines SQL Server-Systems werden folgende vier Login-ID implizit eingerichtet:

- ▶ sa (Systemadministrator),
- ▶ probe,
- ▶ repl_publisher und
- ▶ repl_subscriber.

Der Systemadministrator (die Login-ID *sa*) ist jene Login-ID, die (fast) alle Rechte für ein SQL Server-System hat. Diese Login-ID ist, im Unterschied zu den meisten anderen, nicht benutzerbezogen, sondern eher als eine Funktion zu betrachten. Jeder Benutzer, der das Kennwort von *sa* kennt, kann diese Rolle übernehmen. Der Systemadministrator ist für die Installation und das einwandfreie Funktionieren des SQL Server-Systems verantwortlich. Genauso ist es die Aufgabe des Systemadministrators, Login-ID und Datenbank-Benutzernamen zu erstellen bzw. zu löschen und alle anderen Autorisierungen unmittelbar nach der Installation des Systems durchzuführen.

Die Login-ID *probe* ist eine spezielle Kennung, die für die Verbindung zu gewissen *front-end*-Komponenten benutzt wird, um Verwaltungsaufgaben durchzuführen.

Die letzten beiden Login-ID werden nur dann implizit erstellt, falls das System für die Teilnahme an der Datenreplikation konfiguriert ist. Weil beide Login-ID sich ausschließlich auf den Bereich der Datenreplikation beziehen, werden sie dementsprechend in Kapitel 26 beschrieben.

Nach der Installation eines SQL Server-Systems werden alle weiteren Login-ID vom Systemadministrator eingerichtet. Für die Einrichtung neuer Login-ID können beim SQL Server:

▶ der SQL Enterprise Manager oder
▶ die entsprechenden Systemprozeduren

verwendet werden.

Um dem System mit Hilfe des SQL Enterprise Managers eine neue Login-ID hinzufügen, muß der Systemadministrator den Server auswählen und die Schaltfläche „Login verwalten" in der Symbolleiste anklicken. Das gleichnamige Dialogfeld (Abbildung 20.2) enthält folgende Parameter, die angegeben werden müsen:

Paramater	Beschreibung
Login-Name	Kennzeichnet die Login-ID, mit der sich der Benutzer in das SQL Server-System einloggt. Der Name muß den Regeln für SQL Server-Objektnamen entsprechen.
Kennwort	Kennzeichnet das zur Login-ID gehörende Kennwort. (Der Standardwert des Kennwortes ist NULL.)
Standardsprache	Diejenige Sprache, die benutzt werden soll, wenn der Benutzer sich in das Datenbanksystem einloggt. Standardmäßig wird die bei der Installation ausgewählte Standardsprache verwendet. (Der Benutzer kann nur eine der auf dem SQL Server installierten Sprachen auswählen.)
Datenbankzugriff	Kennzeichnet die Matrix, in der der Benutzer auf einfache Weise den Bezug auf alle im System vorhandenen Datenbanken herstellen kann.

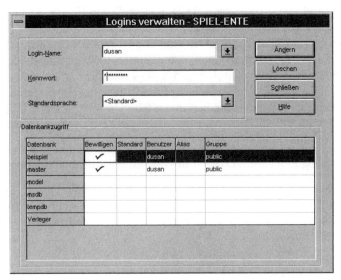

Abbildung 20.2: Das Dialogfeld „Verwalten von Logins"

In der Matrix „Datenbankzugriff" sind reihenweise die Datenbanken des Systems und spaltenweise verschiedene Optionen, die der Benutzer für diese Datenbanken markieren kann, angegeben. Damit kann der Systemadministrator, gleichzeitig mit der Erstellung der Login-ID eines Benutzers, auch die Datenbank-Benutzernamen für einzelne Datenbanken definieren. Die Optionen haben folgende Bedeutung:

Option	Bedeutung
Bewillige	Der Benutzer mit der neuen Login-ID hat den Zugriff auf jede Datenbank, die in dieser Spalte markiert ist.
Standard	Für die entsprechende Login-ID kann eine Datenbank als Standarddatenbank markiert werden. In diesem Fall wird diese Datenbank gleich nach dem Einloggen als aktuelle Datenbank implizit ausgewählt. (Es ist nicht ratsam, die *master*-Datenbank als Standarddatenbank eines Benutzers zu wählen.)
Benutzer	Der Benutzer einer Datenbank kann entweder die Login-ID oder einen anderen Namen als Datenbank-Benutzernamen haben. Falls in dieser Spalte für eine bewilligte Datenbank keine Angabe existiert, wird die Login-ID auch als Datenbank-Benutzername verwendet.
Alias	In dieser Spalte kann ein Aliasname innerhalb der Datenbank für mehrere Login-ID ausgewählt werden. (Für die Definition der Aliasnamen siehe Abschnitt 20.4.)
Gruppe	Für jede bewilligte Datenbank kann in dieser Spalte die Gruppe, zu der der Benutzer gehört, angegeben werden. (Für die Definition der Benutzergruppen siehe Abschnitt 20.4)

Das Dialogfeld wird durch das Anklichen der Schaltfläche „Hinzufügen" beendet, und nach der abschließenden Bestätigung des Kennwortes wird die neue Login-ID dem SQL Server-System hinzugefügt. Das Hinzufügen einer neuen Login-ID bedeutet, daß die Systemtabelle **syslogins** um eine neue Reihe mit den entsprechenden Angaben erweitert wird. (Abbildung 20.3 zeigt die Ausgabe dieser Systemtabelle.)

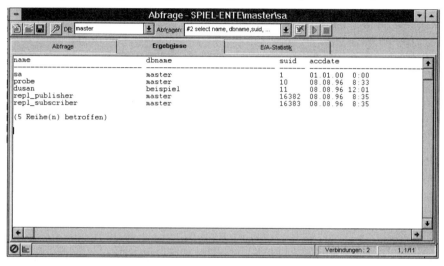

*Abbildung 20.3: Die Systemtabelle **syslogins***

Eine existierende Login-ID kann mit Hilfe des Dialogfeldes „Verwalten von Logins" modifiziert werden. Folgende Tätigkeiten können in diesem Dialgofeld geändert werden:

▶ das Kennwort ändern,
▶ die existierende Login-ID als Benutzernamen einer neuen Datenbank hinzufügen und
▶ den existierenden Benutzernamen einer Datenbank entfernen.

Bei der Änderung des Kennwortes einer Login-ID wird ein zusätzliches Dialogfeld („Kennwort bestätigen") eröffnet, in dem dann das Kennwort wiederholt angegeben werden muß.

Hinweis   Jeder Benutzer kann nur sein eigenes Kennwort ändern. Nur der Systemadministrator kann die Kennwörter anderer Benutzer modifizieren.

Das Löschen einer existierenden Login-ID erfolgt auch mit Hilfe des Dialogfeldes „Verwalten von Logins". Der Systemadministrator muß in diesem Fall die Schaltfläche „Löschen" anklicken.

Die Systemprozeduren, die für oben angegebene Aufgaben relevant sind, sind:

▶ sp_addlogin,
▶ sp_droplogin und
▶ sp_password.

20.3.1 sp_addlogin

Diese Systemprozedur definiert eine neue Login-ID, mit der sich der Benutzer anschließend am SQL Server-System einloggen kann. Die Syntax dieser Prozedur ist:

```
sp_addlogin login_name [,kennwort [, st_db [, st_sprache]]]
```

login_name ist die Login-ID, die der Benutzer zum Einloggen benötigt. Optional dazu können ein Kennwort (**kennwort**), der Name der Standard-Datenbank, die beim Einloggen des Benutzers aktuell wird (**st_db**), und die Standardsprache (**st_sprache**) definiert werden. **sp_addlogin** erstellt immer eine neue Reihe in der Systemtabelle **syslogins** der *master*-Datenbank.

20.3.2 sp_droplogin

Mit dieser Systemprozedur wird eine existierende Login-ID gelöscht. Die Syntax dieser Prozedur ist:

```
sp_droplogin login_name
```

sp_droplogin löscht die entsprechende Reihe in der Systemtabelle **syslogins** der *master*-Datenbank.

20.3.3 sp_password

Mit dieser Systemprozedur wird einer Login-ID ohne Kennwort ein solches hinzugefügt, bzw. ein existierendes modifiziert. Die Syntax von **sp_password** lautet:

```
sp_password  altes_kennwort, neues_kennwort, [login_name]
```

20.4 Zugriff auf einzelne Datenbanken

Nachdem der Systemadministrator Login-ID für verschiedene Benutzer erzeugt hat, müssen auch Zugriffe auf einzelne Datenbanken geregelt werden. Eine Login-ID ermöglicht nur das Einloggen in das SQL Server-System. Jeder Benutzer, der eine Datenbank des Systems verwenden will, braucht einen Namen, welcher der Datenbank bekannt ist. Dementsprechend muß ein Benutzer einen gültigen Benutzernamen für jede Datenbank, die er verwenden will, haben. (Der Datenbank-Benutzername kann mit der Login-ID identisch sein, muß aber nicht.)

In bezug auf Datenbanken können Benutzernamen in folgende drei Gruppen unterteilt werden.

► Datenbank-Eigentümer („*Database Owner*" – dbo)
► *guest* und
► andere Benutzer.

Der Datenbank-Eigentümer (*dbo*) ist derjenige Benutzer, der die Datenbank erstellt hat. Jede Datenbank hat nur einen *dbo*. *dbo* hat alle Rechte bezüglich der Datenbank, die er erstellt hat, und er entscheidet über die Vergabe und den Entzug der Zugriffsberechtigungen für die Objekte dieser Datenbank. Der Systemadministrator hat automatisch die Rechte der Datenbank-Eigentümer aller Datenbanken eines SQL Server-Systems. Die Rechte eines Datenbank-Eigentümers können den anderen (Datenbank-)Benutzern mit Hilfe von Aliasnamen zugewiesen werden. (Für die Definition von Aliasnamen siehe den nächsten Abschnitt.)

guest kennzeichnet einen speziellen Benutzernamen, die der Datenbank-Eigentümer nach der Erstellung der Datenbank erstellen kann. Wenn dieser Benutzername für eine Datenbank definiert ist, kann jeder Benutzer, der eine gültige Login-ID aber keinen Datenbank-Benutzernamen hat, auf diese Datenbank zugreifen. Die Verwendung von *guest* erfolgt folgendermaßen:

▶ Falls ein Benutzer auf eine Datenbank ohne einen gültigen Benutzernamen zugreifen möchte, überprüft das SQL Server-System, ob die Datenbank die *guest*-Kennung besitzt. Falls ja, wird der Benutzer eingeloggt und besitzt alle Rechte dieser Kennung.

▶ Falls der Benutzername *guest* nicht existiert, wird der Benutzer abgewiesen.

Nach der Erstellung erbt die *guest*-Kennung die Rechte der PUBLIC-Gruppe. (Diese Gruppe wird im weiteren Verlauf dieses Abschnitts beschrieben.) Der Datenbank-Eigentümer hat die Möglichkeit, die Rechte der *guest*-Kennung zu ändern.

Neben dem Begriff des Benutzernamens spielen zwei weitere Begriffe:

▶ Benutzergruppe und

▶ Aliasname

eine wichtige Rolle bezüglich des Zugriffs auf einzelne Datenbanken.

20.4.1 Benutzergruppen

Eine Benutzergruppe ist eine Sammlung einzelner (Datenbank-)Benutzernamen. Jeder Benutzername, der einer Gruppe gehört, enthält die Zugriffsberechtigungen, die für diese Gruppe gelten. Damit kann der Systemadministrator die Verwaltung der Benutzer wesentlich vereinfachen, indem er die Zugriffsberechtigungen global der Gruppe vergibt bzw. entzieht.

Für jede Datenbank eines SQL Server-Systems wird implizit die PUBLIC-Gruppe eingerichtet. Jeder Benutzername ist automatisch Mitglied dieser Gruppe, und die Zugehörigkeit kann nicht entzogen werden. Ein Benutzername kann, zusätzlich zu der PUBLIC-Gruppe höchstens noch zu einer anderen Gruppe gehören.

20.4.2 Aliasname

Ein Aliasname ist ein Benutzername, den mehrere Login-ID teilen können. Ein Aliasname ermöglicht anderen Benutzern, den Zugriff auf eine Datenbank mit allen Berechtigungen, die der Aliasname hat, auszuführen. Für Aliasnamen gelten folgende Regeln:

▶ jeder Benutzername in einer Datenbank kann als Aliasname dienen und

▶ der Benutzer, der den Aliasnamen innerhalb einer Datenbak verwenden wird, darf keinen Benutzernamen für diese Datenbank enthalten.

Der Aliasname wird meistens verwendet, um die Zugriffsberechtigungen des Datenbank-Eigentümers den anderen Benutzern dieser Datenbank zu übertragen.

20.5 Das Erstellen und Löschen der Benutzergruppen

Die Erstellung der Benutzernamen und -gruppen für eine Datenbank mit vielen Benutzern ist eine umfangreiche Aufgabe, die eine sorgfältige Planung und Realisierung erfordert. Bei der Planung ist es zuerst notwendig, festzulegen, welche allgemeinen Aufgaben die Benutzer dieser Datenbank haben. Auf Grund dieser Aufgaben soll der Systemadministrator anschließend die Benutzergruppen entwerfen (z.B. in einer Firma könnten, neben PUBLIC, auch eine Administrator- eine Verkaufsgruppe usw. existieren).

Nach der Planung der Benutzergruppen sollte die darauffolgende Realisierung in folgenden Schritten durchgeführt werden:

▶ die Benutzergruppen für die Datenbank erstellen;
▶ die Aliasnamen (falls notwendig) zuweisen und
▶ einzelne Benutzernamen in existierenden Benutzergruppen unterteilen.

Das Erstellen bzw. Löschen von Benutzergruppen kann mit Hilfe:

▶ des SQL Enterprise Managers und

▶ der Systemprozeduren **sp_addgroup**, **sp_dropgroup** und **sp_changegroup**

durchgeführt werden.

Um eine neue Gruppe mit dem SQL Enterprise Manager zu erstellen, muß zuerst der Server und danach die Datenbank, für die die Gruppe erstellt werden soll, ausgewählt werden. Im Menü „Verwalten" muß anschließend die Funktion „Gruppen" ausgewählt werden. Im sich öffnenden Dialogfeld „Gruppen verwalten" (Abbildung 20.4) müssen noch die entsprechenden Angaben gemacht werden.

Abbildung 20.4: Das Dialogfeld „Gruppen verwalten"

Der Name der neuen Gruppe muß eingetragen werden, und aus der Liste aller Benutzernamen (auf der linken Seite) können, durch das Markieren und das Anklicken der Schaltfläche „Hinzufügen" diejenigen Benutzernamen ausgewählt werden, die zu der neuen Gruppe gehören sollen.

Eine existierende Gruppe kann auch mit dem SQL Enterprise Manager geändert bzw. gelöscht werden. Die Änderung erfolgt durch die Angabe des Gruppennamens im Dialogfeld „Gruppen verwalten" (Abbildung 20.4) und dem anschließenden Hinzufügen bzw. Entfernen einzelner Benutzernamen. Anschließend muß noch die Schaltfläche „Modifizieren" angeklickt werden.

Das Löschen der Benutzergruppen erfolgt durch die Angabe des Gruppennamens im Dialogfeld „Gruppen verwalten" und dem anschließenden Anklicken der Schaltfläche „Löschen".

Das Sichten aller existierenden Benutzergruppen erfolgt direkt nach der Auswahl der Datenbank im „Server Manager". Einzelne Benutzergruppen können durch das anschließende Anklicken ihres Namens genauer gesichtet werden.

Mit folgenden Systemprozeduren:

▶ sp_addgroup,

▶ sp_changegroup und

▶ sp_dropgroup

können Benutzergruppen erstellt, geändert und gelöscht werden. Die Systemprozedur **sp_adgroup** erstellt eine neue Benutzergruppe für die aktuelle Datenbank, **sp_changegroup** fügt einen neuen Benutzer einer existierenden Gruppe hinzu, während **sp_dropgroup** eine existierende Benutzergruppe löscht.

20.6 Das Hinzufügen und Löschen der Benutzernamen

Alle Benutzernamen können entweder mit Hilfe des SQL Enterprise Managers oder mit Systemprozeduren erstellt werden.

Das Hinzufügen eines Benutzernamens einer existierenden Datenbank bedeutet, daß zwischen der Login-ID des Benutzers und seinem (Datenbank-)Benutzernamen eine Verbindung hergestellt wird. Dies kann mit dem SQL Enterprise Manager auf verschiedene Weise erfolgen. Die einfache Methode wird bei der Erstellung der Login-ID angeboten. Dabei kann der Systemadministrator in der Matrix „Datenbankzugriff" durch das Markieren in der Spalte „Bewillige" für jede einzelne Datenbank die Benutzernamen gleichzeitig hinzufügen (siehe Abbildung 20.2).

Eine alternative Vorgehensweise ist, zuerst den Server und danach die Datenbank, für die der Benutzername erstellt werden soll, auszuwählen. Im Menü „Verwalten" muß anschließend die Funktion „Benutzer" ausgewählt werden. Im sich öffnenden Dialogfeld „Benutzer verwalten" (Abbildung 20.5) müssen noch die entsprechenden Angaben gemacht und anschließend die Schaltfläche „Hinzufügen" angeklickt werden.

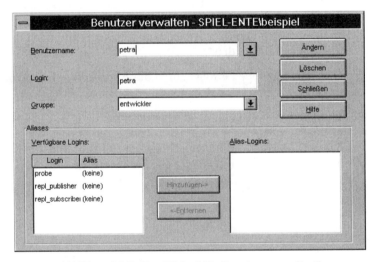

Abbildung 20.5: Das Dialogfeld „Benutzer verwalten"

Folgende Parameter existieren im Dialogfeld „Benutzer verwalten"

Parameter	Beschreibung
Benutzername	Der Name des Benutzers. Der Benutzername kann mit der Login-ID gleichnamig sein, muß aber nicht. Dieser Name muß den Regeln für SQL Server-Objektnamen entsprechen.
Login	Kennzeichnet die Login-ID. Dieser Name kann aus dem *drop down*-Menü aller existierenden Login-ID ausgewählt werden.
Gruppe	Kennzeichnet die Benutzerguppe, zu der der neue Benutzername gehören soll. (Standardmäßig gehört der Benutzername zu der PUBLIC-Gruppe.)

Ein existierender Benutzername kann auch geändert bzw. gelöscht werden. Die Änderung erfolgt durch die Angabe des Benutzernamens im Feld „Benutzername" des Dialogfeldes „Benutzer verwalten" (Abbildung 20.5) und dem anschließenden Anklicken der Schaltfläche „Ändern".

Das Löschen der Benutzernamen erfolgt durch die Angabe des Namens im Dialogfeld „Benutzer verwalten" und dem anschließenden Anklicken der Schaltfläche „Löschen".

Das Sichten aller existierenden Benutzernamen erfolgt direkt nach der Auswahl der Datenbank im „Server Manager". Die Eigenschaften einzelner Benutzernamen können durch das anschließende Anklicken des Namens gesichtet werden.

Das Sichten eines Benutzernamens kann auch durch eine Abfrage auf die Systemtabelle **sysusers** durchgeführt werden. Abbildung 20.6 zeigt die Ausgabe der Information über die einzelnen Benutzernamen mit Hilfe der ISQL/w-Komponente und der Transact-SQL-Anweisung SELECT. (Für die Beschreibung der Systemtabelle **sysusers** siehe Kapitel 11.)

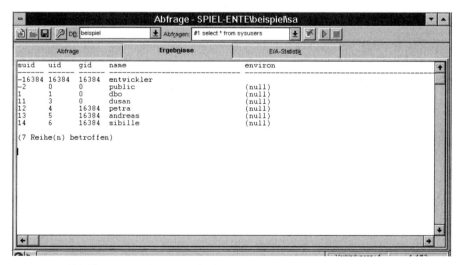

*Abbildung 20.6: Die Ausgabe der Anweisung „select * from sysusers"*

Folgende Systemprozeduren werden benutzt, um Benutzernamen zu erstellen, zu löschen und abzufragen:

▶ sp_adduser,
▶ sp_dropuser und
▶ sp_helpuser.

20.6.1 sp_adduser

sp_adduser definiert einen neuen Benutzernamen für die aktuelle Datenbank. Die Syntax dieser Prozedur ist:

```
sp_adduser login_name [, benutzer_name [, gruppen_name]]
```

login_name ist die Login-ID des Benutzers. **benutzer_name** ist der Benutzername der aktuellen Datenbank. (Falls **benutzer_name** ausgelassen wird, wird **login_name** in der aktuellen Datenbank als Benutzername übernommen.) **gruppen_name** ist der Name der Benutzergruppe, zu der dieser Benutzername gehört.

Hinweis   Jede Datenbank eines SQL Server-Systems hat einen eigenen Benutzerkreis. Falls ein Benutzer zu mehreren Datenbanken eines Systems gehören soll, muß er für jede durch die mehrfache Anwendung der Systemprozedur **sp_adduser** definiert werden.

Beispiel 20.1

```
/* Einloggen als sa; Aktuelle DB: master */
sp_addlogin klaus, xyz123
go
use beispiel
go
sp_adduser klaus, klaus_bsp
go
Neues Login erstellt
Neuer Benutzer hinzugefügt
```

In Beispiel 20.1 wird zuerst die neue Login-ID(**klaus**) mit dem Kennwort(**xyz123**) definiert. Der Benutzer **klaus** kann sich danach am SQL Server-System einloggen. Für diesen Benutzer wird anschließend, mit der Systemprozedur **sp_adduser**, ein Benutzername (**klaus_bsp**) für die Datenbank **beispiel** definiert.

20.6.2 sp_dropuser

sp_dropuser löscht einen existierenden Benutzernamen in der aktuellen Datenbank. Die Syntax dieser Systemprozedur ist:

```
sp_dropuser benutzer_name
```

Der Datenbank-Eigentümer und der Systemadministrator können die Systemprozedur **sp_dropuser** verwenden, um existierende (Datenbank-)Benutzernamen zu löschen. Der Eigentümer der aktuellen Datenbank kann nicht gelöscht werden.

20.6.3 sp_helpuser

Diese Systemprozedur liefert die Information über die Benutzernamen der aktuellen Datenbank. Ihre Syntax ist:

```
sp_helpuser [benutzer_name]}
```

Falls **benutzer_name** nicht angegeben wird, wird **sp_helpuser** die Information über alle Benutzernamen der aktuellen Datenbank liefern. Dabei wird folgendes ausgegeben:

- der Name des Benutzers,
- die Login-ID des Benutzers,
- die Benutzergruppe, zu der der Benutzername gehört und
- der Name der Standard-Datenbank.

20.7 Zugriffsberechtigungen auf Datenbankobjekte

Alle Benutzernamen können in Bezug auf ihre Rechte in vier Gruppen unterteilt werden:

- Systemadministrator (*sa*),
- Datenbank-Eigentümer (Database Owner – *dbo*),
- Eigentümer von Datenbankobjekten und
- andere Benutzernamen.

Der Systemadministrator hat (fast) alle Rechte für ein SQL Server-System. Jede Anweisung oder jedes Kommando kann vom Systemadministrator ausgeführt werden. Der Datenbank-Eigentümer ist derjenige Benutzer, der die Datenbank erstellt hat. Die Aufgabe des Datenbank-Eigentümers besteht darin, einzelne Benutzernamen dieser Datenbank hinzuzugen, bzw. existierende, falls notwendig, zu entfernen.

Nach der Erstellung der Datenbank und dem Hinzufügen neuer Benutzernamen kann die dritte Benutzerklasse – Eigentümer von Datenbankobjekten – erstellt werden. Damit der Benutzer einer Datenbank Objekte dieser Datenbank erstellen kann, muß er zuvor vom Datenbank-Eigentümer bzw. Systemadministrator das entsprechende Recht zugewiesen bekommen. Alle anderen Benutzernamen müssen explizit die Rechte zugewiesen bekommen, um auf eine Datenbank oder ihre Objekte zugreifen zu können.

Die Unterteilung aller Benutzer in diese vier Klassen stellt gleichzeitig eine Hierarchie der Zugriffsberechtigungen dar. Jede Benutzerklasse, die sich auf einer höheren Hierarchiestufe befindet, hat alle Zugriffsberechtigungen der niedrigeren Klasse, wobei der Systemadministrator die höchste Hierarchiestufe darstellt.

Hinweis   Die Login-ID sa befindet sich an der obersten Hierarchiestufe, obwohl sie keinen expliziten (Datenbank-)Benutzernamen darstellt. Dabei gilt, daß diese Login-ID die Rechte anderer Benutzer nicht immer automatisch besitzt, sie aber (mit Hilfe der SETUSER-Anweisung) jederzeit übernehmen kann.

Die Zugriffsberechtigungen im SQL Server-System können in:

▶ Objektberechtigungen und
▶ Anweisungsberechtigungen

unterteilt werden.

Objektberechtigungen besagen, wer von den Benutzern welche Rechte in bezug auf folgende Datenbankobjekte:

▶ Tabellen,
▶ Spalten,
▶ Views und
▶ Datenbank-Prozeduren

hat.

Die Anweisungsberechtigungen beziehen sich auf unterschiedliche Rechte, die der Systemadministrator bzw. der Datenbank-Eigentümer den einzelnen Benutzern, die Objekte einer Datenbank erstellen sollen, zuweisen.

20.7.1   Die Vergabe und der Entzug der Objektberechtigungen

Die Vergabe und der Entzug der Objektberechtigungen kann mit Hilfe:

▶ des SQL Enterprise Managers und
▶ der Transact-SQL Anweisung GRANT bzw. REVOKE

durchgeführt werden. In diesem Abschnitt wird nur die Benutzung des SQL Enterprise Managers gezeigt. (Die Verwendung der GRANT- bzw. REVOKE-Anweisung für diese beiden Aufgaben ist in Kapitel 12 beschrieben.)

Die Vergabe der Objektberechtigungen erfolgt durch die Auswahl des Servers und der entsprechenden Datenbank im „Server Manager"-Dialogfeld. Danach muß die Funktion „Berechtigungen" im Menü „Objekt" ausgewählt werden. Das Dialogfeld „Objektberechtigungen" wird anschließend angezeigt.

Die Objektberechtigungen können aus zwei Sichten angezeigt werden: Aus der Sicht einzelner Benutzer (Abbildung 20.7 und aus der Sicht einzelner Objekte (Abbildung 20.8).

Abbildung 20.7: Objektberechtigungen aus der Sicht des Benutzers

Wir werden zuerst die Vergabe bzw. den Entzug der Objektberechtigungen aus der Sicht einzelner Benutzer erläutern. In der Liste aller Benutzer bzw. Benutzergruppen muß derjenige Benutzername bzw. diejenige Gruppe ausgewählt werden, für die die Rechte vergeben werden sollen. Die Liste der Objekte mit allen schon vergebenen Rechten wird in der Matrix angezeigt.

Durch das einfache Markieren einzelner Berechtigungen für dargestellte Objekte wird die Vergabe, bzw. der Entzug der Rechte eingeleitet. Schließlich muß die Schaltfläche „Einstellen" angeklickt werden, um die Rechte diesen Benutzern zuzuweisen.

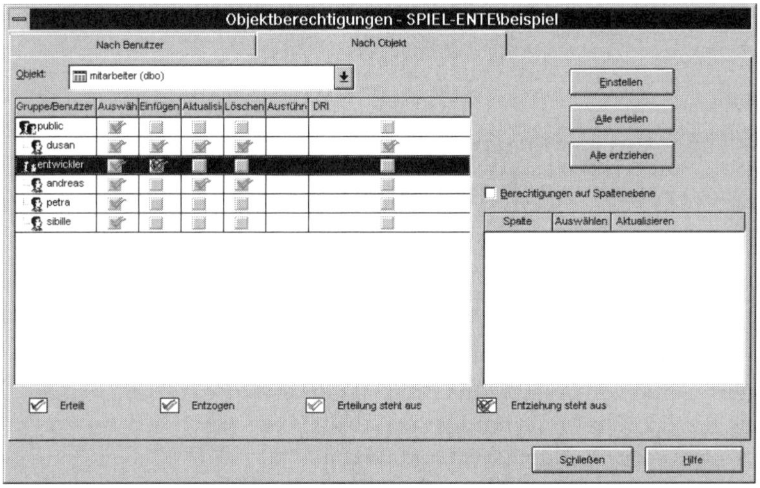

Abbildung 20.8: Objektberechtigungen aus der Sicht eines Objektes

Die Vergabe und der Entzug der Objektberechtigungen aus der Sicht einzelner Objekte erfolgt ähnlich. Zuerst muß das gewünschte Datenbankobjekt (Tabelle, View oder Datenbank-Prozedur) im Feld „Objekt" ausgewählt werden. Das System zeigt danach die existierenden Rechte einzelner Gruppen und Benutzer in bezug auf dieses Objekt. Danach ist es möglich, einzelne Rechte durch das Anklicken zu vergeben bzw. zu entziehen.

Sowohl Abbildung 20.7 als auch 20.8 enthalten Angaben, die unterschiedliche Objektberechtigungen darstellen:

Objektberechtigung	Beschreibung
Auswählen	Diese Berechtigung erlaubt den lesenden Zugriff auf Reihen einer Tabelle (eines Views). Falls das Kontrollkästchen „Berechtigungen auf Spaltenebene" markiert ist und einzelne Spalten dieser Tabelle explizit angegeben sind, wird das Recht zur Abfrage nur für diese Spalten vergeben. Falls dies fehlt, können alle Spalten der Tabelle ausgewählt werden.
Aktualisieren	Diese Berechtigung erlaubt das Ändern der Reihen einer Tabelle (eines Views). Falls das Kontrollkästchen „Berechtigungen auf Spaltenebene" markiert ist und einzelne Spalten dieser Tabelle explizit angegeben sind, wird das Recht zur Änderung nur für diese Spalten vergeben. Falls dies fehlt, können alle Spalten der Tabelle geändert werden.
Einfügen	erlaubt das Einfügen von Reihen in eine Tabelle.
Löschen	erlaubt das Löschen von Reihen einer Tabelle.
DRI	erlaubt einem Benutzer referentielle Integrität für eine referenzierte Tabelle zu erstellen, für die er keine Auswahlberechtigung hat.
Ausführen	erlaubt dem Benutzer Datenbank-Prozeduren auszuführen.

20.7.2 Die Vergabe und der Entzug der Anweisungsberechtigungen

Die Vergabe und der Entzug der Anweisungsberechtigungen kann mit Hilfe:

▶ des SQL Enterpise Managers und

▶ der Transact-SQL-Anweisung GRANT bzw. REVOKE

durchgeführt werden. In diesem Abschnitt wird nur die Benutzung des SQL Enterprise Mangers gezeigt. (Die Verwendung der GRANT- bzw. REVOKE-Anweisung für diese beiden Aufgaben ist in Kapitel 12 beschrieben.)

Bevor wir die Vergabe bzw. den Entzug der Anweisungsberechtigungen mit Hilfe des SQL Enterprise Managers darstellen, werden wir alle möglichen Transact-SQL-Anweisungen, für die die Berechtigungen überhaupt durchführbar sind, erläutern:

Transact-SQL-Anweisung	Beschreibung
CREATE DATABASE	erstellt eine neue Datenbank. (*sa* ist der enizige Benutzer, der diese Berechtigung erteilen darf.)
CREATE PROCEDURE	erstellt eine neue Datenbank-Prozedur (Für die Beschreibung der Datenbank-Prozeduren siehe Kapitel 8.)
CREATE RULE	erstellt eine neue Spaltenregel. (Für die Beschreibung der Spaltenregel siehe Kapitel 4.)
CREATE TABLE	erstellt eine neue Tabelle.
CREATE VIEW	erstellt ein neues View.
DUMP DATABASE	archiviert eine Datenbank.
DUMP TRANSACTION	archiviert ein Transaktionsprotokoll. (Für die Beschreibung der Datenbank- bzw. Transaktionsprotokoll-Archivierung siehe Kapitel 21.)

Die Vergabe der Anweisungsberechtigungen erfolgt durch die Auswahl des Servers und der entsprechenden Datenbank im „Server Manager"-Dialogfeld. Danach muß die Schaltfläche „Berechtigungen" im eröffneten Dialogfeld „Datenbank bearbeiten" angeklickt werden. In der angebotenen Matrix (Abbildung 20.9) muß für jeden Benutzer im entsprechenden Feld die gewünschte Berechtigung angeklickt werden, bis das grüne Häkchen erscheint. Danach muß noch die Schaltfläche „O.K." angeklickt werden, um alle durchgeführten Änderungen an den Anweisungsberechtigungen wirksam zu machen.

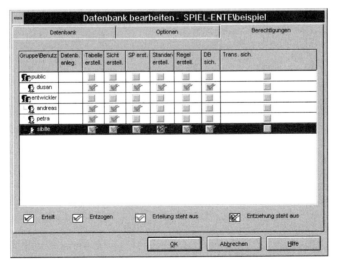

Abbildung 20.9: Die Vergabe der Anweisungsberechtigungen

Der Entzug der Anweisungsberechtigungen erfolgt analog der Vergabe und kann gleichzeitig durchgeführt werden. Jene Anweisungsberechtigungen, die einzelnen Benutzern entzogen werden sollen, müssen im entsprechenen Feld so markiert werden, daß der rote Kreis mit Schrägstrich erscheint. Danach muß noch die Schaltfläche „O.K." angeklickt werden, um alle durchgeführten Änderungen an den Anweisungsberechtigungen wirksam zu machen.

Folgende Tabelle zeigt die Bedeutung einzelner Häkchen:

Markierung	Beschreibung
Leer	Keine Änderung der Anweisungsberechtigung.
Blaues Häkchen	Berechtigung wird vergeben.
Rotes Häkchen	Die schon erteilte Berechtigung wird entzogen.
Grünes Häkchen	Berechtigung wird (nach dem Anklicken von „O.K.") vergeben.
Roter Kreis und Strich	Berechtigung wird (nach dem Anklicken von „O.K.") entzogen.

20.8 Zusammenfassung

In bezug auf die Benutzerverwaltung existieren beim SQL Server zwei Ebenen: die System- und die Datenbankebene. Eine Login-ID gehört der Systemebene und erlaubt dem Benutzer den Zugriff auf das SQL Server-System. Der Datenbank-Benutzername ermöglicht den Zugriff auf eine Datenbank des Systems.

Der SQL Server unterstützt drei unterschiedliche Sicherheitsmodi:

▶ die Standard-Sicherheit,

▶ die integrierte Sicherheit und

▶ die gemischte Sicherheit.

21 Die Archivierung und Wiederherstellung von Datenbanken

In diesem Kapitel wird die wichtigste Aufgabe des Systemadministrators – die Archivierung und Wiederherstellung – beschrieben. Nach der allgemeinen Einführung über die möglichen Fehlerquellen und der Definition des Transaktionsprotokolls werden alle Archivierungsarten (mit Hilfe des SQL Enterprise Managers und der DUMP-Anweisung) erläutert. Danach wird die Wiederherstellung sowohl der Benutzer- als auch der Systemdatenbanken (*master* und *msdb*) beschrieben.

21.1 Einführung

Die Datenbankarchivierung kennzeichnet die Erstellung einer Kopie der gesamten, zu einem bestimmten Zeitpunkt existierenden Daten einer Datenbank. Dieser Prozeß wird benutzt, um dem Datenverlust bzw. der Dateninkonsistenz innerhalb einer Datenbank vorzubeugen. Der Datenverlust steht direkt im Zusammenhang mit Fehlern eines Datenbanksystems, die verschiedenen Ursprungs sein können. Deswegen werden wir zuerst die unterschiedlichen Fehlerarten, die in einem Datenbanksystem auftreten können, beschreiben.

21.1.1 Mögliche Fehler eines Datenbanksystems

Die Inkonsistenz einer Datenbank kann durch Fehler aus vier unterschiedlichen Gruppen verursacht werden. Dies sind:

▶ Programmfehler,

▶ Systemfehler,

▶ Plattenfehler und

▶ Kombination unterschiedlicher Fehler.

Ein Programmfehler betrifft die Anwendung eines einzelnen Datenbank-Benutzers und hat gewöhnlich keinen Einfluß auf das ganze System. Programmfehler können im Regelfall nicht vom System abgefangen werden; es ist vielmehr Aufgabe des Programmierers, solche Fehler mit Hilfe von Transaktionen und der COMMIT- bzw. ROLLBACK-Anweisung selbst abzufangen. (Die beiden Transact-SQL-Anweisungen COMMIT und ROLBACK sind in Kapitel 14 beschrieben.)

Für einen Systemfehler ist typisch, daß die im Arbeitsspeicher gespeicherten Daten verlorengehen. Dies tritt z.B. bei einem Stromausfall auf. Damit betrifft ein Systemfehler alle im Arbeitsspeicher befindlichen Anwendungen.

Ein Plattenfehler äußert sich dadurch, daß die Information auf einer Platte bzw. einem Plattenbereich verlorengeht. Die Ursache eines Plattenfehlers kann mechanischer (z.B. Schreib/Lesekopf-Fehler) oder verwaltungstechnischer Natur sein.

Bei einer Kombination unterschiedlicher Fehler kann es vorkommen, daß sich eine oder mehrere Datenbanken des Systems in einem nicht konsistenten Zustand befinden.

Abgesehen von der ersten Fehlerart, die vom Programmierer selbst abgefangen werden muß, werden die übrigen drei mit Hilfe des SQL Server-Systems behoben. Die Systemfehler werden durch die sogenannte automatische Wiederherstellung des Systems beseitigt. (Die automatische Wiederherstellung wird in Abschnitt 21.4 beschrieben.) Die beiden letzten Fehlerarten werden entweder durch vorbeugende Maßnahmen abgefangen, die dem System das weitere Arbeiten ohne Unterbrechung ermöglicht, oder durch die Archivierung bzw. Wiederherstellung von Daten einer Datenbank behoben.

Das nächste Thema, das wir behandeln werden, sind Transaktionsprotokolle. Nur die Archivierung der Datenbank und ihres Transaktionsprotokolls ermöglicht die Wiederherstellung von Daten, ohne anschließend vor dem Fehler ausgeführte aber nicht gesicherte Transaktionen manuell ausführen zu müssen.

21.1.2 Transaktionsprotokoll

Ein Transaktionsprotokoll beinhaltet alle Datenbankänderungen, die in einem gewissen Zeitraum durchgeführt werden. Immer wenn eine Datenbank mit dem SQL Server-System erstellt wird, wird automatisch das dazugehörige Transaktionprotokoll erstellt. (Im Unterschied zu manchen anderen Datenbanksystemen, ist es beim SQL Server nicht möglich, eine Datenbank ohne Transaktionsprotokoll zu erstellen.)

Das Transaktionsprotokoll steht in direktem Zusammenhang mit den Transaktionen. Um entscheiden zu können, ob alle Anweisungen innerhalb einer Transaktion ausgeführt oder zurückgesetzt werden sollen, ist es notwendig, alle geänderten Reihen in ihrer ursprünglichen und geänderten Form zu protokollieren. Für die Speicherung dieser Werte wird das Transaktionsprotokoll verwendet. Damit enthält ein Transaktionsprotokoll sämtliche Information über abgeschlossene und nicht abgeschlossene Transaktionen einer Datenbank.

Transaktionsprotokolle verwenden folgende zwei Konzepte:

▶ *before images* und

▶ *after images,*

um das Ausführen bzw. das Zurücksetzen aller Anweisungen innerhalb einer Transaktion zu ermöglichen.

before image kennzeichnet den Zustand einer Reihe <u>vor</u> ihrer Änderung. Der Prozeß der Erstellung eines *before image* bedeutet also, daß der Zustand der Reihe vor ihrer Änderung im Transaktionsprotokoll gespeichert wird. (Bei der Speicherung von *before images* wird immer die ganze physikalische Seite, zu der die Reihe gehört, gespeichert.)

before images werden benutzt, um alle ausgeführten Anweisungen innnerhalb einer nicht abgeschlossenen Transaktion wieder zurückzusetzen.

after image kennzeichnet den Zustand einer Reihe <u>nach</u> ihrer Änderung. Der Prozeß der Erstellung eines *after image* bedeutet also, daß der Zustand der Reihe nach ihrer Änderung im Transaktionsprotokoll gespeichert wird. (Bei der Speicherung von *after images* wird immer die ganze physikalische Seite, zu der die Reihe gehört, gespeichert.)

after images werden benutzt, um alle Anweisungen einer abgeschlossenen, aber in der Datenbank noch nicht gesicherten Transaktion vom Anfang zu wiederholen.

Im Zusammenhang mit *before* und *after images* steht das sogenannte *write ahead*-Prinzip. Dieses Prinzip besagt, daß jede Änderung zuerst im Transaktionsprotokoll gespeichert werden muß, bevor sie in die Datenbank (d.h. auf der Platte) gespeichert wird. Dank dieser Vorgehensweise besitzt das System ausreichende Informationen, um das Wiederholen von Änderungen durchführen zu können, falls ein Fehler im System auftritt.

21.2   Die Archivierung

Die Archivierung kennzeichnet die Erstellung einer Kopie der gesamten, zu einem bestimmten Zeitpunkt existierenden Daten einer Datenbank. Im Unterschied zu manchen anderen Datenbankmanagementsystemen archiviert der SQL Server einzelne Datenbanken getrennt, was ihre Wiederherstellung sicherer macht.

Der SQL Server ermöglicht zwei unterschiedliche Archivierungsarten:

▶ die volle Archivierung und

▶ die partielle (inkrementelle) Archivierung.

Die volle Archivierung kennzeichnet die Archivierung einer ganzen Datenbank. Bei der vollen Archivierung werden alle benutzerdefinierten Objekte, Systemtabellen und Daten einer Datenbank auf ein Sicherungsmedium (*dump device*) gesichert. Dabei wird auch das Transaktionsprotokoll dieser Datenbank gesichert.

Die partielle Archivierung einer Datenbank bezieht sich auf die Archivierung des Transaktionsprotokolls. Diese Archivierungsart wird wesentlich schneller als die volle Archivierung durchgeführt, weil die Datenmenge, die zu sichern ist, kleiner ist. Die partielle Archivierung hat einen doppelten Zweck: Erstens, wird dadurch die Sicherung der zuletzt geänderten Daten erstellt, und zweitens, wächst die Größe des Transaktionsprotokolls nicht ununterbrochen weiter, weil nach jeder partiellen Sicherung jede abgeschlossene Transaktion im Transaktionsprotokoll gelöscht wird.

Bei der partiellen Archivierung wird das Transaktionsprotokoll einer Datenbank auf einem Sicherungsmedium gesichert. Das Transaktionsprotokoll enthält alle Änderungen auf Daten dieser Datenbank (in Form von abgeschlossenen und nicht abgeschlossenen Transaktionen), die seit der letzten Transaktionprotokoll-Archivierung durchgeführt wurden.

Hinweis   Falls eine Datenbank mit ihrem Transaktionsprotokoll gemeinsam auf einem Datenbankmedium gespeichert wird, wird es nicht möglich sein, die partielle Archivierung durchzuführen. Damit wird eine stufenweise Archivierung dieser Datenbank verhindert!

Bei der Archivierung des Transaktionsprotokolls werden im allgemeinen folgende Operationen durchgeführt:

▶ das Kopieren aller abgeschlossenen Transaktionen, die sich im Transaktionsprotokoll befinden, auf ein Sicherungsmedium und

▶ das Entfernen der abgeschlossenen Transaktionen aus dem Transaktionsprotokoll.

Abhängig von den verwendeten Optionen werden entweder die beiden o.g. Operationen oder eine von ihnen ausgeführt.

Hinweis   Einer der häufigsten Fehler, die in einem System auftreten, ist das Auffüllen des Datenbankmediums, das das Transaktionsprotokoll enthält. Dieses Problem kann nur umgangen werden, indem das Transaktionsprotokoll regelmäßig archiviert wird. (Die Archivierung einer Datenbank entfernt nicht die abgeschlossenen Transaktionen aus dem Transaktionsprotokoll.)

Sowohl die volle als auch die partielle Archivierung können mit Hilfe:

▶ des SQL Enterprise Managers und

▶ der DUMP DATABASE- bzw. DUMP TRANSACTION-Anweisung

durchgeführt werden.

21.2.1   Archivierung mit Hilfe des SQL Enterprise Managers

Um eine Datenbank bzw. ein Transaktionsprotokoll zu archivieren, soll zuerst ein Sicherungsmedium erstellt werden. Das Erstellen, Ändern und Löschen von Sicherungsmedien ist in Kapitel 19 beschrieben.

Der SQL Enterprise Manager ermöglicht die Archivierung einer Datenbank bzw. eines Transaktionsprotokolls durch die Auswahl der Funktion „Datenbanksicherung/-wiederherstellung" im Menü „Extras" des „Server Managers"-Dialogfeld. Das Dialogfeld „Datenbanksicherung/-wiederherstellung" wird anschließend angezeigt (Abbildung 21.1).

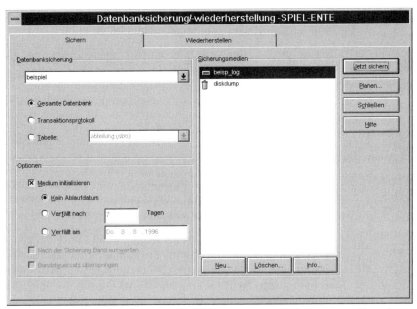

Abbildung 21.1: Das Dialogfeld „Datenbanksicherung/-wiederherstellung"

Für die Archivierung muß die Registerkarte „Sichern" angeklickt und der Name der zu sichernden Datenbank aus der Liste „Datenbank" ausgewählt werden. Die zwei Optionen „Gesamte Datenbank" und „Transaktionsprotokoll" unter der „Datenbank"-Liste ermöglichen dem Systemadministrator die Wahl zwischen der vollen und partiellen Archivierung. Die Option „Gesamte Datenbank" archiviert die Datenbank und ihr Transaktionsprotokoll, während „Transaktionsprotokoll" nur das Transaktionsprotokoll sichert. (Die zweite Option kann nur verwendet werden, falls die Datenbank und ihr Transaktionsprotokoll auf verschiedenen Datenbankmedien gespeichert sind.)

Das Kontrollkästchen „An Medien anhängen" ermöglicht das Anfügen einer neuen Archivierung (hinter den schon existierenden) auf einem Sicherungsmedium. (Wenn dieses Kontrollkästchen nicht markiert ist, überschreibt die neue Archivierung die schon existierenden.)

Die beiden Kontrollkästchen „Bandsteuersatz überspringen" und „Band nachher auswerfen" beschreiben mögliche Optionen, die mit einem Magnetband als Sicherungsmedium gemacht werden können.

Der Rahmen „Sicherungsmedien" in Abbildung 21.1 enthält die graphische Darstellung aller existierenden Sicherungsmedien des SQL Server-Systems. Um ein Medium für die Archivierung auszuwählen, muß es zuerst markiert und mit Hilfe der Schaltfläche „Hinzufügen" in der Liste „Sicherungsziel" aufgenommen werden.

Hinweis   Der SQL Enterprise Manager ermöglicht auch die Erstellung eines neuen Sicherungsmediums unmittelbar vor der Archivierung einer Datenbank bzw. eines Transaktionsprotokolls. In diesem Fall muß die Schaltfläche

„Neu" ausgewählt und das eröffnete Dialogfeld „Sicherungsmedium erstellen" mit allen notwendigen Angaben ausfüllen.

Für die archivierte Version einer Datenbank bzw. eines Transaktionsprotokolls kann ein Verfallsdatum vereinbart werden. Das Dialogfeld „Datenbanksicherung/-wiederherstellung" enthält drei Optionen:

▶ „Verfällt am",

▶ „Verfällt nach" und

▶ „Kein Ablaufdatum".

Mit der ersten Option kann ein explizites Verfallsdatum vereinbart werden, während die zweite die Anzahl von Tagen, bis zum Verfall von Daten, festlegt. Die letzte Option bestimmt, daß die archivierte Version jederzeit überschrieben werden kann.

Nachdem alle Optionen ausgewählt sind, muß die Schaltfläche „Jetzt sichern" angeklickt werden. Die Datenbank bzw. das Transaktionsprotokoll wird anschließend auf dem ausgewählten Sicherungsmedium archiviert. (Die Sicherung wird, zusammen mit dem Namen der Datenbank, dem Archivierungsdatum und der Speichergröße registriert und erscheint im Dialogfeld „Server Manager" nach dem Anklicken des Sicherungsmediums (Abbildung 21.2).

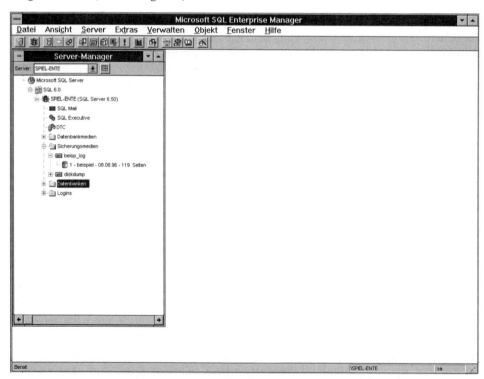

Abbildung 21.2: Die archivierte Version der Beispieldatenbank

Seit SQL Server V6.0 ist es möglich, die sogenannte Striped-Archivierung durchzuführen. Eine Striped-Archivierung kennzeichnet die Sicherung einer Datenbank bzw. eines Transaktionsprotokolls auf mehreren Sicherungsmedien gleichzeitig. Für diese Archiverungsart werden *threads* verwendet, wobei jeder *thread* für je ein Sicherungsmedium existiert. (Für die Beschreibung von *threads* siehe Kapitel 15.) *Threads* lesen je ein *extent* und schreiben diese im sogenannten *round robin*-Verfahren zu den entsprechenden Sicherungsmedien.

Eine Datenbank bzw. ein Transaktionsprotokoll kann bei der Striped-Achivierung sowohl auf mehreren Medien des gleichen Typs als auch auf Medien unterschiedlichen Typs (Platte, Bandgerät usw.) gesichert werden. Die Anzahl der Sicherungsmedien bei der Striped-Archivierung kann zwischen 2 und 32 liegen.

Die Striped-Archivierung mit Hilfe des SQL Enterprise Managers wird genauso ausgeführt, wie die Archivierung auf ein einziges Medium. Der einzige Unterschied ist, daß bei der Striped-Archivierung zu der Liste „Sicherungsziel" alle zu verwendenden Sicherungsmedien hinzugefügt werden müssen. (Jedes Medium muß im „Sicherungsmedium"-Rahmen ausgewählt und durch das Anklicken der Schaltfläche „Hinzufügen" zu der Liste hinzugefügt werden.)

Die Vorteile der Striped-Archivierung liegen auf der Hand. Durch die Zuweisung zwischen den *threads* einerseits und Sicherungsmedien andererseits kann die Archivierung einer Datenbank parallel ausgeführt und dadurch die Sicherungszeit drastisch verkürzt werden.

Bei der Wiederherstellung einer Datenbank bzw. eines Transaktionsprotokolls mit Hilfe der Striped-Archivierung werden alle Teilarchivierungen gleichzeitig benötigt. Damit kann die Wiederherstellung nur dann erfolgreich ausgeführt werden, wenn alle Sicherungsmedien zur Verfügung stehen und keine Fehler aufweisen. Dies ist gleichzeitig der Nachteil dieser Archivierungsart.

Hinweis   Die Striped-Archivierung empfiehlt sich besonders, wenn der Systemadministrator sehr große Datenbanken sichern muß, und die Produktion ganz kurze Zeitintervalle für das Stoppen des Datenbanksystems erlaubt.

Die Archivierung einer Datenbank bzw. eines Transaktionsprotokolls kann entweder sofort ausgeführt oder geplant werden. Für die Planung einer Archivierung muß statt der Schaltfläche „Jetzt sichern" die nebenstehende Schaltfläche „Planen" angeklickt werden.

Hinweis   Die Möglichkeit, eine Archivierung im voraus zu planen, stellt eine wichtige Neuigkeit im SQL Server V6 dar. Diese Funktion erleichtert die Arbeit des Systemadministrators in großem Maße. Die automatische Ausführung der Archivierung erfordert aber eine sorgfältige und genaue Planung, die vor der Planausführung durchgeführt werden muß.

Nach dem Anklicken der Schaltfläche „Planen", erscheint das Dialogfeld „Plan sichern" (Abbildung 21.3).

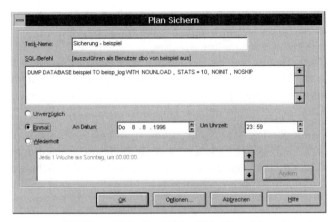

Abbildung 21.3: Das Dialogfeld „Plan sichern"

Zuerst muß der Taskname ausgewählt werden. (Es empfiehlt sich, einen aussagekräftigen Namen anzugeben, damit die Identifikation jeder Task in der Zukunft erleichtert wird.) Im Zusammenhang mit dem Tasknamen steht bei der Archivierung eine Transact-SQL-Anweisung (DUMP DATABASE bzw. DUMP TRANSACTION), die vom Systemadministrator bestätigt bzw. modifiziert werden muß. (Für die Beschreibung der DUMP DATABASE- bzw. DUMP TRANSACTION-Anweisung siehe den nächsten Abschnitt dieses Kapitels.)

Das Dialogfeld „Plan sichern" bietet zusätzlich drei alternative Optionen:

▶ „Unverzüglich",

▶ „Einmal: An Datum" und

▶ „Wiederholt",

die die Häufigkeit und den Zeitpunkt der geplanten Archivierung festlegen. Mit der Option „Unverzüglich" wird die Archivierung der Datenbank bzw. des Transaktionsprotokolls sofort als Hintergrundprozeß gestartet. Mit der zweiten Option wird eine einmalige Archivierung geplant und zum angegebenen Zeitpunkt ausgeführt, während die Option „Wiederholt" die Archivierung in regelmäßigen Abständen durchführt.

Beim Planen einer wiederholten Archivierung hat der Systemadministrator die Möglichkeit, die angebotene Alternative auszuwählen oder selbst die Archivierungszeiten festzulegen. Bei der zweiten Alternative erscheint, nach dem Anklicken der Schaltfläche „Ändern", ein neues Dialogfeld (Abbildung 21.4).

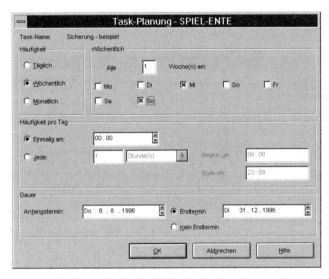

Abbildung 21.4: Das Dialogfeld „Task-Planung"

Hinweis   Die Voraussetzung der Taskplanung ist, daß die SQL Executive-Komponente läuft und die *msdb*-Datenbank konsistent ist.

Mit der ersten Optionsgruppe „Häufigkeit" kann der Systemadministrator zwischen den täglichen, wöchentlichen und monatlichen Archivierungen wählen. Bei allen drei Optionen kann man die Häufigkeit (z.B alle 3 Tage, Wochen, Monate) einstellen.

Die zweite Optionsgruppe „Häufigkeit pro Tag" legt fest, wie oft die Archivierung an den Tagen, an denen sie durchgeführt wird, wiederholt werden soll. In der letzten Optionsgruppe „Dauer" wird das Zeitintervall für die Archivierungsausführung festgelegt. (Die Option „Kein Endtermin" bedeutet, daß die Archivierung ohne zeitliche Einschränkung durchgeführt wird.)

Das Anklicken der „O.K."-Schaltfläche speichert den erstellten Archivierungsplan und führt den Systemadministrator zu dem vorherigen Dialogfeld „Plan Sichern" zurück. In diesem Dialogfeld muß wieder die „O.K."-Schaltfläche angeklickt werden, um den Archivierungsplan, zusammen mit dem angegebenen Namen und der Transact-SQL-Anweisung zu bestätigen.

Neben der Schaltfläche „O.K." im Dialogfeld „Plan Sichern" existiert eine weitere Schaltfläche – „Optionen". Durch das Anklicken dieser Schaltfläche erscheint das Dialogfeld „Task Optionen" (Abbildung 21.5), in dem folgende Funktionen bezüglich der Archivierung eingestellt werden können:

▶ das Senden einer Nachricht (per e-mail) an einen ausgewählten Operator,

▶ das automatische Eintragen einer Meldung im Anwendungsprotokoll von Windows NT und

▶ die Angabe der Anzahl der Wiederholungsversuche, falls die Archivierung nicht erfolgreich abgeschlossen wird.

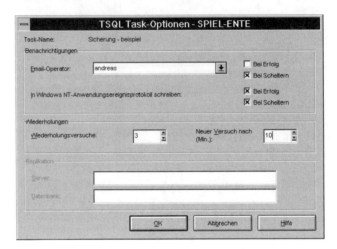

Abbildung 21.5: Das Dialogfeld „Task-Optionen"

Hinweis   Die ersten beiden Funktionen können entweder bei Erfolg oder Mißerfolg (oder in beiden Fällen) durchgeführt werden. Das entscheidet der Systemadministrator durch die Markierung der entsprechenden Schaltfläche(n). Die dritte Funktion wird ausschließlich bei einer fehlerhaften Archivierung aktiviert.

Durch die Angabe eines Operatornamens wird dieser bei Erfolg und / oder Mißerfolg per e-Mail benachrichtigt. Der Operator muß davor als solcher definiert werden. (Für weitere Informationen bezüglich des Hinzufügens eines neuen Operators und des Aktivierens von e-Mail siehe Kapitel 23.)

Die Meldung über den Erfolg und / oder den Mißerfolg einer Archivierung kann im Windows NT Anwendungsprotokoll veranlaßt werden. Alle Meldungen im Anwendungsprotokoll können mit Hilfe der Windows NT-Komponente namens „Event Viewer" gesamt oder einzeln gesichtet werden.

Jeder existierende Archivierungsplan kann anschließend gesichtet, geändert oder abgebrochen werden. Für diese Tätigkeiten muß der Server ausgewählt und die Schaltfläche „Task-Planung" in der Symbolleiste angeklickt werden. Das Fenster „Task-Planung" enthält zwei Registerkarten:

▶ Task-Liste und

▶ laufende Tasks.

Durch die Auswahl der ersten Registerkarte wird die Liste aller geplanten Tasks (Abbildung 21.6) angezeigt. Falls der Systemadministrator die gerade aktiven Tasks sichten will, muß er die Registerkarte „Laufende Tasks" anklicken.

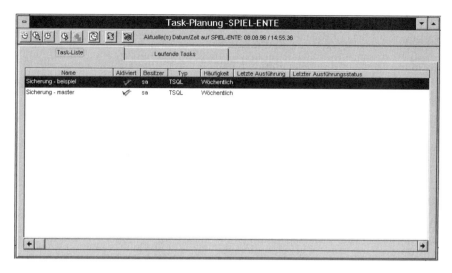

Abbildung 21.6: Das Fenster „Task-Planung"

Falls eine Task in der Vergangenheit mehrmals ausgeführt wurde, ist es auch möglich, ihre Historie auszugeben. In diesem Fall muß im Fenster „Task-Planung" die Task markiert und die Schaltfläche „Task-Chronik" in der Symbolleiste ausgewählt werden (Abbildung 21.7).

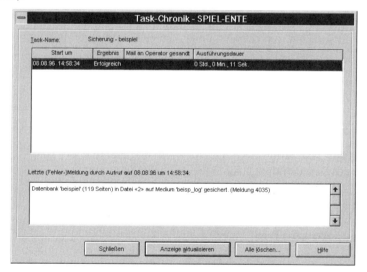

Abbildung 21.7: Das Dialogfeld „Task-Chronik "

Eine exisiterende Task kann auch nachträglich geändert werden. In diesem Fall muß aus der Symbolleiste des Dialogfeldes „Task-Planung" die Schaltfläche „Task bearbeiten" angeklickt werden. Folgende Angaben können im eröffneten Dialogfeld „Task bearbeiten" (Abbildung 21.8) modifiziert werden:

▶ der Taskname,

▶ die Taskaktivierung (das markierte Kontrollkästchen „Archiviert" startet eine angehaltene Task, bzw. die Entfernung der Marke stoppt sie),

▶ der Tasktyp (die Archivierung wird immer durch eine Transact-SQL-Anweisung gestartet),

▶ der Datenbankname,

▶ die Transact-SQL-Anweisung und

▶ der Archivierungsplan.

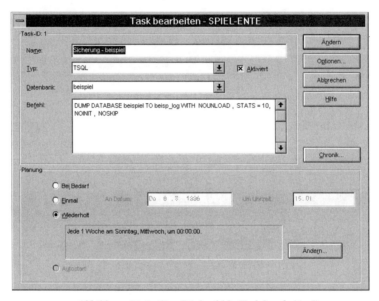

Abbildung 21.8: Das Dialogfeld „Task bearbeiten"

Eine existierende Task wird durch die Auswahl der Schaltfläche „Task löschen" in der Schaltfläche des Dialogfeldes „Task-Planung" gelöscht.

21.2.2 Vorbeugende Maßnahmen gegen den Datenverlust

Alle Plattenfehler und einige der schweren Fehler können durch vorbeugende Maßnahmen und ohne Wiederherstellung der Datenbank umgangen werden. Zu den vorbeugenden Maßnahmen gehören:

▶ die Spiegelung der Datenbankmedien,
▶ die Verwendung eines „standby"-Rechners und
▶ die Verwendung der RAID-Technologie.

Die Spiegelung der Datenbankmedien schützt vor Datenverlust, falls ein Plattenfehler auftritt. Bei diesem Prozeß werden alle Transaktionen, die auf dem primären Datenbankmedium gespeichert sind, zusätzlich auf einem weiteren (sekundären) Medium gespeichert. Die Voraussetzung für das ungestörte Weiterarbeiten mit einem SQL Server-System im Falle eines Plattenfehlers ist, daß das primäre und das sekundäre Medium sich nicht auf derselben Platte befinden.

Falls das primäre Datenbankmedium wegen eines Plattenfehlers nicht zur Verfügung steht, enthält das sekundäre die identische Information, und das System arbeitet normal mit dem sekundären Medium weiter.

Welche Datenbankmedien gespiegelt werden sollen, muß genau überlegt werden. Einerseits bringt die Spiegelung eine höhere Datensicherheit, andererseits wird, durch die Verdoppelung der Schreiboperationen die Verarbeitung der Daten mit dem SQL Server langsamer. Auf jeden Fall ist es dringend zu empfehlen, das Datenbankmedium, auf dem sich die *master*-Datenbank befindet, zu spiegeln. Die Spiegelung der *master*-Datenbank minimiert die notwendige Zeit, um das SQL Server-System nach einem Plattenfehler in einen konsistenten Zustand zu bringen. (Die Realisierung der Spiegelung ist in Abschnitt 19.4 beschrieben.)

Bei einem Produktionssystem, das keine längeren Zeitintervalle für das Stoppen des Systems (wegen der Wiederherstellung) erlaubt, empfiehlt sich die Anschaffung eines „stand-by"-Rechners. Dieses Verfahren bedeutet, daß ein zweiter Rechner existiert, der eine identische Konfiguration und Daten wie der erste Rechner hat.

Jedesmal wenn die Archivierung einer Datenbank auf dem ersten Rechner durchgeführt wird, soll diese, gemeinsam mit der Archivierung des entsprechenden Transaktionsprotokolls, auf dem zweiten Rechner wiederhergestellt werden. Falls der erste Rechner aus irgendwelchen Gründen nicht zur Verfügung steht, kann die ganze Produktion auf dem zweiten Rechner fortgesetzt werden.

Die Konfiguration (Datenbanken, Login-ID, Zugriffsrechte) des zweiten Rechners sollte, bis auf zwei Ausnahmen, identisch mit dem ersten Rechner sein. Die einzigen Ausnahmen bilden die beiden Datenbankoptionen *no ckpt on recovery* und *read only*, die für jede Benutzerdatenbank aktiviert (auf *true* gesetzt) werden sollen. Die beiden aktivierten Optionen verhindern die Ausführung irgendwelcher Aktivitäten zwischen zwei Wiederherstellungen einer Datenbank. Damit werden die Änderungen einer Datenbank auf dem „stand by"-Rechner ausschließlich mit Hilfe der archivierten Kopie dieser Datenbank und ihres Transaktionsprotokolls durchgeführt. (Für die Beschreibung der o.g. Datenbankoptionen siehe Kapitel 18.)

Falls der „stand by"-Rechner bei der Produktion eingesetzt wird, müssen die beiden Optionen wieder deaktiviert werden.

Eine weitere Möglichkeit, die Datensicherheit bei den Plattenfehlern zu erhöhen, ist die RAID-Technologie. RAID (*Redundant Array of Inexpensive Disks*) kennzeichnet eine besondere Konfiguration von Platten, indem mehrere unterschiedliche Platten, logisch gesehen, eine Striped-Platte bilden. Eine Striped-Platte ermöglicht die Verteilung von Daten auf unterschiedlichen Platten. Neben der sehr guten Performance ermöglicht diese Technologie eine erhöhte Datensicherheit. Eine Ausprägung dieser Technologie –

RAID 5 – kann durch einen Plattenfehler einen Teil der Daten verlieren und trotzdem, durch die entsprechenden Maßnahmen, alle verlorenen Daten selbst wiederherstellen.

Die RAID-Technologe kann hardware- und softwarebasiert sein. (Windows NT unterstützt die softwarebasierte RAID-Technologie.) Die hardwarebasierte Technologie ist schneller als die softwarebasierte.

21.2.3 Die dynamische Archivierung

Die dynamische Archivierung kennzeichnet die Möglichkeit, die Archivierung der Datenbanken bzw. Transaktionsprotokolle durchzuführen, während der SQL Server aktiv ist. Alle Benutzer können also ungehindert weiter mit dem SQL Server während der Archivierung arbeiten. (Der einzige Indikator für die Benutzer, daß parallel zu ihrer Arbeit auch die Archivierung durchgeführt wird, ist die Verschlechterung der Performance.) Die dynamische Archivierung ist ein wichtiges Merkmal des SQL Servers, weil dadurch die Produktionssysteme weiterlaufen können, während die Archivierung durchgeführt wird.

Die dynamische Archivierung wird folgendermaßen durchgeführt: Das Transaktionsprotokoll der zu archivierenden Datenbank wird auf abgeschlossene Transaktionen hin untersucht und alle physikalischen Seiten, die zu diesen Transaktionen gehören, werden auf der Platte gesichert. (Dieser Vorgang wird in der Datenbankterminologie der Sicherungspunkt bzw. *Checkpoint* genannt.) Danach werden alle physikalischen Seiten, die der Datenbank angehören, sequentiell archiviert. Die sequentielle Archivierung wird unterbrochen, falls eine Seite von einem Benutzer geändert werden soll. In diesem Fall wird diese Seite gesichert, bevor der Benutzer sie ändern kann. Danach wird die Seite geändert und die Archivierung von dem ursprünglichen Punkt an weitergeführt. (Alle geänderten und davor gesicherten Seiten werden bei der sequentiellen Bearbeitung übersprungen.) Schließlich werden alle abgeschlossenen Transaktionen aus dem Transaktionsprotokoll entfernt.

21.2.4 Welche Datenbanken sollen archiviert werden und wann?

Folgende Datenbanken sollten regelmäßig archiviert werden:

▶ die *master*-Datenbank,

▶ alle Produktionsdatenbanken und

▶ die *msdb*-Datenbank.

Die wichtigste Datenbank eines SQL Server-Systems – die *master*-Datenbank – muß in regelmäßigen Abständen archiviert werden. Zusätzlich dazu sollte sie nach der Ausführung derjenigen Transact-SQL-Anweisungen und Systemprozeduren, die sie verändern, auch archiviert werden.

Hinweis   Die *master*-Datenbank wird immer mit ihrem Transaktionsprotokoll gespeichert. Deswegen ist es nicht möglich, die Archivierung ihres Transaktionsprotokolls separat durchzuführen.

Folgende Aktivitäten sollten die anschließende Archivierung der *master*-Datenbank
veranlassen:

▶ das Erstellen, Ändern oder Löschen eines Datenbankmediums,

▶ das Erstellen, Ändern oder Löschen einer Datenbank,

▶ das Ändern eines Transaktionsprotokolls,

▶ das Erstellen bzw. Ändern der Medienspiegelung,

▶ das Hinzufügen bzw. Entfernen eines Datenbankservers und

▶ das Ändern der Datenbankoptionen.

Hinweis   Der Systemadministrator muß dafür sorgen, daß keine Benutzerobjekte
(Tabellen usw.) in der *master*-Datenbank gespeichert werden, um die Änderungen an ihr zu minimieren.

Alle Produktionsdatenbanken sollten in regelmäßigen Abständen und zusätzlich nach
gewissen Aktivitäten archiviert werden. Die Durchführung folgender Aktivitäten sollte den Datenbankadministrator veranlassen, anschließend die betroffene Datenbank
zu archivieren:

▶ die Erstellung derselben,

▶ die Ausführung jener Operationen, die im Transaktionsprotokoll nicht gesichert
werden und

▶ die Erstellung eines Index.

Der Grund für die Archivierung einer Datenbank unmittelbar nach ihrer Erstellung
liegt darin, daß zwischen der Erstellung und der ersten geplanten Archivierung ein
Fehler auftreten kann, der die Arbeit von mehreren Tagen zunichte machen kann. (In
diesem Fall werden die erstellten Transaktionsprotokolle nur anwendbar, wenn eine
Sicherung der Datenbank vorhanden ist.)

Der SQL Server hat mehrere Optionen, die die Protokollierung der Änderungen im
Transaktionsprotokoll deaktivieren. Dies sind:

▶ die NO_LOG- bzw. TRUNCATE_ONLY-Option der DUMP TRANSACTION-Anweisung,

▶ die WRITETEXT- bzw. UPDATETEXT-Anweisung,

▶ die SELECT-Anweisung mit INTO-Klausel und

▶ das Ausführen des „schnellen" Ladens von Daten mit Hilfe des **bcp**-Kommandos.

Die Notwendigkeit der anschließenden Archivierung resultiert daraus, daß alle ausgeführten Änderungen nicht im Transaktionsprotokoll gesichert sind und dadurch ein Datenverlust entsteht, falls der Fehler vor der nächsten Datenbankarchivierung auftritt.

Die *msdb*-Datenbank enthält alle Daten, die die SQL Executive-Komponente für die Durchführung der Taskplanung braucht. Falls diese Datenbank nicht zur Verfügung steht, können alle geplanten Aktivitäten (u.a. auch die regelmäßigen Archivierungen) nicht ausgeführt werden. Deswegen ist es unbedingt notwendig, eine gesicherte Version dieser Datenbank zur Verfügung zu haben.

21.2.5 Typen von Sicherungsmedien

Der SQL Server ermöglicht die Archivierung einer Datenbank bzw. eines Transaktionsprotokolls auf diversen Medien. Zu diesen gehören:

▶ die Platte,

▶ das Magnetband,

▶ die Diskette,

▶ Named Pipes und

▶ DISKDUMP.

Die Verwendung der Platte als Sicherungsmedium wird gewöhnlich benutzt, wenn größere Datenbanken archiviert werden sollen. Dabei ist es wichtig, daß sich die Archivierung auf einer anderen Platte als die Datenbank selbst (bzw. das Transaktionsprotokoll) befindet.

Seit der Version 6.0 vom SQL Server ist es auch möglich, einem Sicherungsmedium, das sich auf der Platte befindet, und andere Archivierungen schon enthält, eine neue Archivierung anzuhängen. Diese Funktionalität stellt für die meisten Systemadministratoren eine wichtige Erweiterung dar.

Hinweis Der SQL Server unterstützt sowohl die Archivierung auf den lokalen als auch auf den im Netz befindlichen Platten.

Die Verwendung des Magnetbandes ist generell die am häufigsten bevorzugte Methode der Archivierung bei allen Datenbanksystemen. Der Vorteil der Magnetbänder liegt in der einfachen Handhabung und Aufbewahrung. Im Unterschied zu den Platten kann Magnetbandarchivierung nur auf lokalen Geräten ausgeführt werden.

Die Verwendung der Diskette als Sicherungsmedium wird im SQL Server V6 nur aus Kompatibilitätsgründen zu den früheren Versionen unterstützt. Diese Methode wird nicht empfohlen, weil Disketten zu wenig Speicherplatz anbieten. Für die Verwendung der Disketten als Sicherungsmedien bietet der SQL Server standardmäßig zwei Medien – DISKETTEDUMPA und DISKETTEDUMPB -, die das Laufwerk A bzw B des Systems darstellen.

Hinweis   Die Voraussetzung für eine Archivierung auf einer Diskette ist das vorherige Starten des Dienstprogramms **console**. Aus diesem Grund kann die Diskettenarchivierung mit dem SQL Enterprise Manager nicht durchgeführt werden. (Das Dienstprogramm **console** ist in Kapitel 15 beschrieben.)

Named pipe als Sicherungsmedium wird, im Unterschied zu den anderen Sicherungsmedien, als Parameter in den DUMP- bzw. LOAD-Anweisungen angegeben und damit erstellt. Dieser Typ des Sicherungsmediums bietet anderen Herstellern die Möglichkeit, ihre Software mit dem SQL Server-System zu verbinden und anschließend Archivierungs- bzw. Wiederherstellungsoperationen durchzuführen.

DISKDUMP wird, zusammen mit DISKETTEDUMPA und DISKETTEDUMPB implizit bei der Installation des SQL Servers erstellt. Jede Archivierung auf DISKDUMP bedeutet, daß keine Sicherung vorgenommen wird. (Die Sicherung wird auf einem sogenannten NULL-Medium durchgeführt.) DISKDUMP wird als Sicherungsmedium benutzt, um nichtproduktive Datenbanken (Demo- und Testdatenbanken) ohne Archivierungsversion zu benutzen.

21.3 Archivierung mit Hilfe der Transact-SQL-Anweisungen

Für die volle Archivierung einer Datenbank wird das Kommando DUMP DATABASE verwendet. Dieses Kommando hat folgende Syntax:

```
DUMP DATABASE {db_name | @var_name}
    TO sich_bereich1 [{,sich_bereich2}...]
    [WITH {UNLOAD | NOUNLOAD}
    [[,] {INIT | NOINIT}]
    [[,] {SKIP | NOSKIP}]
    [[,] EXPIREDATE = datum RETAINDAYS = tage]
    [[,] STATS [=prozent]]
```

db_name ist der Name der Datenbank, die archiviert (gesichert) werden soll, während **sich_bereich1** ein Sicherungsmedium (*dump device*) darstellt. (Die Beschreibung der anderen Angaben kann in entsprechenden SQL Server-Handbüchern gefunden werden.)

Mit der Anweisung

```
DUMP TRANSACTION db_name
    [TO dump_bereich]
    [{WITH TRUNCATE_ONLY|WITH NO_LOG|WITH NO_TRUNCATE }]
[weitere Optionen]
```

wird der nichtaktive Teil des Transaktionsprotokolls auf dem Sicherungsmedium namens **dump_bereich** archiviert.

Die DUMP TRANSACTION-Anweisung hat viele Optionen, die identisch den Optionen der DUMP DATABASE-Anweisung sind. Zusätzlich zu diesen existieren auch die Angaben, die mit dem SQL Enterprise Manager nicht aktiviert werden können. Dies sind:

▶ WITH TRUNCATE_ONLY,

▶ WITH NO_LOG und

▶ WITH NO_TRUNCATE.

Diese Angaben stellen unterschiedliche Verfahren dar, was mit den zu sichernden Daten eines Transaktionsprotokolls gemacht werden kann.

Die WITH TRUNCATE_ONLY-Angabe entfernt den nicht aktiven Teil des Transaktionsprotokolls, ohne ihn auf dem Sicherungsmedium zu sichern. (Der aktive Teil eines Transaktionsprotokolls kennzeichnet alle nicht abgeschlossenen Transaktionen, die auf dem Medium archiviert wurden.) Die Verwendung dieser Angabe empfiehlt sich unmittelbar nach der vollen Archivierung der Datenbank. (In diesem Fall befinden sich die letzten Änderungen der Daten sowohl im Transaktionsprotokoll als auch in der Datenbank selbst.)

Die WITH NO_LOG-Angabe entfernt auch den nicht aktiven Teil des Transaktionsprotokolls. Im Unterschied zur TRUNCATE_ONLY-Angabe protokolliert NO_LOG die durchgeführten Tätigkeiten nicht im Transaktionsprotokoll, so daß kein zusätzlicher Speicherplatz im Transaktionsprotokoll notwendig ist. Deswegen empfiehlt sich die Benutzung dieser Angabe falls die Datenbank (und das entsprechende Transaktionsprotokoll) keinen zusätzlichen Speicherplatz zur Verfügung haben. Durch das Ausleeren des Transaktionsprotokolls wird Platz für die weitere Arbeit mit der Datenbank geschaffen.

Hinweis Die Verwendung der WITH NO_LOG-Angabe empfiehlt sich nur als letzte Maßnahme, weil dadurch die partielle Archivierung der letzten Änderungen von Daten verlorengehen könnte. Um dies zu verhindern, soll der Systemadministrator unmittelbar nach der DUMP TRANSAC-TION-Anweisung die volle Archivierung der Datenbank starten und anschließend, mit der ALTER DATABASE-Anweisung den zusätzlichen Speicherplatz der Datenbank zur Verfügung stellen.

Die dritte Angabe – WITH NO_TRUNCATE – wird benutzt, falls die Datenbank beschädigt ist, das entsprechende Transaktionsprotokoll aber nicht. In diesem Fall wird der nicht aktive Teil des Transaktionsprotokolls auf dem Sicherungsmedium gespeichert. Mit dieser Maßnahme schafft man die Voraussetzung für die Wiederherstellung der beschädigten Datenbank auch mit den zuletzt durchgeführten Änderungen.

Falls keine der drei Angaben gemacht wird, wird das Transaktionsprotokoll auf dem Sicherungsmedium archiviert. Dies ist auch der übliche Vorgang.

Beispiel 21.1

```
dump transaction beispiel
to band_1
```

In Beispiel 21.1 wird das Transaktionsprotokoll der Datenbank **beispiel** auf dem Sicherungsmedium namens **band_1** gesichert.

21.4 Wiederherstellung von Datenbanken

Die Wiederherstellung von Datenbanken kennzeichnet den Vorgang, bei dem eine inkonsistente Datenbank mit Hilfe der erstellten Archivierung wieder in einen konsistenten Zustand gebracht wird.

Ein SQL Server-System bietet zwei Möglichkeiten, um Inkonsistenzen einer Datenbank zu beheben:

▶ die automatische Wiederherstellung und

▶ die vom Benutzer initiierte Wiederherstellung.

Die vom Benutzer initiierte Wiederherstellung kann weiter in Bezug auf die unterschiedlichen Datenbanken oder in Bezug auf verwendete SQL Server-Komponenten unterteilt werden. Die Wiederherstellung kann:

▶ mit Hilfe des SQL Enterprise Managers und

▶ der LOAD DATABASE- bzw. LOAD TRANSACTION-Anweisung
  durchgeführt werden,

während die unterschiedlichen Wiederherstellungsmethoden bei den folgenden Datenbanken:

▶ Benutzerdatenbanken,

▶ *master*-Datenbank und

▶ *msdb*-Datenbanken

angewendet werden können.

21.4.1 Die automatische Wiederherstellung

Die automatische Wiederherstellung kennzeichnet einen Mechanismus, bei dem einfachere Inkonsistenzen einer Datenbank (wie z.B. Fehler, die durch einen Systemabsturz entstanden sind), repariert werden können. Dieser Mechanismus wird jedesmal beim Hochfahren des SQL Server-Systems automatisch gestartet. Dabei wird vom SQL Server folgendes gemacht:

▶ alle Transaktionen, die vor dem Auftreten des Fehlers nicht abgeschlossen waren, werden zurückgesetzt;

▶ alle Transaktionen, die vor dem Auftreten des Fehlers abgeschlossen waren, werden ausgeführt.

Im Zusammenhang mit der automatischen Wiederherstellung von Datenbanken steht der Begriff *checkpoint*. Ein *checkpoint* (Prüfpunkt) kennzeichnet den Zeitpunkt, zu dem eine Datenbank eines SQL Server-Systems in einen konsistenten Zustand gebracht wird. Bei dem *checkpoint* werden alle, seit dem letzten *checkpoint* geänderten physikalischen Seiten, die sich im Arbeitsspeicher befinden, auf die Platte geschrieben. Damit garantiert ein *checkpoint* die Konsistenz einer Datenbank. Ein *checkpoint* wird implizit nach einer vom System berechneten, aber konfigurierbaren spezifischen Zeitspanne für jede Datenbank ausgeführt. Das explizite Setzen eines *checkpoints* kann für die aktuelle Datenbank mit Hilfe des CHECKPOINTS-Kommandos durchgeführt werden.

Die automatische Wiederherstellung von Datenbanken fängt zuerst mit der *master*-Datenbank an, gefolgt von Modell- und *msdb*-Datenbanken. Am Ende werden die Benutzerdatenbanken vom System wiederhergestellt. Ein Benutzer kann sich während der automatischen Wiederherstellung in das System einloggen, die Verwendung einer Datenbank ist aber erst nach dem Abschluß der automatischen Wiederherstellung möglich.

Der SQL Server unterstützt zwei Konfigurationsoptionen:

▶ *recovery flags* und

▶ *recovery interval*,

die die automatische Wiederherstellung beeinflußen. *recovery flags* legt den Umfang der Information fest, die im Fehlerprotokoll während der automatischen Wiederherstellung gespeichert wird. *recovery interval* spezifiziert, in welchen zeitlichen Abständen *checkpoint* gesetzt wird.

21.4.2 Die vom Benutzer initiierte Wiederherstellung – eine Einführung

Die vom Benutzer initiierte Wiederherstellung einer Datenbank bedeutet, daß die letzte (volle) Archivierung einer Datenbank geladen und danach alle bezüglich dieser Datenbank gesicherten Transaktionsprotokolle geladen werden. Die gesicherten Transaktionsprotokolle müssen in der Reihenfolge eingespielt werden, in der sie archiviert wurden. Danach befindet sich die Datenbank in dem (konsistenten) Zustand, in dem sie zum Zeitpunkt der Archivierung des letzten Transaktionsprotokolls war.

Im Unterschied zur Archivierung muß die Wiederherstellung einer Datenbank statisch durchgeführt werden: Das SQL Server-System darf also während der Wiederherstellung nicht laufen. Während der Wiederherstellung einer Datenbank werden alle zu ihr gehörenden Daten überschrieben.

Falls ein Gerätefehler die Ursache für die Wiederherstellung der Datenbank ist, und die Datenbank dadurch beschädigt wurde, kann die Wiederherstellung nur ausgeführt werden, wenn die Datenbank vorher repariert wurde. (Eine beschädigte Datenbank kann mit dem DBCC-Kommando repariert und, seit Version 6 mit der DROP DATABASE-Anweisung gelöscht werden.) Falls die beschädigte Datenbank entfernt wurde, muß sie vor der Wiederherstellung noch einmal erzeugt werden.

Die archivierte Version einer Datenbank kann auch auf einem anderen Rechner geladen werden. In diesem Fall ist es möglich, die CREATE DATABASE-Anweisung auf dem anderen Rechner mit der FOR LOAD-Angabe zu erstellen. Die FOR LOAD-Angabe verhindert, daß ein Benutzer die Datenbank zwischen ihrer Erstellung und Wiederherstellung verwenden kann. (Damit eine solche Datenbank anschließend von allen Benutzern verwendet werden kann, muß der Datenbank-Eigentümer die Datenbankoption *dbo use only* deaktivieren.)

Hinweis   Die Verwendung der FOR LOAD-Angabe in der CREATE DATABASE-Anweisung verkürzt die Ausführung der Wiederherstellung, weil in diesem Fall die physikalischen Seiten bei der Datenbankerstellung nicht initialisiert werden.

Die Wiederherstellung einer Datenbank kann erschwert werden, falls ein oder mehrere Datenbankmedien, auf denen die Datenbank gespeichert ist, beschädigt sind. In diesem Fall müssen zuerst die beschädigten (oder verlorengegangenen) Medien wiederhergestellt werden, was im nächsten Abschnitt erläutert wird.

21.4.3   Die Wiederherstellung der Datenbankmedien

Bei einem Gerätefehler passiert es oft, daß diverse Datenbankmedien verlorengehen. In diesem Fall muß der Systemadministrator, vor der Wiederherstellung der betroffenen Datenbanken, auch die Datenbankmedien wiederherstellen.

Um ein Medium wiederherzustellen, muß das SQL Server-System zuerst in einen Ein-Benutzer-Modus gebracht werden. Das weitere Vorgehen hängt davon ab, ob sich die Transaktionsprotokolle der Datenbank auf einem unbeschädigten Datenbankmedium befinden. In diesem Fall sollten sie archiviert werden. (Die Anweisung DUMP TRANSACTION mit der NO_TRUNCATE-Angabe wird dazu verwendet.)

Jede Datenbank, die sich teilweise oder ganz auf dem verlorengegangen Medium befindet, ist selbst beschädigt und muß deswegen mit der DROP DATABASE-Anweisung gelöscht werden. Nach dem Entfernen der Datenbank(en), muß auch das Medium (mit der Systemprozedur **sp_dropdevice**, z.B.) gelöscht werden. Anschließend wird das CHECKPOINT-Kommando ausgeführt, um die Daten auf der Platte und dem Arbeitsspeicher zu synchronisieren. Das System muß noch, aus dem Ein-Benutzer-Betrieb in einen Mehrbenutzermodus gebracht werden. Dafür muß es gestoppt und noch einmal gestartet werden.

Damit ist der ganze Prozeß noch nicht abgeschlossen. Das verlorengegangene Datenbankmedium muß (mit seiner ursprünglichen Größe) wiedererstellt werden.

Die Voraussetzung für die Wiederherstellung einer Datenbank ist, daß die Anzahl und Größe der Datenbankmedien, die ihr zur Verfügung stehen, nicht geändert werden. Dies kann am einfachsten mit Hilfe der Systemtabellen durchgeführt werden. Folgendes Beispiel zeigt dies.

Beispiel 21.2

```
select segmap, size
    from sysusages, sysdatabases
    where sysusages.dbid = sysdatabases.dbid
    and sysdatabases.name = 'beispiel'
```

Das Ergebnis des Beispiels 21.2 für eine spezifische Konfiguration der Datenbank **beispiel** kann folgendermaßen aussehen:

setmap	size
3	10240
3	5120
4	2048
3	2048
4	1024

Die Spalte **setmap** spezifiziert, ob es sich um ein Sicherungsmedium einer Datenbank (der Wert 3) oder eines Transaktionsprotokolls (der Wert 4) handelt. (Der Wert 7 bedeutet, daß die Datenbank gemeinsam mit ihrem Transaktionsprotokoll gespeichert ist.)

Die Konfiguration der Datenbank **beispiel** kann dann so übersetzt werden:

1. Datenmedium	20MB
2. Datenmedium	10MB
1. Medium für Protokoll	4MB
3. Datenmedium	4MB
2. Medium für Protokoll	2MB

Dementsprechend sieht die Wiederherstellung der Datenbank **beispiel** mit Hilfe der CREATE DATABASE-Anweisung etwa so aus:

```
create database beispiel
    on medium1 = 20, medium2 = 10, medium3=4,
    log on medium4 = 4, medium5 = 2
```

Hinweis   **medium1**, **medium2** und **medium3** müssen nicht unbedingt unterschiedliche Datenbankmedien darstellen. Dasselbe gilt auch für **medium4** und **medium5**.

21.4.4 Die Wiederherstellung einer Datenbank

Eine (Benutzer-)Datenbank kann mit Hilfe

▶ des SQL Enterprise Managers und

▶ der LOAD DATABASE- bzw. LOAD TRANSACTION-Anweisung

wiederhergestellt werden. Um eine Datenbank mit Hilfe des SQL Enterprise Managers wiederherzustellen, muß zuerst der Server im „Server Manager"-Dialogfeld ausgewählt und die Schaltfläche „Sicherung/Wiederherstellung" angeklickt werden. Im angezeigten Dialogfeld wird die Registerkarte „Wiederherstellung" ausgewählt und anschließend das entsprechende Sicherungsmedium angeklickt und mit Hilfe der Schaltfläche „Hinzufügen" in die Liste der Wiederherstellungsorte aufgenommen. (Falls mehrere Sicherungsmedien für die Wiederherstellung verwendet werden, müssen alle auf die o.g. Art hinzugefügt werden.)

Abhängig davon, ob die Datenbank oder ihr Transaktionsprotokoll geladen werden soll, muß der Systemadministrator zwischen den beiden Optionen „Datenbank laden" und „Transaktionsprotokoll übernehmen" wählen. (Falls ein Medium mehrere unterschiedliche Archivierungen enthält, muß im Feld „Dateinummer" die entsprechende Nummer angegeben werden (Abbildung 21.9). Anschließend muß die Schaltfläche „Wiederherstellen" angeklickt werden.

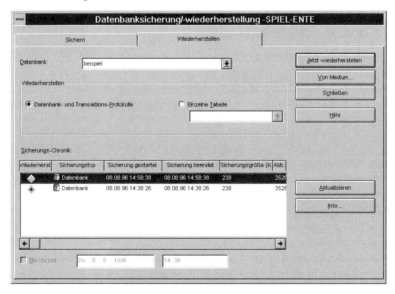

Abbildung 21.9: Das Dialogfeld „Datenbanksicherung/-wiederherstellung"

Die Wiederherstellung einer Datenbank mit Hilfe der LOAD DATABASE- bzw. LOAD TRANSACTION-Anweisung kennzeichnet den Prozeß des Rücktransports einer Datenbank in den Zustand, den sie vor der entsprechenden Archivierung gehabt hat. Mit

```
LOAD DATABASE db_name
    FROM sich_medium
    [weitere Optionen]
```

werden die archivierte Kopie einer Datenbank und das dazugehörige Transaktionsprotokoll geladen.

Die Anweisung

```
LOAD TRANSACTION db_name
    FROM sich_medium
    [weitere Optionen]
```

lädt das archivierte Transaktionprotokoll der Datenbank **db_name** vom Sicherungsmedium **sich_medium**.

21.4.5 Die Wiederherstellung der *master*-Datenbank

Die *master*-Datenbank spielt eine herausragende Rolle unter allen Datenbanken eines SQL Server-Systems. Deswegen hat die Inkonsistenz dieser Datenbank ganz andere Konsequenzen für das ganze System als die Inkonsistenz einer Benutzerdatenbank. Aus diesem Grund wird die Wiederherstellung der *master*-Datenbank ganz anders als die Wiederherstellung der Benutzerdatenbanken durchgeführt.

Folgende Fehler deuten auf die Zersörung der *master*-Datenbank:

▶ das System kann nicht gestartet werden,

▶ ein Segmentationsfehler tritt auf,

▶ ein Ein-/Ausgabefehler tritt auf und

▶ das Ergebnis der Ausführung der DBCC-Kommandos deutet auf einen solchen Fehler hin.

Die Wiederherstellung der *master*-Datenbank mit Hilfe einer existierenden Archivierungskopie wird durch den Aufruf des SQL Setup-Programms gestartet. Die Bildschirmanweisungen dieses Programms müssen bis zum Dialogfeld „Optionen" verfolgt werden, wo die Option „Master-Datenbank wiederherstellen" ausgewählt wird. In dem darauffolgenden Dialogfeld „Wiederherstellungsoptionen" müssen der gleiche Zeichensatz und das gleiche Sortierkriterium verwendet werden, die ursprünglich für die *master*-Datenbank benutzt wurden. (Zusätzlich dazu muß derselbe Name, Pfadname und Größe des *master*-Datenbankmediums verwendet werden.) Das SQL Setup-Programm stellt anschließend die *master*-Datenbank wieder her.

Die *master*-Datenbank befindet sich jetzt in demselben Zustand wie gleich nach der Installation des SQL Servers. Um die Wiederherstellung dieser Datenbank bis zum Zeitpunkt der letzten Archivierung zu erhalten, muß die Sicherung der *master*-Datenbank geladen werden. Die Voraussetzung für das Laden der Archivierung ist das Hinzufügen eines Sicherungsmediums, von dem aus dann die Wiederherstellung durchgeführt wird. (Das Hinzufügen eines Sicherungsmediums kann entweder mit Hilfe des SQL Enterprise Managers oder der Systemprozedur **sp_addumpdevice** durchgeführt werden.)

Um die Sicherung der *master*-Datenbank zu laden, muß zuerst das System im Ein-Benutzer-Modus gestartet werden. Für diesen Zweck steht das Kommando **sqlservr** mit dem Schalter **/m** zur Verfügung. Anschließend kann die zuletzt vorgenommene Archivierung der *master*-Datenbank geladen und so die Datenbank wiederhergestellt werden.

Am Ende muß auch die *msdb*-Datenbank wiederhergestellt werden, was im nächsten Abschnitt beschrieben wird.

21.4.6 Die Wiederherstellung der *msdb*-Datenbank

Die *msdb*-Datenbank, zusammen mit der SQL Executive-Komponente, verwaltet und speichert alle Planungsdaten eines SQL Server-Systems. Dabei ermöglicht die SQL Executive-Komponente die Ausführung der Planungen, während die *msdb*-Datenbank den Speicherungsort darstellt.

Die Inkonsistenz bzw. das Verlorengehen der *msdb*-Datenbank bedeutet, daß alle schon gespeicherten Planungsdaten verlorengehen und die zukünftige Speicherung solcher Daten nicht möglich ist.

Die Wiederherstellung der *msdb*-Datenbank ist in zwei Fällen notwendig:

▸ nach der Wiederherstellung der *master*-Datenbank (weil dabei die *msdb*-Datenbank vom SQL Setup-Programm gelöscht wird) und

▸ bei der Inkonsistenz der *msdb*-Datenbank selbst.

Der erste Schritt bei der Wiederherstellung der *msdb*-Datenbank ist, den notwendigen Speicherplatz zur Verfügung zu stellen. Falls der standardmäßige Speicherplatz (2MB für die Datenbank und 1MB für ihr Transaktionsprotokoll) nicht ausreicht, muß das Datenbankmedium MSDBDATA, auf dem sich die *msdb*-Datenbank befindet, erweitert werden. Danach wird die zuletzt gemachte volle Archivierung der *msdb*-Datenbank geladen und anschließend alle gesicherten Transaktionsprotokolle. Falls einige Planungsdaten zwischen der letzten Archivierung des Transaktionsprotokolls und dem Zeitpunkt der Beschädigung der *msdb*-Datenbank vom Systemadministrator eingetragen wurden, müssen diese noch einmal (manuell) ausgeführt werden.

21.5   Zusammenfassung

Die Archivierung kennzeichnet die Erstellung einer Kopie der Daten einer Datenbank. Der SQL Server unterstützt die volle und die partielle Archivierung von Daten. Sowohl die volle als auch die partielle Archivierung können während der Zeit, wo das System aktiv (*online*) ist, durchgeführt werden.

Die Wiederherstellung einer Datenbank kennzeichnet den Vorgang, bei dem eine inkonsistente Datenbank mit Hilfe der erstellten Archivierungen wieder in den konsistenten Zustand gebracht wird. (Die einfacheren Konsistenzen werden mit Hilfe der automatischen Wiederherstellung, die jedesmal vom SQL Server beim Starten des Systems durchgeführt wird, behoben.) Im Unterschied zu der Archivierung ist die vom Benutzer initiierte Wiederherstellung nur *offline* (d.h. während der Zeit, wo das System nicht aktiv ist) möglich.

22 Der Transfer von Daten

In diesem Kapitel werden die Möglichkeiten gezeigt, wie Massendaten beim SQL Server geladen bzw. entladen werden können. Nach der allgemeinen Einführung wird zuerst der SQL Transfer Manager beschrieben, der die Datenmigration zwischen zwei SQL Server-Systemen unterstützt. Danach wird das Dienstprogramm **bcp** erläutert, das generell das Laden und Entladen von Daten unterstützt. Am Ende dieses Kapitels werden die austauschbaren Medien, die die Distribution von Daten ermöglichen, dargestellt.

22.1 Einführung

Das Verwalten von Daten, die zwischen den verschiedenen Datenbanksystemen transferiert werden, ist eine wichtige Aufgabe des Systemadministrators. Der Transfer tritt in zwei Formen auf:

▶ als Laden von Daten und
▶ als Distribution von Daten.

Das Laden von Daten kennzeichnet den Prozeß des Hinzufügens neuer Daten zu einer existierenden Datenbank. Dieser Prozeß kann beim SQL Server mit folgenden Mitteln durchgeführt werden:

▶ mit Hilfe der INSERT-Anweisung,
▶ mit Hilfe des SQL Transfer Managers und
▶ mit Hilfe des **bcp**-Kommandos.

Mit der INSERT-Anweisung kann einer Tabelle meistens eine einzige Reihe hinzugefügt werden. Aus diesem Grund eignet sich diese Anweisung nicht für das Laden von Massendaten.

Der SQL Transfer Manager überträgt die Daten eines SQL Servers zu einem anderen SQL Server. Diese Systemkomponente wird im nächsten Abschnitt erläutert.

Das **bcp**-Kommando eignet sich für das Laden der Daten aus einer Datei in eine Tabelle bzw. für das Entladen von Daten aus einer Tabelle in eine Datei. Damit kann das **bcp**-Kommando auch für den Transfer von Daten zwischen den Datenbanken verschiedener Hersteller verwendet werden. Das **bcp**-Kommando wird in Abschnitt 22.3 beschrieben.

Die Distribution von Daten bedeutet die Verteilung der Datenkopien von einem Rechner auf einen oder mehrere andere Rechnern. Diese Form des Datentransfers hat zwei unterschiedliche Ausprägungen:

▶ die Verwendung der austauschbaren Medien und

▶ die Datenreplikation.

Die austauschbaren Medien werden in Abschnitt 22.4 und die Datenreplikation in Kapitel 26 beschrieben.

22.2   Der SQL Transfer Manager

Der SQL Transfer Manager ist eine Komponente des SQL Servers Version 6.0, die sowohl die Daten als auch die Datenbankobjekte eines SQL Servers zu einem anderen SQL Server übertragen kann. (Diese Komponente kann auch für den Datentransfer zwischen zwei Datenbanken innerhalb eines Systems verwendet werden.)

Mit Hilfe des SQL Transfer Managers können u.a.:

▶ Daten und/oder Datenbankobjekte zu einem SQL Server-System importiert werden,

▶ Daten und/oder Datenbankobjekte eines SQL Servers von einer Hardwareplattform zu einer anderen Plattform übertragen werden und

▶ Daten und/oder Datenbankobjekte zwischen den SQL Servern V4.2 und V6 transferiert werden.

Das Übertragen der Daten und/oder Datenbankobjekte zwischen zwei SQL Server-Systemen muß gewisse Voraussetzungen erfüllen, damit es überhaupt stattfinden kann. Zu diesen Voraussetzungen gehören:

▶ die beiden Systeme müssen aktiv sein,

▶ die Datenbank auf dem Zielrechner muß vorher erstellt werden und genügend Speicherplatz aufweisen und

▶ der Systemadministrator muß die Login-ID (mit den Kennwörtern) sowohl für das Quell- als auch für das Zielsystem kennen.

Folgende Datenbankobjekte können mit Hilfe des SQL Transfer Managers übertragen werden:

▶ Tabellen,
▶ Views,
▶ Trigger,
▶ Regeln,
▶ *defaults*,
▶ Benutzer-Datentypen und
▶ Datenbank-Prozeduren.

Um den SQL Transfer Manager zu starten, muß die gleichnamige Ikone in der SQL Server-Programmgruppe „Microsoft QL Server 6.0" zweimal angeklickt werden. Danach erscheint das Dialogfeld „SQL Transfer Manager" (Abbildung 22.1).

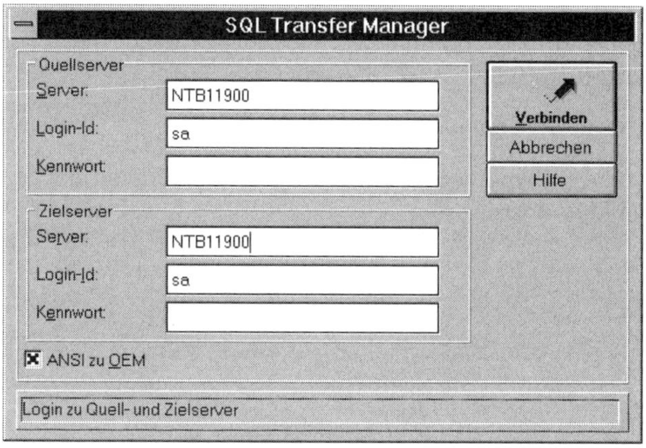

Abb. 22.1: Das Dialogfeld „SQL Transfer Manager"

In dem angebotenen Dialogfeld müssen die Namen des Quell- und Zielservers sowie die beiden Login-ID mit den dazugehörigen Kennwörtern angegeben werden. Das Kontrollkästchen „ANSI zu OEM" soll markiert werden, wenn alle Textdaten während des Transfers (von einem Zeichensatz zu einem anderen) umgewandelt werden sollen. Nach dem Anklicken der Schaltfläche „Verbinden" erscheint das Dialogfeld „SQL Transfer Manager" (Abbildung 22.2).

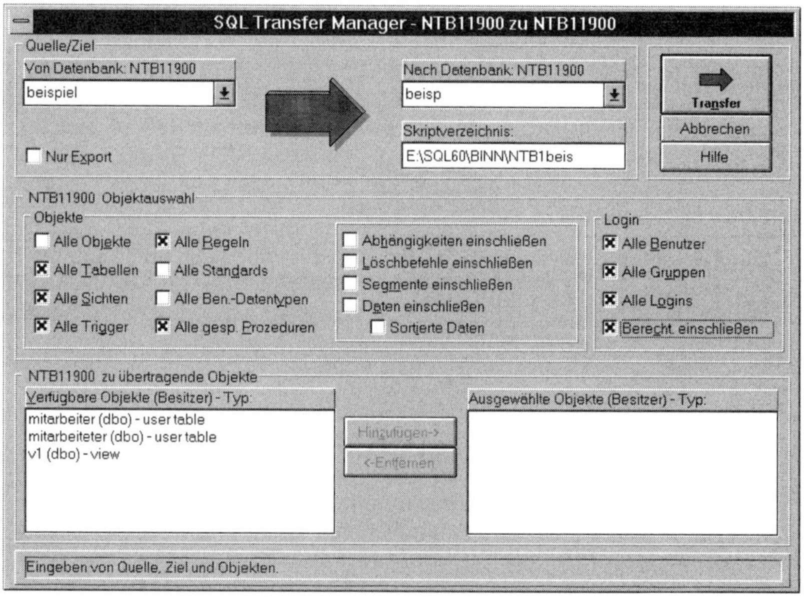

Abb. 22.2: Das Dialogfeld „SQL Transfer Manager"

In diesem Dialogfeld kann der Systemadministrator wählen, was zu übertragen ist. Folgende Optionen stehen zur Verfügung:

▶ alle Objekte,

▶ alle Objekte eines spezifischen Typs (Tabellen, Views, Trigger, Regeln, *defaults*, Benutzer-Datentypen und DB-Prozeduren);

▶ alle Daten (die Option „Daten einschließen");

▶ alle Objekte, die von dem ausgewählten Objekt abhängig sind (die Option „Abhängigkeiten einschließen");

▶ das Löschen der existierenden Objekte auf dem Zielsystem, bevor der Transfer stattfindet (die Option „Löschbefehle einschließen");

▶ das Übertragen der Information über Segmente zur Zieldatenbank (die Option „Segmente einschließen"). Die Segmente müssen schon in der Zieldatenbank existieren;

▶ das Übertragen der Information über Login-ID, Datenbank-Benutzerkennungen, Benutzergruppen und Zugriffsrechte.

Der SQL Transfer Manager kann entweder die notwendigen Transferdateien nur erstellen oder, zusätzlich dazu, den Transfer auch starten. Falls das Kontrollkästchen „Nur Export" markiert ist, werden die Transferdateien erstellt. Anderenfalls wird zusätzlich der Transfer der Daten und/oder Datenbankobjekte durchgeführt.

Beim Übertragen der Daten und/oder Datenbankobjekte werden mehrere Dateien vom SQL Transfer Manager erstellt und im **binn**-Dateiverzeichnis gespeichert. Die wichtigsten Dateien haben folgende Suffixe:

Datei	Beschreibung
.drp	Datei beinhaltet alle DROP **objekt**-Anweisungen (für alle zu löschenden Objekte);
.idx	Datei mit CREATE INDEX-Anweisungen;
.log	Fehlermeldungsdatei;
.sch	Datei mit allen Anweisungen für den Transfer von Daten und/oder Objekten;
.tab	Infodatei über Tabellen der Datenbank;
.trg	Datei mit CREATE TRIGGER-Anweisungen.

22.3   Das *bcp*-Kommando

bcp ist ein sehr nützliches Dienstprogramm, mit dem ein Benutzer die gewünschte Tabelle in einer Datei entladen bzw. aus einer Datei laden kann. Zusätzlich dazu kann das Format des Ladens bzw. Entladens nach den benutzerspezifischen Normen gewählt werden.

Die Syntax dieses Dienstprogramms ist:

```
bcp [[db_name.]ben_name.]tab_name {IN|OUT} datei_name
    [{/option parameter} ...]
```

db_name ist der Name der Datenbank, zu der die Tabelle **tab_name** gehört. IN bzw. OUT kennzeichnet die Richtung der Datenbewegung: IN bedeutet das Laden der Daten und OUT das Entladen. **datei_name** ist der Name der Datei, in der sich Daten befinden (beim Laden), bzw. wo die Daten gespeichert werden (beim Entladen).

Das **bcp**-Kommando kann

▶ interaktiv oder

▶ mit Hilfe der Formatdatei

verwendet werden.

Falls **bcp** mit Hilfe von Optionen **/n** oder **/c** gestartet wird, wird der Transfer interaktiv ablaufen. Die Option **/n** verwendet das datenbankeigene Format für den Datentransfer. Diese Option soll verwendet werden, wenn die Datei von einem SQL Server-System in ein anderes SQL Server-System übertragen wird. Bei der Verwendung dieser Option werden unnötige Datenkonvertierungen eliminiert, was die Transferzeit verkürzt.

Die Option **/c** verwendet das Zeichenformat (**char**-Format) für alle Spalten der Tabelle, das Tabulatorzeichen als Spaltenbegrenzer und das NL-Zeichen als Zeilenende. Durch die Verwendung dieser Standardkriterien können die Daten eines Textverarbeitungssystems (oder einer nicht SQL Server-Datenbank) im allgemeinen am einfachsten übertragen werden.

Der nichtinteraktive Transfer von Daten wird mit Hilfe einer im voraus erstellten Formatdatei durchgeführt. Beispiel 22.1 zeigt die Erstellung einer solchen Datei.

Beispiel 22.1

```
bcp beispiel..arbeiten out b.out /t"|" /r"\n" /Sinf_ente /Upetra
```

Mit dem **bcp**-Kommando in Beispiel 22.1 werden die Daten der Tabelle **arbeiten** in der Datei **b.out** entladen. Die Option "/t" spezifiziert den Feldbegrenzer zwischen den einzelnen Daten jeder Tabellenreihe, während "/r" den Datensatzbegrenzer festlegt.

Nach dem Aufruf des **bcp**-Kommandos hat der Benutzer die Möglichkeit, spezifische Angaben über das Format der Daten für die Datei **b.out** zu machen. Das System gibt für jede einzelne Spalte folgende Angaben aus:

▶ Geben Sie den Speichertyp des Feldes aufgabe[char]:

▶ Geben Sie die Präfixlänge des Feldes aufgabe[0]:

▶ Geben Sie die Länge des Feldes aufgabe[15]:

▶ Geben Sie das Feldtrennzeichen ein[|]:

Der Benutzer kann die Werte explizit angeben, oder die Standardwerte werden durch die Betätigung der RETURN-Taste automatisch übernommen. (Die obigen Angaben beziehen sich auf die Spalte **aufgabe** der Tabelle **arbeiten**.)

Falls die entladenen Daten als Textdatei gespeichert und diese anschließend von einem anderen Datenbanksystem gelesen werden sollen, empfiehlt es sich, jede Spalte als **char**-Spalte mit der Präfixlänge 0 zu spezifizieren. (Weitere Kennzeichen einer solchen Datei sind die Auswahl des Zeichens "|" als Datenbegrenzer und des Zeichenendes "\n" als Zeilenbegrenzer, so wie es explizit im **bcp**-Kommando angegeben wurde.)

Der Benutzer kann die von ihm gemachten Angaben für jede Tabellenspalte in einer Datei speichern. Dies empfiehlt sich, wenn das Entladen bzw. das Laden von Tabellendaten öfter durchgeführt wird.

Nach dem Entladen der Daten sieht der Inhalt der Datei **b.out** folgendermaßen aus:

```
10102|p1|Projektleiter|1.Okt.1988 0:00
10102|p3|Gruppenleiter|1.Jan.1989 0:00
25348|p2|Sachbearbeiter|15.Feb.1988 0:00
18316|p2||1.Jun.1989 0:00
29346|p2||15.Dez.1987 0:00
2581|p3|Projektleiter|15.Okt.1989 0:00
9031|p1|Gruppenleiter|15.Apr.1989 0:00
28559|p1||1.Aug.1988 0:00
28559|p2|Sachbearbeiter|1.Feb.1989 0:00
9031|p3|Sachbearbeiter|15.Nov.1988 0:00
29346|p1|Sachbearbeiter|1.Apr.1989 0:00
```

22.3.1   Die Verwendung der austauschbaren Medien

Seit der Version 6.0 ist es möglich, die Daten einer Datenbank mit Hilfe der austauschbaren Medien zu distribuieren. Folgende Medien können verwendet werden:

▶ CD-ROM,

▶ Disketten,

▶ WORM (*Write Once Read Many*)-Platten und

▶ optische Platten.

Die Verwendung der austauschbaren Medien stellt eine Alternative zu der Datenreplikation dar, falls große Mengen von Daten in größeren Zeitabständen distribuiert werden sollen. (Falls die Daten innerhalb einer kurzen Zeitspanne auf dem Zielrechner zur Verfügung stehen sollten, empfiehlt es sich, die Datenreplikation zu verwenden.)

Für die Verwendung der Datendistribution mit Hilfe der austauschbaren Medien müssen gewisse Voraussetzungen erfüllt werden. Eine Datenbank, die auf solchen Medien distribuiert werden soll, muß folgendes erfüllen:

▶ Sie muß auf neuen Medien erstellt werden,

▶ diese Medien dürfen nur von dieser Datenbank verwendet werden und

▶ die Datenbank braucht mindestens drei solcher Medien (eines für den Systemkatalog, eines für das Transaktionsprotokoll und eines oder mehrere für die Daten).

Die Erstellung einer solchen Datenbank wird mit Hilfe der Systemprozedur **sp_create_removable** durchgeführt. Diese Prozedur hat folgende Syntax:

```
sp_create_removable db_name, med_log_name, 'med_phys_name',
groesse, prot_log_name, 'prot_phys_name',
{dat_log_name1,'dat_phys_name1'} ...
```

db_name ist der Name der Datenbank und **med_log_name** bzw. **med_phys_name** der logische bzw. der physikalische Name des Mediums, das die Systemtabellen enthält. **prot_log_name** und **prot_phys_name** sind der logische und der physikalische Name des Mediums, das das Transaktionsprotokoll beinhaltet. Schließlich kennzeichnen **dat_log_name1** und **dat_phys_name1** den logischen und den physikalischen Namen des Mediums, das die Daten enthält.

Nach der Erstellung der Datenbank muß sie noch überprüft werden. Diese Überprüfung muß u.a. gewährleisten, daß keine Zugriffsrechte definiert sind und der Systemadministrator der Datenbank-Eigentümer ist. Mit Hilfe der Systemprozedur **sp_certify_removable** können alle Überprüfungen durchgeführt werden.

Nach dem anschließenden Kopieren der erstellten Datenbank muß eine Kopie, gemeinsam mit ihrem Medium, installiert werden. Die Installation beinhaltet das Kopieren der Medien, die den Systemkatalog und das Transaktionsprotokoll enthalten, auf die Platte. (Das Medium mit den Daten kann auf dem austauschbaren Medium bleiben oder auf die Platte kopiert werden. Die Daten müssen immer im *read only*-Modus bleiben.)

Mit Hilfe der Systemprozedur **sp_dbinstall** kann die Installation des austauschbaren Mediums durchgeführt werden. Diese Systemprozedur kopiert das Medium auf die Platte. (Für jedes Medium muß die Systemprozedur einmal ausgeführt werden.)

Die installierte Datenbank ist danach noch nicht aktiviert. Um sie zu aktivieren, muß

```
sp_dboption db_name, OFFLINE, FALSE
```

ausgeführt werden, wobei **db_name** der Name der Datenbank ist.

22.4   Zusammenfassung

Der Transfer von Daten kennzeichnet den Prozeß des Ladens neuer Daten zu einer existierenden Datenbank bzw. des Entladens von Daten. Dieser Prozeß kann beim SQL Server entweder mit der SQL Transfer Manager-Komponente oder mit dem **bcp**-Kommando durchgeführt werden. Der SQL Transfer Manager überträgt die Daten zwischen zwei SQL Server-Systemen, während das **bcp**-Kommando für das Laden von Daten aus einer Tabelle in eine Datei (und umgekehrt) verwendet werden kann.

23 Automatische Ausführung der Administrationsaufgaben

In diesem Kapitel werden zwei Administrationsaufgaben, die mit dem SQL Server automatisiert werden können, beschrieben. Im Einführungsteil wird die SQL Server-Komponente SQL Executive erläutert, die entsprechende Dienste für die Automatisierung der Aufgaben bietet. Danach wird die Erstellung und die Ausführung von Tasks und das Setzen der Taskoptionen beschrieben. Am Ende des Kapitels wird die Verwaltung von Warnungen dargestellt.

23.1 Einführung

Die Vorteile des SQL Server-Systems im Vergleich zu anderen Datenbanksystemen liegen besonders in zwei Bereichen:

▶ die Existenz einer benutzerfreundlichen graphischen Oberfläche, die dem Systemadministrator die Arbeit mit dem System erleichtert und

▶ die Möglichkeit, administrative Aufgaben durch die Automatisierung zu reduzieren und dadurch Kosten zu sparen.

Für die Automatisierung der Administrationsaufgaben bietet der SQL Server zwei neue Werkzeuge:

▶ den Task-Manager und

▶ den Warnungs-Manager.

Der Task-Manager ermöglicht die Erstellung von Server-Tasks, die anschließend automatisch zu einem im voraus bestimmten Zeitpunkt (bzw. in festgelegten Zeitintervallen) ausgeführt werden.

Der Warnungs-Manager ermöglicht das Setzen von Warnungen, die im Zusammenhang mit den Ereignissen stehen. Falls ein Ereignis innerhalb eines Systems auftritt, wird automatisch eine entsprechende Meldung in das Windows NT Ereignisprotokoll geschrieben. Zusätzlich kann der SQL Server veranlaßt werden, nach einem solchen Ereignis entweder eine Task auszuführen oder einen oder mehrere Operatoren über das aufgetretene Ereignis zu informieren.

Weil die Aktivierung von SQL Executive die Voraussetzung sowohl für die Ausführung der Tasks als auch für die Verwaltung von Warnungen ist, werden wir diese Komponente zuerst beschreiben.

23.1.1 SQL Executive

Die SQL Executive-Komponente stellt eine Sammlung mehrerer SQL Server-Dienste dar, die alle unterschiedliche Aufgaben verwalten. SQL Executive enthält insgesamt vier solche Dienste, die Manager heißen:

▶ Task-Manager,

▶ Ereignis-Manager,

▶ Warnungs-Manager und

▶ Replikations-Manager.

Der Task-Manager unterstützt gewisse Aufgaben, die automatisch ausgeführt werden, wenn ein Ereignis auftritt. Die Funktionen, die der Task-Manager bietet, werden im nächsten Abschnitt beschrieben.

Der Ereignis-Manager ermöglicht die Aufzeichnung der aufgetretenen Ereignisse im Ereignisprotokoll von Windows NT.

Die Aufgabe des Warnungs-Managers besteht darin, die vom Ereignis-Manager aufgezeichneten Ereignisse zu überwachen und ihr Auftreten mit den zuvor festgelegten Warnungen zu vergleichen. Tritt ein Ereignis, das eine entsprechende Warnung nach sich zieht auf, ist die Aufgabe des Warnungs-Managers eine festgelegte Reaktion (gewöhnlich eine Nachricht an den Operator) zu senden bzw. eine Task auszuführen. Die Funktionen, die der Ereignis-Manager bietet, werden in Abschnitt 23.3 beschrieben.

Der Replikations-Manager ermöglicht die Verteilung von Daten zwischen mehreren SQL Server-Systemen. Die Datenreplikation wird in Kapitel 26 beschrieben.

Die ersten drei o.g. Manager arbeiten eng zusammen, um die Automatisierung der Administrationsaufgaben zu ermöglichen. Folgendes Szenario zeigt die Zusammenhänge zwischen ihnen: Nachdem der Systemadministrator eine Warnung definiert hat und ein entsprechendes Ereignis aufgetreten ist, wird die Warnung aktiviert. Die Aktivierung der Warnung kann im Zusammenhang mit der Ausführung einer Task stehen. Die erfolglose Ausführung einer Task kann ein Ereignis verursachen, das, falls der Systemadministrator für diesen Fall eine Warnung definiert hat, wieder eine Warnung aktiviert.

Der SQL Executive verwendet die *msdb*-Datenbank für die Speicherung aller geplanten Tasks und definierten Warnungen. Damit ist sowohl das Starten der SQL Executive-Komponente als auch die Konsistenz der *msdb*-Datenbank Voraussetzung für die Ausführung der definierten Tasks und für das Aktivieren der erstellten Warnungen.

Hinweis   SQL Executive ist unabhängig vom SQL Server und wird dementsprechend getrennt vom SQL Server gestartet bzw. gestoppt. Es empfiehlt sich, den SQL Executive automatisch beim Booten des Systems zu starten. Dieser Vorgang ist zusammen mit dem automatischen Starten des SQL Server-Systems in Abschnitt 18.4 beschrieben (siehe auch Abb. 18.4).

23.2 Der Task-Manager

Der Systemadministrator verwendet den Task-Manager, um

▶ die Tasks zu erstellen,

▶ die Taskoptionen zu setzen und

▶ die Taskausführung zu verwalten.

Die Erstellung einer Task beinhaltet die Definition der Task und die Festlegung, wie oft sie in der Zukunft ausgeführt werden soll.

Folgende Optionen können im Zusammenhang mit einer Task gesetzt werden:

▶ die Möglichkeit, einen oder mehrere Operatoren per E-Mail und / oder pager über die Taskausführung zu informieren,

▶ die Anzahl der Ausführungsversuche einer abgebrochenen Task mitzuteilen und

▶ die Art der Protokollierung der Task auszugeben.

Die Verwaltung der Taskausführung beinhaltet die Festlegung des Zeitpunktes bzw. der Zeitintervalle, wann sie automatisch ausgeführt werden soll.

Folgende Administrationsaufgaben können u.a. mit Hilfe des Task-Managers definiert und damit auch automatisch ausgeführt werden:

▶ die Archivierung von Daten,

▶ die Archivierung von Transaktionsprotokollen,

▶ die Ausführung der UPDATE STATISTICS-Anweisung,

▶ die Ausführung der DBCC-Kommandos und

▶ die Durchführung des Datentransfers.

23.2.1 Die Erstellung einer Task

Um eine Task zu erstellen, muß zuerst die Schaltfläche „Task-Planung" in der Symbolleiste des SQL Enterprise Managers angeklickt werden. Danach erscheint das „Task Planung"-Fenster (Abbildung 23.1).

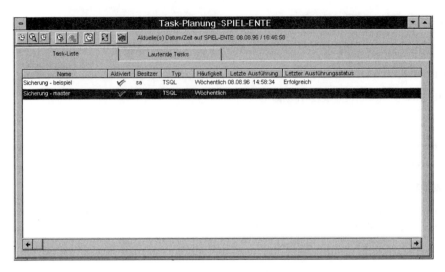

Abbildung 23.1: Das Fenster „Task-Planung"

Für die Erstellung einer Task muß die Schaltfläche „Neue Task" ausgewählt werden.
Anschließend erscheint das Dialogfeld „Neue Task" (Abbildung 23.2)

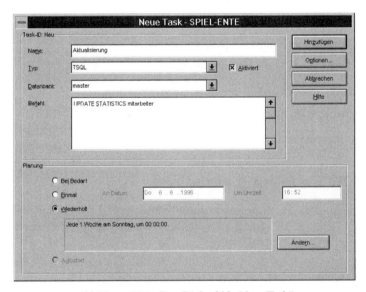

Abbildung 23.2: Das Dialogfeld „Neue Task"

Die in Abbildung 23.2 existierenden Optionen haben folgende Bedeutung:

Option	Beschreibung
Name	Der Name der Task. (Muß eindeutig innerhalb des SQL Server-Systems sein.)
Aktiviert	Eine Task kann nur erstellt (das Kontrollkästchen ist nicht markiert) bzw. erstellt und geplant werden (das Kontrollkästchen ist markiert).
Typ	Kennzeichnet den Typ der zu planenden Task. Die beiden wichtigsten Typen sind: CmdExec (ein Windows NT-Kommando) und TSQL (eine Transact-SQL-Anweisung).
Datenbank	Der Name der Datenbank, für die die Task gilt.
Befehl	Der Text der zu planenden Task. In den meisten Fällen handelt es sich, wie bei der Option Typ, um eine Transact-SQL-Anweisung oder ein Betriebssystemkommando.
Planung	Alle Optionen, die sich in diesem Teildialogfeld befinden, spezifizieren die Art der Taskplanung.
Bei Bedarf	Die Task wird erstellt, aber nicht ausgeführt. (Diese Art von Tasks wird meistens für die spätere Verwendung durch eine Warnung erstellt.)
Einmal	Kennzeichnet die Planung einer Task für die einmalige Ausführung zum angegebenen Zeitpunkt
Wiederholt	Spezifiziert einen wiederkehrenden Zeitpunkt für die Taskausführung.
Ändern	Kann nur verwendet werden, falls die vorherige Option aktiviert wird. Ändert den Standardwert (einmal wöchentlich am Sonntag 0 Uhr) des wiederkehrenden Zeitpunktes für die Ausführung der Task.
Autostart	Der SQL Server startet die definierte Task automatisch beim Start der SQL Executive-Komponente.

Nach der Auswahl der gewünschten Optionen kann entweder die Schaltfläche „Hinzufügen" oder die Schaltfläche „Optionen" angeklickt werden. Die erste Schaltfläche erstellt die definierte Task und speichert sie in der *msdb*-Datenbank, während „Optionen" weitere Eigenschaften der erstellten Task hinzufügt (siehe den nächsten Unterabschnitt).

Eine existierende Task kann unmittelbar nach ihrer Erstellung ausgeführt werden. Für die sofortige Ausführung einer Task muß im Dialogfeld „Task-Planung" der Name dieser Task ausgewählt und anschließend die Schaltfläche „Task ausführen" angeklickt werden. (Nur der Benutzer, der die Task erstellt hat, kann diese auch ausführen.)

Eine erstellte Task kann jederzeit modifiziert werden. Für dieses Vorhaben muß im Fenster „Task-Planung" (Abbildung 23.1) die zu modifizierende Task aus der Liste aller Tasks ausgewählt werden. Durch den anschließenden Doppelklick wird das Dialogfeld „Task bearbeiten" (Abbildung 23.3) angezeigt. Alle Angaben in bezug auf die angezeigte Task können anschließend geändert werden.

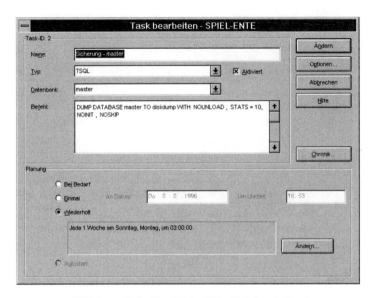

Abbildung 23.3: Das Dialogfeld „Task bearbeiten"

23.2.2 Setzen der Taskoptionen

Bei der Erstellung bzw. Modifizierung einer Task ist es möglich, gewisse Optionen zu
setzen bzw. zu ändern. Das Setzen der Optionen wird durch das Anklicken der Schaltfläche „Optionen" im Dialogfeld „Neue Task" bzw. „Task bearbeiten" durchgeführt.
Das Dialogfeld „Task-Optionen" (Abbildung 23.4) enthält folgende Optionen:

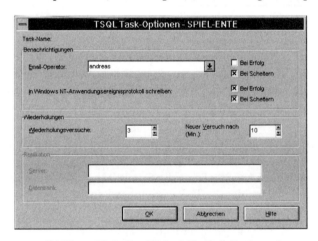

Abbildung 23.4: Das Dialogfeld „Task-Optionen"

Option	Beschreibung
E-mail-Operator	Spezifiziert den Namen eines Operators, der per E-Mail über die erfolgreiche und/oder erfolglose Ausführung der Task informiert wird. (Ein neuer Operator kann bei diesem Schritt auch definiert werden, indem der Eintrag „Neuer Operator" aus der Liste ausgewählt wird.)
In Windows NT-Ereignis-protokoll schreiben	Die Information über die erfolgreiche und/oder erfolglose Taskausführung kann auch im Ereignisprotokoll von Windows NT durch das Markieren dieser Option geschrieben werden.
Wiederholungen	In diesem Teildialogfeld wird die Information festgelegt, falls die Wiederholung einer erfolglos ausgeführten Task gewünscht wird.
Wiederholungsversuche	Die Anzahl der Wiederholungsversuche.
Neuer Versuch nach	Das Zeitintervall zwischen zwei Wiederholungen.

23.2.3 Verwalten der Taskausführung

Wie wir schon erläutert haben, kann die Ausführung einer Task einmalig oder wiederkehrend ausgeführt werden. Für die wiederkehrende Ausführung einer Task muß die Option „Wiederholt" im Dialogfeld „Neue Task" bzw. „Task bearbeiten" markiert werden. Falls die Ausführung der Task nicht einmal wöchentlich am Sontag 0 Uhr (der Standardwert) ausgeführt werden soll, muß zusätzlich die Schaltfläche „Ändern" angeklickt werden. Anschließend erscheint das Dialogfeld „Task-Planung" (Abbildung 23.5).

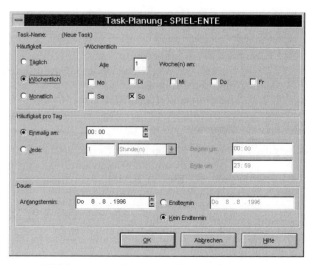

Abbildung 23.5: Das Dialogfeld „ Task-Planung"

Für die wiederkehrende Ausführung der Task müssen folgende Optionen gesetzt werden:

Option	Beschreibung
Häufigkeit	In diesem Teildialogfeld wird die Ausführungsfrequenz der Task festgelegt. Die möglichen Alternativen sind täglich, wöchentlich und monatlich. Entsprechend der Auswahl einer dieser drei Kontrollkästchen erscheint auf der rechten Seite der entsprechende Rahmen, wo dann die Anzahl der Tage (Wochen, Monate) angegeben werden kann.
Häufigkeit pro Tag	Kennzeichnet die Häufigkeit, wie oft die Task ausgeführt wird. (Kann einmal täglich oder mehrmals nach gewissen Zeitabständen stattfinden.)
Dauer	Definiert das Zeitintervall, innerhalb dessen die Task wiederholt ausgeführt werden soll. Das Zeitintervall kann durch den Anfangs- und Endzeitpunkt abgeschlossen oder von unbestimmter Dauer („Kein Endtermin") sein.

23.2.4 Task-Chronik

Zusätzlich zur Erstellung bzw. Modifizierung einer Task ist es auch möglich, die Information über ihre bisherige Ausführung anzuzeigen. Die gesamte Information bezüglich der Taskausführung wird Task-Chronik genannt. Die Task-Chronik beinhaltet u.a. den letzten Ausführungszeitpunkt, den Status der Ausführung und, ob eine E-Mail-Nachricht gesendet wurde.

Die Task-Chronik wird durch die Auswahl der gewünschten Task in der Taskliste des Dialogfeldes „Task-Planung" und das anschließende Anklicken der Schaltfläche „Task-Chronik" angezeigt (Abbildung 23.6).

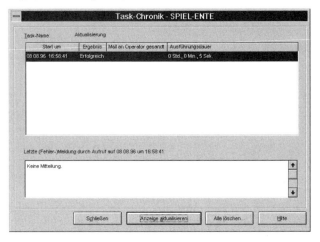

Abbildung 23.6: Das Dialogfeld „Task-Chronik"

Das Dialogfeld „Task-Chronik" enthält folgende Schaltflächen:

Schaltfläche	Beschreibung
Ausführungsdatum	Gibt das Datum der Taskausführung aus.
Ausführungszeit	Zeitpunkt der Taskausführung.
Ergebnis	Gibt den Status (erfolgreich bzw. erfolglos) aus.
Mail an Operator gesandt	Spezifiziert, ob nach der Taskausführung eine E-Mail-Nachricht geschickt wurde.
Ausführungsdauer	Die Dauer der Taskausführung.
Alle Löschen	Entfernt die gesamte Chronik für die ausgewählte Task.

Im Teildialogfeld „Nachricht" werden Fehlermeldungen bezüglich der Taskausführung (falls existent) angezeigt.

Immer wenn eine Task ausgeführt wird, wird ein entsprechender Eintrag in die Task-Chronik geschrieben. Damit die Information in der Task-Chronik nicht zu umfangreich wird, hat der Systemadministrator die Möglichkeit, die Größe des Protokolls, das die Task-Chronik enthält, zu modifizieren. Dies wird durch die Auswahl der Schaltfläche

„Optionen des Task-Moduls" im Dialogfeld „Task-Planung" gemacht. Anschließend erscheint das gleichnamige Dialogfeld (Abbildung 23.7).

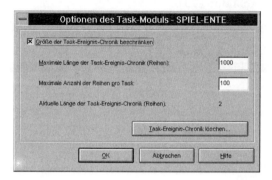

Abbildung 23.7: Das Dialogfeld „Optionen des Task-Moduls"

Das Dialogfeld „Optionen des Task-Moduls" enthält ein Kontrollkästchen: „Größe der Task-Ereignis-Chronik beschränken". Das Markieren dieses Kontrollkästchens ermöglicht die Anzahl der Reihen im Protokoll festzulegen. (Der Standardwert ist 1000.) Das Deaktivieren des Kontrollkästchens läßt das Protokoll uneingeschränkt größer werden. (Der Eintrag für die Reihenanzahl ist in diesem Fall bedeutungslos.)

23.3   Der Warnungs-Manager

Der Warnungs-Manager ermöglicht die Erstellung der Warnungen, die automatisch ausgeführt werden, falls ein Ereignis stattfindet. Bei der Erstellung einer Warnung muß der Systemadministrator folgende Schritte in der gegebenen Reihenfolge tun:

1. Sich vergewissern, daß die SQL Executive-Komponente läuft;

2. Sich vergewissern, daß die Protokollierung der Ereignisse im Windows NT Ereignisprotokoll aktiviert ist;

3. Für jede Warnung einen Operator erstellen. (Der Operator ist diejenige Person, die durch eine E-Mail-Nachricht und/oder einen pager über die Warnung informiert wird.)

4. Die Warnung erstellen und

5. Die notwendigen Warnungsoptionen setzen.

Alle Warnungen, die mit Hilfe des Warnungs-Managers erstellt werden können, können in zwei Gruppen unterteilt werden:

▶ Standardwarnungen und

▶ benutzerdefinierte Warnungen.

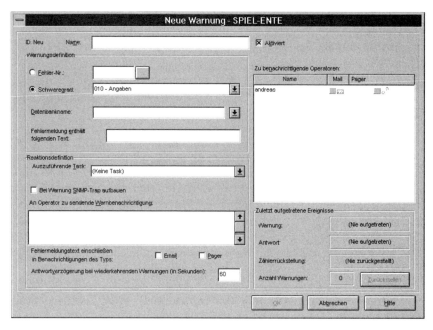

Abbildung 23.10: Das Dialogfeld „Neue Warnung"

Die Optionen des in Abbildung 23.10 dargestellten Dialogfeldes haben folgende Bedeutung:

Option	Beschreibung
Name	Der Name der Warnung.
Fehlernummer	Bei der Eintragung einer Nummer wird die Warnung immer beim Auftreten dieses Fehlers aktiviert.
Schweregrad	Bei der Eintragung eines Schweregrades wird die Warnung immer aktiviert, wenn ein Fehler solchen Grades auftritt. (Für die Beschreibung des Schweregrades siehe das nächste Kapitel.)
Datenbankname	Der Name der Datenbank.
Fehlermeldung enthält folgenden Text	Die Warnung wird aktiviert, falls der Text des aufgetreten Fehlers die angegebene Zeichenkette als Teilzeichenkette enthält.
Auszuführende Task	Die Aktivierung der Warnung verursacht auch die Ausführung der angegebenen Task.
An Operator zu sendende Warnbenachrichtigung	Der Raum für die zusätzliche Information, die an die zu benachrichtigenden Operatoren gesendet wird (kann max. 255 Zeichen enthalten).
Zu benachrichtigende Operatoren	Die Liste aller Operatoren. Für jeden Operator muß die Art der Nachricht (E-Mail und/oder pager) spezifiziert werden.

Eine erstellte Warnung kann jederzeit geändert werden. Im Dialogfeld „Warnungen verwalten" muß die gewünschte Warnung ausgewählt und durch Doppelklick angezeigt werden. Im anschließenden Dialogfeld „Warnungen bearbeiten" können alle Optionen modifiziert werden.

Eine existierende Warnung kann durch ihre Auswahl im Dialogfeld „Warnungen verwalten" und das anschließende Anklicken der Schaltfläche „Löschen" gelöscht werden.

23.3.2 Benutzerdefinierte Warnungen

Zusätzlich zu den Standardwarnungen, die beim Auftreten einer Systemmeldung aktiviert werden, können auch benutzerdefinierte Warnungen erstellt werden. Diese Warnungen charakterisieren die Existenz einer vom Benutzer selbst definierten Fehlermeldung. Sie werden meistens für die Überprüfung der Geschäftsprozesse verwendet. Die Erstellung einer benutzerdefinierten Warnung wird in drei Schritten durchgeführt:

1. die Definition einer benutzerdefinierten Fehlermeldung,

2. die Definition des Ereignisses, das der benutzerdefinierten Fehlermeldung entspricht und

3. die Erstellung der entsprechenden Warnung.

Wir werden die Erstellung einer benutzerdefinierten Warnung mit Hilfe eines praktischen Beispiels zeigen. Diese Warnung wird aktiviert, falls das Lieferdatum eines Produktes älter als sein Bestelldatum ist. (Für die Definition der entsprechenden Tabelle siehe Beispiel 4.17.)

Bei dieser Art der Warnungen muß der Systemadministrator zuerst die benutzerdefinierte Fehlermeldung erstellen. Im Fenster „Warnungen verwalten" (Abbildung 23.8) muß die Schaltfläche „Meldungen verwalten" angeklickt werden. Das Dialogfeld „SQL Server Meldungen verwalten" wird anschließend angezeigt (Abbildung 23.11).

Abbildung 23.11: Das Dialogfeld „SQL Server-Meldungen verwalten"

Um eine benutzerdefinierte Meldung zu erstellen muß die Schaltfläche „Neu" gewählt werden. Danach erscheint das in Abbildung 23.12 angezeigte Dialogfeld „Neue Meldung".

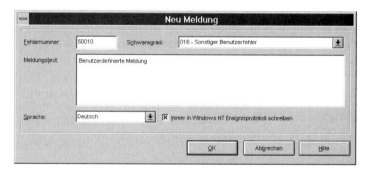

Abbildung 23.12: Das Dialogfeld „Neue Meldung"

Der Systemadministrator muß jetzt die Fehlernummer, den Schweregrad des Fehlers und den Meldungstext angeben.

Hinweis Alle benutzerdefinierten Meldungen müssen eine Nummer größer als 50000 haben.

In Abbildung 23.12 haben wir eine Meldung mit der Nummer 50010 definiert, die den entsprechenden Text für den Vergleich des Bestell- und Lieferdatums der Tabelle **verkauf** ausgibt.

Im zweiten Schritt wird das Ereignis definiert. Wir werden dieses Ereignis mit Hilfe des in Beispiel 23.1 dargestellten Triggers definieren.

Beispiel 23.1

```
create trigger daten_vergleich
    on verkauf
    for insert as
    declare @liefer_dat datetime
    declare @bestell_dat datetime
    select @liefer_dat = (select liefer_dat from inserted)
    select @bestell_dat = (select bestell_dat from inserted)
    if liefer_dat < bestell_dat
        raiserror (50010, 16, -1)
```

In Bespiel 23.1 wird ein Trigger definiert, der aktiviert wird, falls das Lieferdatum eines Produktes älter als sein Bestelldatum ist. Mit Hilfe der Transact-SQL-Anweisung RAISERROR wird die benutzerdefinierte Fehlermeldung 50010 zurückgeliefert, deren Schweregrad 16 und der Zustand -1 ist.

Im letzten Schritt wird die Warnung erstellt. Die Erstellung einer benutzerdefinierten Warnung erfolgt genauso wie die Erstellung einer Standardwarnung.

23.4   Zusammenfassung

Der SQL Server zeichnet sich besonders bei der automatischen Durchführung gewisser Administrationsaufgaben aus. Zu diesen Aufgaben gehören:

▶ die Archivierung von Daten,

▶ die Archivierung von Transaktionsprotokollen,

▶ die Ausführung der UPDATE STATISTICS-Anweisung,

▶ die Ausführung der DBCC-Kommandos und

▶ die Durchführung des Datentransfers.

Die Verwaltung aller automatischen Aufgaben führt die SQL Executive-Komponente durch.

24 Die Untersuchung und Behebung entstandener Systemfehler

Dieses Kapitel ist der Entstehung und Behebung von Systemfehlern gewidmet. Im ersten Teil des Kapitels wird die allgemeine Form der SQL Server-Fehlermeldungen gezeigt und beschrieben. Danach werden die beiden Protokolle, in denen alle Systemmeldungen (und damit auch die meisten Fehler) aufgelistet werden, erläutert. Im zweiten Teil des Kapitels werden die Möglichkeiten beschrieben, die das SQL Server-System bietet, um Fehler zu beheben.

24.1 Fehlermeldungen

Wie wir schon am Anfang des Kapitels 21 erläutert haben, existieren insgesamt vier unterschiedliche Gruppen von Fehlern, die in einem SQL Server-System auftreten können. Für alle diese Fehler gilt, daß der SQL Server eine umfangreiche Information über jeden Fehler ausgibt. Die Information über jeden Fehler ist strukturiert und enthält:

▶ eine eindeutige Fehlernummer;

▶ eine zusätzliche Nummer zwischen 0 und 25, die den Schwierigkeitsgrad des Fehlers darstellt;

▶ eine Zeilennummer, die die Zeile, in der der Fehler aufgetreten ist, identifiziert und

▶ einen Fehlertext.

Hinweis   Der Fehlertext enthält nicht nur die Beschreibung des festgestellten Problems, sondern, in den meisten Fällen auch die Empfehlung, wie der Fehler zu beheben ist. Diese Empfehlung kann für den Benutzer sehr hilfreich sein.

Beispiel 24.1

```
use beispiel
select * from vertrieb
Fehler 208, Schweregrad 16, Status 2:
Ungültiger Objektname vertrieb
```

In Beispiel 24.1 ist eine fehlerhafte SELECT-Anweisung ausgegeben worden. Die Ausgabe enthält die vier o.g. Informationen.

Alle Fehlermeldungen sind in der Systemtabelle **sysmessages** der *master*-Datenbank gespeichert. Diese Systemtabelle enthält u.a. folgende Spalten:

Spalte	Beschreibung
error	eindeutige Fehlernummer
severity	Schwierigkeitsgrad des Fehlers
description	Fehlertext

Der Schwierigkeitsgrad eines Fehlers wird in Form einer Nummer zwischen 0 und 25 dargestellt. Die Werte zwischen 0 und 10 sind einfache Informationen, die nicht korrigiert werden müssen. Alle Werte zwischen 11 bis einschließlich 16 betreffen unterschiedliche Programmfehler und können dementsprechend vom Benutzer selbst korrigiert werden. Die Werte 17 und 18 stellen Software- bzw. Hardwarefehler dar, die die Arbeit des Anwenders generell nicht beenden.

Alle Fehler mit dem Schwierigkeitsgrad 19 oder höher stellen schwerwiegende Systemfehler dar. Der Programmteil, der einen solchen Fehler verursacht, wird beendet, und sein Prozeß wird anschließend entfernt.

Die in Bezug zu Programmfehlern stehenden Meldungen (also die Werte zwischen 11 und 16) werden ausschließlich am Bildschirm angezeigt. Alle Systemfehler (d.h. Fehler mit dem Schwierigkeitsgrad 19 oder höher) werden zusätzlich in die Fehlerprotokolldatei geschrieben.

Folgende Tabelle beschreibt den Schwierigkeitsgrad einzelner Gruppen von Fehlern:

Schwierigkeitsgrad	Beschreibung
0-10	Systeminformationen (keine Fehler).
11-16	Benutzerfehler.
17	Eine vom Systemadministrator konfigurierte Option (wie z.B. maximale Anzahl von Sperren) ist überschritten worden.
18	Interne Softwareprobleme im System.
19	Eine vom Systemadministrator nicht zu konfigurierende Systemoption wurde überschritten.
20	Der Fehler im laufenden Prozeß.
21	Der Fehler bezüglich aller Prozesse der aktuellen Datenbank.
22	Eine Tabelle bzw. ein Index ist inkonsistent geworden. Die erste Maßnahme in diesem Fall ist, das SQL Server-System zu stoppen und wieder zu starten. Falls diese Maßnahme nicht hilft, muß das DBCC-Kommando angewendet werden.
23	Die Datenbank ist inkonsistent. Die einzige Maßnahme ist, die Verwendung des DBCC-Kommandos, um die Schäden in der Datenbank festzustellen und eventuell zu korrigieren.

Schwierigkeitsgrad	Beschreibung
24	Hardwarefehler
25	Systemfehler

Um einen aufgetreten Fehler zu beheben, muß fast immer die ausführliche Beschreibung, die zu diesem Fehler existiert, gelesen werden. Die ausführlichen Fehlertexte können entweder in SQL Server-Handbüchern oder, seit Version 6.0, auch in der Online-Dokumentation gefunden werden.

Die Protokollierung der Fehlermeldungen beim SQL Server werden im

▶ SQL Server-Fehlerprotokoll und

▶ Windows NT-Ereignisprotokoll

durchgeführt.

24.1.1 Das SQL Server-Fehlerprotokoll

Für jedes SQL Server-System existiert ein Fehlerprotokoll (in Form mehrerer Textdateien). Im Fehlerprotokoll werden zusätzlich zu den Systemfehlern auch weitere Systemaktivitäten, wie Hochfahren, Archivieren, Wiederherstellen und Stoppen des Systems eingetragen. Der SQL Server verwaltet immer sieben Dateien, die alle zum Fehlerprotokoll gehören. Die aktuelle Datei heißt **errorlog** und die anderen sechs **errorlog.1** (die neueste) bis **errorlog.6** (die älteste). Das Dateiverzeichnis, in dem sich die Fehlerprotokolldateien standardmäßig befinden, heißt **/log.**

Das Fehlerprotokoll ist eine wichtige Quelle für den Systemadministrator, um die Funktionalität des Systems zu verfolgen und eventuell notwendige Maßnahmen zu ergreifen. Abbildung 24.1 zeigt den Ausschnitt aus einem Fehlerprotokoll.

Die Information im Fehlerprotokoll kann mit jedem zur Verfügung stehenden Texteditor oder mit dem SQL Enterprise Manager gelesen werden. Um das Fehlerprotokoll mit Hilfe des SQL Enterprise Managers zu lesen muß die Funktion „Fehlerprotokoll" im Menü „Server" angeklickt werden.

Erstellungsdatum	Zufuhr	Nachricht
96/08/08 09:34:50.63	kernel	Protokollieren der SQL Server-Meldungen in Datei 'C:\MSSQL\LOG\ERRORLOG'
96/08/08 09:34:50.74	kernel	initconfig: Anzahl der Benutzerverbindungen wurde auf 15 begrenzt.
96/08/08 09:34:50.74	kernel	SQL Server startet mit Prioritötsklasse 'normal' mit eingeschalteter Datenserver-Serialisierung (1 CPU vorgefunden).
96/08/08 09:34:50.92	kernel	DTC-Initialisierung wird versucht
96/08/08 09:34:52.75	server	Failed to obtain TransactionDispenserInterface: XACT_E_TMNOTAVAILABLE
96/08/08 09:34:53.16	kernel	Virtuelles Medium 0, C:\MSSQL\DATA\MASTER.DAT wird initialisiert.
96/08/08 09:34:53.34	kernel	Master-Datenbank Database .. wird ge÷ffnet.
96/08/08 09:34:54.51	spid1	Standardsortierreihenfolge und Standardzeichensatz von SQL Server wird geladen.
96/08/08 09:34:55.30	spid1	Datenbank 'master' wird wiederhergestellt.
96/08/08 09:34:55.42	spid1	Wiederherstellung von dbid 1 Pr²fpunkt (7967,9) älteste Transaktion=(7967,5)
96/08/08 09:34:56.56	spid1	2 Transaktionen vorgesetzt.
96/08/08 09:34:56.56	spid1	1 Transaktionen zur²ckgesetzt.
96/08/08 09:34:57.82	spid1	Disk 'MSDBData' wird aktiviert.
96/08/08 09:34:57.93	kernel	Virtuelles Medium 127, C:\MSSQL\DATA\MSDB.DAT wird initialisiert.
96/08/08 09:34:57.93	spid1	Disk 'MSDBLog' wird aktiviert.
96/08/08 09:34:57.94	kernel	Virtuelles Medium 126, C:\MSSQL\DATA\MSDBLOG.DAT wird initialisiert.
96/08/08 09:34:58.17	spid1	Server ist unbenannt.
96/08/08 09:34:58.69	spid1	Datenbank 'model' wird wiederhergestellt
96/08/08 09:34:58.92	spid1	Wiederherstellung von dbid 3 Pr²fpunkt (338,0) älteste Transaktion=(339,0)
96/08/08 09:34:59.64	spid1	tempdb wird gel÷scht.
96/08/08 09:35:07.15	kernel	Read Ahead Manager started.
96/08/08 09:35:07.22	kernel	Verwendet wird 'SQLEVN60.DLL', Version '6.00.000'.
96/08/08 09:35:08.32	kernel	Verwendet wird 'OPENDS60.DLL', Version '6.00.01.02'.
96/08/08 09:35:08.55	kernel	Verwendet wird 'NTWDBLIB.DLL', Version '6.50.201'.
96/08/08 09:35:08.70	ods	Verwendet 'SSNMPN60.DLL' Version '6.5.0.0', um '\\.\pipe\sql\query'zu ²berwachen.
96/08/08 09:35:10.74	spid11	Datenbank 'msdb' wird wiederhergestellt

Abbildung 24.1: Das Fehlerprotokoll des SQL Servers

24.1.2 Windows NT-Ereignisprotokoll

Der SQL Server schreibt zusätzlich alle Systemmeldungen in das Ereignisprotokoll von Windows NT: Das Ereignisprotokoll ist der Speicherungsort für alle Betriebssystem- und Anwendungsmeldungen eines Windows NT-Systems. Das Ereignisprotokoll kann mit Hilfe der Ereignisanzeige (*Event Viewer*) von Windows NT angezeigt werden.

Die Verwendung des Ereignisprotokolls für die Fehlersichtung hat gewisse Vorteile im Vergleich zum Fehlerprotokoll. Erstens sind alle Fehler im Ereignisprotokoll durch einen roten Punkt am Anfang der Zeile gekennzeichnet, so daß der Systemadministrator sie gleich erkennen kann. Zweitens bietet das Ereignisprotokoll eine zusätzliche Komponente, mit der die Suche nach gewünschten Teiltexten möglich ist.

24.2 Fehlerbehebung

Der Systemadministrator hat u.a. zwei Möglichkeiten, entstandene Fehler zu beheben bzw. zu beseitigen:

▶ durch die Verwendung des KILL-Kommandos und

▶ durch die Verwendung des DBCC-Kommandos.

Mit dem KILL-Kommando kann ein Prozeß aus dem System entfernt werden. Die Syntax dieses Kommandos ist:

```
kill spid,
```

wobei **spid** die eindeutige Identifikationsnummer des Prozesses innerhalb des Systems (*System Process ID*) ist. Die Information über die existierenden Prozesse und die ihnen zugehörigen Identifikationsnummern kann mit Hilfe der Systemprozedur **sp_who** ausgegeben werden.

Das DBCC-Kommando überprüft und, falls notwendig, repariert inkonsistente logische DB-Objekte und physikalische Datenstrukturen eines SQL Server-Systems. Mit diesem Kommando können u.a. folgende Angaben bezüglich der Objekte gemacht werden:

▶ CHECKTABLE(tab_name);

▶ CHECKDB [(db_name)];

▶ TABLEALLOC ({tab_name|tab_id});

▶ INDEXALLOC ({tab_name|tab_id}), index_id ;

▶ CHECKALLOC [(db_name)];

▶ CHECKCATALOG [(db_name)] und

▶ REINDEX ({tab_name|tab_id}).

Die Angabe CHECKTABLE überprüft für die angegebene Tabelle die Konsistenz der Daten- und Indexseiten, die Konsistenz der Zeiger und die Richtigkeit der Sortierung der Indizes. Falls das Transaktionsprotokoll auf einem eigenem Datenbankmedium gespeichert ist, kann diese Angabe für die Ausgabe der Information über die Belegung des Transaktionsprotokolls verwendet werden. Die zweite Angabe – CHECKDB – ist identisch der CHECKTABLE-Angabe, überprüft aber alle Tabellen der angegebenen bzw. aktuellen Datenbank.

Die Angabe TABLEALLOC überprüft für die angegebene Tabelle, ob alle von ihr verwendeten physikalischen Seiten richtig allokiert sind, und ob Seiten allokiert sind, die die Tabelle nicht verwendet. Mit dieser Angabe können alternativ drei Optionen – FULL, OPTIMIZED und FAST – verwendet werden, die unterschiedliche Arten von Seitenallokierungen überprüfen. Jede Tabelle kann mit TABLEALLOC entweder überprüft oder auch repariert werden. Mit der Option FIX, die die Voreinstellung für die Benutzertabellen ist, wird auch die Reparatur der Tabellen durchgeführt. Die zweite alternative Option – NOFIX – startet nur die Überprüfung der Tabelle. (Diese Option ist die Voreinstellung für die Systemtabellen.)

Die Angabe INDEXALLOC macht Überprüfungen (und eventuell auch Reparaturen) für einen angegebenen Index in derselben Art und Weise, wie dies die Angabe TABLE-

ALLOC für die Tabellen tut. Alle von TABLEALLOC unterstützten Optionen können auch mit der INDEXALLOC-Angabe verwendet werden.

Die letzte Angabe aus dieser Gruppe – CHECKALLOC – entspricht der Ausführung der Angaben TABLEALLOC bzw. INDEXALLOC für jede Tabelle bzw. jeden Index der angegebenen Datenbank. (Falls kein Datenbankname angegeben ist, wird CHECKALLOC auf die aktuelle Datenbank angewendet.) Im Unterschied zu TABLEALLOC bzw. INDEXALLOC führt CHECKALLOC nur die Überprüfung der Tabellen und Indizes durch.

Die Angabe CHECKCATALOG überprüft sowohl die Konsistenz jeder Systemtabelle der angegebenen Datenbank als auch die Konsistenz der existierenden Verbindungen zwischen unterschiedlichen Systemtabellen. Falls der Datenbankname nicht angegeben ist, werden die Systemtabellen der aktuellen Datenbank überprüft.

Mit der Angabe REINDEX wird die Konsistenz aller Indizes der angegebenen Benutzertabelle überprüft. Diese Angabe stellt in gewisser Weise eine "schnelle" Version der CHECKTABLE-Angabe dar.

25 Die Durchführung der Maßnahmen zur Verbesserung der Performance

In diesem Kapitel werden die Maßnahmen erörtert, die zur Verbesserung der Performance eines SQL Server-Systems führen können. Nach der allgemeinen Einführung werden sowohl Hardware- als auch Softwarekomponenten beschrieben, die die Systemperformance beeinflussen. Am Ende des Kapitels werden die SQL Server-Werkzeuge dargestellt, die die Überwachung der Performanceparameter ermöglichen.

25.1 Einführung

Die Verbesserung der Performance eines SQL Server-Systems ist eine wichtige Aufgabe, die die meiste Zeit des Systemadministrators in Anspruch nimmt. Diese Aufgabe, im Unterschied zu den anderen Administrationsaufgaben, bezieht sich auf eine breite Palette sehr unterschiedlicher Maßnahmen, die alle Bereiche des Datenbanksystems betreffen. Falls ein Performanceproblem auftritt, kann es z.B. durchaus notwendig sein, sowohl die Software (den Server, und die Anwendungen) als auch die Hardware zu tunen.

Die Performance eines Systems kann nach zwei Kriterien gemessen werden:

▶ der Anwortzeit und

▶ dem Durchsatz.

Die Antwortzeit eines Systems kennzeichnet das Zeitintervall zwischen dem Start einer Abfrage und der Ausgabe der ersten Ergebnisreihe. Bei den Antwortzeiten eines Systems ist es wichtig, daß die meisten Abfragen (80%-90%) einer Anwendung die in der Spezifikation vorgesehene Zeitgrenze nicht überschreiten.

Der Durchsatz eines Systems kennzeichnet die Anzahl der Datenbankoperationen, die innerhalb einer im voraus vorgegebenen Zeit (gewöhnlich eine Sekunde) ausgeführt werden können. Der Durchsatz steht damit in direkter Verbindung zu den Anwortzeiten: Wenn sich die Anwortzeiten eines Systems verschlechtern (weil z.B. sehr viele Anwender gleichzeitig das System benutzen), sinkt auch die Durchsatzrate des Systems.

Die Performance eines Systems wird gewöhnlich durch die Anzahl der Ein- und Ausgabeoperationen, die bei der Abarbeitung einer Transaktion notwendig sind, die Benutzung der Prozessorzeit und die Antwortzeit gemessen. Für das Messen der Performance der relationalen Datenbanksysteme und damit auch des SQL Servers existieren mehrere standardardisierte Benchmarktests.

Insgesamt existieren drei Bereiche, die generell die Performance eines Systems beein-flußen können. Dies sind:

▶ Anwendungen,

▶ das Datenbankmanagementsystem und

▶ die Systemressourcen.

In den folgenden Abschnitten wird jeder einzelne Bereich beschrieben.

25.2   Anwendungen und die Performance

Die Anwendungsebene spielt eine wichtige Rolle in bezug auf die Performance eines Systems. Folgende Komponenten einer Anwendung beeinflußen maßgeblich die Per-formance:

▶ Benutzeranforderungen,

▶ logisches bzw. physikalisches Design und

▶ der Benutzercode.

25.2.1   Benutzeranforderungen

Die Performance eines Systems wird für Endbenutzer gewöhnlich durch die Antwort-zeiten gemessen. Es ist sehr wichtig, daß die Antwortzeiten eines Systems für kritische Aktivitäten zusammen mit den Benutzern festgelegt und in der Systemspezifikation niedergeschrieben werden.

Die Festlegung der Antwortzeiten soll nicht generell und vage („Alle Benutzer sollten die Antwort des Systems innerhalb von fünf Sekunden bekommen") sondern reali-stisch und genau definiert werden. Eine entsprechend genaue Beschreibung der Ant-wortzeiten liefert etwa der folgende Text:

„Nach der Bestätigung durch die RETURN-Taste innerhalb jedes Formulars in allen Anwendungen der Verkaufsapplikation soll die Antwortzeit für 70% der Transaktio-nen innerhalb fünf und der restlichen 30% innerhalb acht Sekunden liegen".

25.2.2   Logisches und physikalisches Datenbankdesign

Das logische und physikalische Design sind die letzten beiden Schritte, die beim Ent-wurf einer Datenbank ausgeführt werden müssen. (Die vorausgehenden Schritte sind die Erstellung der Spezifikation (Analyse) und das konzeptionelle Design.)

Die wichtigste Maßnahme bezüglich der Performance während des logischen Designs ist die Durchführung der Normalisierung von Daten. Jede relationale Datenbank, de-ren Daten nicht normalisiert wurden, wird die Erstellung der performanten Anwendungen unmöglich machen. Der Grund dafür liegt darin, daß die Datennormalisierung die Nichtredundanz der Daten zur Folge hat, was eine wichtige Voraussetzung für die Performance des Systems ist. Die Normalisierung der Daten ist ausführlich in Kapitel 1 beschrieben.

Obwohl die Normalisierung der Daten einer Datenbank die Voraussetzung für eine gute Performance ist, ist es oft notwendig, in der Phase des physikalischen Designs, einige Tabellen der Datenbank zu denormalisieren. Die Denormalisierung der Daten bedeutet, daß einzelne Tabellen der Datenbank zusammengefaßt werden, was die Anzahl der Tabellen verringert, aber die Datenredundanz erhöht. Die Beschreibung der Situationen, die eine Denormalisierung erforderlich machen können, liegt außerhalb der Themen dieses Buches. Die Erörterung entsprechender Fälle kann in den Büchern, die sich speziell mit dem Datenbankdesign beschäftigen, gefunden werden (siehe z.B. BCN[92]).

Die Erstellung der Indizes ist eine zweite Aufgabe, die während des physikalischen Datenbankdesigns durchgeführt wird und die maßgeblich die Performance eines Systems beeinflußen kann. Sowohl der Unterabschnitt 10.1.3 als auch der Abschnitt 10.2 geben allgemeine Hinweise, wann ein Index erstellt bzw. nicht erstellt werden soll.

25.2.3 Die Effizienz des Benutzercodes

Die Art und Weise, wie ein Programm, das auf Daten einer Datenbank zugreift, implementiert ist, kann die Performance eines Systems erhöhen bzw. verschlechtern. Es existieren sehr viele Hinweise, die generell einen guten Programmierstil beschreiben und die für alle Programmiersprachen gelten.

In diesem Abschnitt werden wir einen spezifischen Fall eines guten Programmierstils bezüglich der Datenbankprogrammierung erörtern. Der erste und gleichzeitig wichtigste Punkt stellt die optimale Programmierung von Datenbankzugriffen dar. In den Datenbankanwendungen werden häufig die Datenmanipulationsanweisungen verwendet, die gleichzeitig viele Reihen einer Tabelle auswählen bzw. ändern. In solchen Fällen ist es immer besser, die Ergebnismenge aller Reihen mit einer Anweisung (SELECT z.B.) festzulegen, als für jede Reihe einmal die entsprechende Anweisung durchzuführen. Der Vorteil der ersten Art der Programmierung ist, daß die entsprechende Anweisung eine wesentlich geringere Anzahl von E/A-Operationen erfordert und nur einmal vorübersetzt werden muß.

Die ganze Problematik des effizienten Programmierstils bezüglich der Datenbankanwendungen kann in der Literatur (s. PET[90]) gefunden werden.

25.3 Das Datenbankmanagementsystem

Das Datenbankmanagementsystem kann auch die Performance des Systems beeinflussen. Die beiden wichtigsten Bereiche des DBMS, die Performance erhöhen bzw. verschlechtern können, sind:

▶ der Optimierer und

▶ die Sperren.

25.3.1 Der Optimierer

Die Aufgabe des Optimierers ist es, mehrere Strategien für die Ausführung einer Datenmanipulationsanweisung zu erstellen und danach die mit den niedrigsten Kosten auszuwählen. Die Arbeit des Optimierers ist sehr wichtig bezüglich der Performance, weil durch die Auswahl einer falschen Strategie alle betroffenen Anwendungen eine schlechte Performance haben werden. Die ganze Problematik der Anweisungsoptimierung ist in Abschnitt 10.3 beschrieben.

25.3.2 Sperren

Sperren stellen das Mittel dar, mit dem der konsistente Zugriff auf Daten für viele Benutzer ermöglicht wird. Die Auswahl des Objektes, das gesperrt wird, beeinflußt in hohem Maße die Performance des Systems. Grundsätzlich gilt, daß eine Reihensperre in den meisten Fällen die beste Performance ermöglicht, weil dadurch der ungehinderte Zugriff auf Daten für mehr Benutzer möglich ist als bei einer Seiten- bzw. Tabellensperre. Das Sperren der Objekte ist in Abschnitt 14.3 ausführlich beschrieben.

25.4 Systemressourcen

Neben den o.g. Themen, die in Bezug auf Datenbankanwendungen stehen, kann auch die Hardware bzw. die Systemsoftware die Performance eines Datenbankmanagementsystems beeinflußen. Zu diesen Komponenten gehören:

▶ der Prozessor,

▶ der Arbeitsspeicher,

▶ die Platten-Ein- und -Ausgabe und

▶ das Netzwerk.

25.4.1 Die Effizienz des Prozessors

Der Prozessor verwaltet die Aktivitäten anderer Ressourcen eines Systems und führt die Benutzerprozesse aus. Die Effizienzprobleme bezüglich des Prozessors treten auf, wenn mehrere Prozesse den Prozessor für ihre Aktivitäten gleichzeitig benutzen wollen. In diesem Fall kann es passieren, daß fast die ganze Prozessorzeit für den Transfer der physikalischen Seiten zwischen dem Arbeits- und Plattenspeicher (und zurück) verwendet wird.

Die Effizienz des Prozessors wird oft in der Praxis durch die Ausführung sehr langer Transaktionen (während der gleichzeitigen Ausführung vieler OLTP-Anwendungen) maßgeblich beeinträchtigt. Die Verbesserung der CPU-Effizienz und damit auch die Performance des ganzen Systems ist in diesem Fall sehr einfach: Alle Anwendungen mit langen Transaktionen sollten außerhalb der Stoßzeiten ausgeführt werden!

Die Anwendungen mit sehr langen Transaktionen können auch durch die explizite Vergabe der Prozeßprioritäten so beeinflußt werden, daß sie keine wesentliche Verminderung der Prozessoreffizienz verursachen. In diesem Fall empfiehlt es sich, solchen Anwendungen eine niedrigere Priorität als den allgemeinen OLTP-Anwendungen zuzuweisen.

Die Verminderung der Prozessoreffizienz ist oft nur die Folge der vorherigen Überlastung des Arbeitsspeichers bzw. der Platten-Ein- und -Ausgabe. Die beiden nächsten Abschnitte beschreiben Performanceprobleme in bezug auf diese beiden Systemkomponenten.

Die Verbesserung der Prozessoreffizienz kann auch durch die Verwendung eines Mehrprozessorrechners erreicht werden. Der SQL Server unterstützt die Mehrprozessorenrechner durch seine Multithreading-Architektur. (Die Multithreading-Architektur ist in Kapitel 15 beschrieben worden.)

In bezug auf den Prozessor existiert ein Parameter – %Prozessorzeit –, der den Prozentsatz der Prozessorzeit bei der Ausführung eines *threads* ermittelt. Der Wert von 80-90% signalisiert eine zu hohe Prozessorzeit und damit einen Engpaß.

25.4.2 Arbeitsspeicher

Generell gilt, je mehr Arbeitsspeicher dem SQL Server-System zur Verfügung gestellt wird, desto performanter wird das System. Die Vergrößerung des Arbeitsspeichers ermöglicht dem SQL Server mehr Daten von der Platte zu holen und damit aufwendige Plattenzugriffe zu reduzieren. Das Ergebnis ist die erhöhte Performance des ganzen Systems. (Die Empfehlungen bezüglich der Größe des Arbeitsspeichers eines SQL Server-Systems können in Abschnitt 18.1 gefunden werden.)

Bei der Untersuchung der Performance in bezug auf den Arbeitsspeicher sollte der Systemadministrator folgende Parameter überwachen:

▶ Cache-Trefferquote,

▶ Seitenfehler pro Sekunde und

▶ E / A-Lazy Writer-Schreiboperationen pro Sek.

Der Parameter für die Cache-Trefferquote ermittelt den Prozentsatz der physikalischen Seiten, die im Arbeitsspeicher vorgefunden werden können. (Falls eine Reihe sich nicht im Arbeitsspeicher befindet, muß die physikalische Seite, auf der sie sich befindet, von der Platte gelesen werden.) Damit ist ein hoher Prozentsatz (etwa 95%) des Cache-Trefferquote-Parameters ein Indikator für die optimale Größe des Arbeitsspeichers.

Falls dieser Prozentsatz ständig unter 85% liegt, bedeutet es, daß der dem SQL Server-System zur Verfügung stehende Arbeitsspeicher nicht ausreicht. In diesem Fall soll die Größe des Arbeitsspeichers für den SQL Server vergrößert werden.

Der Parameter „Seitenfehler pro Sekunde" ermittelt die Anzahl der virtuellen Seiten, die nicht im Arbeitsspeicher gefunden werden können. (Eine physikalische Seite, die aus dem Arbeitsspeicher entfernt werden muß, wird immer in den sogenannten virtuellen Speicherbereich ausgelagert.) Jede Seite, die im Arbeitsspeicher nicht gefunden wurde, muß aus dem virtuellen Speicherbereich geholt werden, was die Zugriffszeit auf diese Seite erheblich verlängert.

Der Wert des Parameters „Seitenfehler pro Sekunde" sollte ständig gegen 0 tendieren. Falls dieser Wert ständig positiv ist, sollte der dem SQL Server zur Verfügung stehende Arbeitsspeicher verringert werden. (Dies ist ein Indikator dafür, daß das Betriebssystem selbst zu wenig Arbeitsspeicher zur Verfügung hat.)

Der Parameter „E/A-Lazy Writer-Schreiboperationen pro Sek." ermittelt die Anzahl von "dirty pages", die pro Sekunde auf die Platte geschrieben werden („dirty pages" kennzeichnet jene physikalischen Seiten im Arbeitsspeicher, die geänderte aber noch nicht auf die Platte gesicherte Reihen beinhalten.) Falls der Wert dieses Parameters ständig positiv ist, bedeutet es, daß die „dirty pages" ständig auf die Platte geschrieben werden. Dies ist gleichzeitig der Indikator dafür, daß der Datenpuffer vergrößert werden sollte.

25.4.3 Platten-Ein- und -Ausgabe

Platten-Ein- und -Ausgabe sollte immer soweit wie möglich reduziert werden. Der Grund dafür ist, daß der Zugriff auf die Platte um einiges länger dauert als der Zugriff auf Reihen, die sich schon im Arbeitsspeicher befinden. Andererseits sollten die notwendigen Plattenzugriffe an sich so weit wie möglich performant sein.

Zwei Parameter stehen in bezug auf Platten-Ein und -Ausgabe:

▶ E/A-Protokolleinträge pro Sek.

▶ E/A-unerledigte Lese- bzw. Schreibvorgänge

Der Parameter „E/A-Protokolleinträge pro Sek." ermittelt die Anzahl der Protokollseiten, die pro Sekunde auf die Platte geschrieben werden. Falls der Wert von Protokolleinträgen die maximale Protokollierungsanzahl (60-70 pro Sekunde bei einer normalen

Platte) erreicht, sollte eine „schnellere" Platte für die Protokollierung verwendet werden.

Der Parameter „E/A-unerledigte Lese- und Schreibvorgänge" ermittelt die Anzahl der offenstehenden Plattenzugriffe. Eine hohe Diskrepanz bei den Werten dieses Parameters für verschiedene Platten des Systems signalisiert eine schlechte Datenverteilung. In diesem Fall ist es empfehlenswert, die Konfiguration der Datenbank-Medien und Segmente zu überprüfen.

25.4.4 Netzwerkeffizienz

Der verminderte Durchsatz des Netzwerkes ist oft eine Ursache der schlechten Performance in einer Client-Server-Konfiguration. Das Netzwerk erweist sich als Flaschenhals eines solchen Systems, falls die Datenmenge, die übers Netz übertragen wird, die Kapazität des Netzwerkes übersteigt. Durch das gezielte Tunen der Programme, an den Stellen, wo sie auf Daten zugreifen, können solche Netzwerkprobleme weitestgehend vermieden werden.

Folgende allgemeine Hinweise können oft bei der Verbesserung der Netzwerkeffizienz helfen:

▶ falls die Daten einer Client-Server-Umgebung vom Datenbank-Server an die Anwendung gesendet werden, ist es unbedingt empfehlenswert, nur diejenigen Daten übers Netz zu senden, die zur Ergebnismenge gehören.

▶ falls eine lange Anwendung in einer Client-Server-Umgebung läuft, ist es empfehlenswert, sie ausschließlich auf der Server-Seite laufen zu lassen.

▶ die Daten, die übers Netz übertragen werden sollen, sollten (vor der Übertragung) komprimiert werden.

25.4.5 Benutzerverbindungen

Die Anzahl der aktiven Benutzer beeinflußt in großem Maße die Performance eines Systems. Ein SQL Server-System, das mit 40 aktiven Benutzern eine gute Performance aufweist, kann u.U. mit 70 Benutzern unerträglich langsam sein.

Der Parameter „Benutzerverbindungen" ermittelt die Anzahl der aktiven Benutzer. Falls ein System zu viele aktive Benutzer aufweist und dadurch die Durchsatzrate sehr gering ist, muß der Systemadministrator versuchen, unterschiedliche Ressourcen (Prozessorenanzahl, Arbeitsspeicher usw.) zu erhöhen, um die Performance zu verbessern.

25.5 Komponenten zur Überwachung der Performance

Die Überwachung der Systemperformance kann beim SQL Server mit Hilfe zweier Komponenten,

▶ des Systemmonitors und

▶ des SQL Enterprise Managers

durchgeführt werden.

25.5.1 Der Systemmonitor

Der Systemmonitor ist eine Windows NT-Komponente, mit der sowohl die Aktivitäten des SQL Servers als auch des Betriebssystems selbst überwacht werden können. Die Stärke des Systemmonitors ist, daß er eng in Windows NT integriert ist, und damit zuverlässige Performanceaussagen liefert.

Hinweis   Die Benutzung des Systemmonitors kann die Systemeffizienz verringern. Bei einer Einprozessormaschine verringert sich die Systemeffizienz um etwa 5%, während der Zeit, in der der Systemmonitor aktiv ist.

Um den Systemmonitor zu starten, muß die Ikone „SQL Performance Monitor" in der SQL Server-Programmgruppe angeklickt werden. Danach erscheint das Dialogfeld „Systemmonitor" (Abbildung 25.1).

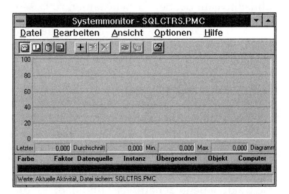

Abbildung 25.1: Das Dialogfeld „Systemmonitor"

Standardmäßig gibt der Systemmonitor die Information über folgende Parameter:

▶ Cache-Trefferquote,

▶ E/A-Stapeleinträge pro Sek.,

▶ E/A-Gelesene Seiten pro Sek.

▶ E/A-Einseiten-Schreiboperationen pro Sek. und

▶ Benutzerverbindungen.

Die angezeigten Parameter geben ein unzureichendes Bild über die gesamte Performance des SQL Server-Systems. Der Systemmonitor ermöglicht auch die Anzeige weiterer Parameter.

25.5.2 Der SQL Enterpise Manager und das Überwachen der Systemperformance

Die Verwendung des Dialogfeldes „Aktuelle Aktivität" im SQL Enterprise Manager bietet eine Ergänzung zu der Verwendung des Systemmonitors. Um diese Komponente auszuwählen, muß in der Symbolleiste des „Server Manager"-Fensters die Schaltfläche „Aktuelle Aktivität" angeklickt werden. Im gleichnamigen Dialogfeld können drei unterschiedliche Typen der Information gesichtet werden:

▶ Benutzeraktivität,

▶ Aktivitätsdetail und

▶ Objektsperren.

Die Benutzeraktivität (Abbildung 25.2) zeigt alle existierenden Verbindungen und ihre Aktivitäten.

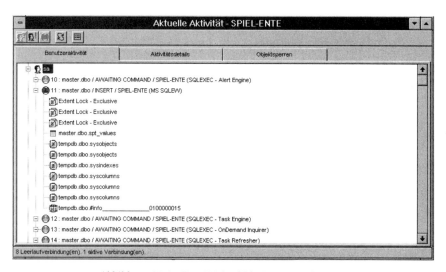

Abbildung 25.2: Das Dialogfeld „Benutzeraktivität"

Die Aktivitätsdetails (Abbildung 25.3) liefert die zusätzliche Information über einzelne Prozesse, während „Objektsperren" die Sperren während des Systemlaufs anzeigt.

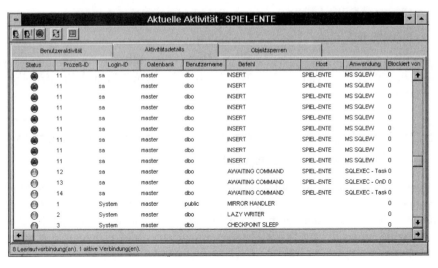

Abbildung 25.3: Das Dialogfeld „Aktivitätsdetails"

Die Stärke des Dialogfeldes „Aktuelle Aktivität" liegt besonders in der Möglichkeit, die ausführliche Information über einen Prozeß zu sichten. Um dies zu erreichen, muß die Schaltfläche „Weitere Angaben" in der Symbolleiste dieses Dialogfeldes angeklickt werden (Abbildung 25.4).

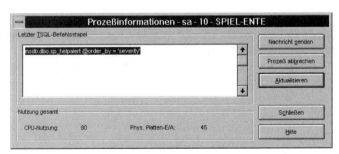

Abbildung 25.4: Das Dialogfeld „Prozeßinformation"

25.6 Zusammenfassung

Die Performance eines SQL Server-Systems kann durch folgende Systemkomponenten beeinflußt werden:

▶ Anwendungsprogramme,
▶ Systemsoftware und
▶ Systemressourcen.

In bezug auf die Anwendungen spielen folgende Bereiche eine Rolle bei der Performance eines Systems:

▶ Benutzeranforderungen,
▶ logisches bzw. physikalisches Design und
▶ Benutzercode.

Die Komponenten der Datenbanksoftware, die die Performance beeinflussen, sind:

▶ der Optimierer und
▶ Sperren.

Die Systemressourcen, die die Performance beeinflußen können, sind:

▶ der Prozessor,
▶ der Arbeitsspeicher,
▶ die Platten-Ein- und -Ausgabe und
▶ das Netzwerk.

26 Datenreplikation

In diesem Kapitel wird die Möglichkeit gezeigt, wie der SQL Server gleiche Daten an mehreren Rechnern im Netz verarbeiten kann. Zuerst wird erläutert, wie die Datenreplikation funktioniert und welche unterschiedlichen Komponenten diesen Mechanismus bilden. Im zweiten Teil des Kapitels wird ein Szenario dargestellt, wie einzelne Schritte bei der Datenreplikation mit Hilfe des SQL Enterprise Managers implementiert werden können.

26.1   Einführung

In einigen EDV-Umgebungen ist es oft notwendig, Daten an mehreren Rechnern im Netz gleichzeitig verarbeiten zu können. Diese Eigenschaft kann heutzutage bei den Datenbanksystemen auf zwei unterschiedliche Arten gelöst werden:

▶ mit Hilfe des Zwei-Phasen-Commits und

▶ mit Hilfe der Datenreplikation.

Der Zwei-Phasen-Commit ist ein Mechanismus, der die Konsistenz aller an einer Transaktion beteiligten Datenbanken gewährleistet. Er wird verwendet, wenn innerhalb einer Transaktion Änderungen an zwei oder mehreren im Netz befindlichen Datenbanken durchgeführt werden. Die Voraussetzung für den Zwei-Phasen-Commit ist, daß alle beteiligten Datenbanken mit dem Transaktionsprotokoll erstellt wurden. Die Transaktion in einer solchen Umgebung muß immer einen Server haben, der die koordinierende Aufgabe übernimmt.

Die Datenreplikation ist eine Alternative zum Zwei-Phasen-Commit, um die Konsistenz aller an einer Transaktion beteiligten Daten auf mehreren Servern im Netz zu gewährleisten. Im Unterschied zum Zwei-Phasen-Commit, wo alle Daten nur einmal vorkommen, existieren die Daten bei der Replikation mehrfach auf verschiedenen Servern im Netz.

Hinweis   Wir möchten an dieser Stelle noch einmal die wichtigsten Unterschiede zwischen dem Zwei-Phasen-Commit und der Datenreplikation hervorheben. Bei dem Zwei-Phasen-Commit handelt es sich um verteilte Datenbanken, wo nicht redundante Daten auf mehrere Knoten eines Netzes verteilt sind. Der Zwei-Phasen-Commit funktioniert immer synchron: Die Änderungen der Daten auf allen Servern im Netz werden gleichzeitig durchgeführt. Bei der Datenreplikation handelt es sich um mehrere Server im Netz, auf denen die von ihnen verwalteten Daten (oder ein Teil davon) mehrfach vorhanden sind. Zusätzlich dazu werden alle Änderungen an den mehrfach vorhanden Daten asynchron (d.h. mit einer Zeitverzögerung zwischen den einzelnen Änderungen) durchgeführt.

Historisch gesehen haben die Datenbankhersteller zuerst den Zwei-Phasen-Commit in ihren Datenbanksystemen implementiert, um das Problem der gleichzeitigen Änderung von Daten auf mehreren Servern im Netz zu lösen. Nach dem praktischen Einsatz des Zwei-Phasen-Commits hat sich schnell herausgestellt, daß eine größere Anzahl von Datenbankservern, die an den Änderungen innerhalb einer Transaktion teilnehmen, performantes Arbeiten praktisch unmöglich macht. Danach wurde die Datenreplikation als Alternative entdeckt und bis jetzt bei allen Datenbanksystemen mit einem größeren Erfolg als der Zwei-Phasen-Commit angewendet.

26.1.1 Datenreplikation – Überblick

Um die Datenreplikation bei den existierenden Datenbanksystemen zu ermöglichen, existieren zwei unterschiedliche Alternativen. Die Datenreplikation kann:

▶ mit Hilfe des Transaktionsprotokolls oder
▶ mit Hilfe von Triggern

implementiert werden.

Der SQL Server verwendet das Transaktionsprotokoll, um die Daten zu replizieren. Dabei werden immer einzelne Transaktionen von einem (Quell-)Server auf einen oder mehrere Zielserver gesendet.

Hinweis   Bei der Datenreplikation wird zwischen der sogenannten „master/ slave"- und „peer to peer"-Konfiguration unterschieden. Die „master/ slave"-Konfiguration kennzeichnet jenes Verfahren, wo zu jedem Zeitpunkt nur ein Server das Recht hat, Daten zu ändern. Bei der „peer to peer"-Konfiguration ist es möglich, daß mehrere Server zu demselben Zeitpunkt die replizierten Daten ändern. Der SQL Server V6 hat die „master/slave"-Konfiguration.

Die Datenreplikation beim SQL Server funktioniert auf der Basis des „Publizierens und Abonnierens"-Konzeptes. Der Quellserver publiziert die Daten, die die anderen Server im Netz abonnieren können. (Das Abonnieren kann für alle oder einen Teil der angebotenen Daten des Quellservers erfolgen.)

Bevor wir uns mit den unterschiedlichen Rollen, die einzelne Server im „Publizieren und Abbonieren"-Konzept spielen können, beschäftigen, werden wir noch einmal erläutern, was repliziert werden kann.

Es existieren insgesamt zwei Arten von Daten, die eine Rolle bei der Datenreplikation spielen:

▶ Artikel und
▶ Publikation.

Ein Artikel ist die Basiseinheit des Replikationsprozesses und kann entweder eine Tabelle oder ein Teil einer Tabelle sein. Ein Artikel kann nicht publiziert werden, sondern existiert nur als Teil einer Publikation.

Eine Publikation enthält eines oder mehrere der folgenden Elemente, die gleichzeitig Artikel darstellen:

▶ Tabelle,

▶ vertikal partitionierte Tabelle,

▶ horizontal partitionierte Tabelle oder

▶ vertikal und horizontal partitionierte Tabelle.

Eine Publikation darf Folgendes nicht enthalten:

▶ eine Tabelle ohne den explizit definierten Primärschlüssel,

▶ eine der Systemdatenbanken,

▶ die Systemtabellen der *master*-Datenbank und

▶ die Tabellenspalten, die vom Typ TIMESTAMP sind bzw. die IDENTITY-Eigenschaft haben.

Logisch gesehen existieren insgesamt drei Typen von Servern, die bei der Datenreplikation eine Rolle spielen:

▶ Publikationsserver,

▶ Abonnementserver und

▶ Verteilungsserver.

Der Publikationsserver ist für die Verwaltung der replizierten Daten verantwortlich. Zusätzlich dazu schickt er alle zu replizierenden Daten an den Verteilungsserver, der anschließend diese Daten an die Abonnenten verteilt.

Der Verteilungsserver ist für den Empfang und die Weiterverteilung der replizierenden Daten verantwortlich. Zu diesem Zweck wird vom Verteilungsserver eine Verteilungsdatenbank verwaltet, die alle zu replizierenden Daten enthält.

Der Abonnementserver empfängt die für ihn vorgesehenen replizierten Daten und verwaltet sie anschließend. Die replizierten Daten auf dem Abonnementserver können nur gelesen werden.

Verleger (Publikationsserver), Verteiler und Abonnent sind drei Rollen, die zum logischen Konzept beim SQL Server gehören. Ein Server kann eine oder mehrere dieser Rollen in einer spezifischen Datenreplikation spielen. Zum Beispiel stellt in vielen praktischen Fällen ein SQL Server sowohl den Publikations- als auch den Verteilungsserver dar. Genauso kann es vorkommen, daß ein Server alle drei Rollen in einer Konfiguration übernimmt. (Die SQL Server-Handbücher bieten eine ausführliche Darstellung unterschiedlicher Modelle der Datenreplikation.)

26.1.2 Wie funktioniert die Datenreplikation?

Bei der Durchführung der Datenreplikation spielen folgende Komponenten eine Rolle:

▶ der Protokoll-Leseprozeß („log reader process"),

▶ die Verteilungsdatenbank,

▶ der Synchronisationsprozeß und

▶ der Verteilungsprozeß.

Wie wir schon erwähnt haben, basiert die Datenreplikation beim SQL Server auf den Transaktionen. Die Transaktionen, die Daten für die Replizierung beinhalten, werden vom Produktionsserver im Transaktionsprotokoll durch eine Markierung extra gekennzeichnet. Der Protokoll-Leseprozeß durchsucht das Transaktionsprotokoll nach solchen markierten Transaktionen und überträgt sie zum Verteilungsserver.

Der Verteilungsserver speichert alle für die Replizierung vorbereiteten Transaktionen in die Verteilungsdatenbank. Diese Transaktionen bleiben in der Datenbank erhalten, bis alle Abonnenten die ihnen zugehörigen Daten empfangen bzw. geholt haben.

Der Synchronisationsprozeß wird bei der Erstellung der Replikation angewendet. Er gewährleistet, daß das Schema und die Daten der Datenbank auf der Abonnentenseite eine genaue Abbildung des Schemas und der Daten der zu replizierenden Datenbank auf der Verlegerseite sind. Der Synchronisationsprozeß wird immer bei neuen Abonnementservern angewendet. Nach der Initialisierung eines neuen Abonnenten durch den Synchronisationsprozeß wird keine weitere Synchronisation durchgeführt.

Der Verteilungsprozeß verteilt alle zu replizierenden Publikationen, die sich in der Verteilungsdatenbank befinden, an alle Abonnenten. Jedem Abonnenten wird ein spezifischer Verteilungsprozeß zugewiesen. Nach der erfolgreichen Beendigung aller Verteilungsprozesse bezüglich einer Transaktion, wird der entsprechende Eintrag in der Verteilungsdatenbank entfernt.

Der Verteilungsprozeß repliziert die Transaktionen an einzelne Abonnenten als SQL-Anweisungsfolge bzw. DB-Prozeduren. Die Verwendung der SQL-Anweisungen (anstatt der Übertragung der modifizierten Daten) ist vorteilhaft, weil das Netz wesentlich weniger belastet wird. Diese Vorgehensweise erklärt auch, warum die Daten einer zu replizierenden Datenbank auf den Produktions- und den Abonnementservern vorher synchronisiert werden müssen.

Die Synchronisation zwischen dem Publikations- und dem Abonnementserver kann vier unterschiedliche Modi haben:

▶ automatisch,

▶ manuell

▶ ohne Synchronisierung und

▶ als *snapshot*.

Der automatische Synchronisationsmodus kennzeichnet die zeitgesteuerte Durchführung der Datenreplikation, die vom SQL Server verwaltet wird. Dieser Modus ist gleichzeitig der Standardmodus.

Die manuelle Synchronisation der Datenreplikation bedeutet, daß der Systemadministrator selbst den Abgleich der Datenbanken auf der Verleger- und Abonnentenseite durchführen muß. Dieser Modus erfordert einen großen Aufwand und ist nur in speziellen Fällen zu empfehlen.

Der dritte Modus – ohne Synchronisierung – umgeht den Synchronisationsprozeß. In diesem Fall wird implizit angenommen, daß der Abgleich der Daten auf der Verleger- und Abonnentenseite vorher durchgeführt wurde.

Der letzte Modus – *snapshot* – kennzeichnet die Durchführung der Datenreplikation auf der Tabellenebene in regelmäßigen Zeitabständen. Dieser Modus ist nicht transaktionsorientiert wie die übrigen, sondern zeitlich geplant.

Die Datenreplikation wird mit Hilfe des **bcp**-Dienstprogramms durchgeführt. Der Publikationsserver erstellt bei diesem Vorgang zwei Gruppen von Dateien:

▶ Schemadateien und

▶ Datendateien.

Schemadateien enthalten die Schemata aller Tabellen, die an der Publikation teilnehmen. Diese Dateien sind durch das Suffix „.sch" gekennzeichnet. Die Datendateien enthalten die zu replizierenden Daten. Sie sind durch das Suffix „.tmp" gekennzeichnet. Sowohl die Schema- als auch die Datendateien bilden die sogenannte Synchronisationsmenge.

26.1.3   Voraussetzungen für die Datenreplikation

Bevor die Datenreplikation in einem Netz mit Hilfe des SQL Enterprise Managers implementiert werden kann, müssen gewisse Voraussetzungen für alle drei Servertypen (Publikations-, Verteilungs- und Abonnementserver) erfüllt werden. Folgende Voraussetzungen gelten für die Implementierung der Datenreplikation:

▶ alle Tabellen, deren Daten repliziert werden sollen, müssen einen explizit definierten Primärschlüssel haben,

▶ alle Server, die Teilnehmer der Datenreplikation sind, müssen die vertrauten Verbindungen verwenden,

▶ alle Server, die Teilnehmer der Datenreplikation sind, müssen denselben Zeichensatz verwenden,

▶ die 32-Bit ODBC-Treiber müssen auf allen Servern, die Teilnehmer der Datenreplikation sind, installiert werden und

▶ jeder Server, der Teilnehmer der Datenreplikation ist, muß gewisse Voraussetzungen bezüglich der Größe des Arbeitsspeichers erfüllen.

Eine Tabelle kann nicht publiziert werden, falls der Primärschlüssel nicht mit Hilfe der DDL-Anweisungen (bzw. mit Hilfe des SQL Enterprise Managers) definiert ist. Eine Tabelle ohne einen definierten Primärschlüssel wird bei der Auswahl einzelner Artikel, die publiziert werden sollen, nicht angezeigt.

Wie wir in Kapitel 18 erläutert haben, gehören beim SQL Server V6 das Multiprotokoll und *Named Pipes* zu den vertrauten Verbindungen. Diejenigen Server, die an der Datenreplikation teilnehmen, aber zu unterschiedlichen (Windows NT-)Domänen gehören, müssen miteinander mit Hilfe der vertrauten Verbindungen kommunizieren. (Falls die Server zu derselben Domäne gehören, wird die vertraute Verbindung zwischen ihnen automatisch erstellt.)

Alle Server, die Teilnehmer der Datenreplikation sind, müssen denselben Zeichensatz haben. Die Implementierung der Datenreplikation ist auch möglich, falls diese Voraussetzung nicht erfüllt ist. Die Durchführung der Replikation wird aber während der Synchronisationsphase abgebrochen. (Es ist auch empfehlenswert, aber nicht unbedingt notwendig, daß alle Server dasselbe Sortierkriterium haben.)

Der SQL Server verwendet ODBC für die Replikation von Daten. Damit die replizierten Daten auf dem Verteilungsserver gespeichert und zu allen Abonnenten weitergeleitet werden können, müssen alle Server (Verleger, Verteiler und sämtliche Abonnenten) den 32-Bit ODBC-Treiber enthalten.

Die Voraussetzungen bezüglich der Arbeitsspeichergröße sind von der Rolle eines Servers abhängig. Bei einem Verteilungsserver sind mindestens 16MB für den SQL Server und 32MB für das ganze System notwendig. Der Publikationsserver und alle Abonnementserver brauchen mindestens 16MB Arbeitsspeicher. Falls ein Server sowohl der Publikations- als auch der Verteilungsserver ist, sind mindestens 32MB für ihn notwendig.

26.2 Die Implementierung eines Datenreplikations-Szenarios

Nachdem alle Voraussetzungen für eine spezifische Datenreplikation überprüft und ein entsprechender Entwurf erstellt wurde, ist es möglich, die Replikation auf den vorgesehen Rechnern zu implementieren. Die Implementierung eines Datenreplikations-Szenarios wird ausschließlich mit Hilfe des SQL Enterprise Managers und in mehreren Schritten durchgeführt. Zu den notwendigen Schritten gehören:

▶ die Erstellung der Verteilungsdatenbank,

▶ das Setzen der Optionen für den Publikationsserver,

▶ das Setzen der Optionen für jeden Abonnementserver,

▶ die Erstellung und Verwaltung der Publikationen und

▶ die Erstellung und Verwaltung der Abonnenten.

26.2.1 Die Erstellung der Verteilungsdatenbank

Um die Verteilungsdatenbank zu erstellen, muß im „Server"-Menü des SQL Enterprise Managers die Funktionsfolge „Replikationskonfiguration" -> „Publizierung installieren" ausgewählt werden. Das Dialogfeld „Replikationspublizierung installieren" wird danach angezeigt (Abbildung 26.1).

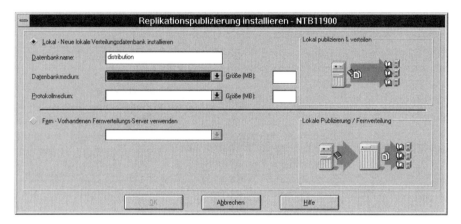

Abbildung 26.1: Das Dialogfeld „Replikationspublizierung installieren"

Für die Verteilungsdatenbank müssen der Name der Datenbank und die Medien für die Datenbank und das Transaktionsprotokoll festgelegt werden.

Hinweis   Die zu empfehlende Mindestgröße für das Medium für die Verteilungsdatenbank beträgt 30 MB und für das Transaktionsprotokoll 15MB.

26.2.2 Das Setzen der Optionen für den Produktionsserver

Nachdem die Verteilungsdatenbank erstellt worden ist, ist es möglich, den Produktionsserver zu konfigurieren. Um dies durchzuführen, muß im Menü „Server" des SQL Enterprise Managers die Funktionsfolge „Replikationskonfiguration" -> „Publizieren" (Abbildung 26.2) ausgewählt werden. An dieser Stelle müssen diejenigen Server markiert (aktiviert) werden, die als Abonnenten an der Datenreplikation teilnehmen sollen. Zusätzlich dazu müssen für jeden Abonnenten die Verteilungsoptionen durch das Anklicken der Schaltfläche „Verteilungsoptionen" (Abbildung 26.3) festgelegt werden.

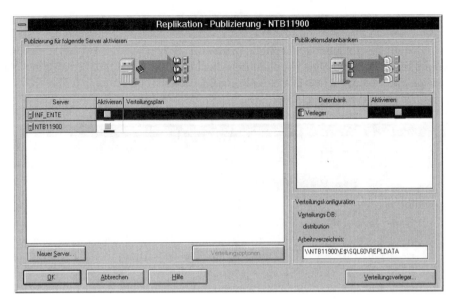

Abbildung 26.2: Das Dialogfeld „Publizieren"

Bei den Verteilungsoptionen muß:

▶ die maximale Anzahl der Transaktionen, wonach die Übergabe an Abonnenten erfolgt,

▶ der Verteilungsplan (kontinuierlich oder termingesteuert) und

▶ die Aufbewahrungszeit festgelegt werden.

Abbildung 26.3: Das Dialogfeld „Verteilungsoptionen"

Zusätzlich dazu müssen auch die Datenbanken, deren Daten repliziert werden, festgelegt werden. Mit der Schaltfläche „Verteilungsverleger" werden schließlich diejenigen Server spezifiziert, die diesen Server als Verteilungsserver benutzen können.

26.2.3 Das Setzen der Optionen für einen Abonnenten

Das Setzen der Optionen für einen Abonnenten verläuft ähnlich wie der entsprechende Vorgang für den Publikationsserver. Der einzige Unterschied ist, daß die Funktion „Abonnieren" (anstatt „Publizieren") ausgewählt werden muß. Im Dialogfeld „Replikations-Abonnement" (Abbildung 26.4) müssen der Publikationsserver und die Datenbanken, deren Daten repliziert werden, aktiviert werden.

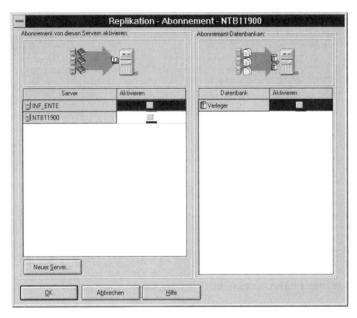

Abbildung 26.4: Das Dialogfeld „Replikations-Abonnement"

Nachdem alle drei o.g. Vorgänge spezifiziert wurden, kann die erstellte Topologie durch die Auswahl der Funktionsfolge „Replikationskonfiguration" -> „Topologie" angeschaut werden.

26.2.4 Die Erstellung und Verwaltung der Publikationen

Wie wir schon erwähnt haben, ist die Publikation diejenige Einheit, die repliziert werden kann. Eine Publikation kann einen oder mehrere Artikel beinhalten, wobei ein Artikel immer in Bezug zu einer einzigen Datenbank stehen kann.

Um eine Publikation zu erstellen, muß zuerst der Publikationsserver ausgewählt werden. Danach muß die Schaltfläche „Replikation – Publikationen verwalten" in der Symbolleiste angeklickt werden. Nach der Auswahl der gewünschten Datenbank und der Schaltfläche „Neu" können einzelne Artikel, die zu dieser Publikation gehören, hinzugefügt werden (Abbildung 26.5). Die vertikale bzw. horizontale Unterteilung einzelner Tabellen kann durch das Anklicken der Schaltfläche „Bearbeiten" angeleitet werden. Genauso kann die Replikationshäufigkeit ausgewählt werden: „Transaktiongestützt" bedeutet, daß nur die modifizierten Daten zu den Abonnenten repliziert werden, während „Termingesteuerte Tabellenaktualisierung" spezifiziert, daß alle (modifizierten und nicht modifzierten) Artikel in festgelegten Zeitabständen repliziert werden.

Abbildung 26.5: Das Dialogfeld „Publikationen bearbeiten"

26.2.5   Die Erstellung und Verwaltung der Abonnenten

Der SQL Server unterstützt zwei Arten von Abonnierungsmethoden:

▶ die *push*-Abonnierung und

▶ die *pull*-Abonnierung.

Die *push*-Abonnierung wird vom Publikationsserver aus durchgeführt. In diesem Fall werden alle Abonnements erstellt, indem die replizierten Daten an einen oder mehrere Abonnenten gesendet werden. Die Vorteile der *push*-Abonnierung liegen in der einfachen, weil zentralisierten Abonnentenverwaltung. (Für einen Artikel können gleichzeitig mehrere Abonnenten eingerichtet werden.)

Um die *push*-Abonnierung zu erstellen, muß der Publikationsserver aktiviert, und aus dem Menü „Verwalten" die Funktion „Replikationspublikationen" ausgewählt werden. Im Dialogfeld „Publikationen verwalten" wird diejenige Publikation markiert, zu der die Abonnenten hinzugefügt werden sollen. Durch das Anklicken der Schaltfläche „Ändern" erscheint das Dialogfeld „Publikationen bearbeiten", in dem die Option „Bearbeiten" (aus dem Feld „Artikel in Publikation") angeklickt werden muß. Im Dialogfeld „Publikationsabonnenten" können einzelne Server (durch ihre Auswahl und die anschließende Betätigung der Schaltfläche „Abonnieren") als Abonnenten für diese Publikation deklariert werden. Schließlich wird noch die Datenbank und die Synchronisationsmethode ausgewählt.

Die *pull*-Abonnierung wird vom Abonnenten aus ausgeführt. In diesem Fall werden die replizierten Daten aus dem Publikationsserver zu den Abonnementservern gezogen. Der Vorteil dieses Verfahrens ist, daß jeder Abonnementserver unabhängig vom Publikationsserver verwaltet werden kann.

Um eine *pull*-Abonnierung zu erstellen, muß zuerst der Abonnementserver aktiviert und aus dem Menü „Verwalten" die Funktionsfolge „Replikation" -> „Abonnements verwalten" ausgewählt werden. Im Dialogfeld „Abonnements verwalten" wird zuerst der Publikationsserver (unter „Publikationen") und danach die Datenbank, die die Publikationen enthält, ausgewählt. Die gewünschten Publikationen müssen markiert werden, und das Anklicken der Schaltfläche „Abonnieren" beendet den Abonnierungsvorgang. Schließlich werden im Dialogfeld „Abonnementoptionen" die Zieldatenbank und das Synchronisationsverfahren ausgewählt.

26.3 Zusammenfassung

Die Datenreplikation ist beim SQL Server ein fester Bestandteil des Systems. (Bei den anderen Datenbankherstellern muß für diese Funktionalität extra bezahlt werden.) Der SQL Server verwendet das Transaktionsprotokoll, um die Daten zu replizieren. Es existieren insgesamt zwei Arten von Daten – Artikel und Publikation -, die beim SQL Server eine Rolle bei der Datenreplikation spielen. Eine Publikation enthält einen oder mehrere Artikel und stellt gleichzeitig die Replikationseinheit dar.

Die Server, die bei der Datenreplikation teilnehmen, sind:

• Publikationsserver,

• Verteilungsserver und

• Abonnementserver.

Der Publikationsserver ist für die Verwaltung von Daten verantwortlich. Der Verteilungsserver leitet die zu replizierenden Daten an die Abonnementserver weiter. Der Abonnementserver verwaltet die in Empfang genommenen Daten. Die replizierten Daten auf dem Abonnementserver können nur gelesen werden.

Die Beispieldatenbank

Die Beispieldatenbank beinhaltet Daten einer Firma, deren Mitarbeiter gewissen Abteilungen angehören und gleichzeitig in Projekten, die unabhängig von den Abteilungen sind, arbeiten. Dementsprechend existieren in der Beispieldatenbank insgesamt vier Tabellen:

Tabelle *abteilung*

abt_nr	abt_name	stadt
a1	Beratung	München
a2	Diagnose	München
a3	Freigabe	Stuttgart

Tabelle *mitarbeiter*

m_nr	m_name	m_vorname	abt_nr
25348	Keller	Hans	a3
10102	Huber	Petra	a3
18316	Müller	Gabriele	a1
29346	Probst	Andreas	a2
9031	Meier	Rainer	a2
2581	Kaufmann	Brigitte	a2
28559	Mozer	Sibille	a1

Tabelle *projekt*

pr_nr	pr_name	mittel
p1	Apollo	120000.000
p2	Gemini	95000.000
p3	Merkur	186500.000

Tabelle **arbeiten**

m_nr	pr_nr	aufgabe	einst_dat
10102	p1	Projektleiter	Okt 1 1988 0:00
10102	p3	Gruppenleiter	Jan 1 1989 0:00
25348	p2	Sachbearbeiter	Feb 15 1988 0:00
18316	p2		Jun 1 1989 0:00
29346	p2		Dez 15 1987 0:00
2581	p3	Projektleiter	Okt 15 1989 0:00
9031	p1	Gruppenleiter	Mar 15 1989 0:00
28559	p1		Aug 1 1988 0:00
28559	p2	Sachbearbeiter	Feb 1 1989 0:00
9031	p3	Sachbearbeiter	Nov 15 1988 0:00
29346	p1	Sachbearbeiter	Apr 1 1989 0:00

B Lösungen zu ausgewählten Aufgaben

A.4.3
```
create table systeme
(sys_name char(15) not null,
 version integer not null,
 hersteller char(20) null,
 ort char(20) null)
```

A.5.1
```
select *
from arbeiten
select *
from mitarbeiter
```

A.5.2
```
select m_nr
from arbeiten
where aufgabe = 'Sachbearbeiter'
```

A.5.3
```
select m_nr
from arbeiten
where pr_nr = 'p2'
and m_nr < 10000
```

A.5.4
```
select m_nr
from arbeiten
where einst_dat not between
'01.01.1988' and '12.31.1988'
```

A.5.5
```
select m_nr
from arbeiten
where pr_nr = 'p1'
and (aufgabe='Projektleiter' or aufgabe='Gruppenleiter')
```

A.5.6
```
select einst_dat
from arbeiten
where pr_nr = 'p2'
and aufgabe is null
```

A.5.7
```
select m_nr, m_name, m_vorname
from mitarbeiter
where (m_name like 'M%' or m_name like 'H%')
and m_name like '%er'
```

A.5.8
```
select m_nr
from mitarbeiter
where abt_nr =
(select abt_nr
from abteilung
where stadt = 'Stuttgart')
```

A.5.9
```
select m_name, m_vorname
from mitarbeiter
where m_nr =
(select m_nr
from arbeiten
where einst_dat = '04.01.1989')
```

A.5.10
```
select stadt
from abteilung
group by stadt
```

A.5.11
```
select max(m_nr)
from mitarbeiter
```

A.5.12
```
select aufgabe
from arbeiten
group by aufgabe
having count(*) > 2
```

A.5.14 Die innere SELECT-Anweisung darf eine einzige Reihe als Ergebnis liefern, falls sie im Zusammenhang mit einem Vergleichsoperator erscheint (in diesem Fall "="). Das Gleichheitszeichen muß durch den IN-Operator ersetzt werden.

A.6.1
```
select *
from projekt, arbeiten
where projekt.pr_nr = arbeiten.pr_nr

select projekt.*, m_nr, aufgabe, einst_dat
from projekt, arbeiten
where projekt_pr = arbeiten.pr_nr

select *
from projekt, arbeiten
```

A.6.2
```
select m_nr, aufgabe
from arbeiten, projekt
where arbeiten.pr_nr = projekt.pr_nr
and pr_name = 'Gemini'
```

A.6.3 ```
select m_name, m_vorname
from mitarbeiter, abteilung
where mitarbeiter.abt_nr = abteilung.abt_nr
and (abt_name='Beratung' or abt_name='Diagnose')
```

**A.6.4** ```
select einst_dat
from arbeiten, mitarbeiter
where arbeiten.m_nr = mitarbeiter.m_nr
and aufgabe = 'Sachbearbeiter'
and abt_nr = 'a2'
```

A.6.5 ```
select pr_name
from projekt
where pr_nr =
(select pr_nr
from arbeiten
where aufgabe = 'Sachbearbeiter'
group by pr_nr
having count(*) > 1)
```

**A.6.6** ```
select m_name, m_vorname
from mitarbeiter, arbeiten, projekt
where mitarbeiter.m_nr = arbeiten.m_nr
and arbeiten.pr_nr = projekt.pr_nr
and pr_name = 'Merkur'
and aufgabe = 'Gruppenleiter'
```

A.6.7 ```
select a.m_nr
from mit_erweiter a, mit_erweiter b
where a.wohnort = b.wohnoert
and a.abt_nr = b.abt_nr
```

**A.6.8** ```
select m_nr
from mitarbeiter, abteilung
where mitarbeiter.abt_nr = abteilung.abt_nr
and abt_name = 'Freigabe'

select m_nr
from mitarbeiter
where abt_nr =
 (select abt_nr
 from abteilung
 where abt_name = 'Freiburg')
```

C Der SQL Server Web-Assistent

Der SQL Server Web-Assistent ist ein neues Dienstprogramm, das Microsoft mit der Version 6.5 des SQL Servers freigegeben hat. Mit diesem Programm können Abfragen erstellt werden, die Daten aus einem SQL Server-System im Dateiformat HTML Version 3.0 ausgeben. Die Ausgabe der Daten kann zu unterschiedlichen Zeitpunkten erfolgen.

C.1 Einführung

In den letzten Jahren hat sich das Internet von einem akademisch orientierten Forschungsnetz zu einem der leistungsfähigsten Kommunikations- und Informationsmedien entwickelt. Das Internet unterstützt viele Dienste, von welchen das World Wide Web (WWW) eines der wichtigste ist. Das World Wide Web integriert alle anderen Internet-Dienste unter einer Oberfläche und ist damit der leistungsfähigste Internet-Dienst überhaupt.

Das World Wide Web hat folgende vier Teile:

▶ HTML *(Hyper-Text Markup Language)*,
▶ HTTP *(Hyper-Text Transfer Protocol)*,
▶ den Webserver und
▶ den Client *(Webbrowser)*.

HTML ist eine Sprache, mit der WWW-Dokumente erstellt werden. Diese Sprache ist aus der SGML-Sprache *(Standard Generalized Markup Language)* entstanden, und ihre Eigenschaft ist, daß sie die Struktur bzw. die Logik des Textes auf dem Webserver beschreibt. Das Erscheinungsbild dieses Textes auf der Empfängerseite ist dem Webbrowser überlassen.

HTML-Dateien sind reine Textdateien, die sogenannte *tags* (d.h. Steueranweisungen) enthalten. Jedes *tag* wird in spitze Klammern eingeschlossen. Die wichtigsten *tags* sind „Hyperlinks". Mit „Hyperlinks" kann in HTML nicht nur auf ein Dokument, das auf dem eigenen Webserver abgelegt ist, verwiesen werden, sondern auch auf Dokumente, die irgendein anderer Webserver bereitstellt. Diese Verweise bilden ein weltumspannendes Netz, das eben World Wide Web heißt.

HTTP ist ein Protokoll, mit dem die Verbindung zwischen einem Webserver, der die bereitgestellten Seiten ins Netz schickt, und einem Webbrowser, der dem Benutzer diese Seiten anzeigt, hergestellt wird. Wenn der Webbrowser an den Server eine Aufforderung schickt, eine bestimmte HTML-Seite zu senden, werden die HTTP-Befehle mit Hilfe des TCP/IP-Protokolls übertragen. Wenn der Benutzer einen „Hyperlink" in dem gesendeten Dokument anwählt, wird eine neue Übertragung von demselben oder einem anderen Webserver gestartet.

Die Webseiten können:

▶ statisch oder

▶ dynamisch sein.

Die statischen Seiten zeigen bei jedem Aufruf dieselbe Information an. In manchen Fällen (wie z.B. beim Verkaufssortiment) werden Seiten benötigt, die beim Aufruf durch den Browser aufgebaut werden sollen. Solche Seiten werden dynamische Seiten genannt. In diesem Fall ruft der Webserver ein Programm, das als Ergebnis die zu übertragenden HTML-Seiten erzeugt, auf. Das Programm kann ein Shellskript oder, wie es beim SQL Server Web-Assistent der Fall ist, eine ausführbare SQL-Anweisung sein.

C.2 Wie funktioniert der SQL Server Web-Assistent?

Der SQL Server Web-Assistent führt den Benutzer bei der Erstellung einer Abfrage, mit der die Daten für eine Webseite ausgewählt werden sollen. Die Erstellung der Abfrage wird in fünf Schritten durchgeführt:

▶ das Einloggen in das System,

▶ die Erstellung der Abfrage,

▶ die Planung der Abfrageausführung,

▶ das Festlegen der Dateioptionen und

▶ die Formatierung der Webseite.

C.2.1 Das Einloggen in das System

Um eine Abfrage für eine Webseite zu erstellen, muß der Benutzer zuerst die Login-Information für den SQL Server eingeben. Die Login-Information enthält:

▶ den SQL Server-Namen,

▶ die Login-ID des Benutzers und

▶ das entsprechende Kennwort.

Der Benutzer hat die Möglichkeit sich mit einer vertrauten Verbindung anzuloggen. In diesem Fall entfällt die Angabe der Login-ID und des entsprechenden Kennwortes.

C.2.2 Die Erstellung der Abfrage

Die Auswahl der Daten für eine Webseite kann:

▶ interaktiv,

▶ durch die explizite Angabe der SELECT-Anweisung,

▶ durch den Aufruf einer erweiterten Datenbank-Prozedur und

▶ durch den Aufruf einer Abfrage innerhalb einer Datenbank-Prozedur

durchgeführt werden.

Um eine Abfrage interaktiv mit Hilfe des Assistenten zu erstellen, muß zuerst die Option „Abfrage mit Hilfe einer Datenbank-Hierarchie anlegen" angeklickt werden (Abbildung B.1). Im weiteren Verlauf muß die Datenbank, eine ihrer Tabellen und die Tabellenspalten, die ausgewählt werden sollen, markiert werden. (In Abbildung B.1 sind die Spalten **m_nr**, **pr_nr** und **aufgabe** der Tabelle **arbeiten** für die Ausgabe markiert.)

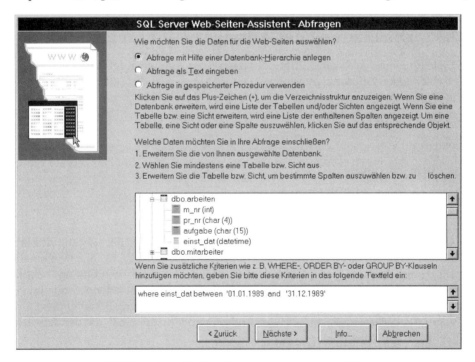

Abbildung B.1: Die Erstellung einer interaktiven Abfrage

Weitere Bedingungen, die für die zu erstellende SELECT-Anweisung gelten, können im untersten Teil des Dialogfeldes explizit angegeben werden. (In Abbildung B.1 ist die notwendige WHERE-Klausel hinzugefügt worden.)

Bei der expliziten Angabe einer SELECT-Anweisung muß zuerst die Option „Abfrage als Text eingeben" und danach die Datenbank ausgewählt werden. Anschließend wird die SELECT Anweisung geschrieben.

(Die explizite Anweisung, die identisch mit der Abfrage in Abbildung B.1 wäre, lautet:

```
select  m_nr, pr_nr, aufgabe
from arbeiten
where einst_dat between '01.01.1989' and '31.12.1989')
```

Die Option „Abfrage als Text eingeben" kann auch für den Aufruf einer erweiterten Datenbank-Prozedur verwendet werden. In diesem Fall muß die EXECUTE-Anweisung (zusammen mit dem Namen der Prozedur) im Dialogfeld angegeben werden.

Bei der letzten Option - Abfrage in gespeicherter Prozedur verwenden - muß zuerst die Datenbank und danach die Prozedur ausgewählt bzw. angegeben werden. Falls die Datenbank-Prozedur Parameter beinhaltet, werden die entsprechenden Werte im untersten Teil des Dialogfeldes angegeben.

C.2.3   Die Planung der Abfrageausführung

Die Erstellung einer Webseite, die auf der Basis einer Abfrage aufgebaut wird, kann zu unterschiedlichen Zeitpunkten erfolgen. Der Web-Assistent des SQL Servers bietet folgende Optionen:

▶ Sofort,

▶ Später,

▶ Bei Datenänderungen,

▶ An einem bestimmten Wochentag und

▶ Regelmäßig.

Die Option „Sofort" erstellt die Webseite unmittelbar nach der Beendigung des Web-Assistenten. Mit der Option „Später" hat der Benutzer die Möglichkeit, eine einmalige Erstellung der Webseite in der Zukunft festzulegen. Mit der dritten Option – Bei Datenänderungen – wird die Webseite jedesmall erstellt, wenn eine oder mehrere im voraus genannten Spalten einer Tabelle geändert werden. (Abbildung B.2 zeigt diese Option, wobei die Webseite jedesmal bei der Änderung der Spalte **einst_dat** der Tabelle **arbeiten** neuerstellt wird.)

Eine weitere Möglichkeit ist, die Erstellung der Webseite einmal wöchentlich durchzuführen. In diesem Fall muß die Option „An einem bestimmten Wochentag" ausgewählt werden. Der Tag und die Uhrzeit der Ausführung wird in dem Dialogfeld spezifiziert.

Die letzte Option – Regelmäßig – erstellt die Webseite in regelmäßigen Abständen, wobei der Benutzer sowohl die Zeiteinheit (Minute, Stunde, Tag oder Woche) als auch die Häufigkeit wählen kann. (Diese Option umfaßt gleichzeitig die vorherige.)

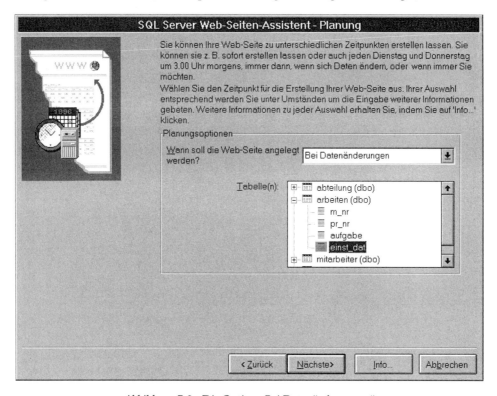

Abbildung B.2: Die Option „Bei Datenänderungen"

C.2.4   Das Festlegen der Dateioptionen

Nachdem die Abfrage erstellt wurde, müssen weitere Optionen festgelegt werden. Die erste Option (Abbildung B.3) spezifiziert den Namen der Datei, wo sich die erstellte HTML-Seite befinden wird. Der Benutzer kann für diese Datei entweder eine Vorlagendatei verwenden oder je eine Überschrift für die Webseite und der Abfrage explizit vereinbaren. Im Falle einer Vorlagendatei muß bei der Option „Vorlagendatei mit Bezeichnung" eine Marke (in der Form <%text%>) eingefügt werden.

Falls die erstellte Webseite ein oder mehrere Links enthält, die auf weitere Webseiten zeigen, müssen die entsprechenden Internet-Adressen der Webserver explizit angegeben werden.

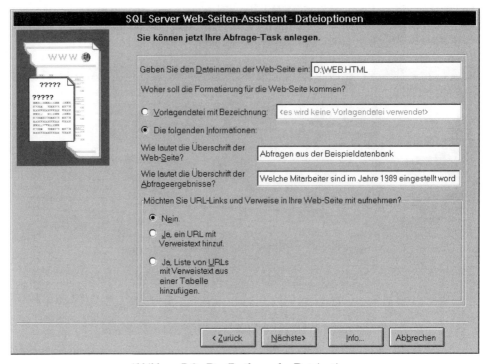

Abbildung B.3: Das Festlegen der Dateioptionen

C.2.5 Die Formatierung der Webseite

Bevor eine Webseite vom Web-Assistenten automatisch erstellt wird, kann sie noch formatiert werden. Der Web-Assistent bietet die Möglichkeit, folgende Teile der Seite zu formatieren (Abbildung B.4):

▶ die Überschrift des Abfrageergebnisses,

▶ die Ergebnisdaten,

▶ die Datumsangabe am Seitenanfang zu positionieren,

▶ Spaltennamen anzuzeigen bzw. auszublenden und

▶ die Anzahl der ausgegebenen Reihen zu beschränken.

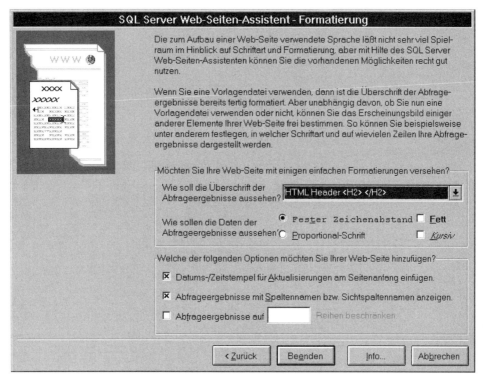

Abbildung B.4: Die Formatierung der Webseite

Nach der Durchführung aller o.g. Schritte wird die Webseite automatisch vom Web-Assistenen auf Grund der angegebenen Information erstellt.

Literaturverzeichnis

[ANS92] AMERICAN NATIONAL STANDARDS INSTITUTE: Database Language SQL, Doc. X3.135-1992. (Die Adresse von ANSI ist: 11 West 42nd Street, New York, NY 10036, USA.)

[BCN92] BATINI C.; CERI S.; NAVATHE S. – Conceptual Database Design, Benjamin/Cummings Publishing, 1992.

[CHA81] CHAMBERLAIN, D.D. – A History and Evaluation of System R, in: CACM 24, No. 10 (Oct 81).

[COD70] CODD, E.F. – A Relational Model of Data for Large Shared Data Banks, in: CACM 13, No.6 (June 1970.).

[DAT92] DATE, C.J. – A Guide to the SQL Standard, Addison-Wesley, 1992.

[DAT94] DATE, C.J. -An Introduction to Database Systems, Vol. 1, 6th ed., Addison-Wesley, 1994.

[ELM94] ELMASRI, M.; NAVATHE, S. – Fundamentals of Database Systems, Benjamin/Cummings, 2nd ed., 1994.

[GRA93] GRADEK, S. – Mehrsprachige Systemsoftware, in: Informatik-Spektrum, Vol. 16, 1993.

[ISO92] INTERNATIONAL STANDARDS ORGANIZATION: Database Language SQL, Doc. ISO/IEC 9075: 1992.

[KOR91] KORTH, H.F.; SILBERSCHATZ, A. – Database System Concepts, 2nd ed. McGraw-Hill, 1991.

[MCG92] MCGOVERAN, D.; DATE, C.J. – A Guide to Sybase and SQL Server, Addison-Wesley, 1992.

[MEL93] MELTON, J.; SIMON, A. – Understanding the new SQL: A Complete Guide, Morgan Kaufmann Publishers, 1993.

[PET90] PETKOVIC, D. – SQL- die Datenbanksprache, McGraw-Hill, 1990.

[PET94] PETKOVIC, D. – Sybase- und Microsoft-SQL Server, Addison-Wesley, 1994.

[SPE96] SPENIK, M.; SLEDGE, O. – Microsoft SQL Server: DBA Survival Guide, SAMS Publishing, 1996.

[TEO96] TEORY, T.J. – Database Modeling and Design: The Fundamentals Principles, 2nd ed. Morgan Kaufmann Publishers, 1996.

Index

INFORMIX 6.0/7.1

Das relationale Datenbanksystem mit INFORMIX OnLine Dynamic Server

Dusan Petkovic

Als Lehrbuch konzipiert, wendet sich das Buch an Endbenutzer und Datenbank-programmierer, die INFORMIX erlernen und praktisch anwenden wollen. Basierend auf einer kleinen Beispieldatenbank werden zahlreiche Beispiele für die „front-end"-Komponen-ten INFORMIX-SQL (mit FORMBUILD, PERFORM und ACE), ESQL/C, ESQL/Cobol und Datenbankkonzepte (Views, DB-Prozeduren, Trigger etc.) vorgestellt. Außerdem werden die beiden Datenbank-Server-Produkte INFORMIX-SE und INFORMIX-OnLine ausführlich dargestellt.

538 S., 1995, 79,90 DM, geb.
ISBN 3-89319-719-2

ADDISON-WESLEY

Sybase- und Microsoft-SQL Server

Das relationale
Datenbanksystem

Mit Version 10

Dusan Petkovic

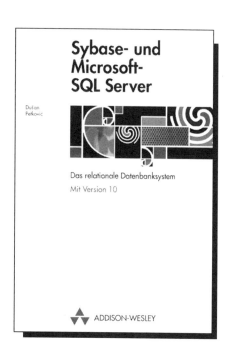

Erstmals in deutscher Sprache werden in diesem Buch die aktuell eingesetzten Versionen beschrieben. Schwerpunkte sind:

- Beschreibung aller SQL-Anweisungen
- Sicherheits- und Integritätskonzepte
- Open Client und die ESQL/C-Sprache
- Sybase Front-end-Werkzeuge „Data Workbench" und „Report Workbench"
- Microsoft Front-end-Werkzeuge „SQL Administrator" und „SQL Object Manager"

400 S., 1994, 79,90 DM, geb.
ISBN 3-89319-661-7

ADDISON-WESLEY

Relationale Datenbanken

Theorie und Praxis, inkl. SQL-2

Hermann Sauer

Sie lernen das relationale Modell ebenso kennen wie die interne Arbeitsweise. Auch anspruchsvollere Themengebiete wie Performance, Recovery, Lockmechanismen, Transaktionssteuerung, verteilte Datenbanken, Designprinzipien und der SQL-2-Standard werden anschaulich erläutert. Ein Leitfaden für die Beurteilung und Auswahl relationaler Datenbanksysteme rundet die Darstellung ab.

300 S., 3. überarb. Aufl. 1995
59,90 DM, geb.
ISBN 3-89319-821-0

ADDISON-WESLEY

Effiziente Systementwicklung mit Oracle 7.1

Ein Handbuch für die Praxis des Anwendungsentwicklers

Jürgen Froese,
Mahmoud Moazzami,
Claus Rautenstrauch,
Heinrich Welter

Das Buch vermittelt dem Datenbankentwickler Informationen über die Möglichkeiten und Grenzen der Oracle-Entwicklungswerkzeuge sowie eine Vielzahl praktischer Tips und Tricks, wie man Anwendungen effizient gestalten und Fehler vermeiden kann. Es wird gezeigt, wie qualitativ hochwertige Client-Server-Anwendungen nach neuesten Erkenntnissen im Bereich des Software-Engineerings mit Oracle7, Version 7.1, entwickelt und optimal eingesetzt werden können. Besonderes Augenmerk liegt dabei auf den neuen Möglichkeiten im Bereich der Integritätssicherung und der Datenbankprogrammierung.

404 S., 2., aktual. Auflage 1995
79,90 DM, geb.
ISBN 3-89319-987-X

ADDISON-WESLEY

Windows 3.11 und Office 4.3 unter Novell NetWare 3.x/4.x

Eine professionelle Netz-Installation

Ulrich Schlüter

Das Buch beschreibt die Installation, den Ausbau und die Wartung von Windows (für Workgroups) und Windows-Anwendungen in einem Novell-Netz. Mittels vollautomatischer Routinen wird eine Netzkonfiguration erstellt, die auch in großen Netzen mit geringem EDV-Personal komfortabel administrierbar und leicht zu erweitern ist. Die Konzepte lassen sich auf den OS/2-LAN-Server, Windows NT oder Windows 95 übertragen. Mit der vorgestellten Methode und dem Inhalt der beiliegenden CD-ROM können Sie in kurzer Zeit einen Musterserver mit NetWare, Windows für Workgroups und MS-Office erstellen, der mit geringem Aufwand vervielfältigt werden kann. So enthält die CD-ROM die WfW-Server-Konfiguration mit allen im Buch beschriebenen Batch-Routinen, INI-Dateien, Treibern und vielem mehr.

358 S., 1995, 69,90 DM, geb.
ISBN 3-89319-880-6

ADDISON-WESLEY

VBA-Programmierung mit Excel 7

Anwendungen erstellen mit Visual Basic für Applikationen unter Windows 95

Michael Kofler

Im Mittelpunkt des Buches steht die Excel-Programmiersprache Visual Basic für Applikationen (VBA). Weiterhin geht das Buch auf die Gestaltung eigener Excel-Datenbanken, auf den Zugriff fremder Datenbanken und auf den Steuerungsmechanismus Object Automation ein.

Eine wesentliche Neuerung gegenüber Excel 5.0 besteht darin, daß die Programmiersprache VBA von deutsch auf englisch umgestellt wurde. Diese Änderung spiegelt sich auch im Buch wider. Inhaltlich wurde das Buch vor allem im Bereich Datenbanken erweitert.

Die CD-ROM enthält neben Beispielprogrammen ein Programm zur Konversion von deutschen VBA-Programmen in englische.

ca. 600 S., 1996, ca. 79,90 DM
gebunden, mit CD-ROM
ISBN 3-89319-979-9

ADDISON-WESLEY

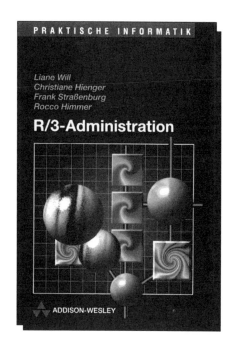

PRAKTISCHE INFORMATIK

Liane Will
Christiane Hienger
Frank Straßenburg
Rocco Himmer

R/3-Administration

ADDISON-WESLEY

Buchreihe
Praktische Informatik

Produktübersicht

Die Fachbuchreihe Praktische Informatik wendet sich an Informatiker, Ingenieure und Studenten, die professionell mit Computertechnik umgehen. Fachlich fundiert und in komprimierter Form werden neue Entwicklungen auf dem Gebiet der Informatik dargestellt.

Folgende Titel sind **bereits erschienen:**

Betriebliche Datenstrukturen in der Praxis
Programmieren mit Visual C++
Softwareentwicklung mit HyperCard
MODULA-2
Objektorientierte Prozeßsimulation
Anwendung des Betriebssystems OpenVMS
Systemprogrammierung unter UNIX
Digitale Multimediasysteme
Praktische COBOL 85-Programmierung
Praktische SQL-Anwendung
Viren und Antiviren
LAN-Computer im Netz
Parallele Rechnersysteme
Objektorientierte Programmierung
Turbo-Pascal
UNIX-Systemfamilie
Angewandte Statistik für die Praxis
R/3-Administration

In Vorbereitung:
Windows NT
Grafikprogrammierung mit OpenGL

ADDISON-WESLEY

Windows 95 und Microsoft Plus!

Das objektorientierte 32-Bit-Betriebssystem

Edition Software-Klassiker

Jürgen Ortmann

Dieses Buch führt Einsteiger in die Aufgaben und grundlegenden Funktionen des Betriebssystems ein. Einen Schwerpunkt bildet dabei die neue objektorientierte Oberfläche von Windows 95, die ergänzt wird durch den Explorer, das zentrale Hilfsmittel bei der Verwaltung von Programmen und Dateien. Es wird detailliert beschrieben, wie Sie Windows 95 optimal an Ihren PC anpassen und mit Microsoft Plus! erweitern können. Darüber hinaus behandelt der Autor ausführlich alle Aspekte der Kommunikation mit Windows 95. Fortgeschrittene Anwender erhalten zahlreiche Tips und Tricks, mit denen sich die tägliche Arbeit mit Windows 95 entscheidend vereinfachen läßt.

Dem Buch ist eine CD-ROM beigelegt mit zahlreichen Programmen, die für den Einsatz unter Windows 95 entwickelt wurden: Vollversion StarWriter 2.0 für Windows 95 mit Update-Coupon, Preview-Version MicroGrafx ABC Graphics Suite mit Update-Coupon und CorelDraw 6 Working Model.

845 Seiten, 1996, 79,90 DM, geb., mit CD-ROM
ISBN 3-89319-904-7

ADDISON-WESLEY

Addison-Wesley im Internet...

Homepage des Informationsdienstes

Mit dem Service im Internet möchten wir Ihnen noch weitreichendere Informationen als in unseren „Print"-Katalogen **online** zur Verfügung stellen.

Sie finden zu vielen Büchern und CD-ROMs ausführliche Informationstexte mit Inhaltsverzeichnis. Unser gesamtes Produktspektrum ist über Stichwortsuche abrufbar. Dabei sind vielfach sogar gesamte Indizes zur Suche hinterlegt. Ohne mühsames Blättern finden Sie alle Titel zu Themen, die Sie interessieren.

Zu einigen Themen stehen weiterhin Beispiele, Quellcodes, Programmdemos sowie Aktualisierungen von Büchern bereit, die auf den eigenen Rechner geladen werden können.

Kein Service ohne Bestellmöglichkeit: Sie können online von Ihrem Schreibtisch aus Bestellungen aufgeben.

Sie erreichen unseren Internet-Dienst unter:
http://www.addison-wesley.de

ADDISON-WESLEY

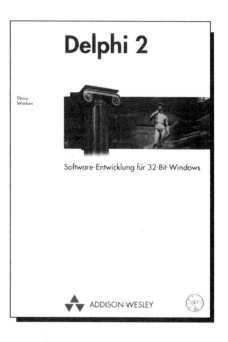

Delphi 2

Software-Entwicklung für 32-Bit-Windows

Elmar Warken

Dieses Buch liefert eine außerordentlich umfassende Beschreibung der Software-Entwicklung mit Delphi 2. Es richtet sich dabei an alle Programmierer, die mit Delphi nicht nur einfache dialogorientierte Anwendungen schreiben, sondern auch die vielen weiterführenden Leistungsmerkmale dieses Entwicklungssystems effektiv nutzen möchten. Es setzt lediglich elementare Programmierkenntnisse voraus, aber keine Kenntnisse in der Windows-Programmierung. Das Buch ist auch für die Entwicklung mit Delphi 1 verwendbar. Zu den Themen des Buches gehören:

- Einführung in die Software-Entwicklung mit Delphi, Funktionsweise der IDE
- Überblick über die VCL, abstrakte Klassen, Nachrichtenfluß, nicht-visuelle Grundlagen der VCL
- Thread-Programmierung, neue Komponenten für Windows 95, Component Object Model
- Datenbankprogrammierung
- Komponentenentwicklung
- Daten- und Codeaustausch: DDE, OLE, OLE-Automation, DLLs

ca. 900 Seiten, gebunden, 1996
ca. 89,90 DM, mit CD-ROM, ISBN 3-8273-1037-7

ADDISON-WESLEY